曹操奋斗之道

唐文立 著

中央编译出版社
Central Compilation & Translation Press

图书在版编目（CIP）数据

曹操·奋斗之道/唐文立著.
—北京：中央编译出版社，2014.9
ISBN 978-7-5117-2204-1

Ⅰ.①曹… Ⅱ.①唐… Ⅲ.①曹操（155~220）-人物研究 Ⅳ.①K827=342

中国版本图书馆 CIP 数据核字（2014）第 116998 号

曹操·奋斗之道

出 版 人	刘明清
出版统筹	董 巍
责任编辑	邓永标
责任印制	尹 珺
出版发行	中央编译出版社
地　　址	北京市西城区车公庄大街乙5号鸿儒大厦B座（100044）
电　　话	（010）52612345（总编室）　（010）52612371（编辑室）
	（010）52612316（发行部）　（010）52612615（网络销售）
	（010）52612346（馆配部）　（010）66509618（读者服务部）
传　　真	（010）66515838
经　　销	全国新华书店
印　　刷	北京金瀑印刷有限责任公司
开　　本	710毫米×1000毫米　1/16
字　　数	360千字
印　　张	22.25
版　　次	2014年9月第1版第1次印刷
定　　价	58.00元
网　　址	www.cctphome.com　邮　箱　cctp@cctphome.com
新浪微博	@中央编译出版社　微　信　中央编译出版社（ID：cctphome）
淘宝网店	编译出版社书店（http://shop108367160.taobao.com/）

本社常年法律顾问：北京市吴栾赵阎律师事务所律师　闫军　梁勤
凡有印装质量问题，本社负责调换。电话：010-66509618

自序

　　在中国，作为一个符号性人物，曹操是绕不过去的。曹操的影响已经远远超越了历史人物范畴，他对中国历史的重要性绝不仅仅是东汉末年的政治作用，而且还有更深层次的影响，诸如文学、军事、智慧……但纵观曹操的人生轨迹，可以看出，曹操对中国人影响最大最深的是他的创业之路，他的奋斗历程最具中国人奋斗的特性。

　　曹操是招人喜欢的，也是被人唾弃的，这倒不是曹操有什么不对的地方，问题是那些喜欢和唾弃他的人们，喜欢曹操无非是曹操的成就和能力，唾弃曹操就是曹操的行为太过真实了。其实，掰手指头数一数，大凡开创一个时代的帝王，有哪一个帝王的行为能全部拿到阳光下？

　　我们知道刘邦剪除了和自己一起打江山的兄弟，李世民为皇位屠戮兄弟、逼死父亲还篡改历史，朱元璋为了老朱家万世一表也是大开杀戒，就是赵匡胤也做了许多见不得人的事情……和这些人比起来，曹操的确不算什么，但曹操的名声却比他们差多了。之所以如此，大抵是，他们统一了天下，而且是几百年，他们的子孙后代都是皇帝，自然要为尊者讳，谁能说皇帝的祖先是流氓、是土匪、是恶棍、是无赖……因而他们的劣迹就被避讳掉了。曹操呢？由于没有统一天下，当时三足鼎立，尽管自己的儿子后来做了皇帝，也只能在自己的地盘避讳，而对手的地盘则真实记录了曹操的行径，因而就给我们留下了一个真实的曹操。

由于为尊者讳的弊端，我们已经无法知道那些人的奋斗真相，好在曹操没有被避讳掉，给我们留下了中国人最真实的奋斗历程，因而读一个曹操，就可以领略所有中国人的奋斗真谛。曹操的奋斗历程具有代表性，有草根的一面，也有官二代的影子；有积极进取的一面，也有颓废的时候；有正直的一面，也有不择手段的行径……

曹操是一个榜样，对喜欢曹操的人来说是这样，对厌恶曹操的人来说也是这样。曹操就是中国人奋斗的写真，他身上既有项羽的英雄气概也有项羽的儿女情长、有刘邦的无赖行径也有刘邦的气魄和大度、有李世民的不择手段也有李世民的治国水平和能力、有赵匡胤的温柔手腕也有赵匡胤的敬业精神和能力、有朱元璋的残酷无情也有朱元璋的雄心大志……不管承不承认，曹操都是一面镜子，他身上有古人也有今人的影子，有你也有我的记号……

在我们耳熟能详的历史人物中，曹操是离我们最近的一个。纵观曹操的一生，他没有刘邦无赖，却比刘邦臭名远扬；没有李世民毒辣，却比李世民遗臭万年；没有朱元璋残酷，却获得了比朱元璋更坏的恶名。这是为什么呢？就是因为曹操太真实了。

我们知道，曹操算是一个有个性的人，他敢作敢为，不拘礼数。当然，曹操被众人熟知，不全在他的个性行为举止，主要是在他被大家的熟知程度。一般来说，我们所熟知的历史人物大都是一些正面的有意义的事，而曹操则很彻底。一览无余。他的出身，他的小名，他的成长，他的婚姻，他的仕途，他的正义之举，他的龌龊之为，他的英勇豪迈，他的狼狈不堪，他的丰功伟绩……

这都没什么，问题是，我们对曹操了解多少？

是真正了解，还是道听途说，抑或是从《三国演义》，甚至是野史、传说中获知。

于是乎，就有人举起道德的大铡刀，砍向曹操，斥责曹操有做皇帝的阴谋，认为刘家才是真正的皇帝。如果古人有这种想法，可以理解，因为他们读圣贤书读多了，被洗脑了，他们只知道皇帝姓刘才对，姓曹就乱套了；但如果今天的人还这样认为，那就是我们教育的失败，都民主这么多年了，还有这么多的封建残余，这些人可能是最尴尬的了，他们自己愿意享受民主，但对别人尤其古人，却又是一套价值体系。

对待历史人物，很多人都是这样，不愿认真了解，乐意跟在别人后面，简单地拿着所谓道德的大铡刀，砍向历史人物。这当然简单，也容易得多，但却苦了历史当事人。因为，第一，他们无法为自己辩驳，第二，他们不能控告侵权。

正是这样，如果非要用道德去评判历史人物的话，一定要探究前因后果，弄清来龙去脉，然后再谨慎地做出评价。

普通人这样做，问题倒不严重，严重的是那些所谓的"道德"作家，他们在文章里对历史人物做道德评判。这样就不地道了，关于道德作家的评价，王小波先生在《掩卷：〈鱼王〉读后》中这样写道："在道德文章里，作家对人作价值判断。这种价值判断是颂扬的工具，也是杀戮的工具。作家给正义者戴上花环，还把不正义者送上刑台，凌迟处死，以恣快意。在行使这种特权时，很少有作家不暴露出人性中卑劣的一面。在实际生活中，人们处死一个人，还给他申辩与忏悔的机会，而道德作家宣布一个人的死刑，则往往不容他申辩，只是剥夺他的一切优点，夸大一切缺点，把他置于禽兽不如的地位。"

正因为曹操太被人熟知了，他的事情也就广为人知，因而对他做道德评判就容易一些，只需拿出他一些丑陋之事就行了。而且你无法翻案，曹操做的事，就在那儿，有史为证，赖都赖不掉。

对人做道德评判是一件很容易、也很简单的事情，上嘴皮碰下嘴皮就能说出的。关键的是，客观吗？公允吗？对一个人做道德评判，尤其对一个历史人物做道德评判，一定要在一定的条件下进行，不能为了到达自己的某种目的而断章取义，任意阉割，割裂因果关系，这样做是很不厚道的。

不独对曹操，对所有的历史人物都应如此，不要简单地做人云亦云的道德讨伐，那很无聊，也很无知。

关于本书，首先做以下说明。第一，这是一本讲曹操故事的书；第二，主要讲述曹操励志奋斗的故事；第三，这里所讲的故事都是有据可查的；第四，故事是非常有趣味的。

关于曹操的历史、文学作品我们耳熟能详的也不少，如《三国志》、《三国演义》、《曹瞒传》……本书无意估计也不能像《三国志》、《三国演义》等使人耳熟能详,只想把自己心中的曹操和大家分享,但绝不苛求读者,一千个人眼里就有一千个哈姆雷特,曹操也是这样。

曹操当然是本书的主人公,但却不是全部,还有刘备、袁氏兄弟等诸多人物。欣赏曹操,但不护短,更不美化,力图做到"美而知其恶,恶而知其美"。

或许有人说,你这是在给曹操翻案!但事实是,案就在那里,就在《三国志》,何须再翻。其实翻案的不是我,也不是我翻案,而是某些人为了某些利益把案搞翻了,我只是拍案说事,要翻也只是翻译,讲讲故事,如此而已。

在一般人的观念中,曹操取得成功,主要是打出了"奉天子以令不臣"的箭牌。其实梳理一下曹操平生的征战历程,可以发现曹操穷极一生,戎马倥偬,东征西讨,如果天子的名义真的那么有能量,可以不战而屈人之兵,那么向来推崇实用的曹操肯定不会这样做的。在当时,无论是袁绍、袁术、刘表、吕布,还是孙权,更不要说刘备了,没谁会把天子当根葱,更别说俯首听命了。连天子都不当回事,还有谁会把曹操放在眼里?奉迎天子只是名正言顺,地盘还是要自己去打,曹操的地盘都是血拼而来。

总之,曹操无疑是他那一代枭雄中最才华横溢和最勤奋进取的人之一。所谓无为无过,行者有错,因而曹操的奋斗行为就成为人们诟病的靶子,而他的奋斗行为又是中国古代帝王奋斗最真实的案例。在中国古代历史上,所有的创业者中,只有曹操的奋斗行为最值得我们借鉴和学习,尽管有这样那样的瑕疵,但曹操的奋斗历程最真实,最实用,最具指导性。

目 录

自序 \1

一、家世不能承受之轻

> 这个世界上，无论是过去、现在，抑或是将来，也无论是谁，都不能选择什么时候出生、出生在哪里以及出生在什么样的家庭。但只要出生了，就要承受这一切。出生在贫寒之家，虽然难免遭受物质上的匮乏，但没有套在头上的光环；出生在豪门世族，虽然享受物质上满足，但要在重压之下再创辉煌。这世界，无论出身于什么样的家庭，其实都是不可承受的，还是把这句人尽皆知的"英雄不问出处"作为共同的格言吧。

1. 这天是老刘家的 \3
2. 这个宦官不简单 \5
3. 曹家的崛起 \8
4. 曹嵩是谁家的儿子 \9
5. 曹嵩有个好爹 \11
6. 无法选择的出身 \13

二、"曹三代"的成长

> 中国人说"三代出贵族",一代出息只能算"暴发户",二代出息算"文化人",三代出息才能算"贵族",其实就是说出身显贵、家财万贯、延富三代的人家才能算得上是贵族。曹腾是宦官的大长秋,官位已经无法超越了,曹嵩也官至太尉了,也是人臣的顶级,这样曹家就处于第二代向第三代过渡的关键期,这样一来,曹家的"第三代"的子孙压力就更大了。面对"曹一代"曹腾的成就、"曹二代"曹嵩的官位,"曹三代"的曹操将何去何从?

1. "曹三代"出场 \ 17
2. 看上去幸福的童年 \ 18
3. 人生第一课 \ 20
4. 性本痴顽 \ 22
5. 皇帝成了宦官的儿子 \ 24
6. 伟大的友谊 \ 26
7. 读书时代 \ 29
8. 桥大爷看上了曹操 \ 31
9. 世有伯乐,然后有千里马 \ 34
10. 曹操是个好青年 \ 36
11. 一句话的力量 \ 37

三、做贤臣还是做奸雄

> 二选一,看上去很简单,事实并不是这样。孟子曾说"鱼和熊掌不可得兼,舍鱼而取熊掌者也",这倒不是"鱼和熊掌"放在一起吃有毒,也不是人不能同时既上山打熊又下河捕鱼,更不是一下子吃不下鱼和熊掌,这是一种选择,是取舍,是价值衡量。选择正确与否,既是能力水平,也是智慧体现。
>
> 许劭给曹操来了一道选择题——"子治世之能臣,乱世之奸雄"。许子将已经把题目给曹操了,怎么选择是曹操的事情。做"能臣"还是做"奸雄",曹操该怎样选择?

1. 曹家有郎初长成 \ 43
2. 初出江湖 \ 45
3. 史上最牛部尉 \ 47
4. 这顿棒子打了谁 \ 49
5. 福祸相依 \ 52
6. 有理想才有魄力 \ 54
7. 现实很残酷 \ 56
8. 天才商人汉灵帝 \ 58
9. 男人、出路和梦想 \ 60
10. 推手张角这个人 \ 62
11. 从来就没有什么救世主 \ 65
12. 造反无罪 \ 68
13. 乱世英雄起四方 \ 71
14. 济南来了曹青天 \ 73
15. 为天下太平而努力 \ 75

四、天下大乱

> 曹操做梦都想着天下太平，抑或自己创造一个盛世，但"树欲静而风不止"，有人不乐意——宦官不乐意，因为治世就意味着他们时代的终结；有野心的人也不愿意，因为治世就可能会使他们的野心成为水中月镜中花；就连汉灵帝也不愿意，因为治世就标志着他美好生活的结束。于是，乱世就在他们的期待和盼望中到来……
> 乱世来了，曹操是大喜还是大悲，抑或悲喜交加？是隐忍于乱世，是趁势出击，还是等待治世到来再出山？

1. 曹操重出江湖 \ 79
2. 每个人都有皇帝梦 \ 80
3. 皇帝不是换着玩的 \ 82
4. 都是汉灵帝惹的祸 \ 84
5. 何屠户被太监屠杀了 \ 86
6. 西凉有董卓 \ 88
7. 董卓进京 \ 90
8. 洛阳劫 \ 92
9. 袁绍吓跑，董卓吃饱 \ 94
10. 天下大乱 \ 96
11. 逃亡者曹操 \ 98
12. 陈留亮剑 \ 100
13. 倒董同盟 \ 103
14. 天下不可无曹操 \ 106
15. 倔强的坚持 \ 109

五、储蓄资本

> 按照基督教教义,从亚当夏娃偷吃了禁果开始,人类就有罪。资本原始积累就像人一生下来即有罪一样具有"原罪"。这是神学上的"原罪"与经济学上的"原罪"。政治也是如此,自从产生就有原罪,政治的本质就是争抢地盘。都是争抢地盘,谁能说,谁能比谁高尚,谁能比谁龌龊?只是有人手法高明一些,会经营一些,其本质都是一样的。董卓争地盘杀人,袁绍争地盘杀人,刘备争地盘照样也杀人,曹操争地盘当然不比他们好哪儿去。争夺地盘还是杀人,这不仅仅是人品的问题,更为重要的是"政治",是"政治"让他们戴上了共同的面具,在这套面具下,没有高尚没有龌龊,只有现实利益。

1. 英雄要有用武之地 \ 115
2. 韩馥是一个"杯具" \ 117
3. 曹操的春天来了 \ 119
4. 地盘要靠自己去打 \ 121
5. 庶民也能改变时局 \ 123
6. 乱局者贾诩 \ 125
7. 曹操有地盘了 \ 127
8. 天上掉下来青州兵 \ 130
9. 袁术的小聪明 \ 132
10. 踏着袁公路出发 \ 134
11. 陶谦的选择 \ 136
12. 徐州,徐州 \ 139
13. 耳朵大有福 \ 142
14. 错误的代价 \ 145
15. 陈宫看上了吕布 \ 149
16. 谋士的力量 \ 151
17. 收拾残局 \ 153
18. 终于找到组织了 \ 156

六、奉天子以令不臣

> 说金钱是罪恶,都在捞;说美女是祸水,都想要;说高处不胜寒,都在爬,这正印证了东汉时那些驾驭皇帝的权臣下场,从最牛的"跋扈将军"梁冀,到汉桓帝的老丈人窦武,到汉灵帝的大舅哥何进,到西凉彪汉董卓,谁不知道"皇帝"是祸水?玩不起啊,谁玩谁倒霉。可有什么用呢?道理谁都知道,只是抵制不住那权力的诱惑。前面的一个个倒下了,后面又有一批站起来,前赴后继,永续不绝。当董卓的尸骨正在点天灯的时候,王允又被砍了,但这仍不足以震撼任何有野心的人,袁术早在运筹,袁绍的纲领是"挟天子以令诸侯",刘备也早想坐坐"华盖车"了,少有"治世能臣"之志的曹操则内敛许多,只是提出了"奉天子以令不臣"。正所谓,乱哄哄,你方唱罢我登场,且看谁主皇帝,问鼎中原。

1. 皇帝就在心中 \ 161
2. 皇帝成了抢手货 \ 162
3. 无限接近皇帝 \ 164
4. 奉迎天子 \ 166
5. 能臣曹操 \ 168
6. 好面子的袁绍 \ 170
7. 欢迎前来捧场 \ 173
8. 能臣首秀征张绣 \ 176
9. 软柿子也能硌掉牙 \ 178
10. 袁术的皇帝梦 \ 180
11. 袁术成了靶子 \ 182
12. 人是会思想的芦苇 \ 185
13. 智慧的力量 \ 187
14. 再高的智慧也抵挡不了枕边风 \ 189
15. 当吕布遇见刘备 \ 191
16. 令不臣称臣 \ 194
17. 等待决战 \ 196
18. 青梅煮酒论英雄 \ 198
19. 刘备跑路了 \ 200
20. 战利品关羽 \ 202

七、决战官渡

> 年少时的游侠好友,同朝为官的僚友,讨伐董卓的盟友,初期抢地盘的战友……一个是"治世之能臣,乱世之奸雄"的曹操,一个是"怀雄霸之图"的袁绍;一个是志在做老大,一个是不甘为人下;一个是"机警,有权数",一个是"多谋深筹"……曹操战袁绍,是缘分,也是夙愿;有恩,有怨,有情,也有仇。因此,这两个人对垒注定不是简简单单的武力较量,还有智慧的比拼。所以官渡之战打的不只是战争,还有谋略。

1. 做事要有大气魄 \ 207
2. 得道者得天下(1) \ 209
3. 得道者得天下(2) \ 211
4. 天下在人心 \ 212
5. 曹操十胜,袁绍十败 \ 214
6. 袁绍的犹豫 \ 216
7. 战前之战 \ 218
8. 赢在白马津 \ 219
9. 颜良成了关羽的背景 \ 222
10. "备丑组合"成为曹操的祭品 \ 225
11. 成功需要的是坚持 \ 228
12. 袁曹智斗,刘备得利 \ 231
13. 刘备的眼光 \ 232
14. 许攸来了 \ 234
15. 火烧乌巢 \ 236
16. 袁绍过黄河 \ 238
17. 人间正道是沧桑 \ 240

八、征天下

> 人能改变局势，但局势发生变化后，人也应该去适应。如果不能适应，尽管局势是自己营造的，也有可能被局势废掉。打败袁绍，曹操也不是绝对的老大，曹操知道要想做老大，还有很多事要去做，除了武力上的震慑还需要文治熏陶。人强大到一定程度，控制不当就会自我膨胀，会认为自己是太阳，结果终会原形毕露，虽袁绍之鉴不远，但曹操并没有汲取。这个时候，最好的办法就是，让上帝的归上帝，恺撒的归恺撒。

1. 人都是会变的 \ 245
2. 治天下要有智慧 \ 246
3. 袁绍死了 \ 248
4. 袁绍的儿子们 \ 250
5. 袁谭送来大礼包 \ 252
6. 袁谭和曹操斗心眼 \ 255
7. 战争与和平 \ 257
8. 战争的归战争 \ 259
9. 曹丞相 \ 264
10. 曹操看中了孔融 \ 267
11. 祢衡的悲剧 \ 268
12. 文人与政治家 \ 270
13. 轻取荆州 \ 273
14. 宜将剩勇追刘备 \ 276
15. 别拿英雄不当大腕 \ 279
16. 一场充满错误的战争 \ 281
17. 战争都有理 \ 283
18. 谁烧的赤壁那把火 \ 284
19. 刘备的真面目 \ 286
20. 刘备，吾俦也 \ 289

九、整顿，再出发

> 赤壁之战对曹操来说，就是"昨天所有的荣誉，已变成遥远的回忆"，而且从此开始还将走进风雨。战场上的失败像多米诺骨牌一样迅速传递到官场，曹操的官场上迎来了挑战，以前顺风顺水时掩盖的矛盾也开始浮出水面，这其中有皇帝、有臣子，也有外患，还有人落井下石……一时间曹操几乎就是四面楚歌，但是对曹操来说，这又算得了什么呢？这又能算得了什么呢？都是小事儿，多少年前都经历了，现在权当忆苦思甜了。曹操清楚得很，虽然赤壁战败，但他仍是汉朝的丞相，最为重要的一点就是，实际上他仍然掌握着汉朝的政权。这个时候，曹操知道反驳没有用、批判也没有用、争论更没有用，与其浪费时间跟这帮人嚼舌头，倒不如总结经验，吸取教训，重新上路。

1. 没有硝烟的战场 \ 295
2. 从头再来 \ 296
3. 这个皇帝不简单 \ 298
4. "让县"未必真明志 \ 299
5. 曹操和汉献帝是什么关系 \ 301
6. 江湖未静，不可让位 \ 303
7. 政治就是玩"阳谋" \ 305
8. 平关中 \ 307
9. 生子当如孙仲谋 \ 309
10. 二手消息害死人 \ 311
11. 得陇难望蜀 \ 313

十、人在征途

> 曹操也是人，正如他自己对关中士兵所说："汝欲观曹公邪？亦犹人也，非有四目两口，但多智耳！"（《三国志·魏书·武帝纪》）既然是人，就不能免俗，要吃喝拉撒睡，要有精神需求，所以曹操同样贪权恋位、同样喜欢美女……只是他不痴迷，他很清楚自己是谁，自己应该做什么，自己的责任又是什么，哪些才是自己要追求的。所以在面对皇帝三位诱惑时，他说：若天命在吾，吾为周文王矣。所以在临死的时候，他说：天下尚未安定，敛以时服，无藏金玉珍宝。所以，曹操能写出"老骥伏枥，志在千里。烈士暮年，壮心不已"的经典名言。

1. 人在江湖身不由己 \ 319
2. 曹丞相的理想 \ 320
3. 天下姓什么 \ 322
4. 和汉献帝的最后一战 \ 324
5. 曹操也很爱自己的儿子 \ 326
6. 选择继承人是个问题 \ 328
7. 做文王 \ 330
8. 曹操的奋斗史 \ 333
9. 天下尚未安定 \ 336
10. 第一个"被"皇帝的人 \ 337

一、家世不能承受之轻

　　这个世界上，无论是过去、现在，抑或是将来，也无论是谁，都不能选择什么时候出生、出生在哪里以及出生在什么样的家庭。但只要出生了，就要承受这一切。出生在贫寒之家，虽然难免遭受物质上的匮乏，但没有套在头上的光环；出生在豪门世族，虽然享受物质上的满足，但要在重压之下再创辉煌。这世界，无论出身于什么样的家庭，其实都是不可承受的，还是把这句人尽皆知的"英雄不问出处"作为共同的格言吧。

1. 这天是老刘家的

汉朝,是一个历史很长很长的王朝。先是刘三(刘邦在家中兄弟排行第三)建立的汉朝,历经二百多年,后来一个读书的王莽把汉朝给废了,这是中国历史上第一次秀才战胜了兵。遗憾的是,王莽书读得确实不错,但治理国家有些外行,有些书生意气。结果,没折腾几年就又亡国了,出现了一个新皇帝,这一次做皇帝的还姓刘,据说还是刘三当年一脉传下来的,正儿八经的龙的传人,也叫汉朝。两个汉朝,加起来四百多年。

四百年,可不是一个小数字,到现在我们中华民族才五千年的文明,老刘家一下子就干了四百年,这在老百姓的心中影响太大了。这天下就是老刘家的,当年的秦始皇喊着要万世一表,结果十多年的光景就没了,这老刘家四百年了,虽然秀才王莽折腾过一回,但天下还是回到了刘家的手里。四百年之久,在人们心中凝聚成的观念,是非常牢固的,几乎认为这是一个永久性的存在。这种心理形成一种倾向,天下到底是刘姓的。

所以在那四百年间,再有野心的人也不敢否定刘姓,自立门户做皇帝,充其量找一个刘姓的,由自己控制,做一个一人之下万人之上的主儿。

再说,自从光武帝刘秀再次辉煌之后,他的后代却是种龙种生跳蚤了——一代不如一代,不仅繁殖能力低下,就连寿命也大打折扣。从刘秀的孙子汉章帝刘炟到汉桓帝刘志一共 8 个帝王,竟没有一位活到 40 岁,最长寿的刘志也仅仅活到 36 岁。

俗话说,店大欺客,奴大欺主。这皇帝年幼,大权自然旁落,当然不会落到外人手里,不是叔叔大爷就是舅舅姥爷,再就是身边的人。由于老刘家的繁殖能力从刘炟起就不行了,叔叔大爷几乎没有,于是老刘家的朝堂就这样沦落成外戚和宦官折腾的地方。

还是从这位刘庄之后最长寿的皇帝说起吧,汉桓帝刘志能够登上皇

位,纯属偶然。公元125年,东汉第七个皇帝汉顺帝即位,外戚梁家掌了权。梁皇后的父亲梁商、兄弟梁冀先后做了大将军。梁商倒还算一个人臣,梁冀则是一个十分骄奢淫逸的家伙,他目无朝纲,胡作非为。汉顺帝去世后,大权在握的梁冀,为了更好地控制刘家朝堂,安排了一个两岁的娃娃汉冲帝做皇帝。但不知什么原因,过了半年,这娃娃皇帝也死了。

和汉冲帝合作的这段日子,梁冀感觉很幸福,还是小孩子好糊弄,因而就想再弄一个孩子做皇帝,史书称梁冀的这种行为"贪孩童以久其政"。为了到达目的,梁冀通过层层设限,关关设卡,最后在皇族中找了一个八岁的孩子来做皇帝,就是汉质帝。这汉质帝虽然人不大,却眼光独到,很是聪明。甚是看不惯大将军梁冀的做派,说了一句发自肺腑的"此跋扈将军也"。梁冀一看,这么小就如此张狂,长大了还不收拾我,于是就毒死了这个娃娃皇帝。梁冀就是那位长得让人见了"睡觉做噩梦"(貌寝)的主儿,长得丑不是错,但滥杀皇帝,危害天下就不对了。

天下不可一日无主,皇嗣问题再一次摆到朝廷面前,这梁冀主政三年,每年都要搞一次,这已经是第三次了。

虽然皇帝轮流做,但只能是老刘家的人,梁冀张狂是张狂,也只是在权力方面,没敢想过皇帝之位。在公卿大臣议立新君的准备会上,太尉李固、司徒胡广、司空赵戒、大鸿胪杜乔等再一次推举清河王刘蒜,但中常侍(就是宦官,居此位可权倾人主)曹腾(记住这个人,他就是曹操的"爷爷")不同意。为什么呢,因为曹腾先前拜谒过刘蒜,刘蒜未以大礼接待他,曹腾感觉刘蒜太不拿自己当大腕,很是不爽。曹腾和宫内的宦官们也由此担心刘蒜上台会对自己不利,因而坚决不同意。

这时的刘志可谓鸿运当头,15岁就继承了父亲刘翼蠡吾侯的封爵。不久,梁太后(即梁冀的妹妹,汉顺帝的皇后)也看上了这位小帅哥,想把自己的妹妹梁莹嫁给他,于是宣他进殿相亲。正好赶上质帝被毒死,朝廷大臣选皇帝。

梁冀就想不如顺势立他为帝,亲上加亲,朝政便可完全掌握在梁家手中了。曹腾探知此意,连夜赶到梁家劝说梁冀立刘志,天上掉下个皇帝,梁冀当然同意。

就这样,刘志被推上了历史舞台。

这位新皇帝自然不会忘记那些帮助过自己的人,曹腾参与定策迎立汉桓帝有功,被封为费亭侯。不久出任长乐太仆,迁大长秋,俸禄仅在太尉之下,作为宦官也算是位极人臣了。曹腾达到了宦官这个辉煌事业的最高位:大长秋(不是大长今)!即皇后的近侍,专门代表皇后管理宫中事务,后宫总头子。那时候,皇帝年幼,少不更事,其实是皇后执政。作为的皇后的代理人,曹腾当然也就在朝中炙手可热。

这曹腾是什么来路呢?

2. 这个宦官不简单

说起这曹腾,其家世也不简单,祖上当年就是和汉朝开国皇帝一起打江山的曹参,具体到曹腾这一代有多少代,已经说不清了,祖祖辈辈就是这么教育的,咱们老曹家不简单,相国曹参就是咱们的祖宗。

虽说人家老刘家的子孙一代不如一代,和人家比起来,这老曹家还不如人家呢,人家老刘家再怎么差,皇帝还是人家来做,可老曹家早就不是相国了。正如老刘家的江山没变一样,老曹家对老刘家的忠心也没变,不能做相国,咱就做黎民百姓,再就是做太监也要为老刘家服务。

据史书记载,曹腾的父亲叫曹节(让人疑惑的是曹操的女儿也叫曹节),素以仁厚称。据说,曹节的邻居家曾经丢了一头猪,奇怪的是,邻居家丢的这头猪和曹节家的实在太像了。于是邻居就到曹节家,说曹节家的这头猪就是自己丢失的那头,而且把曹节家的猪当作自己家的猪赶走了。尽管曹节明知道这头猪就是自己家的,但他并没有和邻居争辩,大度地让邻居把自己家的猪赶走了。

后来,邻居丢失的那头猪自己回来了,这时,邻居才知道弄错了,非常惭愧。于是就把曹节家的猪送了回去,并向曹节道歉。而曹节则很平和,微笑着把自己家的猪赶回家。尽管就是一头猪的事,但曹节获得了乡亲们的赞誉。

从记载来看，曹节一生应该没有做过什么官，这从曹操及其后人对曹节的态度可以知道，所以《三国志·魏书·刘晔传》曾引魏明帝的诏书证明："自我魏室之承天序，既发迹于高皇、太皇帝，而功隆于武皇、文皇帝。至于高皇之父处士君，潜修德让……"高皇即是曹腾，"高皇之父处士君"就是指曹节。这里，"处士"有特定的含义，就是指那些有才德但从来没有在朝廷做过官的人士。

从魏明帝的诏书可以确定曹节是没做过官的，但宅心仁厚，家境富有。据记载，曹节有四个儿子，长子伯兴、次子仲兴、三子叔兴、四子季兴。这"季兴"就是曹腾，也就是说曹腾是家里最小的那个。

再说，到宫里做太监也不是什么逍遥的事，这曹腾也挺不容易的，从小就"舍身为家"进宫当了宦官。由于聪明且性格谨厚，不久，曹腾被太子刘保的妈妈邓太后相中，作为太子的陪读，这位太子就是后来的汉顺帝。这样一来，曹腾和刘保就成了同学。这汉顺帝确实够哥们，做了皇帝，没有忘记自己读书时代的同窗，因此曹腾的官也是一路飙升，从黄门升到从官，再升为小黄门，后来官位高达中常侍。

尽管和皇帝是同学，曹腾明白越是有这层关系，就越要谨慎和低调。进宫三十余年，尽管先后经历汉安帝刘祜、汉顺帝刘保、汉冲帝刘炳（刘保的儿子，两岁即位、三岁病死）、汉质帝刘缵（骂梁冀跋扈将军的那个）、汉桓帝刘志五任皇帝，但曹腾从来没有犯过什么差错，全身而退，这在政局动荡的东汉时代绝对是个奇迹。我们把东汉末年所有大宦官的人生履历比照一下，发现曹腾绝对是一个奇迹。在那时，作为几任皇帝、皇后和皇太后身边的红人，而且是"任你风雨飘摇，我独不倒"，就曹腾一个人。

在宫里的生活，不说是每天行走在刀尖上，也绝对称得上战战兢兢如履薄冰。曹腾飞黄腾达之时，也正是梁家一手遮天之时，曹腾能全身走出后宫，说明曹腾与梁家的关系够意思。虽不至于像有些人推测的那样——曹腾是一个梁党，但在某种程度上，曹腾和梁家存在某种利益交易。否则，不管曹腾是否谨厚，梁冀都饶不了他，更不可能让曹腾长期处在权力中心。

曹腾是一个低调内敛的人，尽管深得梁太后和梁冀的信任，但却从不飞扬跋扈,也不欺压百姓。不仅如此,曹腾对自己的家人也严格管理,不为非作歹,没有干过欺压人民的坏事。不仅如此,曹腾还为国家推荐了不少人才,曹腾传记里列举了他举荐了延固、虞放、张温、张奂、边韶、堂溪典六个人,这些人遍布军政学三界。这几个人物,在东汉末年都是风云人物,都了不起。尤其张温、张奂这俩人,后来还成为了大汉军队里的元帅级人物,像董卓、孙坚、陶谦、公孙瓒、刘表这样的乱世枭雄都是他们一手提拔的。

不管曹腾举荐这些人是不是真正为了国家,但曹腾落得了为国举荐英才的美名。至于曹腾这样做,是不是在给自己的后代子孙们铺路,这不好说;可以肯定的是,曹腾这样做,绝对不是在自己的子孙后代发展之路上设置障碍。

曹腾还是一个心胸开阔的人,当时有个蜀郡太守为了讨好曹腾,命上计吏(每年去中央汇报地方工作的吏员)去中央汇报工作的时候顺便送些礼物给曹腾。结果,曹腾还没有收到礼物,益州刺史种暠在函谷关就把礼物和书信一网打尽,查出了问题。于是,种暠上奏朝廷,要求罢免太守,同时弹劾曹腾,说曹腾内臣外交,所为不当,应免官治罪。好在皇帝明辨事理,淡淡地说:"信是从外面来的,在宫里的曹腾怎么能知道呢?这不是曹腾的过错。"就把种暠的奏折放置一边,不再处理这件事。后来,曹腾并没有介意此事,相反,还经常在皇帝面前称赞种暠,说种暠是真正忠于皇帝的好官员。

后来,种暠官至司徒,不知道这里面有没有曹腾的运作,但种暠却很感激,他感慨地说:"我能坐上今天这个位子,要感谢曹常侍的提携啊!"

曹腾的能力由此可见一斑。其实这也很正常,为什么呢?曹腾本就是一个聪明人,加上太子陪读的历练,皇帝的老师可是天下最优秀人才,聪明的曹腾耳濡目染,自然学到不少,那能力那眼光那手腕,绝非常人所能及。面对曹腾,我们不能仅仅把他看作一般的太监,还应该考虑到他的能力、他的奋斗。

面对一个人的成功,应该有一个正常的心态,不能动辄就认为,这不正常。不仅要看到他们辉煌的一面和落魄的一面,还要去探求他们奋

一 家世不能承受之轻

斗的历程，体味他们的艰辛和无奈。

可以说，曹腾的精心布局对于后来的曹魏帝国居功至伟，为曹氏一族百年间的繁荣兴盛奠定了基础。

3. 曹家的崛起

曹氏家族在当地本来就是名门望族，经过曹腾三十年的苦心经营，曹家在当时也算豪门了。

毕竟将近两千年了，曹家到底是不是豪门大族也无法找当事人求证了，好在历史并不如风，它总会留下点痕迹的。

探寻一个人的发迹之路，最好从他起步的地方开始，对曹腾也是如此。曹腾起步的地方——谯城，就是今天的安徽省亳州市，那里的最大的公园就和曹腾密切相关，公园的名字——曹操公园。曹操就是曹腾的孙子。公园最吸引人的就是曹氏墓群，公园里到处都是曹氏家族墓群，几乎就是曹氏墓群展览馆。

由于坟墓十分高大，历史悠久，当地人都不知道是什么东东了，就把这些高大的"坟墓"叫作"孤堆"，就是大土堆的意思。在当地人眼里，曹氏家族墓就成了"曹四孤堆""马园西地墓群""刘氏孤堆""董园二号墓""章园一号墓""观音山孤堆"……根据出土的资料考证，董园二号墓就是曹家奠基人曹腾之墓，章园一号墓则是曹腾的养子曹嵩之墓。

据《水经注》卷二十三记载："谯城南有曹嵩冢，冢北有碑，碑北有庙堂，余基尚存，柱础仍在。庙北有二石阙双峙，高一丈六尺，榱栌及柱皆雕镂云矩，上罘罳已碎，阙北有圭碑，题云：'汉故中常侍长乐太仆特进费亭侯曹君之碑'，延熹三年立；碑阴又刊诏策，二碑文同；夹碑东西列对两石马，高八尺五寸，石作粗拙，不匹光武隧道所表象马也。有腾兄冢，冢东有碑，题云：'汉故颍川太守曹君墓'，延熹九年卒，而不刊树碑岁月。坟北有其元子炽冢，冢东有碑，题云：'汉故长水校尉曹君之碑'，历大中大夫、司马长史、侍中，迁长水，年三十九卒，熹平六年造。炽弟胤冢，冢东有碑，题云：'汉谒者曹君之碑'，熹平六年立（谒者：汉时的一种官名）"。

墓主人肯定不会再说话了，但墓碑会说话，据墓碑记载，这里有：中常侍长乐太仆特进费亭侯、颍川太守、长水校尉、吴郡太守、永昌郡太守、山阳太守……别的不说，单单就是这些官位就足够辉煌了。

曹氏宗族墓群横跨二十多里，方圆十几平方公里，这样的规模，着实让人惊叹。从墓群的规模，我们能够想象那时期曹氏家族的影响和地位。

从曹氏墓群可以看出，曹氏一族可以说官员辈出，曹腾、曹褒、曹嵩、曹炽、曹胤、曹鼎、曹瑜这些人都是大汉的政府官员，其中曹腾还是能参与国家大事定夺的要员。

据出土的资料考证，曹褒与曹腾还是兄弟关系，是曹腾的哥哥，到底是哪一个哥哥，已经不可考证了。在曹腾的提携下，曹褒也是仕途腾达，官至颍川太守。虽然不是什么大官，但也不容易了。曹褒有一个儿子叫曹炽，先后担任过太中大夫、司马、长史、侍中、长水校尉，曹炽有两个儿子，分别是曹仁和曹纯，这两人也是曹家班的大人物。

如果用流行的"富二代"、"官二代"来给曹家人划分级别的话，那曹腾、曹褒就是打江山的"曹一代"，曹嵩、曹鼎就是出生在蜜罐里的"曹二代"，曹操就是走向贵族的"曹三代"，到了"曹四代"终于开花结果，曹丕做了皇帝。

4. 曹嵩是谁家的儿子

古语云，不孝有三，无后最大。在那时候，作为一个男人最不成功的不是你没车没房，也不是没工作，而是你没儿子，没有后代。因而做太监的男人最郁闷的就是这事，你可以权倾朝野，你可以富可敌国，但你就是没有后代。在纯爷们儿面前，这帮阉爷们儿就强不起来。

要不怎么说，人家汉顺帝够哥们呢？看到自己身边的那帮宦官哥们虽然升官发财，但还是受人歧视不能尽孝，没关系，我帮你们，你们不

是不能生育吗？没关系，可以领养、过继；没有先例也不用怕，我下一道旨，于是，阳嘉四年（135），汉顺帝下诏允许宦官收养嗣子，嗣子能继承爵位，享受世袭特权。当然这是有条件的，只有受封为列侯这个级别的宦官才能享受这个待遇。这样一来，高级别的宦官就和贵族世家一样了，在他们面前不再低人一等了。

身为费亭侯的曹腾一看自己正好符合政策，激动得几乎跳了起来，谢谢政府，谢谢皇上。有了这政策，我们和纯爷们儿就平等了，我们也能强硬起来了。于是乐颠颠回家找儿子去了。经过千挑万选曹腾选中了一个聪明伶俐的小伙子，这个人就是曹嵩。

曹嵩的养父谁都知道是谁，问题就出在曹嵩的身上，到底这曹嵩是谁的亲生儿子，两千年来一直没有结果，出身问题历来争议颇多，这里必须交代一下。

关于曹嵩的身世，有多个版本，其中陈寿版的影响最大，陈寿在《三国志》里对曹嵩身世的鉴定是"莫能审其本末"。好家伙，陈寿的这一鉴定，使得曹嵩这家人成了没有出处的"外星人"，成了"黑人黑户"，而且饱受歧视。有些野史认为，曹嵩是夏侯家的后人，亲生父亲是夏侯婴，是曹腾当初从夏侯家抱来的。

对于陈寿写的这句话，历来都有人怀疑，有人认为他的专业水准出了问题，当然这是站不住脚的，一部《三国志》足以证明他的水平。有人认为，这是陈寿为了报复曹操，而在曹嵩的身世上做小动作。其实人们认为《三国志》最大的缺点，就是对曹魏和司马氏多有回护、溢美之词。这样一来，似乎陈寿断不会也不敢在这方面下手，再说历史不是一般的书籍，要流传百世的，所以我们应该相信陈寿同志是有职业道德的。

曹嵩是谁的儿子，这的确是一个问题。有一种可能就是，连曹嵩本人都不知道。为什么这样说呢？在中国有一种默契，那就是所有的人都不能当着被收养人的面说他的真实身份，有时会出现，周围的人都知道了，收养之事已经成了公开的秘密，而当事人及其子孙后代却永远不知道。

谁都知道，生一个孩子不容易，而收养一个孩子更不容易，有可能养着养着就回到亲生父母身边了，白忙活一场。一般来说，养父母最害怕养子和亲生父母联系，就是养子的亲生父亲是自己的亲生兄弟，也照样小心翼翼,生怕把自己的养子抢走。

因而,陈寿之所以对曹嵩的身世搞不清楚,最有可能就是,陈寿写《三国志》的时候,已经无法获知关于曹嵩身世的准确资料了。

尽管当时仍然有不少人熟悉当朝及前朝历史掌故,但未必知道曹嵩的身世。也许会有人发问,当时曹植的儿子曹志不还活着吗?还在司马家的晋朝担任过乐平太守、散骑常侍、国子博士、博士祭酒等官职,他一直活到太康九年(288),一年后陈寿才写完《三国志》。这么好的资料源,陈寿为什么不去发掘呢?

有两种情况,一是,陈寿咨询了曹志等相关人物,曹志他们也搞不清楚;二是,陈寿不好去问曹志他们,想当然地处理一下,留下了一桩历史悬案。

曹嵩的出身确实是一个问题,要想解决,真的很难。是姓曹还是姓夏侯?这确实很难确定,但有一点是确定的,那就是从法律的角度说,曹嵩是曹腾的儿子,只要知道这一点就够了。

5. 曹嵩有个好爹

当今社会,如果有个很有权力的爸爸,比学好数理化要强好多倍。一切都靠他,但是,这种可能太小了。如果能学好数理化,再加上有个好爸爸,那就更好了。以前有个说法叫"学好数理化,走遍天下都不怕",现在这句话似乎变成了"学好数理化,不如有个好爸爸"、"如果不是亲爸爸,有个后爸爸也行;有个干爸爸也不差,实在不行,被收养了有个养爸爸也行",总之一句话,别管是什么爸爸,得有一个"好"的。

现在即使有好爸爸,但和古代的好爸爸比起来也差一大截呢?现在最厉害的也就是要要政策、搞个特权,大多数都是找找路子、跑跑门子,多少还得遮遮掩掩。古时候,好很多,可以直接接班,甚至可以世袭罔替。人家曹嵩就很幸运,尽管自己的亲爸爸差了一点,但人家有一个好养爸爸——曹腾。这爸爸可不是一般人物,是费亭侯,而且是世袭罔替的,也即是说,曹嵩在被收养的一刹那,就成了侯爷(相当于今天

的部级待遇），这个级别待遇，许多人奋斗一辈子都可望不可即。有个好爹，不要奋斗，立马拥有一切，如果爹爹是皇帝的话，那就更风光了，要什么有什么。

曹腾在朝廷多年的积淀，终于到了收获季节。曹嵩二十三岁那年，远在敦煌的敦煌太守赵咨举荐曹嵩为孝廉，之后曹嵩就做了荥阳令。据史书记载，赵咨这个人为官清廉。其实我们也应该相信赵咨的清廉，但天下之大，赵咨何以独独推荐曹腾的儿子？再说了，一个在敦煌为官，一个在洛阳甚至有可能在亳州的青年，相距如此之远，赵咨又是怎么知道曹嵩很有本事和孝顺的呢？最直接的一点就是，曹嵩是曹腾的儿子，最为关键的一点是，曹腾是大长秋，是皇帝身边的人，作为官员，这一点，赵咨肯定知道。正如相信赵咨的清廉一样，我们相信赵咨还很会做官。

也就是说，曹嵩之所以能做官，一方面可能是自身的能力，另一方面也是最为重要的，就是因为他身后的背景——曹腾。后来，赵咨官拜东海（今天江浙一带）相，从敦煌赴任东海时路过荥阳。为了感谢知遇之恩，曹嵩发动整个荥阳的百姓，让商店关门、学校停课、手工作坊停业，调动一切人员到城门口夹道相迎。

一看场面太隆重，赵咨很是害怕，这种超规格的仪式，他吃不消。万一有人告发，丢官事小，小命都会搭上。于是赵咨马不停蹄车不停留，根本不见曹嵩的面。面对恩公的冷遇，曹嵩并不羞恼，反而说："赵大人是天下的人望，路过我的地盘，却不愿意见我，天下人知道这事，肯定笑我曹嵩的！"为了拜谢赵咨，曹嵩弃印绶一直追至东海地界，赵咨深为感动，终于停车相见。

后来，曹嵩因为追赵咨，犯了擅离职守之罪，最有可能是欢迎的排场太大了。不管怎样，曹嵩丢了荥阳令，但却赢得了名声。官员一旦因犯错误被罢免是很难再被起用的，这基本是公开的秘密。其实在中国这种文化制度下，人们只记得别人的恶，而不记得别人的好，因而一旦落井，下石的人还真不少，即使死了，人们依然会愤恨地说，活该，当年他还曾经对我怎么怎么着。获得了名声，但要想凭自己的本事再度东山再起，势必难如登天。

但曹嵩不怕，因为他有个好爸爸，只要获得好名声就够了，此事不久，曹嵩就以曹腾养子的身份，继承了费亭侯的爵位。

有好爸爸曹腾多年搭建的关系网罩着，加上曹腾的点拨指教，曹嵩在官场如鱼得水。到汉桓帝末年的时候，曹嵩已经混到了司隶校尉（京城卫戍区司令）的级别，后来到汉灵帝执政的时候，曹嵩更上一层楼，先后升任大司农（财政长官）、大鸿胪（掌管诸侯及少数民族事务），官至九卿，炙手可热。从曹家后来的财富可知，曹嵩是不是清官不好说，但曹嵩肯定会捞钱。毕竟做过大司农，曹嵩肯定明白其中的道道，做做假账，挪用公款，假公济私。就这样，在合法的幌子下，他把国家的钱变成了曹家的，为后来的买官积蓄了资本。

后来，汉灵帝为了赚钱，弄出个花钱捐官的制度。一看能花钱买官，手中有钱的曹嵩急忙花钱为自己买了太尉一职，价位说出来吓人，一亿钱。

买来的官也是官，就这样，曹嵩就成了曹太尉，位至三公，这也是曹嵩政治生涯的巅峰。

这样一来，曹家的名声就洗白了，我们也是三公，名门豪族。

6. 无法选择的出身

有人说，人只在两个时候是平等的，一个是出生，都是赤裸裸的来到这个世界；一个是去世，无论生前如何显赫，殊途同归，都是两手空空，不带走一片云彩。

这话有道理，但出生后穿的第一件衣服，就鲜明地打上了家庭的烙印，而其后的成长就更不用说了，一直到死之前的最后一顿饭，都是有差别的。

现在比较流行所谓选择决定人生，有没有道理？有，但不全有。为什么呢？问题的关键在于给不给选择的机会，还有就是有机会的时候有没有选择的能力，再就是机会后面的附加条件是不是符合。

还拿曹嵩来说，他当时有没有选择出生的权利？没有，因为那是他爸和他妈的事情，他什么都决定不了，只能乖乖地接受。再后来，出生

后，有没有权利选择是否做曹腾的儿子？仍然没有，为什么？因为他爹不如曹腾，因为他爹需要仰别人鼻息，那个人就是曹腾。再说了，曹腾那可是官大家大业大，能进曹腾的家门给他做儿子，那也是几辈子修来的福，曹腾看上谁家，那就是给谁面子，谁还会不识抬举呢！

就这样，曹嵩在被同意、被选择、被幸福……的条件下，热热闹闹地成为了曹腾的儿子，当然这是有手续的，是走程序的，是合法的，是被公证的，绝对不是暗箱操作。这些条件缺一不可，否则，曹腾百年之后，曹嵩是无法继承曹腾侯爵和家产的。

在今天，只要能和豪门或权贵搭上一点点关系，有谁会拒绝？谁又能拒绝。相比较起来，曹嵩还算相当光彩的，第一，这一切都是合法的，受法律保护；第二，这一切都是"被"完成的，曹嵩没有丝毫的主观愿望，更没有一丁点的选择权利。

从曹嵩的成长和后来的成就来看，曹嵩应该是幸福的，曹腾也是很喜欢这个儿子的。不过在宦官这特殊符号的笼罩下，曹嵩还是有些自卑的，总想通过自己的努力改变自己的命运，提高家族的声誉。由于水平不怎么样，弄巧成拙，一是为了报答知遇之恩，曹嵩擅离职守追赵咨，结果被罢官；二就是，为了超越养父达到自己政治生涯的最高峰，曹嵩不满足于大鸿胪的职位，按照朝中有花钱捐官的制度，花去一亿钱为自己捐了太尉一职。虽然曹嵩官梦实现了，但曹嵩的买官行为却受到了非议，一些读书人、清正廉明和有志之士都很看不上曹嵩，本就处在宦官帽子之下，再加上买官这件事，家族声誉为此受到损伤。

这样一来，曹家的子孙后代压力就更大了，曹腾是宦官的大长秋，官位已经无法超越了，曹嵩也官至太尉了，是人臣的顶级，面对这两座大山，"曹三代"还能超越吗？

和"曹二代"一样，"曹三代"也是注定物质幸福的，同样是无法选择是否出生在这个家庭，出生在这个家里，在享受物质上的幸福的同时，难免要承受着"曹一代"的"宦官"之名和"曹二代"的买官之声，在这种物质的腐蚀和精神压力的双重重压下，"曹三代"真的能"洪湖水浪打浪，长江后浪推前浪，一浪更比一浪强，把爹爹拍在沙滩上"吗？

二、"曹三代"的成长

中国人说"三代出贵族",一代出息只能算"暴发户",二代出息算"文化人",三代出息算"贵族",其实就是说出身显贵、家财万贯、延富三代的人家才能算得上是贵族。曹腾是宦官的大长秋,官位已经无法超越了,曹嵩也官至太尉了,也是人臣的顶级,这样曹家就处于第二代向第三代过渡的关键期,这样一来,曹家的"第三代"的子孙压力就更大了。面对"曹一代"曹腾的成就、"曹二代"曹嵩的官位,"曹三代"的曹操将何去何从?

1. "曹三代"出场

汉桓帝永寿元年即 155 年，大汉帝国发生了一件不大不小的事情，那就是"曹二代"曹嵩的夫人生了一个男孩。其实，在这个帝国，这样的事每天都在发生，而且数目还不小，为什么偏偏这家人生个孩子，算得上一件事呢？原因就是这个家族非同一般，显赫的费亭侯家，别的不说，单就费亭侯俸禄就够让人咋舌了，仅在丞相、太尉之下，一年俸禄略少于4200石（大约42万斤粮食），再加上节日赏赐，就更可观了。所谓"赏赐"，就是常俸外的加薪，如《汉官仪》中记载仅"腊赐"一项为：大将军、三公各钱20万、牛肉200斤、粳米200斛。再有就是这个孩子的出生，将会对中国历史产生极为重要的影响。

当然，这一年，还发生一件算得上大事的事情，那就是太学生刘陶等联名给汉桓帝上书，请求汉桓帝不要委任宦官，起用朱穆、李膺等士大夫。

"曹三代"出生，无疑给这个家庭带来无尽的欢乐，尤其是曹嵩夫妇。"曹三代"标志人物出生时，我们功勋卓著的"曹一代"代表人物曹腾无疑也是欢乐人群中的一员，而且有可能是最兴奋的一个，原因就是他特殊的身份。在那时候，曹腾最想感谢的应该是已经在天堂等他的老同学——汉顺帝刘保同志，如果没有老同学刘保的特殊政策，哪有自己的今天，哪有现在的儿孙满堂？

这一年对曹腾来说，无疑是最好的一年，因为这一年，他的孙子出世了，有了第三代；当然这一年也是最坏的一年，因为在这一年，人们对宦官已经忍无可忍了，宦官的美好时代正处于最后的癫狂。

虽说侯门曹家是当宦官换来的，可不是浪得虚名，人家曹腾可是读过书的，而且确实做过一些好事。从曹嵩就能看出，这家的孩子有教养。可曹嵩的这个儿子却不是一个省油的灯，尽管出生得相当平静，没有闪电、没有雷雨、没有火光、没有大风、没有龙，也没有异象，绝对不像一个将来要改变乾坤的风云人物出生的排场，但其长大后的行为却

是惊天地泣鬼神，说大一点，风云为之变色都不夸张。

读书人家的孩子，名字就相当讲究，绝对不会叫什么"狗剩""阿猫""阿狗"之类的，老曹家几代读书，这名字自然起得很好，叫得响亮。于是"曹三代"领军人物的名字横空出世，就一个字"操"，小名阿瞒，也叫吉利。这小名起得够意思，吉利好理解，就是图个吉利；而阿瞒就不好说了，家长给孩子起这名，有什么期望吗？是曹嵩还是曹腾，总之，"阿瞒"这名极具想象力，起得太有学问了。

和养祖父的"舍身进宫"、父亲过继给别人相比，曹操在物质上无疑是幸福的，可以说是"含着金汤匙"出生的，这时的曹家家大业大，子弟布满朝列。在曹腾关照下，曹嵩由司隶校尉（京城卫戍总司令）做到九卿之一的大司农和大鸿胪。当然曹氏宗属也获益良多，做中央级大官的，就有到尚书令（国务院办公厅主任）的曹鼎和做到卫将军的曹瑜。如此显赫的家族，为"曹三代"营造了优裕的发展空间。

自古富家多纨绔，这一定律亘古未变。曹家这么有钱，所谓再苦不能苦孩子，富了自然富孩子，曹操于是过着富足的纨绔子弟生活。

2. 看上去幸福的童年

在外人看来，曹操的童年无疑是幸福和富足的，出生在费亭侯之家，那俸禄那家产，就是什么都不做，也够养几代人的。在这样的家庭，别的不说，物质上肯定是有保障的。但这个家庭更显著的特点是：它没有书香门第的谦和明理，也没有庄户人家的忠实厚道，有的只是像市侩奸商一样钻营、势利、奸猾。因而生活在这样的家庭里，幸福有时候会很罕见，我们可以通过曹操的一首回忆童年的诗来解读。

曹操在《善哉行》一诗中这样回忆自己的童年："自惜身薄祜，夙贱罹孤苦。既无三徙教，不闻过庭语。其穷如抽裂，自以思所怙。"

先来看看"自惜身薄祜，夙贱罹孤苦"这句，就是叹息自己的命不好，没有福气，从小就没有父母在身边，既卑微又无依无靠，历经辛酸。

不会吧？曹操也经历过苦日子，当时的曹家不说富可敌国，最起码也富甲一方吧，不然曹嵩何以有那么多的钱去买官呢？生活中经常有这样的情况发生，有些人看上去很幸福，其实心中有苦楚；有些人看上去很辛苦，其实心中却充溢着幸福——其实谁也没过过谁的生活，生活只是自己的。曹操就是这样，出生在这样一个豪门里，不说天天山珍海味，再差也应当衣食无忧吧。而事实却不是这样。为什么呢？用曹操的话说就是"夙贱罹孤苦"，曹操的生母丁氏应该在曹操很小的时候就去世了，而曹操的父亲曹嵩又在外地为官。想想吧，母亲去世了，父亲也不在身边，生活在一个豪门大族里，且不说豪门里的恩怨是非和钩心斗角，仅生活就可以把他折磨癫狂。这样的孩子谁待见呢？再加上生性顽劣，可以说曹操过的就是一种自生自灭的生活。

正如曹操在诗里所说："其穷如抽裂，自以思所怙。"这两句诗的意思是，每当饿得肚子疼痛难耐和冻得皮肤发裂的时候，就独自一个人思念自己的父母，爸爸妈妈，你们在哪里啊，我饿啊，我冷啊，你们快回来啊。饿了，没人管；哭了没人哄；冻了，没人给衣穿；受欺负了，连个依靠都没有……童年的遭遇在曹操的心里留下了深深的烙印。童年是奠定人生基础的最重要时期，弗洛伊德说"六岁定一生"，可以说这一切直接影响了曹操以后的性格、人生和成就。

应该说，这样的日子一直持续到曹操六岁的时候，那就是延熹三年即160年。那一年，对整个曹家来说是个大不幸，因为功勋卓著，曹氏家族的奠基人——曹腾离开了人世，到天堂去见他的老同学刘保同志了。按照曹腾遗嘱，他愿意叶落归根，于是他的肉体便被运回到他人生的起点，也是他可爱的故乡——亳州。

按照制度，官至司隶校尉的曹嵩不得不跟随前费亭侯大长秋曹腾同志的灵柩回到了久违的家乡，而且还要在这里待上三年为父亲守孝。这样一来，曹嵩见到了他久违的儿子——曹操，因为守孝，也要在这里和亲爱的儿子共度三年时光。而曹操也见到了日夜思念、想象中的父亲。不过他不认得他的父亲，当然曹嵩也不认识他的儿子。就这样，在曹操性格即将定型的时候，他的父亲回到了他的身边。

见到自己想象中的父亲，曹操当然高兴，但难免有怨恨，自己在受

苦的时候，父亲在哪里呢？现在，自己已经能游刃有余生活的时候，爸爸回来了，对自己的成长似乎已经没有太大的帮助了，但回来总比不回来强。

在这几年里，曹操掌握了在这样豪门大族里的生存法则和技巧，读懂了人情世事，更知道如何利用别人的软肋为自己谋利益。活生生的现实教会了曹操生存的法则，也正是这段艰难困苦的经历，练成了曹操"少机警，有权数"的本领。这使得小曹操很早就学会了用自己的眼睛观察周围的世界，用自己的大脑思考遇到的问题，由自己来决定自己的行止，慢慢地，曹操变成了一个"野孩子"。

3. 人生第一课

在曹操生命的前几年里，母亲只是一个传说，父亲也只是一个符号。一个人孤苦伶仃地生活在亳州老家，饭吃不饱，衣穿不暖，哪还有什么教育、什么启蒙，那时的曹操最关心的还是怎样才能吃饱饭，怎样穿暖衣，爸爸，那可爱的爸爸什么时候才能回到自己的身边。

所以当曹操读到孔子的"过庭"教育孔鲤和孟母为教育儿子"三迁"的故事，内心备感欷歔，大有遗憾，故而在《善哉行》一诗中写道："既无三徙教，不闻过庭语"。

什么叫"三徙教"呢？三徙教就是《三字经》中说的"昔孟母，择邻处"。据说，在孟子小的时候，孟子的母亲为了给儿子营造一个好的教育环境，曾经三次搬家，叫作三徙，所以后人把孟子母亲的这种教育叫作"三徙教"。曹操说我们老曹家是没有这样的事的，为什么没有呢？因为母亲早就不在人世了，所以没受过这样的教育。

"不闻过庭语"是什么意思呢？这是一个典故，说的是孔子和他儿子孔鲤的故事。据说有一天孔子站在庭院里悠闲呢，看见自己的儿子孔鲤从庭前走过，孔老夫子也是一时兴起，喊住儿子，干吗去，等会儿，你今天学诗了吗？孔鲤回答道：没有。不学诗你怎么会说话？"噢"，于是孔鲤退而学诗。不久，孔子站在庭院里又碰见孔鲤"趋而过庭"，问道，干吗去，等会儿，你今天学礼了吗？回答："还没有。"不学礼你怎么做人？"噢"，于是退而学礼。这个故事就叫作"过庭语"，也叫"庭训"，父亲对儿子的教育在古代就叫"庭训"。曹操说，自己没有受过这样的教育，为什么呢？小的时候父亲不在身边，稍大的时候，自己又游玩无度没工夫在家待，再大一点的时候，父亲曹嵩不知道在哪里跑关系找门子呢，哪有心思管儿子是否读诗是否学礼？

其实，曹家的发迹和读书密切相关，当年如果曹腾不是陪汉顺帝读过一阵子书，哪有后来的那般本领？按理说，这老曹家的人应该重视读书啊。令人不可思议的是，这样的一个家世，却不重视家庭教育，当然这是有一定原因的，曹操的祖父，其实就是中常侍大长秋曹腾。何为中常侍大长秋？其实就是宦官头子，谁都知道，虽然读过书，但其主要是靠身体来博取功名的。而曹操的父亲曹嵩，虽官至太尉，但他的仕途也不是正儿八经混来的，一是靠着父亲曹腾的威名和关系，二是拿银子买。在曹嵩看来，只要爸爸的官做大了，要什么有什么，还读什么诗学什么礼。有个好爸爸，走遍天下都不怕，要不是有个好太监爸爸，我能有今天？

所以在曹家人的眼里，教育并不重要，只要有钱就可以了。

就这样，在官迷曹嵩忙着在官场活动，找找关系、探探门路，看看还有没有再上一个台阶的可能，天天为事业奔波的时候，曹操的读书教育就给耽误了。

尽管读书教育耽误了，但超前的社会教育却很好地给曹操上了一课，让曹操的教育和别人的教育来一个颠倒。按照正常的成长和教育规律，一般都是先接受象牙塔式教育，然后接受大酱缸社会生存法则教育，而曹操则是先接受社会生存法则教育，然后再接受象牙塔式教育。象牙塔式教育总是尽力给人描绘一个乌托邦社会，给人希望和向往，主要教育人们社会是美好的，人性是善良的，社会法则是可以用公式来计算的；而社会生存法则教育则很现实很残酷，那里是丛林法则，有些时候是没有道理可讲的，人性虽然不一定是恶的，但人们在做一件事总会有一定的目的，利益在有些时候是第一位的。

所以当袁绍、袁术哥俩神情严肃地读《孟子·告子上》"仁义礼智

二 『曹三代』的成长

非由外铄我也,我固有之也……"《孟子·公孙丑上》"人皆有不忍人之心……"的时候,曹操则在读《荀子·性恶》"人之性恶,其善者伪也。"也就是说,袁氏兄弟读的是"人之初,性本善",而曹操读的则是"人之初,性本恶"。

这就是曹操的超人之处,因为在他生命的前几年,经历的都是现实的生存法则,看到的都是人性之恶,所以在读书的时候,他肯定会怀疑"象牙塔式"教育,"人之初,性本善"不对,没见过啊,见到的都是"人之初,性本恶",所以他读孟子,只读"尽信则不如无书"。曹操在读书的时候,使用现实套理论,谁的接近现实就读谁的,谁的有用就读谁的,谁的能指导工作就读谁的……后来,曹操觉得荀子的书才是真理,于是他读荀子、读申不害、读韩非子……

所以在正常情况下,我们在学习伟人抑或成功人士的时候,不要学习他们的品质,也不要学习他们的喜好,这些东西是学不到的,而要学习他们认识世界的正确方法。只要有了认识世界的正确方法,其他的自然是水到渠成。

曹操为何如此智慧?根本的原因在于"曹操深刻地认识到这个世界,特别是深刻地认识了这个世界的人"。而且,曹操认识世界的方法是正确的。

4. 性本痴顽

尽管在大多数人的心目中曹操可能是一个英武豪迈的枭雄形象,真正的天之骄子,事实上,曹操长得并不怎么样,《三国志·魏书·武帝纪》里虽然没有明说,但《魏氏春秋》里提到他"姿貌短小"。

由于小时候父母不在身边,独自一人生活,加上长相不是太好看,小时候的曹操难免备受冷落。熟悉儿童心理的人都知道,越是被冷落的儿童,就越想引起人们的注意。为了引起注意,他们往往会做出超乎大人想象的事情来,故而长期受冷落的儿童容易走极端。正是在这种环境下,曹操开始走向了叛逆、顽劣……再就是,可能他本身就很顽劣,因而就会让人无法接受。他所以如此举动无非是想引起大人们对他的关注,而这样的举动往往事与愿违,越是这样,大人就越不愿关注。

在这样的环境里,曹操有人生无人管,整日无所事事,到处惹是生非,成了一个问题少年。《三国志》裴松之注引《曹瞒传》说,曹操年少时,"好飞鹰走狗,游荡无度"。无非是打打猎、逛逛一些消闲场所,不时游山玩水……这和今天的富二代很相像,钱太多了,没地方花,怎么花都不过瘾,没有追求,空虚无聊,赛赛马、打打猎、飙飙车、泡泡吧、开开派对。

这日子,曹操过得很是滋润,无忧无虑,无拘无束,太惬意了;什么功名利禄、什么光宗耀祖、什么拜将封侯,一边去,大爷正快活呢。

曹操这种放荡不羁的行为,引来了许多风言风语,极大地影响了曹家的形象,败坏了曹腾一贯秉持的家风。

曹操的一个叔父,具体是哪一个,史书没记载,实在看不下去了,担心曹操将来不成才,便将曹操纵情游玩的情况告诉了曹嵩,提醒他严加管教。曹嵩自然把曹操严厉地训斥了一顿,并理所当然地对他加强了约束和管教。这令曹操很不爽,怪叔叔有点儿多管闲事,于是便想出了一个鬼点子来对付叔叔。

一天,曹操出门大老远看见叔父,便故意"哎哟"一声大叫,随即扑倒在地。叔父赶紧跑过来扶起他,只见他扭歪着脖子,嘴巴大张,面部抽搐,眼睛直往上翻白眼。

"吉利,你,你怎么啦?"叔父急忙问道。

"哎哟,哎哟……"曹操嘴歪眼斜地呻吟着。

叔父紧张得不得了,立即扔下曹操跑回去告诉曹嵩,说曹操在半路上中风了。听说儿子病了,曹嵩立即赶过去,只见曹操好端端地站在那里,神情自然,丝毫没有异常。

"这,这是怎么回事?"曹嵩有些不解,"叔父说你中风了,难道这么快就好了?"

"我哪有什么病啊,"曹操委屈地说,"叔父一向不喜欢我,看我不顺眼;所以老在背后编造我的坏话,现在又跟您说我中风了,他这不是存心诅咒我吗?"

"啊,原来是这么回事……"

曹操这一手玩得真是高明,一招制敌,此后,兄弟之间再有人说儿子的不是,曹嵩不再句句信以为真了,曹操少了这个顾忌也就愈发放任胡作非为了。

为什么曹操能够让父亲不再相信叔父?这件事绝对不是看上去那么简单,曹操的伎俩之所以能够成功,是因为他巧妙地利用了"自己和叔叔的矛盾"、"叔叔和父亲的矛盾"、"父亲对自己的亏欠"种种关系。

当曹操的叔叔向曹嵩说曹操中风的时候,曹嵩很是着急,立马呼叫曹操,一看儿子没什么问题。于是曹嵩就问是什么原因?你叔叔刚才说你中风,怎样一点事都没有啊?曹操只说了:"初不中风,但失爱于叔父,故见罔耳。"(《三国志》裴松之注引《曹瞒传》)这句话中,最具杀伤力的就是"失爱于叔父",因为曹操小时候不和父母在一起,合理情况就是和叔叔一起生活在亳州。

由于种种原因,曹操那几年的生活非常艰辛,根本原因应该就是曹操的叔叔不喜欢曹操,没有好好照顾。见到父亲后,曹操肯定会把这件事告诉曹嵩。虽然弟弟不是外人,但儿子明显更亲,问题是不好好照顾曹操,曹嵩肯定不舒服,儿子在某种程度上就是自己,对儿子不好就是对自己不好,曹嵩对自己的弟弟肯定有了芥蒂。而这一切的根本原因,就是曹嵩没有在身边照顾自己的儿子,才出现了这种情况。所以曹嵩心里难免自责和埋怨弟弟,这些年,你没有把孩子照顾好,让孩子受了这么多的苦,不自我反思,还在背后说孩子的坏话,这怎么能行呢?于是不再相信弟弟的话。

曹操这一招,正是叔叔多年虐待积淀而来,以其人之道还治其人之身,如果没有当初叔叔的虐待,曹操也不会这么早熟。于是,曹操大获全胜。

5. 皇帝成了宦官的儿子

在曹操伟大的敬爱的祖父曹腾去世的前一年,东汉帝国发生了一件大事,做了十几年傀儡皇帝的汉桓帝终于发威了,他秘密联合与梁冀有仇的宦官单超等5人一举歼灭了梁氏，没收梁冀家财折价30余亿钱，相当于当年东汉政府租税的一半。

虽然东汉专权最久，威势最盛的外戚遭诛灭，但东汉王朝并没有迎来好日子，捕杀了狼，又请进了虎，帝国也迈上了末路穷途。为了感谢帮助自己捕杀梁冀的宦官，汉桓帝在同一天封那五位宦官为列侯，称之为"五侯"。五侯比外戚更加腐败，他们对百姓们勒索抢劫，以致民不聊生，四处怨声载道，政治更加衰颓。

这里要交代一下，就是在汉桓帝清除梁冀的时候，曹腾及其家人是否受牵连？可以肯定地说，没有。原因有这么几条：第一，汉桓帝之所以能做皇帝，曹腾功不可没，可以说如果没有曹腾的支持，汉桓帝根本做不了皇帝，汉桓帝感谢还来不及，哪有恩将仇报之理；第二，曹腾名声向来不错，基本没做过什么坏事，也没有做过错事；第三，曹腾去世后，碑上题刻："汉故中常侍长乐太仆特进费亭侯曹君之碑"，说明汉桓帝对曹家没有想法；第四，那五个宦官，当年都应该是曹腾的手下，甚至说这次政变有可能就是曹腾的主谋。

这五个封侯的宦官和曹腾是不能比的，他们为非作歹，祸乱天下，五侯乱政的时代，正是曹操成长的时代。曹操和当时的人们一样，面对宦官家属窃取高位，祸国殃民，咬牙切齿。

后来，奋斗一生的汉桓帝去世，虽然后宫成群，但汉桓帝却没有收成，连一个继承人都没有留下。于是和汉桓帝相似的选皇帝闹剧第五次在东汉帝国发生了，候选人的条件是：一、必须是刘家子孙而且是纯刘三再加上纯刘秀这一脉的；二、和汉桓帝的血缘最近；三、必须符合国家顾问窦太后划定的年龄范围。

在限定的范围内，经过层层海选，最后只有刘宏符合，即是后来的汉灵帝。

汉灵帝即位后，更是宠信宦官，并宣称"张常侍（张让）是我公，赵常侍（赵忠）是我母。"好好一个刘家子孙竟自愿过继给宦官之家，况且这和曹嵩被过继是不一样的，这天下还有指望吗？皇帝称宦官为爹妈，宦官就成为了太上皇和皇太后，可以想象宦官猖獗到什么程度。然而乱政的宦官除了带头的汉灵帝的爹妈张让、赵忠外，还有夏恽、郭

二 「曹三代」的成长

胜、孙璋、毕岚、栗嵩、段珪、高望、张恭、韩悝、宋典等十个宦官，他们都任职中常侍。这些宦官横征暴敛，卖官鬻爵，他们的父兄子弟遍布天下，横行乡里，祸害百姓，无官敢管。

在那个时候，人们都把斗争矛头指向宦官。谁能够挺身而出反对宦官，谁就能够得到信任和拥护。

于是在这个时候，"任侠"再度盛行，他们推崇春秋时持身谨，持节严，重信义惜名誉，急公义，赴国难的侠者精神，并以此作为他们的精神动力。正如金庸先生所说："侠之大者，为国为民。"

在"为国为民"的旗帜下，涌现出一批以游侠为幌子的乱世英雄，包括董卓、袁绍等人，正是当时所谓公侯豪侠的典型。而在一片混战中杀出，以后渐成气候称孤道寡的曹操、刘备和孙权，也都有好侠的气质和任侠的经历。

6. 伟大的友谊

据说伟大的友谊只能存在于男人之间。在中国，关于伟大的友谊最经典的当数刘关张之间的桃园结义。其实在那时候，曹操和袁绍、张邈、许攸之间的友谊也非同一般，也应该可以称为伟大吧。

曹操他们之间的伟大友谊是建立在"游侠"的性格志趣和"铲除宦官拯救国家"的共同政治目的基础上的，加上门当户对的出身、共同的爱好、一样的政治追求、相同的生活品位、相差不多的知识层次，而且互相心有灵犀，就这样曹操、袁绍、张邈、许攸、吴琼他们相聚在一起，逐渐结成了伟大的友谊。

首先，门当户对的出身。袁绍，字本初。祖籍汝南郡汝阳（今河南省商水一带）。袁绍为袁逢的庶子，因袁逢的哥哥袁成早逝，袁逢就将袁绍过继给袁成。这个袁绍的家庭背景相当的厉害，祖上四世三公（所谓四世三公，是指袁家连续四世都有人官至三公，三公是指太尉、司徒和司空），袁家自其高祖袁安官至司空、司徒，袁安的儿子袁敞及袁京皆为司空，袁京的儿子袁汤为司空、太尉，袁汤的儿子袁逢亦至司空，袁逢的弟弟袁隗亦至三公、太傅。四世中居三公之位者多至六人，史称袁氏一族"自安以下四世居三公位，由是势倾天下"。

张邈，是兖州东平寿张（山东省东平县）人，家资极多，为人仗义疏财，以能急人之难闻名，此时在洛阳太学求学，与袁绍、曹操算有同学之谊，在当时的游侠少年之中，已颇有名气。

其次，共同的爱好。张邈"少以侠闻"，曹操则是"任侠放荡"，袁绍更是"好游侠"，所谓物以类聚，人以群分，这仨人儿忒像了，均以"侠"名。不仅如此，他们早年还有过共同的政治理想——铲除宦官势力，并且曾经有过合作，再往前追溯，曹操和袁绍曾经都是西园八校尉；"张邈和袁绍、何伯求、伍德瑜等皆为奔走之友"。这说明他们之间关系非同一般，有共同的爱好和追求。

再次，一样的政治追求。正是在这种"游侠"风气的影响下，也是为了实现自己"铲除宦官"政治目标，曹操和袁绍他们几个聚到了一起。由于自己是宦官之后，尽管祖父曹腾没有做过太多坏事，但和根正苗红的袁绍比起来，曹操难免有些自卑。

据说，那时曹嵩在京城洛阳做官，有一次曹操去洛阳，为了找回自信，树立自己在这帮哥们面前的威信，血气方刚的曹操曾经进入中常侍张让的卧室刺杀张让。张让的当时正受皇帝宠信，专权用事，大小百官都害怕他，民愤极大。当时，张让正在床上午休，曹操的突然闯入，惊醒了他的好梦，连声惊呼"有刺客"。卫士们闻讯蜂拥而至。可曹操却不慌不忙，挥舞着手中的戟左冲右杀，从卧室打到厅堂，从厅堂杀到院墙，卫士们有心拿贼，手脚却不听使唤，只得眼睁睁看着曹操从容翻墙而去。

尽管这次刺杀没有成功，曹操却获得了名声，当时的张让可不是一般人物，作为汉灵帝的"爹爹"，那排场、那守卫绝非一般人能进去的，就是进去也是非死即残。曹操却能独入张让的卧室，而且毫发无损，全身而退，可见曹操武功非同一般。

最后，相同的生活品位。游侠，是有度的，这种行为，稍微把握不住，就是流氓。据说，刘邦当年"不事家人生产作业"，却跑到外面找张耳，然后去任侠。就是因为这种"游侠"风度使得刘邦好施、大度。

二 "曹三代"的成长

诸如对秦王子婴的宽容,对关中父老的约法三章……而这一切和曹操又是何等的相似。

司马迁曾经这样描写刘邦:"高祖为人,……仁而爱人,喜施,意豁如也。常有大度,不事家人生产作业。及壮,试为吏,为泗水亭长,廷中吏无所不狎侮。好酒及色。"(《史记·高祖本纪》)上边提到的"好酒及色",这些和曹操也相当吻合,曹操一生多次和酒搅在一起,有和刘备的"青梅煮酒论英雄"佳话,也有"对酒当歌,人生几何"的喟叹。当然在"色"这方面曹操也不输于刘邦,这一点在年轻时和袁绍游侠时就大显征兆。

当年在和袁绍一起游侠的时候,曹操他们还干了许多龌龊荒唐之事。南朝宋临川王刘义庆的《世说新语·假谲》记载,有一次,一户人家结婚,曹操和袁绍去看热闹,居然动念要偷人家的新娘。他俩先是躲在人家的园子里,等到天黑透了,突然放声大叫:有贼!参加婚礼的人纷纷从屋里跑出来,曹操则趁乱钻进洞房,用刀挟持,抢走新娘,但很快被人发现,追了上来,两人丢下新娘,仓皇逃窜。

二人慌不择路,冲到一个荆棘丛中。曹操身手敏捷,一跃而过。袁绍身体偏胖,一跃过不去,再跃还是过不去,后面捉贼的呐喊声越来越近。袁绍慌了,低头就朝荆棘丛的缝隙里钻,结果,衣服被挂住了,袁绍不敢动弹了。

眼看就追到跟前了,曹操急中生智,指着袁绍大喊:"偷新娘子的贼在这里!"袁绍一听就慌了,拼了命朝前冲,终于逃了出去。

其实,曹操以后的做事风范和性格多少都有这影子存在,很难界定到底是流氓还是任侠,究竟是流氓的成分多,还是任侠的成分多。那时的袁绍、张邈、曹操三人,一时间牛气冲天,横行街衢,倒是堪比后世传说中的刘关张三兄弟。不过,袁张曹这三人却没能成为不离不弃的铁三角,随着岁月的流逝,这份友谊不但没积淀成陈年佳酿,反而渐渐变质。

7. 读书时代

中国人太实际了，非常注重金钱与物质，尤其那些看上去跟现实生活息息相关的东西。就拿读书来说吧，本来读书就是明理、愉悦、陶冶情操……但这哪行，一不能挣钱，二不能吃饭，三不能当房住……那还读书干吗？这样怎能调动年轻人读书的激情？于是乎，为了让更多的的人来读书，我们大宋王朝的第三代皇帝宋真宗赵恒写了一首关于读书的励志诗，叫《励学篇》。全首诗内容如下：

富家不用买良田，书中自有千钟粟。

安居不用架高堂，书中自有黄金屋。

娶妻莫恨无良媒，书中自有颜如玉。

出门莫恨无人随，书中车马多如簇。

男儿欲遂平生志，五经勤向窗前读。

不会吧，读书竟有这等好事，好小子快去读书，书中什么都有，世上之事难道有好过"黄金屋"、"美女"哉？快去、快去，黄金等你去搬，美女在招手。我们不得不佩服这位皇帝，他写的这首诗太有诱惑力了，不仅在大宋，就是在今天也极具诱惑，别说"黄金屋"和"颜如玉"，就是今天的水泥结构和普通的新娘也足以让人发狂。忽然又想到，这对男同胞有号召力，但对女同胞就有些不公平了，怎么她们都跑到书里面去了，她们要颜如玉干吗？再说，以此来鼓励读书，似有动机不纯，而且道德也大有问题。怎就如此市侩，老想着"黄金"、"美女"，将读书这等阳春白雪之事，搞得如此世俗、庸俗。

以"千钟粟""黄金屋""颜如玉"作为读书的诱饵，确实有吸引力，但难免功利化，而且动力也不够持久。通过读书，功成名就，获得了"千钟粟""黄金屋""颜如玉"，那之后还读不读了呢？再就是已经拥有这些东东的人，还读不读书了呢？这种功利化的引导，将会产生我不愿但不得不面对的事实，一旦读书读到高位，就会想尽一切办法为自己谋取"千钟粟""黄金屋""颜如玉"……最后的结局是害人害己，

二 "曹三代"的成长

祸国殃民。所以书是不能这样读的。

"千钟粟"、"黄金屋"也罢,"颜如玉"也罢,这些曹操都不缺,曹操读书既不是为了黄金屋也不是为了颜如玉,更不会为了千钟粟,因为这些他都不稀罕。从父亲那里,曹操耳闻目睹了许多官场争斗,对社会有了更多的了解,曹操逐渐明白,刺杀一个宦官是解决不了宦官问题的,游侠也拯救不了水深火热之中的国家。于是曹操不再终日沉溺于飞鹰走狗的生活,逐渐静下心来勤奋学习。

大凡成为一代学术大家或者一代枭雄者,除了自身所具备的先天条件外,无不博览群书,知识渊博;且没有一个仅靠死读专业书、不关心天下事而成名的。作为枭雄的代表人物,曹操就是如此。经历一番折腾后曹操酷爱读书,在做官以前,他就已经博览群书,知识储备已经相当丰厚了,年轻时在家乡就以"能明古学"闻名。

当然,作为一个立志要做"征西将军"的人来说,兵法自然是非读不可,而曹操本身就特别爱好军事著作,兴趣再加上工作需要,不久他就取得了成果——在广泛搜集、整理东汉以前诸家兵法书的基础上,编成了《兵法接(节)要》一书。

曹操以为春秋时期孙武的兵法最有价值,也最深奥。由于前人没有给它作过注解,读者往往不能领会其中的要旨。他便刻苦钻研,着手为我国古代最著名的军事著作《孙子》作注,从原来的八十二篇中取其精华部分,缩编成十三篇,分篇进行注解,并写了序言,编成后题名为《孙子略解》。曹操的《孙子注》一直流传到今天。

后来曹丕回忆,曹操"御军三十年,手不舍书,昼则讲武策,夜则思经传"。由此可知,曹操是有勤奋读书习惯的。曹操这一涉猎广泛,刻苦努力,坚持不懈的学习精神,为其以后成为一代枭雄和杰出的文学家奠定了非常重要的知识条件基础。

我们所熟知的最经典的孙权劝吕蒙读书,孙权就是以刘秀和曹操为例子的,孙权对吕蒙说:"光武当兵马之务,手不释卷。孟德亦自谓老而好学。卿何独不自勉勖邪?"(《三国志·吴书·吕蒙传》)吕蒙也不是一般人物,更不是朽木不可雕,经过孙权的劝导,不久就成了"士别三日,即更刮目相待"的大人物。

伟大人物和成功人士之所以成功，共同特点就是：会学习，乐于学习，勤奋学习，持之以恒；不为名，不为利。他们共同的学习经验就是：博览群书，学以致用。

8. 桥大爷看上了曹操

两汉的时候还没有公务员考试这一形式，国家招聘公务员，主要来自皇帝、官府的征辟以及地方的察举。录用的标准，不像今天通过笔试、面试甚或专业考试，然后根据分数从高到低录取。那时候不是这样，一个人是否有资格被录用，主要是依据地方上的名人评议亦即所谓清议，相当于今天公开选拔干部时拟选定干部进行公示，实际上就是一种舆论方面的鉴定。经过舆论的鉴定得到称誉的士人，才有可能成为征辟察举的对象。

当然那时候的舆论鉴定不像今天，谁都可以举报，那时候舆论的鉴定权掌握在当地名士手里。而且鉴定词很有讲究，是不可以用白话文的，往往采用"风谣"和"题目"两种形式。

"风谣"一般七字一句的，如"五经无双许叔重"（评许慎）、"解经不穷戴侍中"（评戴凭）；也有八字一句的，如"荀氏八龙，慈明无双"（评荀爽）、"贾氏三虎，伟节最怒"（评贾彪）。"题目"主要颂扬人物的品行、才能、操守等，如李膺评论荀淑、钟皓："荀君清识难尚，钟君至德可师"。郭泰评论王允："王生一日千里，王佐才也。"当时品评人物的风气极盛，有些人就成了鉴定人才的专家，并以此为业，他们对人物的褒贬，在很大程度上能够左右官方及民间的舆论，因而对士人的仕途影响极大。

于是乎，当时天下的士子们为了能进入官府，就不得不进行广泛的社交活动，寻师访友，以展示自己的才学和提高自己的声名，博取人们尤其是"清议"们的注意和好感，以至有些清议权威门前终日车水马龙宾客盈门。由于这些权威们学问高，在社会上的影响很大，人们都以能与他们交往为荣。如荀淑的第六子荀爽，因为父亲的关系经常得以拜

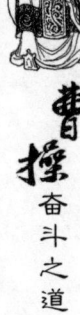

见李膺,并曾为李膺赶马车,回到家里,逢人便说:"我今天为李君赶马车了。"自以为荣耀无比,后人写诗"李膺门馆争登龙"来描述那时的情形。这个李膺也就是名士孔融去拜见的那位名人。

也许会有人认为,读书人太庸俗了,今天的人不也没能免俗吗?其实不仅一般读书人如此,即便曹操对于这种形势也是认可的,因为这是规则,要想进入官场,首先必须遵守规则。要想改变规则,前提就是参与游戏,成为其中的一员,要想参与,自然要服从规则。

那时的曹操本身也有许多毛病,好飞鹰走狗,任侠无度,行为放荡,再加上出身不好——祖父曹腾是宦官。而让人最不可接受的是,他不走正道,不受世俗约束,不经营家产事业,不务升官之道的"正业"。

这样一个浪荡公子哥,哪位名士会正眼瞧他,哪个名士敢惹他?躲都来不及,就连曹操自己也自称"本非岩穴知名之士"。

就当大家都不看好曹操的时候,也正当曹操的仕途之路渺茫之际,时任太尉的桥玄接纳了这位年轻人。太尉是什么官?三军总司令,全国最高军事长官。桥玄愿意和曹操来往,很看好曹操,认为曹操是个人才,而且是力挽狂澜于既倒的人才。桥玄对曹操说,天下不久将遭遇乱世,而平定这个乱世非"命世之才"不行,我看你就是将来平定天下的人。这可不是开玩笑,也不是阿谀奉承,这可是桥大爷说的,这桥大爷为什么有这资格、这水平呢?

这桥玄可不是一般人物,在那时虽然谈不上地球人都知道,但最起码大汉帝国都知道,甚至匈奴也知道。

桥玄,字公祖,世居梁国睢阳(也就是今天河南商丘那一块),这老桥家可是正儿八经的书香门第,从桥玄的七世祖桥仁开始,人家就开始了读书立家。桥仁师从今文礼学"大戴学"的开创者戴德,名师出高徒,桥仁也是著作等身,《礼记章句》四十九篇就是桥仁的大作,号称"桥君学",并在汉成帝时担任大鸿胪。桥玄的祖父桥基,虽然不及先祖,但也混到了广陵太守。桥玄的父亲桥肃,也官至东莱太守。

在家族学而优则仕传统的召唤下,桥玄继承祖业,踏上了仕途。俗话说,虎父无犬子,老子英雄儿好汉。刚踏入仕途,桥玄就办了一件天下震惊的案子。桥玄做县令助理(县功曹)时,发现自己地盘上的陈国相羊昌罪恶滔天。为了惩治羊昌，当豫州刺史周景带领部队巡察到梁国郡时，桥玄立即拜见周景，伏在地上列数陈国相羊昌的罪恶，请求周景任命自己为部陈从事，彻查羊昌的罪行。周景看到桥玄意气豪迈，同意并派他去了。桥玄上任以后，立即抓捕羊昌及其所有食客，然后详细地核查羊昌的罪行。

当然这羊昌也不是一般人物，人家是有关系的，他和当时权倾朝野的梁冀过从甚密。当桥玄把羊昌抓捕后，梁冀为了救羊昌派出快马传文书，立即召回桥玄。摄于梁冀的淫威，周景自然按照梁冀的意思召回桥玄，眼看功亏一篑，桥玄玩了一个时间差。桥玄先交还文书，但自己并不回去复命。在新文书没有到达之前，桥玄依然是部陈从事，仍然有权展开工作，文书发出后，桥玄夜以继日核查羊昌的罪名工作。就这样，在新部陈从事到达之前，桥玄终于把羊昌装进囚车押解进京，桥玄也从此名声大振。

后来，梁冀死了，汉桓帝也死了，帝国的新老板换成了汉灵帝。由于在汉桓帝时期的出色工作，桥玄也是仕途顺利，新老板先是调回桥玄任命为河南尹，改任少府、大鸿胪，后来又升迁为司空。这"司空"是什么官职呢？就是御史大夫，相当于今天的国家人事部兼组织部部长，主要工作一是替国家监察百官，二是替国家选拔人才。

我们一般称赞某个人用人公允，称之为"内举不避亲，外举不避仇"，一般说来内举不避亲倒还容易做到，甚至不乏有些人打着"内举不避亲"的幌子滥用亲信；要是能做到外举不避仇，那才是君子之风。但我们的桥玄桥大爷做到了，桥大爷与南阳太守陈球向来有矛盾，当桥大爷在司空司徒的位置上的时候，按常人的行为，肯定会假公济私收拾一下陈球，桥大爷不但没有这样做，反而推荐陈球担任廷尉。

后来，汉灵帝任命桥玄为尚书令。当时太中大夫盖升曾经和皇帝有密切关系，原来担任南阳太守，贪污好几亿钱。桥玄上奏罢免盖升并关押起来，没收他的贿赂所得。皇帝不同意，反而升迁盖升为侍中。桥玄只得托病辞职，皇帝不同意，又任命其为光禄大夫。光和元年（178），升迁为太尉。

还有，桥玄位至司空、司徒、太尉，只要稍稍有一点私心，不说家

二 "曹三代"的成长

族遍布朝野，也应是父子兄弟皆为官吧。而事实是，桥玄的子弟亲宗没有一个大官要员（子弟亲宗无在大官者）。桥玄去世时，家里空徒四壁，连殡葬的钱都没有，天下人一时欷歔感慨。

9. 世有伯乐，然后有千里马

"世有伯乐，然后有千里马，千里马常有，而伯乐不常有。"这是唐朝韩愈名篇的首句，至今仍广为流传。虽然是唐朝人的观点，但在东汉就实实在在印证了，"世有伯乐，然后有千里马"，这不是传说，而是传奇。

曹操是"命世之才"，这是大名鼎鼎的桥玄桥太尉鉴定的。

这一鉴定结果出炉，天下人大跌眼镜，这桥大爷会看走眼吗？不会吧，曹家的那小子，没干什么正事，整天飞鹰走狗，任侠游荡，他是"命世之才"？估计连袁氏兄弟也不信，孟德是"命世之才"，就他那长相，就他那德性，就他那水平，他也配？难道这桥大爷有什么私心，还是曹家送钱了？不，我们可以侮辱桥大爷的智慧，但绝对不能怀疑桥大爷的人品。

天下人的怀疑是天下人的事，其他人的疑惑是其他人的事，这和桥玄无关，也和曹操无关。桥玄的归桥玄，曹操的归曹操。

桥玄的政治远见和善识人才是闻名天下的，断然不会为了一个曹操而不惜自己的一世英名，也不会拿自己的名声做赌注。桥玄是有根据的，也即是说，桥玄不是一时激动而为。那么桥玄为什么这样看重曹操呢？这是因为，第一，曹操调皮捣蛋，不守规矩，胡作非为，但他做事有分寸、有权谋、有突破，不拘泥俗套。第二，曹操有才情，文章写得好，后来的文学成就即可证明。第三，武功好，他行刺张让的时候被人发现，得以全身而退，就足以说明。第四，曹操不但武艺好，而且好读书，更重要的是会读书，这点非常重要。从这条件可以看出，曹操就是那种"文能提笔安天下，武能上马定乾坤，上炕认得娘们，下炕认得鞋"的人，也只有这样一个文武全才，又很机警的人，才能在乱世当中平定天下。

若说"天下将乱,非命世之才不能济。能安之者,其在君乎"(《三国志·魏书·武帝纪》)是桥玄对曹操的品评,那桥玄的托妻献子就是期待了。桥玄当时已经老迈,恐将不久于人世,于是对曹操说:我桥某人一生阅人无数,就是名人显达亦如过江之鲫,但没有一个像你这样有气势的,你好好努力吧!我老了,我的妻子和儿女就有劳你照顾了。

桥玄活着的时候,曾经和曹操开玩笑说:"我去世后,你若路过我桥某人的墓地附近,如果不到我墓前倒杯酒,不是一杯酒,是一斗酒,另外还要加上一只烧鸡,那么车子过不了三步,我会让你肚子疼的!"

后来,建安五年(200),曹操驻兵谯城附近,为了感谢当年的知遇之恩和兑现承诺,同时也证明桥玄没有看错人,曹操带人亲赴桥玄的家乡睢阳,到桥玄的墓前拜祭,并写下了流传百世的祭文。

在当时除了桥玄之外,还有一位名士对曹操非常看重,那就是南阳人何颙,这何颙与李膺、陈蕃齐名,当时"太学"泰斗级人物,名望甚隆,能得到他赏识的人自然非同凡响。作为李膺、陈蕃的亲密战友,何颙也是党锢之祸的亲历者。何颙最具影响力的事情,是帮朋友虞伟高报仇。何颙的好友虞伟高临终之际,因父仇未报,遗憾不已,哭着请求何颙帮忙。何颙认为虞伟高是个讲义气的人,于是帮虞伟高报仇,并提着仇人的头颅在虞伟高墓前祭拜。

和桥玄一样,何颙也曾官至司空,他也很看好曹操。见曹操第一面时,何颙非常吃惊,说:"汉家将亡,安天下者必此人也。"(《后汉书·何颙传》)

在当时不止是桥玄和何颙看好曹操,被誉为"登龙"的李家门馆里也有人看好,就是李膺的儿子李瓒。身为李膺之子,李瓒和父亲在仕途上相差甚远,仅做过东平相,但政治眼光方面毫不逊色,他十分赏识曹操的才能。李瓒临终前对儿子李宣等说:"国家即将大乱,天下英雄没有一个人能够超过曹操。张邈是我的朋友,袁绍是你们的外亲,但是你们不要去投靠他们,一定要去投靠曹操。"几个儿子谨遵父命,后来都在"国家大乱"中保全了性命。

此外,汝南名士王俊,对曹操也是赏识有加。有一次,袁绍兄弟替他们的母亲办丧事,仪式极为隆重,送葬的人有3万之多。作为袁氏兄弟的朋友,曹操和王俊也在场。曹操看到如此奢侈阔气的场面,极为不悦。他私下跟王俊说:"天下快要大乱了,为首作乱的必定是这两个家伙。要安定天下,替百姓解除疾苦,不先杀掉这两个祸首,会后患无穷。"王俊说:"没错,能安定天下的人除了你还会有谁?"言毕,两人心领神会,哈哈大笑起来。

生活中有许多"世有伯乐,然后有千里马"的现象,其实,就是一种心理暗示,曹操之所以能大有作为就是这样,桥玄盛赞曹操时,曹操自己都不敢相信;何颙欣赏时,曹操基本相信;王俊夸赞时,曹操已经相当自信了。

得到这些名士的褒扬和肯定,产生了一种心理暗示——曹操是安定天下的人物!有了这种暗示,然后产生自我心理暗示,于是曹操的自信心愈加坚定,抱负愈加远大,认为自己将来肯定能安定天下,因为桥玄、何颙都这样认为。再就是这些人这么厚爱自己,自己怎能不有所作为呢?无论如何,决不能让他们的一世英名毁在自己手里,不能把他们的厚爱变成错爱。

10. 曹操是个好青年

桥玄不但自己赏识他,还介绍他去拜见许劭,并建议曹操:"君未有名,可交许子将。"许劭是什么人呢?许劭是当时有名的人才鉴赏家,他和堂兄许靖在每个月的初一,要对当时的人物发表一次评论,就像我们现在定期召开新闻发布会一样,因为时间固定在每月初一,所以叫月旦评。桥玄就嘱咐曹操说,要想进入上流社会,并赢得一席之地,就一定要得到许劭的评语,拿到许劭盖章的鉴定书。

由于以许劭为首的月旦评,对人物的评论公正而又准确,官府往往依据其评价选用或者谪贬职官。以布衣之身因品评人物而名闻天下的许劭、许靖二人,在坐议乡党人物时,坚持公平、公正、公开的原则,决不泄挟私情，竭力向朝廷举贤能，尤其是举荐有贤德却清贫的人。

在他们推荐的众多贤能中，由许劭推荐的"六贤"：樊子昭、虞永贤、李淑才、郭子瑜、杨孝祖、和洽最为著名。这六人大多出身微贱。樊子昭是卖头巾的，虞永贤的职业是牧牛赶车，李淑才是农夫，郭子瑜为邮差。这些人经许劭举荐为官之后，皆能以才德治理乡郡，百姓咸口称赞。所以时人都以能得到许劭的好评为荣，曹操也慕名找上门来了。

许劭是许训的侄儿，许训曾任司空和太尉。他擅长待人接物，能鉴别好坏善恶，跟堂兄许靖两人知名度极高，喜欢共同品评当世人物。

每月作一次总结，排列出高下顺序，汝南人称之为"月旦评"。凡是得到他们好评的，无名之辈很快就被人器重；已有了名气的，也会声誉猛增。人们简直把他们的话当作定论。许劭当过郡政府人事官，官兵们敬重他及"月旦评"。一旦听了他的话，无不奋发改过。

曹操听了桥玄的话，就带着厚礼，长途跋涉，前去拜见许劭。见到许劭后，曹操献上礼物，讲了不少如何敬仰之类的好话，请许劭为自己作一评论："吾何如人？"许劭已听说了曹操独闯张让宅院之事，也曾风闻曹操"少机警，有权数，而任侠放荡，不治行业"，也知道曹操"飞鹰走狗，游荡无度"。

许劭看不上曹操，对曹操不置可否，保持沉默，当然不回答是不行的。我不辞辛苦来找你，也是给你面子，你居然跟我玩沉默。不过，这点事也是难不住曹操的，略一思索，计上心来。他又用了抢新娘子那招——胁迫。许劭拒绝发表意见是因为"鄙其人"，而曹操使的手段是"伺隙胁（之）"，这正是秀才遇见懂权术的流氓。所谓流氓会权术，谁也挡不住，文人许劭能挡得住吗？

11. 一句话的力量

经曹操再三胁迫追问，许劭才说："子治世之能臣，乱世之奸雄。"这个评语有三个版本，其一是《三国志·武帝纪》注引孙盛《异同杂语》的"子治世之能臣，乱世之奸雄。"其二是《后汉书·许劭

传》"清平之奸贼,乱世之英雄。"其三是《世说新语·识鉴》作"子乃乱世之英雄,治世之奸贼。"

关于这个评语,《三国志》裴注及《后汉书》认为点评人是许劭,《世说新语》认为是桥玄。其实,无论是"能臣",还是"奸雄",抑或是"奸贼"。许劭评论也好,桥玄评论也好,关键是曹操听到这句话后的反应是什么?《三国志》裴注记载,曹操听后大笑。《后汉书·许劭传》记载,曹操大喜而去(操大悦而去)。《三国演义》记载,"操闻之大喜"。

可以看出第一个版本"子治世之能臣,乱世之奸雄"基本是褒扬肯定的态度,而曹操对第一个版本评语还是相当满意的,有人说"大喜"不好,有贬低曹操的意味,"大喜"给人的感觉就是曹操这个人好像从小立志就要当一个奸雄,听说可以当奸雄,他高兴得不得了!其实"子治世之能臣,乱世之奸雄",是一个条件关系,就是说,你曹操要是生活在治世就能成为能臣,若是不幸生活在乱世就成为奸雄。这看起来像是一种文字游戏,许多算命先生经常利用这类逻辑来蒙混,无限放大客观条件的作用,忽视甚至不提主观因素的作用。曹操之所以大喜,并不是因为他要立志做一个奸雄,相反是立志做一个能臣,大喜最根本的原因是曹操自信自己能创造一个治世。人都有趋福避祸的心理,没有人愿意生活在乱世,即使是曹操也不能免俗,大喜大笑都是趋福避祸,而绝对不是志向的问题。

第二个版本"清平之奸贼,乱世之英雄"的评语和第三个版本"子乃乱世之英雄,治世之奸贼"的评语意思基本一样,只是顺序颠倒了,和第一个版本比起来,这两个版本多少有些贬低甚至诋毁,公允地说,应该是毁誉参半。

这两个版本和第一个版本最大的区别有三处,第一处是没有提到"臣",第一个版本盛赞曹操"能臣",意在说明曹操是一臣子,其他两个版本仅说曹操是"英雄",说明曹操有不臣之想;第二处是提到"奸贼",第一个版本是"奸雄",贬低之意跃然纸上;第三处就是"治世"和"乱世"的关系,按第一个版本来说,在"治世"曹操是能臣,在"乱世"曹操是"奸雄",曹操趋福避祸,自然认为自己是"治世之能臣",而绝非是"乱世之奸雄"。第二个和第三个版本,曹操没得选择了,不能趋福避祸选择"治世",只能生活在乱世了,否则就是"奸贼"了。从史书记载来看,曹操听到了第二个和第三个版本,还是大喜,搞得曹操好像缺心眼似的。其实不是,从第二个和第三个版本来看,曹操大笑大喜应该是庆幸,庆幸自己没有生活在治世,而是生活在乱世,自己将是乱世英雄。

  这三个版本的评语,从理论上看似都能解释得通,而实际上并不如此。从曹操后来的行为和奋斗,可以看出曹操对治世的向往和对乱世的愤恨,即便在临终前依然不无遗憾地说"天下尚未安定"。故而,从曹操对治世的态度,这一点在曹操做洛阳北部尉的行为可以知道,曹操是在努力创造一个治世,努力做一个"能臣"。如果是其他版本的话,那就真的证明曹操缺心眼,自己努力做"奸贼",聪明的曹操应该是祸害天下,进而实现自己的"英雄"理想。

  综合各种层面,许劭对曹操的评价应该就是第一个版本。就曹操一生所为来看,许劭识人水平,不在桥玄之下,重看曹操的可能性很大。《三国志·吴书·刘繇传》注引袁宏《汉纪》曰:刘繇与孙策争江东,许劭劝刘繇北连曹操,刘繇听从了许劭的建议。足以说明许劭对曹操有好感。

  而第一个版本关于曹操的评语,一是能说得通,二是与后来事实吻合。其实就曹操的能力而言,若在太平盛世,应该能做一个能臣,但他生逢乱世,所能选择的也有限。正是,天下将乱,桥玄看出门道了,知道曹操将立,而许劭则谏其勿为奸雄为好。

  后来,曹操不忘桥玄的知遇之恩,挟持汉献帝,奋除群雄,平定天下。尽管相当于实际上的皇帝,但他亦未忘许劭之言,至死没有向前迈一步——做皇帝。

三、做贤臣还是做奸雄

  二选一，看上去很简单，事实并不是这样。孟子曾说"鱼和熊掌不可得兼，舍鱼而取熊掌者也"，这倒不是"鱼和熊掌"放在一起吃有毒，也不是人不能同时既上山打熊又下河捕鱼，更不是一下子吃不下鱼和熊掌，这是一种选择，是取舍，是价值衡量。选择正确与否，既是能力水平，也是智慧体现。

  许劭给曹操来了一道选择题——"子治世之能臣，乱世之奸雄"。许子将已经把题目给曹操了，怎么选择是曹操的事情。做"能臣"还是做"奸雄"，曹操该怎样选择？

1. 曹家有郎初长成

曹操的成长是有故事的,用今天的话说就是有新闻的,也就是说,曹操是受关注的。当一个人的生活成为社会关注的焦点时,这个人想不出名都难,曹操就是如此。早期受关注,主要是家庭原因,一、费亭侯曹腾的大长秋身份地位,其一举一动自然备受关注,人们爱好小道消息的天性,曹操自然成了当时狗仔队跟踪的热点;二、曹嵩虽然不及父亲曹腾的影响大,但也官至大鸿胪,再加上世袭费亭侯,在当时也是风云人物,一举一动也受人注意,曹操又顺带成为配角。

常言道,虎父无犬子,这曹嵩是社会的热点,曹操也不含糊,当然不是什么好事。可以说,曹操的前二十年几乎和"问题"有缘,从问题少年再到问题青年,"少机警,有权数,而任侠放荡","好飞鹰走狗,游荡无度"。

无论怎么说,毕竟他还是有身份的人,那就是,一、他的生理学父亲是曹嵩;二、他的养祖父是曹腾。作为曹嵩的长子、曹腾的长孙,曹操再怎么不成器,也是曹家费亭侯的继承人,再怎么差也是侯爷,部局级待遇。单单这一点,注定曹操不能平庸,首先曹嵩就不干,父亲做太监换来的侯爵,怎么能荒废在自己的儿子手里呢?其次,曹操自己也不愿意,从曹操"任侠放荡"就能看出曹操也是素有大志,最大的理想是做一个征西将军。最后,可能也是最为重要的一点,当时的名人桥玄、何颙都很看好曹操,对曹操的激励很大。

在问题和非议中,曹操长大了,虽然长相不至于像田蚡、梁冀那样"貌寝",但也绝对算不上帅哥。作为曹三代的带头大哥,曹操的出路几乎是没有选择的,只能踏入仕途。

那时候,国家选拔人才还没有实行科举制度,而是通过"举孝廉"的形式来推举国家官员。所谓的举孝廉,就是汉代选拔和培养官吏预备人选的一种方法,规定每二十万户中每年要推举孝廉一人,然后由朝廷任命官职。按照规定,被举荐的学子,除了博学多才,更须孝顺父母,

三　做贤臣还是做奸雄

行为清廉，故称为孝廉。在汉代，以孝治天下，"孝廉"已作为选拔官员的一个科目，没有"孝廉"品德者不能为官。

这套制度应该说初衷是好的，只是太相信人性善了，后来逐渐被人情化了、世俗化了，被潜规则了。

所以到曹操那时候，举孝廉早已成了达官显贵挤进官场的一种理想渠道。更有甚者，手中权力与金钱已相当可观的望门贵族，仍大肆作假，把鸡鸣狗盗富家子弟尽全力往上推举，以至于出现"举秀才，不知书；察孝廉，父别居。"

说白了，"举孝廉"玩的就是拼爹游戏，是"社会资源优化组合"的结果，是一种人情来往。你推荐我家父子兄弟亲戚，我也推荐你家父子兄弟亲戚，什么"知书不知书"的，只要是自己人就行，至于"孝不孝顺"，那还不是自己家里人说了算？

曹家的发迹始于曹腾，那时候，谁知道有个曹腾，一没有背景，二没有关系，三没有太多的钱，即使"知书"也没有用，更不要说"孝顺"了。曹腾只有一条路——进宫做太监，可以说没有当年曹腾舍身进宫做太监，就没有曹家"父子兄弟，并据州郡"的辉煌。尽管如此，曹腾也深知自己的辉煌不太光明正大，因而行事比较低调，不仅曹腾如此，连曹嵩也是这样，史书记载曹嵩"质性敦慎，所在忠孝"。毕竟宦官之后，出身不太好，不注意形象很难被举"孝廉"。

经过曹腾和曹嵩两代人的努力，曹家不再是当初的寻常人家了，已经非常显赫了。再就是曹腾当年举荐了许多人才，这些人能不感激曹腾的知遇之恩吗？一旦有机会，自然会有意无意地照顾"曹二代"、"曹三代"。

正是这样，曹家的声望也日渐高涨，"曹三代"也就成了人们关注的对象，尽管曹操毛病不少、尽管曹操不务正业、尽管曹操名声不好……天下士人还是对曹操另眼相待，诸如桥玄、何颙等名流。可以说，如果没有"曹一代"和"曹二代"的积淀，他们绝对不会正眼看曹操的。他们之所以看中曹操，是因为曹操是圈里人，是曹腾之孙，曹嵩之子，他头上还顶着未来费亭侯的爵位。

正是在这种有意或无意的操作下，曹操的仕途之路已经打开，既不需要像爷爷那样从太监做起，也不需要像父亲那样低调，而是我有我风格。正是有自己的特色，才有桥玄的评语，何颙的评语，王俊的评语，还有许劭的评语……最后决定曹操命运的是曹嵩，因为只有曹嵩有权决定曹操是否孝顺，只要曹嵩认为曹操是孝子，曹操的仕途之门立马打开。

2. 初出江湖

朝里有人好做官，这是硬道理，虽说不是真理，最起码也算潜规则吧。别的不说，和曹操一起被举孝廉的，有些同志都已经五十多岁了，和曹操父亲的年龄差不多。那位名震关中的韩遂同志，他父亲就和曹操是同年孝廉，韩遂和曹操是称兄道弟的。如果他们也朝里有人的话，能至于此吗？

别的不说，单单和曹操并称英雄的刘备，虽然他号称皇族之后，但二十八岁的时候还是一个无业青年，为了谋生只得在街头卖草鞋凉席，做一个郁闷的地摊主，说不定天天还得和城管打游击。为什么呢？朝里无人呗。尽管他和皇帝有理论上的血缘关系，在辈分上还是皇帝他叔呢，弄不好还可能是二大爷呢。皇叔也好，皇上二大爷也好，书读得再好，口碑超好，孝顺得一塌糊涂，只要没有官员推荐，一切没用，该卖草鞋卖草鞋去，该贩凉席贩凉席去。

和刘备比起来，曹操就幸福多了，虽然书读得还算不错，但品行和名声就让人不敢恭维了。没关系，爷爷和爹爹已经铺好路，只要自己老实上路即可。

浪子回头的曹操即获得桥玄的推崇、何颙的认可、王俊的赞叹，再加上许劭的到位鉴定，最后曹嵩说，曹操不打爹不骂娘，是一个孝顺的儿子。于是，曹操就有资格被举孝廉了。

在二十岁那年，曹操不但举了孝廉，还担任了郎官。

一个人如果被举为孝廉，那么他就有了做官的资格，就好比现在你有了一个学历、有了一个文凭你就可以去考公务员。那么担任郎官是怎

么回事呢？其实这和今天的内部招聘差不多。郎官的"郎"怎么解释？不是新郎官的郎，意即走廊的"廊"的谐音，是指站在走廊里工作的人。不过这不是一般的走廊，是皇宫里的廊子，所以称在这样岗位的工作人员为郎，因为在这样地方站岗的人一般都是年轻人，实际上他们也是皇帝的侍卫。侍卫长称作郎中令。这些人是哪里找来的呢？根据汉代官制，皇帝要从富贵世家子弟当中，挑选一批大家都认为品德过硬、思想可靠、外形帅气的年轻小伙子做郎。安排在皇帝身边做事，进行政治历练，当这些年轻人得到锻炼以后，很快也就会做官了。当一有内招的机会，他们便成为干部，这就是入仕的一种资格。曹操就是通过这种形式走向政治舞台的。

当时大汉帝国的选部尚书（人事部长）是书法家梁鹄，这哥们做官没有多大本事，但书法非常好，深受帝国老板汉灵帝的喜欢。大概是爱屋及乌吧，就给他安排了人事部长这个位置。这个梁鹄虽然不太会做官，但却深谙官场之道，许多事情都委托副手去做，做得好功劳是自己的，做得不好责任在下属，自己也好斡旋。

但也有失手的时候，那就是在任命曹操的时候。曹操毕竟不是贫家子弟，一切听从组织安排，人家主动请缨，要做洛阳令，相当于现在首都区县长级别，虽说级别只是县令，但比一般的州刺史权力都大许多。这毛孩子，才多大一点，就做洛阳令，这不闹笑话吗？不行，梁鹄坚决不同意。当然梁鹄也不亲自出面，他把这球踢给了副手司马防。这司马防虽然名气不大，但他儿子名气大，他儿子就是司马懿，他孙子就是司马昭，重孙子即晋朝的开国皇帝司马炎。但那是后来的事，那个时候司马防受梁鹄领导，但曹家那边也不敢得罪，权衡一下，最后任命曹操为洛阳北部尉，相当高于首都区县级别的公安局长兼城管局局长。

没当上理想中的洛阳令，曹操很是不舒服，对此一直耿耿于怀。发迹之后，天下大乱时，梁鹄投靠了刘表，曹操打败刘表后，梁鹄非常害怕，而自缚去见曹操。一看梁鹄也有求自己的时候，曹操很是舒服，大人不记小人过，不仅不报私怨，而且任命梁鹄为军假司马，在秘书处以勤书报答曹操。

梁鹄的怨恨解开之后，最不能释怀的就是司马防了，曹操六十二岁那年，做魏王后，专门派人把司马防召到邺城喝酒，其实就是显摆。酒过三巡，带有朦胧酒意，曹操问司马防："我今天还能重新做部尉吗？"当然司马防也不是吃干饭的，早成老江湖了，答道："当初我举荐大王的时候，最适合做部尉。"曹操听后，得意地哈哈大笑。

虽然没有当成洛阳令，毕竟还是在京城，只要努力还是大有可为的。于是，二十岁的曹操便踏上了仕途，开始了他的政治生涯。一下子从平民百姓变为官员，曹操那兴奋劲就甭提了，巴不得每天都做几件快活的美事。当然曹操除了快活外，还有政治上的远大追求。

3. 史上最牛部尉

当时洛阳有东西南北四部，每部设尉一人，尉的官品很低，是维持治安的官吏，比县令低一级。曹操的职责就是负责京城北部的治安，当然洛阳北部尉这个职务是不好担任的，为什么呢？因为这里是洛阳，是东汉王朝的京城，天子脚下，这里权贵云集，不仅有权贵还有他们的家属、他们的子弟、他们的仆人，狗且仗人势，何况权贵的亲戚下属呢！此时又值王朝末期，朝廷腐败已极，社会治安很乱。尤其到夜间，一些豪强子弟和地痞流氓，串街走巷，敲诈勒索，调戏妇女，无恶不作，把洛阳城搞得乌烟瘴气。

分管治安的部尉一般都只会欺压老百姓，对豪门贵族，从不敢动一根毫毛，有时甚至同他们互相勾结，狼狈为奸。这个地方可不是一般人物能镇住的，还不定谁收拾谁呢！偏偏曹操到这儿来，家里有背景，就一个混世魔王，胆子又大，权术又多，谁都不怕，愣头青一个，谁能知道他会做什么？

曹操当部尉肯定是想有一番作为的，也是做给梁鹄、司马防之流看看，你们不是认为我做不了洛阳令吗？那好，我证明给你们看。曹操到底年轻聪明有锐气，做事也很活泛。

第一天上任，便把部尉衙门给整理了一番，从打扫卫生到摆设统统换一遍新鲜。他找来工匠连夜赶造五色棒，为什么做五种颜色的棒子

呢？古代以五色代表五域四方，其颜色分别为青、赤、黄、白、黑五种。曹操命人在大门两侧各悬挂十余根，并贴告示说明："有犯禁，不避豪强，皆棒杀之。"（《三国志》裴松之注《曹瞒传》）专收拾那些有不服从的人夜间出来闲逛，皆以棒杀之，以儆效尤。

曹家大少爷新官上任三把火，也不知道能不能烧起来，一时间洛阳城舆论四起。当然关注此事的是平民，豪门贵族根本不屑一顾，曹家小儿太胡闹了，他也不看看自己是几品，什么"不避豪强，皆棒杀之"，还不知道谁杀谁呢。

禁令一出，老百姓肯定老实了，没人敢违禁。只是平时那班狗仗人势的阿附贵戚，仍然我行我素，声称黄毛小儿的部尉算个啥官，完全不把曹操放在眼里。所以禁令颁布几天，全然没有效果，在大街上，这帮人该抢啥抢啥，该拿啥拿啥，该调戏调戏。

这样一来，曹操不干了，你们也太不拿"部尉"当干部了。既然你们不拿"部尉"当干部，那好，大爷我亲自出马，看看洛阳北到底是谁的天下。

于是，曹操决定亲自夜巡。曹操就是曹操，别人都是躲着麻烦走，唯独他迎着麻烦上。这天曹部尉带着他的兵丁，专门在权贵集中的大街上巡逻，这时还真有人也带一帮人在大街上走，曹操欣喜：得来全不费工夫！

一看果然有人和自己对着干，曹操便愤愤地下令："快把那老头儿抓来！"

一会儿，一位巡官回来悄声禀告："大人，那位老爷我们惹不起，抓了他，只怕是他不麻烦，我们麻烦。""我们麻烦，那我倒要看看。"曹操一问，方知那老头是宦官蹇硕的叔父。蹇硕当时是汉灵帝跟前的红人，谁不给面子？他叔父便依仗权势，为所欲为，京城里谁也不敢碰他一碰，开玩笑，还有我曹操怕的事？决心一下，就斩钉截铁地下令："拿下，坚决拿下！"

为了以儆效尤，同时也是为了提高自己的知名度，第二天清晨，曹操在北部部尉衙门前召开类似于今天的新闻发布会，报告新部尉第一次出击的成果，一看有热闹，人群立马围个水泄不通。尤其当人们得知新部尉把蹇硕的叔父抓了起来，都想来看看这位年轻的部尉如何处置这位老爷。

兵丁把蹇硕的叔父押到衙门前。曹操站在台阶上喝问:"你知罪不知罪?"

老头抬头看了看曹操,见这部尉是个年轻人,不由得冷笑了一声,反问道:"请问你是谁呀?"

曹操气得火冒三丈,指着门旁悬挂的五色棒,喝道:"你看清楚,这是什么?"

"这不是我家小孩子耍的玩意儿吗,什么时候放你这儿了?"老头不屑一顾地应道,他料定这个芝麻小官不敢把他怎么样。

杀还是不杀,考验着这位新部尉。一看这老头如此嚣张,拿自己不当干部,曹操怒不打一处来:"打!重重地打!"曹操大声喝令。话音刚落,衙役们抡起五色棒向蹇硕的叔父重重打去。噼里啪拉一阵子乱打,不一会,老头一动不动了,再一看,死了。

4. 这顿棒子打了谁

这一顿棒子,震动了整个洛阳!了不得啊,小小的北部尉棒杀了皇帝身边大红人的叔父,这部尉也忒牛了吧,连蹇硕的叔叔都敢杀。这消息一传十、十传百,很快传遍了全城。

这下子,官场也热闹了,宦官曹腾的孙子曹操,执法时打死了宦官蹇硕的叔叔!这热闹有点大发,很好玩,值得关注,有幕后主使吗?这下子曹嵩怎么办?蹇硕能善罢甘休吗?

曹操这一行为也忒无厘头了吧,初入官场,就来个大动作,看来这小子真是不治行业。这事要是桥玄那样的贫家子弟这样做,倒可以理解,没有受官场熏陶不知道潜规则。曹操不同啊,从小耳濡目染,常言道,门里出身不学也懂三分,曹操不至于这么外行吧?

总之,曹操这顿棒子是打得所有的人目瞪口呆,谁也搞不懂这个毛头小伙子要干什么!别的不说,你曹操怎么走上官场的自己还不知道,没有几代人的铺路,一个浪荡少年,还能被举孝廉?这倒好,刚进入官

场，就来一顿棒子，这顿棒子要是打在普通人身上还好，问题是这顿棒子落在了蹇硕他叔叔身上，也就等于落在蹇硕的身上，蹇硕和皇帝的关系谁不知道，这又间接打在了皇帝身上。

这曹操难道不想在官场上混了，不然他怎么敢上来就收拾蹇硕的叔叔呢？他不知道刚刚走入官场就得罪权贵是没有好下场的。不说官职难保，小命也不好说，再说这时候，已不是二十年前了，那时候爷爷曹腾打个喷嚏大汉帝国都会动几下，现在风水轮流转，是人家蹇硕的天下。那老头是蹇硕的叔叔，这个关系难道曹操不知道？

这顿棒子当然不能白打，所有人都想不通，估计曹嵩也想不通。想不通归想不通，儿子在外面捅娄子了，作为父亲自然有责任去摆平。不过也没什么大不了的，毕竟曹操也不是师出无名，再说了小孩子做事认真，大水冲了龙王庙——一家人不认一家人，碰巧了。曹操因为刚刚出道，二十岁还不太懂得官场，以为他当了一个部尉就怎么了不起了，他放出话来谁敢违令格杀勿论，结果蹇硕的叔叔这个倒霉蛋撞上来了，说出去的话泼出去的水，没办法，只好硬着头皮把他打死。

最后曹嵩出面，蹇硕再怎么着也得给个面子，再者说，曹操在这件事上做得无可挑剔，并无不妥，逼急了，更不好收拾。

尽管有爹爹斡旋，但是可以准确知道的是曹操这一下把权贵得罪了，把宦官集团也得罪了。但是宦官集团拿他没有办法，因为第一，曹操没有过错，秉公执法嘛，你有什么话说；第二，曹操有后台。

于是宦官集团想了迂回的路子，用了一条诡计：明升暗降，调虎离山。向皇帝吹耳边风说，陛下，曹操可是个人才，像曹操这样的人才的确不多见，执法如山啊，让他洛阳北部尉有些屈才了，应该升为县令级。皇帝哪有工夫管这事，也未必知道，你们爱怎么办就怎么办吧。于是，曹操升了一级，但是调到边远地区。升你一级，让你离我们远一些，别在跟前晃，别再碰上这倒霉孩子。

很快，在熹平六年（177），曹操被调到远离洛阳的顿丘（今河南省清丰县西南）去当县令了。这一调离，谁都知道是怎么回事，当然这仅仅是第一步，蹇硕绝对不会就此罢手，只要有机会，绝对不会放过曹操，尤其不能让曹操手里有实权。果然，没过多久曹操又被朝廷调回来,担任议郎。议郎是什么概念呢?用现在的话说就是民意代表,是个闲差。

架空后,又来第二招,汉灵帝光和元年(178)的时候,也就是曹操在顿丘令任上担任官职一年多的时候,发生了宋皇后被废的事件。

按理说,这宋皇后和曹操也是八竿子打不着的事。但是,没关系可以找啊。这一找,还真有重大发现,宋皇后的兄弟宋奇是曹操的堂妹夫,也就是说,曹操的堂妹是宋皇后的弟媳妇。找着关系了,也在九族之内,说大也大,说小也小,那就连坐呗。于是曹操"从坐免官",没办法,谁让堂妹嫁错人了呢?但堂妹嫁人和自己又有什么关系呢?好在关系不大,只是从坐,免官回家。

其实,做任何事情都是有结果的,虽然我们自己做的时候不一定知道,虽然结了果的时候我们也不一定知道是什么原因引起的。但如果我们有机会得到所有的信息,就能分析出这之间的因果关系。这就是没有无缘无故的因,也没有无因的果。

曹操按照制度杀了蹇硕的叔父,自然引起蹇硕的气恨,使得自己仕途坎坷崎岖。但另一方面,曹操获得了赞誉,当然肯定不是来自宦官集团和皇帝。我们可以猜想,曹操的行为给谁带来了好处,一是和宦官集团有仇的人,这样曹操也撇清了自己和宦官集团的关系,有利于改变人们对曹操宦官之后出身的看法;二是正直之士,这样的人最喜欢有人来主持社会正义,喜欢是喜欢,但他们自己却做不来,现在曹操做了,他们很兴奋,他们会在合适的时间帮曹操一把;三是普通老百姓,治安好了,受益的自然是老百姓。老百姓茶余饭后必定在夸赞曹操,虽然在历史上从来不会记载百姓之事,老百姓的夸赞也不能帮助曹操官复原职,但不要小看老百姓的夸赞,因为百姓的夸赞在封建社会必定会影响到其他官员对曹操的看法。

可以肯定地说,这一顿棒子之后,百姓、官员对曹操的看法肯定是正面的,比如说:这个小青年挺正义的;比如说:这个小青年胆儿挺大的。虽然在当时,曹操可能凭着一股热血干了这事,却无形中为"奉迎天子"埋下贵人相助的伏笔。

三 做贤臣还是做奸雄

5. 福祸相依

俗说话"十年一觉扬州梦",曹操这一梦却没那么长,仅仅四年,从出山到罢官,犹如坐过山车,倏忽而已。虽然仅在官场待了四年,就被迫下野,但曹操并无遗憾。曹操知道洛阳是一个是非之地,不可久留,趁着无职无权,于是回老家悠闲几天。

这时的曹操已经不是年轻的曹阿瞒了,不再游荡无度了,"飞鹰走狗"也已成往事,这些都成为教育孩子的反面教材了。

丢官又没丢命,只是没有工作罢了,又不用为衣食住行操心,待着就待着,正好有时间读书,读那些平时想读没时间读的书。对于曹操来说,这正是一种休息,也是一个能安心读书的机会。历史上有所作为的伟大人物,莫不经历两种生活,一个是潜心读书的生活经历,另一种是幸福地野玩。没有前者,就不会有丰富知识的积累,没有后者,就难以有野性的创造力。曹操若是从出来做官就一直很顺利,恐怕也难有历史上的富于创造力的曹操。

曹操这个人和同时期的人不同,他的独特的童年经历,使得他很早就开始认知社会了。所以他在读书的时候,想的就比别人多,怀疑的也比别人多,因而就读得比别人好。

这一回,历经官场磨炼,所谓更知人情冷暖,读起来可谓别有一番滋味在心头,自然能静下心来读。尽管和以前比起来,低调了许多,做惯了主角的曹操自然时不时还要搞新闻出来,以显示自己的存在。就拿读书来说,本来就是自己的事,读得好坏和别人没什么关系,曹操不这样认为,书不光要读得好,还要让别人知道。

于是乎,曹操经常和一些名流相唱和,不久就获得了文学青年的美名,还是什么"明古学",当然曹操也不是浪得虚名,从曹操留下的这么多名篇佳句即可证明。

伟大的哲学家老子说过:"祸兮福之所倚,福兮祸之所伏。"曹操官场失意,挺郁闷的,不想正是这次失意,才有机会回到老家亳州,正是在这里，曹操遇见了自己的红颜知己——卞夫人。

曹操本就好色，其实不光曹操如此，差不多的只要有能力的都是这样，历史已经无数次证明，而且还将继续证明。赋闲在家这段时间，曹操除了读书外，在青春荷尔蒙的刺激下，还做了一件极为重要的事——纳妾，这妾不是别人，就是卞氏，后来的卞皇后，曹丕、曹植、曹彰、曹熊的母亲。

据史书记载，卞家世代从事声色谋生的歌者舞伎，在当时被认为是低俗工作，在今天就是高尚的文艺工作。这卞夫人不是一般人物，出生的时候动静老大了，比曹操出生的架势大多了。延熹三年（160），卞夫人出生在齐郡白亭，据说卞氏出生的时候，产房中整天都充满黄光，初为人父的卞敬侯非常奇怪，便去向卜者王旦问卜。王旦回答："这是大吉之兆，这个小女孩前途不可限量。"看来曹操后来的发达是沾了媳妇的光，有点夫以妻贵。

话是这么说，但是长大后的卞氏仍然不免再操家族的卑贱职业，成了一名歌舞伎。这个以卖艺为生的家庭四处飘零，若干年后，来到了谯城（今安徽亳州）。正好曹操被罢官回家，真是千里姻缘一线牵。这亳州本就不大，从小在这里长大的曹操太熟悉了，如果这里有美女还能逃脱他的控制？就在这里，年已二十岁的卞氏才色过人，被时年二十五岁的曹操看中。曹操不光对政治有眼光，对美女也毫不含糊，瞅准之后，立马下手，三下五去二，就娶回家了。

其实曹操早结过婚了，第一任夫人是丁氏，这丁氏出身稍微好一些，很看不上其貌不扬而又不务正业的曹操，曹操也很忌惮丁夫人。

不能不说，曹操确实看对人了，这卞夫人确实不一般，是一位很有政治眼光的女人。后来董卓大乱天下的时候，袁术造谣说曹操出事了，一时间曹操手下的人六神无主。许多人提出回老家，卞夫人制止他们，并说："曹操到底怎么样谁都不知道？我们今天回去了，如果明天曹操还活着，我们有什么脸面去见他呢？再说了，就是真的大祸降临，我们大家同生死共患难，又能有什么大不了的！"后来，曹操果然没事。

曹操在家乡闲居的时光大约有两年，光和三年（180），汉灵帝诏告公卿推举能通《尚书》、《毛诗》、《左传》、《榖梁》各一人，只要被选

三 做贤臣还是做奸雄

中,官至议郎。于是曹操因为能明古学而被选中,曹操就成了曹议郎。曹操这样的晋升方式,是与读书脱不了干系的。谁说读书无用?若不读书,曹操哪有再出头之日,看来还是培根先生说的对,"知识就是力量"。

于是,曹操离开家乡,应召到朝中履职。

6. 有理想才有魄力

曹操第一次做官,可谓来也匆匆,去也匆匆,犹如昙花,虽然只是瞬间一现,但却永存人心,留下了弥足珍贵的回忆。

几年后再入官场,此议郎虽还是彼议郎,但此曹操已非彼曹操。虽然有过一次教训,曹操好像并没有吃一堑长一智,依然干劲十足。曹操的能臣理想还在继续,虽然现在的官不大,只是一个议郎,但只要有机会他还是会去做。这一次不比上一回,手中没有实权,自然无法挥舞手中的五色棒了。既然是议郎,那就参与朝政,曹操相信只要大汉帝国不倒,他的仕途还是光明的,他的能臣理想还是有希望的。

有做能臣之志的曹操,第一要做的是希望创造一个太平盛世,这样就能实现许劭给自己的定位"治世之能臣"。盛世就是正直有才能的人在位置上为国家服务,而现实恰恰相反,正直有才能的人被打压甚至被屠杀,祸国殃民之徒反而位居高处,为非作歹。

于是,曹操就做了第一件事,上书汉灵帝,要求给窦武、陈蕃冤假错案平反。上这道书风险极大,可以说冒着被灭族的危险,和第一次做部尉比起来,这次玩得更大。

窦武、陈蕃冤假错案就是第二次"党锢之祸",那时曹操才14岁,宦官集团以叛乱的罪名诛杀了窦武、陈蕃。

窦武这个人非同寻常,身份有些特殊,一方面他是清廉之士,自己廉洁奉公,疾恶如仇,不受贿赂,家人衣食仅保充足而已;另一方面他是外戚。在东汉"外戚"这一称号和"宦官"几乎可以等而视之,都是被人瞧不起的,前者是因家里女人上位,后者是用自己的身体上位。但窦武是个例外,出身士族之家,窦融玄孙,其父窦奉是定襄太守。少时以"经行"著称,显名于关中,受到朝廷重视,作为文人,他并没有受宠若惊。延熹八年(165),其长女被选送入宫,桓帝封为贵人,窦武被任为郎中。女儿进宫之后,作为皇帝的老丈人,他也没有受精若宠。这年冬,窦贵人被立为皇后。当初,桓帝曾打算立田贵人为皇后,陈蕃以田氏出身卑微、窦氏出身良家为由,竭力主张立窦氏,汉桓帝最后只得立了窦氏。

借着女儿的光,窦武升为越骑校尉,封槐里侯。第二年冬天,调任城门校尉。窦武利用职务之便,征召了不少名士。其所得赏赐,全部用来接济太学诸生,还经常接济贫民粮食。

窦武在永康元年(167)极力要求惩办宦官。当时李膺、杜密正被宦官整治,接受严刑拷问。窦武的要求一提出,对释放李膺等一干党人起到了很好的推波助澜的作用。同年冬,汉桓帝病死,窦皇后马上成为皇太后,与窦武秘密商定,迎立解渎亭侯刘宏为帝(即灵帝),并许诺窦武为大将军,改封闻喜侯。这样一来,窦家的"外戚集团"也马上就成立了,窦武就是首领。

陈蕃这个人的知名度远没有他那句"一室不扫,何以扫天下"知名度高,但在东汉陈蕃可是泰斗级人物,与李膺、王畅齐名。"天下楷模李元礼(膺),不畏强御陈仲举,天下俊秀王叔茂(畅)。"这是当时太学生对其评价。又与窦武、刘淑一起被誉为"三君","君",这里的意思是可为一代人所尊奉、所效法。汉桓帝时,陈蕃曾历任太守、尚书令、大鸿胪、光禄勋、太尉等职。能位至三公,足见其能力和影响力非同一般。

窦太后临朝,为了报答陈蕃的恩情,任命陈蕃为太傅,与大将军窦武共同执掌朝政。窦武、陈蕃都有剪除宦官的打算,两人一拍即合,于是重新起用李膺、杜密等人,广结党羽,共谋诛杀宦官之事。但就在一切按计划发展的时候却有了意外,宦官曹节、王甫等人谄事太后,使计划一再受到阻挠。建宁元年(168)八月,窦武使人上奏,打算对曹节等人下手。

但曹节等人怎可能束手就擒,他们决定来个"先下手为强",于是挟持汉灵帝、劫夺太后、矫诏逮捕窦武等人。窦武情知形势对己不利,

三 做贤臣还是做奸雄

拒不受诏，并射杀使者，发兵数千人对抗。曹节、王甫调兵与窦武对阵，窦武深感此时已无力回天，自杀身亡，宗亲、宾客、姻属同时被害。陈蕃亲率八十余部属拔刀响应窦武，被王甫调兵围困并捕杀，宗族、门生、故吏都被免官禁锢。

这次党锢之后，张奂因"平叛"的功劳被宦官们提拔为大司农，封侯。但张奂却深恨自己被曹节等欺骗，害死国家忠良，铸成大错，坚决不肯受印。并在不久后趁天象变化而上书汉灵帝，要求为窦武、陈蕃等人平反，迎回窦太后，并推荐李膺等出任三公。起初汉灵帝认为他说得有理，打算照办，但宦官们纷纷进谗言，灵帝完全听信了，反而追究张奂的责任。其先是被拘留数日，罚俸三个月，最终也被罢官遣返回家。接着郎官谢弼上书也为窦武、陈蕃等人鸣冤，要求迎回窦太后，却被宦官贬职杀害。

由此足见，这次党锢影响之深，也可知曹操此次上书所担当的风险。

7. 现实很残酷

曹操极为佩服窦武和陈蕃，尤其窦武虽身为外戚首领，但他同陈蕃都能在一定程度上廉政洁行，敢于同宦官集团的胡作非为作斗争，其反对宦官集团的行动自然深得党人和名士的激赏。曹操也是在这样的思想支配下，上书为窦武、陈蕃鸣冤："武等正直，而见陷害。奸邪盈朝，善人壅塞。"（《魏书》）

这句话虽然肯定了窦武等人品德行为的正直，但打击面太大了，一方面斥责了宦官的擅权，一针见血，义形于辞，另一方面也捎带了皇帝，指责皇帝用人不善。这哪是在翻历史旧案，分明有些针砭现实。汉灵帝是不太聪明，但不至于这么傻，因而不采纳。

汉灵帝这个人很有意思，要说他傻也对也不对，他有时候也能做一件正确的事。当时，由于这个宦官儿子和他的宦官爹妈的胡作非为，天下民怨四起，人们把那些没有政绩而又蠹害的官员编成民谣四处传唱，这汉灵帝居然知道了。于是就聪明了一次，光和五年（182）正月，汉灵帝诏令三公举奏州县官员中的被百姓编成歌谣传唱者，一一予以罢免。

汉灵帝是聪明了一回，但太尉许戫、司空张济却不听皇帝的，而是听皇帝爹妈们的。他们私下接受贿赂，媚上欺下，对那些民愤很大的贪赃枉法的宦官家属、亲戚等"关系户"不予查处，反而纠劾了边远小郡清廉自守、有惠民表现的官吏。这些被诬陷的官吏，自然不甘受辱，纷纷上奏陈诉冤情。司徒陈耽不愿与许戫、张济两人同流合污，上书汉灵帝劝谏说：许戫、张济这两个人假公济私，不可信任。

陈耽哪里知道这汉灵帝的聪明只是灵光一现，稍纵即逝，现在他已经不聪明了，自然对陈耽的上书不感兴趣。因此许戫、张济依然逍遥法外，而且由于宦官的忌恨和诬陷，陈耽反被罢官，两年后冤死狱中。

就在陈耽上书的上半年，灾害频频发生：二月瘟疫流行，四月大旱，五月太后住的永乐宫失火。这一连串的天灾，搞得汉灵帝很害怕，认为是上天警告自己，于是下诏，向臣下广为征询政事的得失。

曹操对许戫、张济的所作所为早已心怀不满，于是利用汉灵帝因灾害不断而惶惶不安的机会，不顾官职卑微，甚至把自己的生死置之度外，继陈耽之后再次上书切谏，谴责公卿举奏专门回避贵戚。

也许是近期灾祸频仍，使得汉灵帝心怀畏惧，于是将曹操的奏章发给三府，责备许戫、张济失职。那些被诬陷的官吏由此得到平反，许戫稍后被免职。

如果汉灵帝的聪明不是灵光一现，如果宦官集团不那么猖獗，如果那时候多一些曹操式的人物……曹操可能就会在"治世之能臣"路上狂奔，最终实现许劭的上半句，然而世界却风云突变。正是"我本将心向明月，奈何明月照沟渠"，治世只是一个传说，即便曹操再努力也枉然，乱世还是来了，在众人的期待中来了，曹操没有选择，只能做许劭的下半句了，即"乱世之奸雄"。

三 做贤臣还是做奸雄

8. 天才商人汉灵帝

在中国这块土地上,男人的出路实在是不多,而且有的时候还没有选择。就拿做皇帝来说吧,也不是想做就能做得了的,当然也不是想不做就行的。做皇帝只有两条路,其一是自己造反消灭另一个皇帝,其二是从祖先那儿继承过来的,无论是哪一种方式,都不太容易。就拿汉灵帝来说吧,这皇帝是被选择的,做不做皇帝由不得他。其实从其后来的表现来看,汉灵帝绝对不是做皇帝的料,但却是一个好商人。

没办法,历史让他做了皇帝,而他表现得更像一个商人,当皇帝像一个商人的时候,倒霉的就是天下苍生了。这汉灵帝为了一展自己的经商才华,让人在宫中仿照街市建起了"宫市",并且把宫市布置了一番——街上有的做各种买卖的、卖艺的、算命的……他也都照搬到宫市来。这还不算新鲜,为更真实,汉灵帝还让宫女和嫔妃扮成各种商贩沿街叫卖,而他自己则换上富商的打扮,在街市上到处闲逛。有时他饮酒作乐,有时为买一件小东西和店主争得面红耳赤,玩得那叫一个不亦乐乎。

按说作为皇帝,爱好经商,在后宫玩玩,过过瘾,就算了。人家汉灵帝不这样,很有天赋,认为后宫有些垄断经营,他要搞市场经济,而且全国推行,那即是"卖官"。

这汉灵帝的确是经商天才,他不仅公开卖官,而且明码标价、公开招标,价钱根据级别和俸禄确定,级别一石价位是一万。比方说你要买一个级别四百石的县令的官做,那就先交四百万,然后给委任状,一手交钱一手交货;你要买一个两千石的正部级的官做,两千万;如果你想位列三公,就是太尉、司徒、司空,再加一万万,明码实价,而且没有暗箱操作。当然不是所有的官爵都公开买卖,也有一些内部指标,比如朝廷正式任命的,虽然也要交钱,按内部价只交一半或者三分之一,可以议价。

都说升官是好事,最起码是对于一个官员政绩和能力的认可,但在汉灵帝的市场经济体制下,升官对司马直来说却是灾难。司马直为官清廉,汉灵帝提升他做巨鹿太守,相当于今天的省委书记兼省长,委任状一到,皇帝派来收钱的人也到。因为太守的年薪是两千石,所以升官之后还要交给朝廷两千万钱才能就任。

由于司马直是内部指标,汉灵帝认为司马直是清官,于是打个折,减免了一千七百万钱。可对于一向家无余财的司马直来说,那也是一笔天文数字呀。即使自己担任了巨鹿太守,以两千石的俸禄,要不吃不喝一百二十八年才还得上呀,即使打折后,三百万钱也相当于太守十九年的工资总和!司马直说这钱我真没有,我辞官回乡行不行?皇帝说那不行,这钱你可以有!司马直进退不能,万般无奈之下,在上任的路上自杀身亡,临终前遗书一封,痛斥朝廷卖官祸国,是亡国的象征!

司马直死了,也没有白死,为什么呢?因为汉灵帝对这件事进行了反思。汉灵帝认为,之所以会出现司马直这样的悲剧,是自己的政策不够灵活,应该重新制定政策。于是非常有创意地规定买官也可以"赊账",但赊账的利息有点吓人——双倍,这比高利贷还高利贷。这样一规定,其中的灵活性在于,暂时买不起官的人,可以先做官,待上任之后把欠款补上。这就是汉灵帝在位时的一大"创举",买官既可以"赊账",还允许"打折"。

假如有德高望重的官员为了升职来买官,汉灵帝就会给这些重臣一些"面子",根据对方的情况给予高低不等的折扣。据说,当时有一个叫崔烈的人,一看可以拿钱买官,就想让自己进一步高升,位列三公。这位崔大人本来口碑甚好,就是不花钱,也能官至三公。有意思的是,崔烈准备花钱买司徒一职。正好被皇帝身边的一个姓程的保姆知道了,这位程保姆跑来跟崔烈说,崔大人,我可以搞到内部优惠价。崔烈问,优惠价是多少。程保姆说:五折。崔烈想这五折还是合算呐,就交了五百万钱。交完以后,汉灵帝就同意了,于是正式宣布任命崔烈为司徒。令人啼笑皆非的是,汉灵帝宣布崔烈官升司徒的时候,他向身边的人连连摇手顿脚:"亏大了!亏大了!当初应该要他一千万钱。"

皇帝都到这种地步了,这个国家还有希望吗?正当汉灵帝后悔的时候,程保姆不干了,所谓拿人钱财替人消灾,程保姆马上跳出来说,崔

三 做贤臣还是做奸雄

大人是个好官,他的官怎么是花钱买的呢,是我帮他弄来的嘛。公卿哗然,说崔烈靠女人弄个官还不如花钱买呢,更没面子。

汉灵帝执政期间是东汉历史上最为黑暗的时期,朝廷上下、文武百官无不四处搜刮民财、祸害百姓,其一手制定的卖官制度,导致地方官员更迭频繁,腐败现象极其严重,加剧了社会的不安定性。汉灵帝,这一个胸无大志、贪图享乐的皇帝,从某种程度上说,东汉的灭亡他"功不可没"。另一方面的"功劳",由此他也成全了曹嵩父子。能花钱买官,曹操的父亲曹嵩也想过一把三公的瘾,于是花一万万钱买了太尉一职。

汉灵帝爱钱,是有渊源的,他出身亭侯之家,比起天下那些皇宫出身的皇帝的确显得"贫穷"了些,所以他怕穷。由此对金钱产生的爱好不亚于有些皇帝对美女的嗜好,其痴迷程度可见一斑。说来也巧,汉灵帝的母亲董太后也是财迷,也可能是有其母必有其子的缘故,自从儿子成了皇帝后,她便不放过任何的发财机会。她私下底常派出大批宦官到全国各地去搜括金银财宝,在她宫中储存。

在这种情况下,曹操把当时的朝廷和官场都看透了,他不再提意见,也不再担任任何官职。他觉得在这段时间自己应该好好地学习,提高自己的修养,为将来能够为国家尽忠尽力的时候做一个准备。

9. 男人、出路和梦想

秦始皇做了第一个皇帝,还打算千代万世做下去,子子孙孙,无穷尽矣,无奈这位置太招人喜欢了,引来粉丝一片。

可以负责任地说,秦始皇那时候想做皇帝绝对不止刘邦和项羽两个,他们之所以能青史留名,是因为他们造反的水平高。那个时候想做皇帝的应该和今天想做明星的人差不多,到底有多少,夸张一点说,有多少男人就有多少人想做皇帝。

谁能说想做皇帝是错误的?想做皇帝在某些层面说,是有为青年,有理想、有野心、有追求、有谋略……可能有些人会不屑,哪有那么多人要做皇帝？历史上有许多人就一心想做忠臣，还会罗列出一串串。其实那只是表象，非不为也，是不能也。

一个男人，尤其中国男人，到今天，看过几部电视剧，就整天"朕""孤""寡人"的不离口，这是什么？皇帝梦。今天皇帝都没有了，仅仅电视上浮光掠影，就让那么多男人不能自拔，何况亲身生活在现实中的古人呢？他们之所以表面上奴性十足，是因为内心中也有一颗做皇帝的心。

虽然此时皇位上坐的是汉灵帝，但不代表下面的那些人就没有想法。单单和曹操游玩的就有袁绍、袁术，其他不显山不露水的就不计其数了。除了曹操那一批外，还有几个影响重大的，刘备应该是一个。别的不说，单从他儿子的名字就能看出，他对皇帝情有独钟，刘封、刘禅，合起来就是"封禅"，谁有资格"封禅"，只有皇帝；东吴的孙权也是一个，只是比较低调一些。

也许在这批人还没有做皇帝的想法时，就有人开始在地下行动了。这个人不是别人，正是张角。或许正因为他打开了潘多拉魔盒，才引来无数人想做皇帝。

在中国这片土地上，要说有些人生下来就想做皇帝是不公平的，但要说有些人压根就没想过要做皇帝那也是骗人的。为什么这样说呢？主要是因为出路惹的祸，中国人尤其男人，出路太少了，不外乎揭竿而起造反和走科举之路做官。一是不好好读书，做个流氓，将来造反，成了能做个皇帝，或许被招降做个官，当然也可能被砍头；二是读书，做文化人，然后做官，来管理抑或镇压流氓。当然这读书也不是谁都能读得好的，再说了即使能读得好，也不如有个好爹。虽然如此，但读过书的人，他有想法，正所谓"读书越多越反动"。

事实正是如此，张角就是这样的人。

"竹帛烟销帝业虚，关河空锁祖龙居。坑灰未冷山东乱，刘项原来不读书。"当年秦始皇担心文人造反，怕儒生"不师今而学古""道古以害今"，故先焚书后坑儒。但仅过了十多年，"坑灰未冷"就天下大乱，造反的"刘项"，却是"不读书"之人。按常理来说，读书人读得书越多，所受到的约束就越多，他们思想潜意识中，伦理道德君臣父子

三 做贤臣还是做奸雄

等都是规范自身行为的准则。所以说，秀才造反，三年不成，其实，三十年也成不了。

张角并不这样认为，不读书的刘项都能造反成功，而且刘邦还做了皇帝，我为什么就不行呢？项羽失败了，不足比较，就是和刘邦比，要比他强多少倍：一、学历比刘邦高，二、知识面比刘邦广，三、深谙谶纬之学，刘邦不懂，四、懂医术，刘邦也不懂，五、会巫术，刘邦更不懂。

这一全方位 PK，张角全面胜出，刘邦这么差，都能做皇帝，我张角怎么不行呢！

深谙谶纬之学的张角，知道天下不久将大乱。其实不独懂谶纬之学的张角能看出，桥玄能看出、何颙能看出、李瓒也能看出，但张角跟他们不一样。他们是害怕天下大乱，张角却是唯恐不乱。

当然促成天下将乱的局面不是张角的错，就是没有张角，还会有李角、王角甚至牛角。汉灵帝之流能在皇帝之位上吆五喝六，张角自然有资格去挑战了，既然汉灵帝胡作非为祸害天下是合法的，怎么又能说张角是不合理的呢？人人都有皇帝梦，没试谁知行不行？

10. 推手张角这个人

在前三国时期，无论是从影响力来说，还是从号召力来说，甚或从历史的角度来说，张角都应该是一个角儿，甚至说是一个腕儿。说这段历史抑或有关这个时期的故事如果忽略了张角，很多头绪就乱了，说什么曹操"乱世之奸雄"、刘备"人杰也"、袁绍"好谋而无断"以及"生子当如孙仲谋"的孙权……其实，如果没有张角的大旗一张，哪有他们表演的舞台，哪有他们展示的机会，张角栽树，他们乘凉，好像他们之中并没有感谢张角的，内心里到底感谢没有，不知道，但公开场合没有。

开读书人造反先河的张角，和身后那些因他而发迹的人比起来，张角可以说是默默无闻，那些政治人物不提张角就算了，可是同是读书人的陈寿、范晔好像对张角也是视而不见听而不闻。关键的关键是这二位可是历史学家，他们也不提张角，总之无论是《三国志》还是《后汉书》都没有张角的传记。直到罗贯中才给了张角一点笔墨，而且不乏挞伐，都是读书人，这是干什么啊！

千秋功过留与后人说，确定的是张角不能忽略的，虽然他没有亲手完成推翻汉朝刘家400多年的霸业，但却是第一个吃螃蟹的人，是他直接推动了历史的车轮，将随后近一百年的三国历史呈现在我们的面前。和第一次领导农民起义的陈胜不同的是，张角是书生，因而他领导的起义就有浓厚的书生特色，张角不仅仅是起义还是宗教领袖，所以张角的领导的农民起义就富有浓厚的宗教色彩。

后人有意或无意的忽略，记载张角的资料难得一见，也不知道，是否发出过类似陈胜的"王侯将相宁有种乎"的感叹、是否说过项羽气势"彼，可取而代之"、是否说过刘邦那样酸溜溜的"大丈夫，当如是也"……都已经无从考究，可以确定的是，张角有一颗做皇帝的心。

从别人的荣耀中找到点点滴滴关于张角的资料，大概是说张角是巨鹿（今河北宁晋）人，早年信奉黄老学说（遵从黄帝和老子的道教，汉朝"文景之治"时起较为兴盛）。为什么信奉？起因是什么都没有交代，再者就是说张角对当时十分流行的谶纬之学造诣颇深，张角的医术、巫术也十分高明。

综合来说，还是罗贯中记载的比较传奇，有点玄幻的味道，特选一段，以飨大家：

时巨鹿郡有兄弟三人：一名张角，一名张宝，一名张梁。那张角本是个不第秀才，因入山采药，遇一老人，碧眼童颜，手执藜杖，唤角至一洞中，以天书三卷授之，曰："此名《太平要术》。汝得之，当代天宣化，普救世人。若萌异心，必获恶报。"角拜问姓名。老人曰："吾乃南华老仙也。"言讫，化阵清风而去。角得此书，晓夜功习，能呼风唤雨，号为"太平道人"。

读到这里，感觉当年的陈胜又回来了，就像陈胜的"篝火狐鸣"伎俩一样。有些疑惑的是，这是当年的传说还是罗先生自己的杜撰，抑或其他途径所得？这个问题同样无法考究，从张角后来的成功来看，应该是张角自己策划的可能性较大，可以确定的是，借助这一华丽传说，

三 做贤臣还是做奸雄

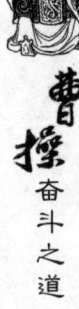

张角一遇风雨化成龙，成了张大仙。毛宗岗先生评三国的时候，针对张角遇神仙的事情，做了如此的评价：此事谁见来？此张角自言之，而人遂信之，正与篝火狐鸣一般伎俩。

毛先生的评价中肯，但我们要佩服张角的能力，那时候想做大仙的人可能不止张角一个，为什么张角能成功？为什么有人相信他？为什么有人追随？

掰手指头分析一下，不外乎：一、医术高明，二、巫术高超，三、忽悠水平高妙。这三者放在一起，就是宗教。古往今来，但凡是宗教，很多都是靠着能够强身健体包治百病的幌子出来混的，从张角先生这里算是开了个头，发展到后来的白莲教，再到太平天国的拜上帝教，莫不如此。

其实张角的发家武器不是别的，就是医术高明。按照现在的理解，张角应该是一个赤脚郎中。正是这种职业，使得张角很容易拥有群众基础、容易引起别人的崇拜、容易塑造偶像，成为人们心目中的"神医""大师""大仙"。

要做到这样对一般人来说也许很难，但对张角来说要容易得多。因为张角只需在治病期间搞一些玄虚，在治好病之后，再搞一些玄虚，最后把功劳归功于上帝，这样一来，虽然功劳让给了上帝，但张角成了上帝在人间的代理人了。

正是在这种模式的操作下，在太平道的幌子下，张角凭借自己在医学占卜方面的才华，在河北一带打下自己坚实的群众基础。张角正是利用治病时的玄虚这一幌子迅速收聚信徒的。尽管张角这样做，是有一定目的的，但他还是为人们做了一些好事的。作为一个对天下有所企图的人来说，张角难免会借助一些手段来迅速扩大自己的名声，以完成百姓对自己的信服。

当完成了这些积淀之后，张角于是就拉着"大仙"这张大旗开始呼风唤雨了。

11. 从来就没有什么救世主

当曹操在努力做一个治世能臣的时候,张角则是已经做大仙好多年。据考证,张角发迹成功与一本叫作《太平经》的道教著作有着密切的联系。

这《太平经》可以说是道教的百科全书,包罗万象,什么奉天法道、阴阳五行、长寿成仙、治病养生、通神占验、谶纬神学、灾异符瑞、善恶报应一个不少。除此之外《太平经》还包含治世之道,伦理之则,而且自成体系,以顺天地之法,治政修身,达于天下太平为主旨。正因如此,张角才把《太平经》奉为宝典。再就是书中还有代表下层民众反对统治者恃强凌弱,宣扬自食其力,扶穷救急的思想。

这样一来,《太平经》就成了圣经,有什么疑问,可以到《太平经》里面找答案,可以说《太平经》应有尽有。

其实,《太平经》早就有了,在西汉时就流行了。据史书记载,汉代曾流传三种《太平经》:西汉成帝时齐人甘忠可编著《天官历包元太平经》十二卷;东汉顺帝时于吉于曲阳泉水上所得《太平清领书》一百七十卷;张陵《太平洞极经》一百四十四卷。为什么在张角之前没有形成这么大的影响,没有出现类似张角"大贤良师"的人物,而偏偏在东汉这个时期呢?有两个方面的原因,一方面是人祸,另一方面是天灾,人祸+天灾=救世主?

张角走红的时期,正是自命为宦官儿子的汉灵帝当政,这宦官儿子和其爹妈张让、赵忠之流沆瀣一气,再加上汉灵帝官职市场经济,那怎是一个"黑"字了得。朝廷内,宦官与外戚尔虞我诈,轮番乱政;地方上,豪强地主与割据军阀为非作歹,鱼肉乡民。

按照儒家大一统学说,汉灵帝是正统的救世主,但这哥们儿呢,不是忙着经商卖官,就是忙着在后宫淫乐,再不就是赛狗……邪事还做不完呢,哪有工夫做正事。这救世主不仅不干救世主的工作,还祸害天下黎民百姓,如此救世主还不如没有呢!

三 做贤臣还是做奸雄

既有的救世主失职,那民众自然盼望新救世主驾临。于是乎,张角趁机而入,利用《太平经》作为创立太平道的理论基础和源泉,尊黄天为至上神,是黄神开天辟地,创造出人类。信奉黄帝和老子,认为黄帝时的统治是太平世界,是人类最美好的事情。面对现实世界的残酷,张角描绘了太平世界里的愿景,没有剥削压迫,没有饥寒病灾,没有诈骗偷盗,人人自由幸福。在此基础上,张角提出了"致太平"理想。

根据《太平经》这句"众星亿亿,不若一日之明也;柱天群行之言,不若国一贤良也",张角给自己新创了"大贤良师"这个极具煽动力的称号。这句话的意思是说,天上虽然有很多星星,却比不上一个太阳的光亮;天地间虽然有无数生命,却比不上一位贤良的作为。这一比较,张角成了太阳,所有的星星都得围绕张角转。

既然张角自命为"大贤良师",那就是说张角自以为自己是救世主了。

当然老百姓也不傻,仅仅这些肯定无法吸引人,那是需要真本事的,也许是这天确实看不惯这汉灵帝,在接下来的几年里,发生了几场大瘟疫:

据《后汉书》记载,张角生活的年代,发生的大规模瘟疫非常频繁:

汉桓帝元嘉元年(151)正月,京都大疫。二月,九江、庐江大疫。

延熹四年(161)正月,大疫。

灵帝建宁四年(171)三月,大疫。

熹平二年(173)正月,大疫。

光和二年(179)春,大疫。

光和五年(182)二月,大疫。

请注意,后面的几次瘟疫,"大疫"前面已经没有了用作定语表示范围的"京都"或"九江、庐江"的地名,这几次很可能是全国性的大瘟疫。

总的来说,瘟疫是由于一些强烈致病性微生物,如细菌、病毒引起的传染病。一般是自然灾害后,因环境卫生不好引起的。瘟疫的危害性不言而喻，前些年的"非典"和"甲流"，虽然已经过去，但仍让人心有余悸。这可是在现在，科技这么发达，政府如此投入努力，才控制得住。

瘟疫发生在汉灵帝领导下的东汉，一切皆可想象。多年的人祸，加上连年灾荒，再出现瘟疫，于是出现"死相枕藉"、"民相食"的人间惨剧。其中，黄河南北，灾难尤重，"豫州饥民死者四五"，"冀州尤甚"。当时政府混乱，各路诸侯所施加的税赋又很重，老百姓的生计是一天不如一天，在吃不饱穿不暖的情况下，生病是很平常的事情，而医馆对于穷苦百姓是太过奢望的。

现在又发生了瘟疫，此前天天来收税的政府官吏早已不知去向，正是在这种广大民众痛苦万状、已无生路的时势下，张角大仙带领弟弟和弟子们来到他们身边，嘘寒问暖，用中医加符水、咒语的方式为穷苦人民"治病"。这种治病和一般巫师治病的方法没有本质的区别，真正能治病的是"中医"，至于"符水"、"咒语"则是张大仙神化自己的幌子。

张大仙不仅帮助他们治病，更让人感动的是，这治病还是免费的。当然也不是没有任何条件，条件是要加入张大仙的"太平俱乐部"，只要加入这俱乐部，不仅能享受免费治疗，还能接受俱乐部的帮助。有这等好事，对于百姓而言，这是一种不错的选择，看到自己的街坊四邻都感受着教派的温暖，自然也会有一种去加入的想法，毕竟加入也不是坏事。

与其说是这些灾难成就了精通医术的张角，不如说是汉灵帝及其政府的失职帮助了张角，灾难只是推出了张角，真正把张角推向神坛的则是汉灵帝政府。

我们不得不佩服张角的医术水平，只要经过张角的治疗，病情立马见效许多，鉴于对范晔（《后汉书》作者）的不信任，故认为，张角应该确实治疗了许多病人。

张角的医术，张角的仗义，张角的"太平俱乐部"，于是就会出现——要治病，找张大仙；要幸福，加入太平道；要太平，跟张角混。就这样，张角自然而然地完成了从人到神的华丽转身，成了穷苦百姓的

三 做贤臣还是做奸雄

"大救星",成为名副其实的"救世主"了,而且是人民赋予的,谁若不同意就是和全天下的穷苦百姓为敌。

张角肯定不是学雷锋的,尽管他一直宣称自己是救世主,可这世界从来就没有什么救世主,包括张角,他的旗号下面写着"皇帝"两个字。

12. 造反无罪

张角是读书人出身,本来以为读好书,举个孝廉,好歹混个一官半职,也算有个出路。尽管张角书读得不错,奈何不是圈里人,没人推荐,只能默默无闻在家乡生活。读书本就是为了改变命运,可张角读了这么多书,既没有机会做官,对种地也没有帮助。看来读圣贤书是没有用的,张家毕竟不是曹家,没有什么基础,谋生是第一要务。为了寻找生活出路,阴差阳错张角就做了一个赤脚郎中。

在人类文明早期,"医""巫"是不分家的,在某种情况下是合二为一的,在那时,《黄帝内经》、《太平经》都是医学专业课,于是在专业课学习中,这张郎中不知不觉就成了张大师。

在张角的医学专业课中,这《太平经》不仅包罗长寿成仙、治病养生、通神占验之术等医学方面的知识,还讲述治世之道,伦理之则,教人如何顺天地之法,治政修身,达于天下太平为主旨。我们不得不叹服我们中医学伟大了,居然能把治病和治国融合在一起,正如老子能把烹鱼和治国联系在一起一样(治大国若烹小鲜)。

这医学专业一毕业,张角不仅成了张郎中,而且还成了张"救世主"。

按照汉朝的做官游戏规则,对类似张角这样出身的人是很不公平的,连进入的资格都没有,更别说什么改变规则了。如果张角在学医毕业之前,对没能做汉朝的官的还有酸葡萄心理的话,那么毕业之后,张角要做的就是要改变这不公平的世道。而且要自己创造太平盛世,做自己的救世主。

不要说张角一无所有，张角懂医术还懂治国之术。

于是张角便手持九节杖，开始了他的治病治国旅程。在民间传统医术的基础上，张角融会贯通，加以符水、咒语，辨证施治，对症下药，为病人解除病痛。并以此为掩护，在民众中广泛宣传《太平经》中关于反对剥削、欺诈，主张人人平等的学说、观点，受到穷苦大众的极力拥护。与此同时，张角又派出弟子，到各地去宣传教义，发展徒众，"以善道教化天下"。在张角及弟子们的努力下，太平道势力发展极快，十余年间，达数十万人。随着影响力越来越大和"太平俱乐部"的连锁加盟，实力膨胀的张角很想兼并东汉帝国。

当然兼并东汉帝国，不是闹着玩，说白了就是造反，造反可是要砍头的，熟读圣贤书的张角不会不知道这些。在张角看来，自己是无罪的，为什么呢？因为自己是创造太平盛世，造福于天下。

读书人就是不一般，做事非常讲究，而且还有计划，不像当年陈胜、刘邦他们一激动就造反了，也不是"秀才造反三年不成"，而是为了保证成功率。于是张角和手下做了一个详细方案，非常周密，而且做过N次演练，几乎是万无一失。

第一步，对俱乐部进行军事化管理，加强组织建设。将青、徐、幽、冀、荆、扬、兖、豫八州的信徒，分为三十六部，称作"方"，各部任命了领导干部，以加强管理，便于行动。大方统领一万多人，小方也有六七千人。

第二步，确定起义时间。农民起义大多是被逼无奈才揭竿而起的，什么时候活不下去什么时候造反，因此几乎不可能提前确定时间；但牛人就是牛人，这一点张角开创了新纪元。在此基础上，张角又按《太平经》中"顺五行"的思维方法，按照五行相生相克的理论，选定于甲子年甲子日，即灵帝中平元年（184）三月五日举行大起义。

第三步，提出起义口号。这是必需的，读书人口号，极具特色，不像陈胜的"王侯将相宁有种乎"仅仅是为了自己的功名，我张角可是为了天下苍生，提出"苍天已死，黄天当立，岁在甲子，天下大吉"的响亮口号。

第四步，做好地下工作。张角的统战工作做得的确非常高妙，竟然

连皇帝身边的宦官都策反了，成为张大师的粉丝。如果没有这些人，太平道不可能十多年平安无事，而且准备在起义的时候做内应。

起义做到这样专业，够高了吧？不够，还有"暗号"呢，居然敢用石灰，在京城洛阳及州郡官府的大门或墙上书写"甲子"的暗号。这无异于摸老虎屁股，也太自信了吧，这万一有人搂不住嘴，麻烦可就大了，危险哪！

正当张角认为"万事俱备只欠东风"的时候，盼望已久的时刻，在张角的期盼中终于到来。一切都在按计划进行，离三月五日越来越近。

事实上，黄巾起义并没有按照原定计划在三月五日顺利进行，而是不得不提前了将近半个月。关于提前举事的缘由，史书记载都是因为叛徒的出卖。

起事前大帅马元义首先通知荆州、扬州的信徒，到邺城（今河北临漳）集中。于是，其分管的数万信徒开始陆续向邺城集中。为确保一战而胜，马元义还多次到京城洛阳约定两个宦官为内应，在三月五日里应外合，共同举事。但是就在预定起义日期的前十天前后，太平道的一个信徒唐周向官府告发起义之事。难道有救世主就会有叛徒吗？耶稣教训不远啊！也难怪，虽然耶稣的教训深刻，但张角无法吸取。张角扮演了中国救世主耶稣的角色，自然就会有唐周扮演犹大。

朝廷得报，立即下令捕捉首领马元义，并即时车裂于洛阳。同时，捕杀张角信徒，又命冀州官员捕捉张角及其家人。

张角等发现事已败露，即与弟弟张宝、张梁及其他骨干成员，召开了紧急会议商量对策，讨论的结果没有分歧，不能再等了，动手吧。

随后，张角派人星夜通知各方头领，时间提前，尽快发动起义。

于是，中国历史上著名的黄巾起义爆发了。起义时，义军上下皆头裹黄巾（黄天的象征），时人称其为"黄巾军"。起义后，张角自称"天公将军"，另一个弟弟张宝自称地公将军，其弟张梁自称"人公将军"。

起义开始后，义军首先将抓获的贪官杀死祭天，以求得上天及民众的支持。被这些贪官欺压已久的老百姓也纷纷响应，或入伍上前线，或送粮送衣，义军队伍发展之势空前猛涨，攻击力也不断增强。义军连克连捷,所到之处往往烧毁官府,杀贪赃官吏,将其财产分给百姓。贪官污吏平时作威作福,一闻义军到来,吓得屁滚尿流,如同丧家之犬,纷纷四散逃之。

十天左右,天下震动,洛阳震动。

13. 乱世英雄起四方

张大仙念念有词,大手一挥,于是乎,太平道就变成了黄巾军,几十万人同时爆发,声势浩大,排山倒海,在很短的时间内势力遍及青、幽、徐、冀、荆、扬、兖、豫等州。看着这等宏大场面,张角很是兴奋,不由得开始盘算什么时候建立人间太平盛世。确实从表面上看,张大仙领导的这次农民起义很得民心,而且得到了各地的纷纷响应,好像刘家的天下马上就要呜呼哀哉了。

虽然起义军声势浩大,但在和汉政府和各路"诸侯"比起来,无论是在装备还是在经验等方面都显得相当业余。每天在家耕地的农民和每天在校武场练刀枪练阵法的军队是没有办法比的,农民起义靠的是气势,看起来很是强大,但是其实大家也就是一口气;而军队靠的则是统帅,如果有一个纪律严明的统帅指挥作战,相比农民军,正规军的组织纪律性及战斗力明显,高出很多。所以,黄巾军人数虽众,声势虽大,但业余的终究还是打不过职业的。

黄巾军一起,吓了汉灵帝一大跳,正玩得不亦乐乎的他甚是纳闷:有人起义,有人造反,难道他们不怕死吗?

不过在刀快要架到脖子上时探讨这个问题,肯定没有意义。第一次受到威胁,经常宣称"张常侍(张让)是我的父亲,赵常侍(赵忠)是我的母亲"的汉灵帝开始觉得士族有用,质问宦官们说:平时你们总说党人想造反,该杀该禁锢。现在连党人都给朝廷出力,你们反倒和黄巾军私通,那么你们该不该杀!在这个时候他想到了自己"爹娘"以外的属下,于是召集众臣出谋划策,以镇压黄巾军。

东汉政府虽然很腐朽,但朝中还是有人才的。经过热烈紧张地讨

三 做贤臣还是做奸雄

论,最后制定出了镇压方案:一、任命汉灵帝的大舅哥何进为镇压总指挥,负责保卫首都的安全。这何进本为屠户出身,因妹妹被立为皇后而发迹。二、置八关都尉官,构筑首都第二道防线。三、大赦天下党人,被迁徙流放的官复原职,唯独不赦张角。四、全国总动员。诏告天下,不论是公卿还是普通百姓,要有钱出钱,有人出人,有力出力,有谋出谋,都可以成为国家公职人员。五、汉灵帝身体力行,节俭餐饮费用,每餐只吃一荤;厩马非郊祭之用,悉出给军。

和张角起义方案相比,汉灵帝的措施也毫不含糊,从军事上来说,首先巩固京城防务,立于不败之地,然后分兵出击,各个击破,前方将领又都是猛人名将;从政治上来看,"大赦天下"举措,团结了大多数,争取了中间派;经济上则更为可行,全国总动员,皇帝还身体力行。

方针既定,于是各路人马奉命行动。北中郎将卢植(刘皇叔刘备的授业老师)、左中郎将皇甫嵩、右中郎将朱儁奉命带兵奔赴黄巾起义军的三个战场巨鹿、颖川、南阳,曹操也被任命为骑兵司令员(骑都尉),带五千骑兵协助皇甫嵩、朱儁两军在颖川(今河南省禹州市)镇压黄巾军。

黄巾起义算是曹操政治生涯的一个转机,汉灵帝向"爹爹"张让问策,张让立刻荐举了现居议郎之职的前朝大宦官曹腾之孙、当朝太尉曹嵩之子——曹操。至于为什么张让会荐举曹操,一方面张让认为曹操是宦官之后,是"赘阉遗丑",算是为自己一流争得功绩,省得朝野内外纷纷议论宦官无能;另外,自然少不了时居太尉之职的曹嵩的功劳:与其让曹操在宫内居一闲职,不如让曹操出外真正掌握一些实权。正是沾了黄巾起义的光,曹操第一次出现在司马光《资治通鉴》的舞台上。

开始双方互有胜负,后来皇甫嵩、朱儁率军在长社(今河南省长葛县),与张角的弟弟张梁、张宝带领的黄巾军对峙。颖川黄巾军在波才的指挥下,越战越勇打败朱儁,并乘势进围皇甫嵩。义军声势浩大,守城官军仅数千人,自知不敌,遂坚守不出。波才率军数次进攻未果,正当双方僵持之时,黄巾军缺乏战斗经验,犯了大错——他们用草结成帐篷。这天突起大风,皇甫嵩命令军士每人束草一把,暗地埋伏,于二更以后,一起纵火,直扑黄巾军阵地。霎时,火借风势,义军营帐陷于一片火海之中。皇甫嵩趁势鼓噪出击，义军溃败而退。

黄巾军败逃途中，前来增援的骑都尉曹操引兵杀到，于是合军再次攻击黄巾军，大杀一阵，杀死数万人。不要小看曹操这一仗，可以说如果没有曹操及时赶到，鹿死谁手还不好说，正是这次打击，使得黄巾军受到重创，迅速崩溃瓦解。

曹操就是一个善于把握机会的人，给点阳光就灿烂，正是凭着精彩一击，曹操又重新回到了实权官场。

正如天下是天下人的天下，三国也不可能是曹操的独角戏。汉灵帝"全国总动员"镇压的策略非常好，凡事又有两面性，把群众发动起来不难，等到事情搞定再让他们各回各家继续种田，就没那么容易了。情况已经发生改变，有些人已经适应了战争生活，从战争中获得了好处，感觉战争就这么简单，看来只要有军队，做皇帝也不是不可能的。就是做不了皇帝，做个土皇帝也挺舒服的，尤其为求自保的地方豪强纷纷组织或扩充起来的地主武装。

于是，各路英雄们借着镇压黄巾起义的大旗粉墨登场了。首先是一批有头有脸的数代公卿、当时名士，诸如袁绍、袁术以及曹操、孙坚等，都很有些来头。也有布衣草根，比如刘备，一个草鞋地摊主，不知从哪里查出自己竟和中山靖王刘胜有些瓜葛，便打出"中山靖王之后"的旗号，一副急公好义的样子，也跳出来开始为他"规复汉室"的伟大事业打拼。

这好比一台大戏，张角搭了一个台，还未来得及登台演出就被轰下去了。有这样好的机会，草莽英雄们，谁又肯甘于寂寞，不为自己的发迹打拼一番呢？接下来是你方唱罢我登场，一场接一场，一个天昏地暗、英雄辈出的乱世正式拉开了序幕。

14. 济南来了曹青天

黄巾军起义时，曹操率骑兵协助皇甫嵩在"长社之战"取得了关键性胜利，聚歼颍川黄巾军主力。长社之战的失败，使颍川黄巾军受到

严重挫折，曹操也因此一举成名。镇压黄巾起义之后，汉灵帝论功行赏，曹操以战功由骑都尉升任济南国国相。

济南国国相是一个什么级别的官员呢？济南国是属于青州的一个王国，按照汉朝制度，国相等同于一郡的太守，相当于今天副省级地方要员。封王仅仅"衣食租税"而已，封国的一切政务俱掌握在由朝廷委任的国相手中。曹操掌握了实权，这一回不是上一回，阿瞒也不是那个阿瞒，曹操也由一个愤青变成了体制之内的官员。

这一年，曹操三十岁，和十年前刚出道的青涩不同，这一次曹操已经有了整十年的官龄。有基层经验（洛阳北部尉、顿丘令），在中央历练过（议郎，相当于天子的秘书兼顾问），带过兵打过仗（骑都尉，骑兵师师长），这么一张人生履历，不说辉煌，也绝对不算平庸。

孔子说，三十而立，曹操也相信，黄巾起义那么大的变故，短短几个月就被镇压下去，全国局势突然变得平静起来，只要好好努力，创造一个太平盛世应该不是什么难事。看来，三十岁真是人生创立之年，一切都是重新开始，"乱世"稍纵即逝，"治世"不是来了吗？要努力，要奋斗，做一个"能臣"。只要天不灭汉，只要皇帝肯振作起来，朝野上下充满正直之士，治世离我们并不遥远。

三十岁，正是年富力强、锐意进取的时候，而且正好在其位，这对梦寐以求治世的曹操来说，正好可以借此大显身手，"好作政教以建立名誉"了。在治世里做个能臣也是自己的人生追求。但要做能臣，不是仅仅有理想就行了，还要积累实践经验，了解民情，增添阅历，使自己不断受到历练。

曹操认为此番到济南国任职，就是最好的机会。当时的济南国王是河间安王刘利之子刘康。东汉后期地方吏治败坏虽说是普遍现象，但济南国的情形似乎显得尤为严重。据史载，当时的济南国有十多个县，治所在今山东省章丘平陵城。属县长吏因为攀附贵戚、结交宦官，"朝中有人"，所以肆无忌惮地巧取豪夺、贪赃枉法，而历任济南国相不愿也无意管束，一概听之任之。

鉴于这种状况，曹操一方面上奏朝廷，一举罢免了八个县令，在济南官场掀起了一场大地震；另一方面"平心选举"发掘、任用德才兼备的人才，或者直接到中央政府任职。于是，一时之间"政教大行，一郡清平"。

曹操在济南国相任上所做的另一件具有重大影响的事，就是捣毁六百余座城阳景王祠。城阳景王神崇拜风行，祠庙越建越多，祭祀圈迅速扩大，其中仅济南境内就有六百多座祠庙。曹操认为此等祭神迎神活动"奢侈日甚，民坐贫穷"，同时也是为了整饬社会风俗、整顿吏治、清除一些不安定因素，遂决定禁断淫祠。据说曹操的调令一下，当地权贵听说把曹操调到济南去当国相，纷纷闻风遁逃，都说曹操来了我们在这个地方还能待吗？于是都跑别的地方去了。

曹操担任济南国相不足一年，一系列举措大见成效，不仅朝廷称颂，百姓也极为满意。年轻的曹操初步实现了自己"好作政教以建立名誉，使世士明知之"的心愿。

15. 为天下太平而努力

在曹操写于建安十五年（210）的长篇回忆录《让县自明本志令》中，开头就有如下一段话："孤始举孝廉，年少，自以非岩穴知名之士，恐为海内人之所见凡愚，欲为一郡守，好作政教以建立名誉，使世士明知之；故在济南，始除残去秽，平心选举，违忤诸常侍。以为豪强所忿，恐致家祸，故以病还。"在曹操看来，他一生的事业，是从济南起步的。

然而有一得必有一失，曹操在济南任上的所作所为为自己树立了名声，同时也触犯了济南当地豪强以及宫廷里当权的大宦官的利益，小报告一封一封地送达御前，不停地有人去告曹操的刁状。虽然曹操到济南后，毁坏祠屋，禁绝祠祀，得罪了皇族，但并没有什么不妥当的地方。怎么办呢？皇族的利益不能不照顾，但曹操为国家做事，也不能处分啊。于是朝廷来一个折中的方案，调曹操去当东郡太守。为什么呢？因为东郡这里是没有皇族的，级别是上升了，权力却有所削弱，所以是明升暗降。

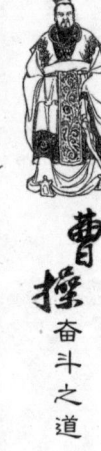

每个人都有"趋福避祸"的心理,没有人甘愿生逢乱世,但有时个人的力量和影响微乎其微,作为大局中的一颗棋子,是没有选择的。曹操早期的人生历程就是如此,听到许劭评价自己"子治世之能臣,乱世之奸雄",大笑不已。他大笑,是因为他自信自己能生活在治世,再就是即使不是在治世,自己也能创造治世。

然而命运多舛,生逢末世,尽管曹操孜孜不倦,无论是做拥有实权的洛阳北部尉、顿丘令,还是做虚职的议郎,再到后来的济南国相,都尽职尽责。然而当时权贵当道,使他空有一腔报国热情却难以施展。

自己为国鞠躬尽瘁死而后已,不想却换来这样的结果,曹操难免灰心,也担心因此会招来家祸,就急流勇退,上书称病,辞职返乡了。在官场打磨十年的曹操,再也不是洛阳的官场愣头青,他知道,尽管自己想做"能臣",但那不是自己所能决定了的。

曹操想做"能臣"只是主观愿望,有了主观愿望还不够,还需要客观环境,那就是:第一,要天下太平,这一条很重要。也即是说只有在治世才可能做能臣,如果身处乱世,小命都不保了,哪还有工夫去考虑什么"能臣"、"奸雄"的,就会像诸葛亮《出师表》说的那样,"苟全性命于乱世,不求闻达于诸侯"。第二,要看皇帝。就是这个皇帝是什么样的人,有没有追求,是不是要创造一个盛世。第三,朝廷风气好不好。比如北宋王安石变法,帮忙的没有,拆台的成堆,那也做不成能臣。第四,就是上面的条件都具备了,还要看皇帝的心情如何。比方说汉文帝,他可不是昏君,他治下的时代可以说是西汉王朝最好的时代,有"文景之治"之称为证。汉文帝本人也极为欣赏贾谊这个人,应该说贾谊做能臣的条件都具备了,但是结果怎么样了呢?"可怜夜半虚前席,不问苍生问鬼神",汉文帝就是不用他,甚至把他打发到长沙,这贾谊能不郁闷吗?没有办法,只得终日以泪洗面,最后抑郁而终。

既然做能臣是要有条件的,而自己所处的那个时代不具备这个条件,也怕连累家族,又不愿为虎作伥,于是曹操便托病归乡,在城外盖了房子住下,"春夏习读书传,秋冬弋猎,以自娱乐"。但是曹操并没有忘记国家大事,他仍然关心着国家和民族。

四、天下大乱

曹操做梦都想着天下太平,抑或自己创造一个盛世,但"树欲静而风不止",有人不乐意——宦官不乐意,因为治世就意味着他们时代的终结;有野心的人也不愿意,因为治世就可能会使他们的野心成为水中月镜中花;就连汉灵帝也不愿意,因为治世就标志着他美好生活的结束。于是,乱世就在他们的期待和盼望中到来……

乱世来了,曹操是大喜还是大悲,抑或悲喜交加?是隐忍于乱世,还是趁势出击,是等待治世到来再出山?

1. 曹操重出江湖

中平二年（185），曹操三十一岁，在离开老家亳州七年后，又回来了，原因如出一辙，稍有区别的是，上一回是"被"回来的，这一回是主动回来的。人们常说，"吃一堑长一智"，曹操做洛阳北部尉时，太过严厉，棒杀宦官蹇硕的叔叔蹇图，后来在权力游戏中被淘汰；吃了一次亏，该长记性了，这是一般人的思维。但曹操不是这样的，他的原则是"在哪里跌倒就从哪里站起来"：做济南相时，曹操比做洛阳北部尉可以说有过之而无不及，大刀阔斧砍伤了皇族，这样一来，曹操就完全得罪了皇帝身边的人，宦官已经恨之入骨，而皇族也欲除之而后快，后果很严重。

本来打算从跌倒的地方站起来，结果不但没有站起来，反而又一次倒了下去。曹操知道危险之地不可久留，为了家人的安危，曹操以身体健康为由，主动辞职，回老家，在亳州城外建了茅屋，春夏天在那里读书，秋冬之际到野外打猎。

曹操这种春夏读书秋冬打猎的日子并没有持续太久。因为这种生活不是他本人的意愿，所谓读书打猎其实就是一种样子，是做给朝廷看的，是做给天下人看的，同时也是一种炒作。我曹操的书读得好不好？好，"明古学"，天下人都知道，现在还在读，为什么还在读？一是要报效国家，二是报国无门，没有事做只能读书。我曹操的武功怎样？当年勇闯张让府邸全身而退，镇压黄巾功勋卓著，有没有本事，这也是天下人都知道的事。而今之计，一身武功，却只能用来打猎，报国无门啊！

这样的人才，在朝廷做官，你不放心，辞官回乡，又给你添堵，左右不是，用了麻烦，不用也麻烦。虽然这几年，曹操的仕途不顺，但曹操的父亲曹嵩的仕途却是顺风又顺水。有养父曹腾的关系罩着，加上得体的待人处世，在汉桓帝末期曹嵩就官拜司隶校尉（相当于卫戍区司令员），汉代十大校尉中司隶校尉权力很大：东汉初年，光武帝刘秀撤销

四 天下大乱

丞相司直，司隶校尉获得了更大的权势，朝会时和尚书令、御史中丞一样享有专席，被称为"三独坐"。东汉时，司隶校尉还常常劾奏三公等高官，因而百官都很害怕司隶校尉。

到了汉灵帝时候，曹嵩又升职了，成了掌管国家财政和礼仪的大司农、大鸿胪。尤其大司农之位，手握国家财政，而曹嵩也不是什么清廉之人，本着"不贪白不贪"的原则，利用种种手段，把国家的钱变成曹家的。因此，曹家的日子可谓是越过越红火，不说富可敌国，也绝对是富甲一方。中平四年（187）汉灵帝营造西花园经费不足，公开拍卖官职，曹嵩不满足于大鸿胪的职位，就花一亿钱为自己买了太尉一职，位列三公。

有道是，老子英雄儿好汉，曹太尉的儿子哪能在家赋闲。就这样不知道是朝廷爱才还是另有操作，抑或是曹操的炒作成功，中平四年（187），三十三岁的曹操被朝廷任命为都尉。这都尉，级别相当于今天的军分区司令员。

这父子俩好像犯冲似的，刚刚同朝为官比翼双飞，曹嵩就丢官了。中平五年（188），黄巾军再次发动起义，各地残余势力也纷纷响应。二月，郭太等在西河白波谷起义，进攻太原郡、河东郡等地。四月，汝南郡葛陂黄巾军再起，攻打郡县。由于曹嵩官居太尉（相当于全军总司令），自然要对黄巾起义负责任，最起码要负领导责任，于是被免去太尉之职。

2. 每个人都有皇帝梦

为了镇压这次叛乱，这年三月，汉灵帝采纳太常刘焉的建议，将一部分刺史改为州牧，交给宗室或重臣去管理，让他们拥有地方军、政之权，从而加强地方政权的实力，以便于控制地方，有效镇压黄巾残余势力。这个刘焉之所以提这些建议，并不是为了大汉朝廷好，也不是为汉灵帝好，而是有自己的小算盘，那就是想他做皇帝。

刘焉本是中央官员，汉灵帝末期，因从手下那里得到秘密情报说

"京师将乱，益州分野有天子气"（《三国志·刘焉传》），一听有这等好事，便主动请缨去西南一隅的益州做军政首长。刘焉确实有点本事，到任后，镇压黄巾起义军和地方豪强，抚纳离叛，广树恩信，不久就名声大噪。

刘焉本就是冲着天子气来的，刚打响名声没几天，就开始修造天子的乘坐工具，一下子修造了一千余辆。荆州牧刘表写了份奏折给皇帝讽刺刘焉，说他那熊样和当年孔子的学生子夏在西河时被人当作圣人孔子一样。可惜，刘焉的一番"苦心"白费了，不但那千余辆天子车被一场大火烧得一干二净，就连他自个儿也病死了。这个刘焉不光自己没有做成皇帝，儿子刘璋还拱手把益州送给了刘备，结果益州还真有"天子气"，不过做皇帝的是刘备。

正是刘焉的这一馊主意，汉灵帝才下放权力，使得地方军阀拥兵自重，群雄割据混战，逐鹿中原，俨然不把东汉皇帝放在眼里。

这些军阀表面上还是东汉王朝的臣子，估计早已把龙袍当内衣穿了，之所以不敢穿在外面，是因为畏惧皇权正统观念在群众中的影响力。于是这些军阀不时还要喊些报效朝廷之类口号，而且喊得非常真诚。中国人向来是活泛的，善于利用游戏规则，实在利用不了就改变，而且还总结出了"有条件要上，没有条件，创造条件也要上"的经验。

面对皇帝位置的诱惑，试问古往今来，但凡有一点条件，有谁能抵挡得了！于是上演了多少闹剧，编理由，找借口，而且很多时候做的都是偷偷摸摸的试图染指皇权的小动作。可结果往往是聪明反被聪明误，鸡没偷成反倒蚀了把米，像个蹩脚的笨贼，甚是可乐。

就在刘焉提出建议两个月后，就有人按捺不住了，这个人就是冀州刺史王芬。

这王芬当然没有自己做皇帝的胆量和能力，因而就只能在刘姓皇族身上打主意，伺机拥立刘姓皇族成员为帝。这是有先例的，有规矩可循的，其实在东汉中后期的一百多年里，皇帝几乎没几个命长的，而且大多无子（皇子早夭）。

皇帝驾崩后，新皇帝会由太后与外戚（通常为太后的父亲或哥哥）共同商议后，从外藩（皇族受封于外地为王、侯者）中选出。因此，

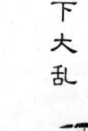

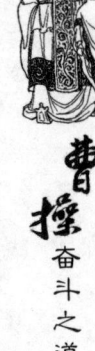

但凡是刘姓的龙种都有机会成为皇帝的候选人。通常情况下，皇位的合法继承人是唯一的，只有当出现皇子缺失时才会从外藩招小儿继承大统。但王芬这次有些超出常规，他打算废掉汉灵帝另立，这在刘秀建立东汉以来还是第一次。

冀州是张角的根据地，也是黑山贼势力范围，因而这个地方算是有点特区的味道，中央对这里有特殊的政策，因而相对于同级别的官员，这里的权力要大一些。所以这冀州刺史最先做大，当时王芬是宾客满座，养了不少食客。最有名气的当数陈蕃的公子陈逸，这陈逸由于和汉灵帝及宦官有杀父之仇，很想找机会报仇。另外一个就是襄楷，这襄楷可以说上知天文下晓地理，夸张一点说，还能前知五百年后知五百年，《后汉书》评价其"能仰瞻俯察，参诸人事，祸福吉凶既应，引之教义亦明"。这襄楷对陈逸预测说："天文不利宦者，黄门、常侍族灭矣。"听说自己的杀父仇人将有不测，陈逸很是高兴。王芬听说后也很兴奋，说道："如果真的像你所预测的那样，我王芬愿意做这件事。"

这王芬能做到冀州刺史，那智商也不至于弱到哪儿去，自然知道自己几斤几两，于是开始联合其他同盟，一个是南阳许攸、一个是沛国周旌。但他们仍感实力不足，需要一个有影响有实力的人来支撑台面，想来想去，只有曹操合适，因为：一、曹操是名门（尽管是宦官）之后，做官名声好，在名士中有号召力；二、曹操文武全才，还有军功，有震慑力；三、曹操的父亲曹嵩曾经官至太尉，有军方背景。

3. 皇帝不是换着玩的

由于许攸和曹操在年轻的时候是奔走之友，于是便由许攸搭桥，联络曹操。曹操知道后既不支持也不反对，而是从形势上进行了分析判断，曹操指出，废立皇帝这样的事情不是闹着玩的，是天下最不吉祥的事情。当然也不是不可以做，古人也有这样做的，他们都是再三权衡成败的后果，然后根据轻重进行。

他以两人为例，一个是伊尹，一个是霍光。伊尹对殷商天下非常忠诚，没有私欲，还具有管理其他大臣的权势地位，一人之下，万人之上，因此他能根据实际情况进行判断，决定废或立，都能进退自如，计从事成。霍光呢，他受命托国，凭着皇亲国戚的地位，在内有太后秉政支持，在外又有一大帮重臣官员跟随，而昌邑王那时候才登基不久，还没来得及培植亲信党羽，朝廷上连个支持者也没有，所以霍光做这事就跟原地转圈儿一样简单，几乎不费吹灰之力就能将昌邑王踢下皇位。可是大家只看到了容易做的一面，却没看到难做的一面。大家仔细想一想，还有像当初七国那般拉帮结派的吗？就合肥那地儿，能比得上当初的吴国和楚国吗？在这种情况下还想着做这般非同寻常的事，并指望它一定会成功，也未免太铤而走险了吧！

这是曹操首次介入一场大的政变，曹操说要想知道王芬等人能不能政变成功，先要判断他们的实力。那么，王芬有多少政治、军事实力呢？东汉实行州、郡国、县三级制，共有12州，每州各有刺史一名，握有该州军政大权，权力比如今的省长还大。郡、国在治理上属于一个辖区概念，性质上却大相径庭，州以下的郡，若有皇子封王，便称之为"国"，也叫"王国"。"县"是皇后和公主的食邑地，王芬是冀州刺史，下属9个郡国，位列12州第四。可是据曹操所说，应该有7个国，2个郡，皇族的势力最大，不容小觑。当时总共有105个"国"，所以曹操说尽管你有着7国的势力，但又怎么抵挡得了98国的攻势呢？即便不拿天下王国来计算，仅是吴楚两地的王国，冀州也远远比不上。

曹操回绝王芬的要点有三个方面：一，你是诚心诚意的吗，是不是图私利？这与人心向背有关系；二，你是否有政治和军事上的实力？三，你的应变能力如何，是不是有勇无谋之辈？如果这三方面有一项不符合，只是凭着欲望做事，你绝不可能成功的。

尽管曹操对形势的判断很准确，但王芬他们并没有接受曹操的建议，反而在这条不归路上走了下去。于是王芬与许攸等人合谋，想趁着汉灵帝路过冀州的时候动手。果然机会来了，汉灵帝打算北巡河间老家旧宅，王芬他们密谋趁机动手，于是上书言黑山贼攻劫郡县，请求起兵。

王芬有襄楷看天象，汉灵帝有太史看天象，这太史也不是吃白饭

的。据《三国志》裴松之注引《九州春秋》记载,太史观天象,发现"北方有赤气,东西竟天",便对汉灵帝说"当有阴谋,不宜北行",汉灵帝便决定不去了。皇帝没有同意王芬的请求,下令王芬撤兵,然后立刻召见他。王芬害怕,于是全家自杀。这倒省了汉灵帝很多事,用不着株连九族了,也用不着追究同案犯了,又多了一笔卖官买卖。

从这件事看来,一方面显示了曹操深通权谋和机变的一面,而另一方面也凸显了曹操的大局观。其中大局观最为重要,一个能成大事的人,大局观至为重要,只有洞观局势,才能在执行中游刃有余,如入无人之境。这里的大局观就是忠君和人心,其中忠君是政治立场,人心则与军事有关。曹操自然熟知这些,他将这两者看成是一致的:只有忠君,才能得人心。因而他首先提到了伊尹能成事,是因为他有"至忠之诚",能得人心。这个政治态度的形成,大略与他的身世相关,由于他的出身和名分都不太"光彩",所以对这一点尤其敏感。他需要用"忠君"的意志,来抗衡名分的低下,助力治国平天下的雄心。

4. 都是汉灵帝惹的祸

诸葛亮在其传世名篇《出师表》中写了这样一段关于汉灵帝的话:"亲贤臣,远小人,此先汉所以兴隆也;亲小人,远贤臣,此后汉所以倾颓也。先帝在时,每与臣论此事,未尝不叹息痛恨于桓、灵也。"

这样评价汉灵帝的确不算过分,应该是恰如其分,当然这话不完全是评价汉桓帝和汉灵帝的,还是警戒刘禅的。就说这汉灵帝吧,如果单单从人的角度来说,他未必是最不称职的一个,也未必是最荒唐的一个,也未必是最能折腾的一个,但是从皇帝来说,这三样他倒是都占全了。用一句总结的话说,汉灵帝几乎做完了作为皇帝最不该做的事。本来一个国家在汉灵帝的前任汉桓帝手上已经折腾得差不多了,到了汉灵帝手上更是有过之而无不及,尤其这汉灵帝生前折腾,临死又亲手布置乱局。

也许是少年时代的心理阴影作怪吧,年幼的汉灵帝即位以后,首先面对的就是士大夫集团和宦官集团之间的党争。这场斗争在年仅十二岁的汉灵帝心中影响甚大,甚至影响了他的一生。在这场斗争中,士大夫占得先机,把汉灵帝先当作手中的棋子,后来宦官取得优势,控制了汉灵帝。斗争过程极为惨烈,一个个人头落地,年幼的汉灵帝极为恐惧,担心下一个就是自己。在汉灵帝心里,宦官和士大夫比起来,相对更人性一些,因为他们总是顺着汉灵帝,逗汉灵帝玩,想方设法让他开心,而决不会像士大夫那样时不时就做出倒人胃口的事情,这不许做那不能做,令自己很不舒服。所以相对于士大夫来说,这汉灵帝觉得还是宦官更亲近一些。

如果说汉灵帝对刘家王朝有贡献的话,那就是他有两个儿子,这一点的确超越了他的前任,给刘家王朝的粉丝们带来几多希望。汉灵帝的大儿子刘辩是何皇后生的,这何皇后就是镇压黄巾起义的大将军何进的妹妹,尽管是屠户出身,因为妹荣兄贵,何屠户就成了何大将军。尽管这刘辩是长子,又有舅舅何进的支持,可是汉灵帝偏偏不喜欢皇子刘辩,反倒对王美人所生的皇子刘协疼爱有加。后来群臣上书请汉灵帝选立太子时,汉灵帝觉得皇子刘辩言行举止轻浮,像个小混混,丝毫没有帝王的威仪,不适合继承大统,便有意立皇子刘协为太子。但是,碍于何皇后在宫中的地位和影响,而且其兄长何进是大将军,在朝中位高权重,所以这太子的选立问题始终没解决,一直到汉灵帝去世时都没有立太子。

尽管汉灵帝看不上刘辩,但有舅舅和群臣的支持,刘辩的皇位应该没有什么问题的。汉灵帝就是一个喜欢折腾的主,折腾了一辈子还嫌不过瘾,在临死前又折腾了一把。为分解外戚大将军何进的兵权,以期能让自己中意的小儿子刘协做皇帝,中平五年(188)八月,汉灵帝设置西园八校尉,这是在洛阳西园招募壮丁设立的一个军事组织。

其中,小黄门蹇硕任上军校尉,虎贲中郎将袁绍任中军校尉,屯骑校尉鲍鸿任下军校尉,议郎曹操任典军校尉,赵融任助军左校尉,冯芳任助军右校尉,夏牟任左校尉,淳于琼任右校尉。诸校尉统于蹇硕。小黄门蹇硕总管各军,直接受命于皇帝。一时声势浩大,连何进亦要受其调遣。

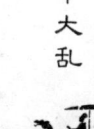

中平六年（189），汉灵帝病重，向来对宦官有亲近感的他在弥留之际将心目中的继承人皇子刘协托付给他最为信任的宦官、上军校尉蹇硕。同年夏四月十一丙辰日（189年5月13日），灵帝驾崩，蹇硕打算先把何进杀掉再立皇子刘协为皇帝，于是派人去将何进请到后宫。可惜，蹇硕的如意算盘打错了，因为他的司马潘隐与何进是老朋友，何进刚走进后宫，潘隐就迎面走了过去，用眼神示意他。何进明白过来后，吓得赶紧往回跑，从便道奔回了军营，接着向皇帝递交了病假条，说自己不幸染上了重病，没法入宫。蹇硕的计划就此泡汤，皇子刘辩终于顺利登上了天子宝座。

汉灵帝傻就傻在，他不知道这蹇硕之所以能耀武扬威，是因为沾了自己的光，蹇硕只是狐假虎威狗仗人势罢了。一旦汉灵帝这老虎不在了，局势的天平将立即倾向何进。和汉灵帝一样不聪明的还有蹇硕，他不知道自己背后的老虎没有了，还在那儿招摇呢！刘辩登基后，蹇硕依旧盘算着改立刘协，又担心何进掌权会干掉自己，于是只好去求赵忠和其他宦官帮忙，可他们要么与何进走得近，要么为求自保，不仅不买蹇硕的账，反而向何进打小报告。没过多久，何进就找个理由，派黄门令杀掉了蹇硕。蹇硕肯定没想到，自己这么快就成了何进的盘中餐。

5. 何屠户被太监屠杀了

何进在诛杀蹇硕后，有些自我膨胀，还真认为蹇硕死了，自己就是老虎了。何大屠户还有更大胆的计划，那就是进一步将宦官们全部诛杀。这时，袁绍也派自己的说客张津来聒噪何进"选贤良，整齐天下，为国家除患"，有了袁绍的支持，何进就更自信了。有了窦武前车之鉴，何进谨慎了许多，就和"素有谋"的袁绍谋划起来。

袁绍觉得斩草要除根，只有将所有的宦官都杀掉，才能避免后患。于是，他对何进说："之前窦武想要杀掉内宠，结果却反遭毒手，原因就是保密工作做得不到位，言语上泄露了计划。五营兵士都听从宦官的指挥，可窦武却偏偏要对他们掏心掏肺，知无不言言无不尽，结果落得个自取灭亡的下场。如今将军你位居帝舅之位，兄弟皆领强兵，军队将吏都是英雄俊才，乐于为将军效犬马之劳。天时、地利、人和，一切皆在将军的掌握之中，这可是天赐良机啊，将军应该一鼓作气除掉宦官，为天下百姓造福，以名垂史册！"

客观地说，袁绍的建议确实很周密，能作为曹操的对手，袁绍肯定不是水货。问题不是出在袁绍，而是在何进那儿，何进和窦武一样，都不能完全做主，都要请示自己家的女性。问题往往就出在女性方面，这种政治大事要由一个大门不出二门不迈的女性来做主，其正确性和效率自然让人怀疑。这倒不是说女性没能力，是这么大的事情完全交给任何一个人都可能犯错误，而应该有一个表决。有一句俗话，"妇女当家胡安排，老母牛领墒两边踩。"何进报告何太后，得到的结果和窦武一样，何太后却不同意，何进也就不敢违背太后意旨，这就意味着何进可能和窦武的命运一样。

也许，何进也想到了自己的命运，事后他想："或者只杀几个罪恶昭彰的？"都说袁绍"谋而不决"，这何进就更"不决"了。见到何进动摇，袁绍进而对他说："宦官亲近至尊，传达诏令，如果不一网打尽，必将遗患无穷。况且现在计划已经外露，将军为何不早下决断？事久生变，下手晚了会遭祸殃的。"如果说窦武失败是自己的问题，何进的失败则是全家人的责任，不仅何太后阻挠，何太后的母亲舞阳君与何进的弟弟何苗多次受到宦官贿赂，因此从中作梗，多方阻挠。再加上何进素无决断，犹犹豫豫，很快就错过了最佳时机。

袁绍看见这种情况，心里十分焦灼，再一次献策说："可以调集四方猛将豪杰，领兵开往京城，对太后进行兵谏。"在袁绍的鼓捣下，何屠户就选择了大脑袋的董老二。

一听袁绍给何进出了如此二的策略，曹操笑道："阉竖之官，古今宜有，但世主不当假之权宠，使至于此。既治其罪，当诛元恶，一狱吏足矣，何必纷纷召外将乎？欲尽诛之，事必宣露，吾见其败也。"（《魏书》）就是说，宦官这样的群体，只要皇帝不支持他们，收拾他们太容易了。先把领头的干掉，剩下的全部投进监狱，派一个狱吏就够了，何必召集外部的势力。这样大张旗鼓，早晚要失败。

正如曹操所说,这样的举动,哪是什么密谋,简直是公开审判了,别说是手握重权的宦官了,就是兔子,着急了也会拼命咬人。问题就出在何太后身上,这何太后和汉灵帝的"爹爹"张让还有一点亲戚关系,就是张让的儿媳妇是何太后的妹妹。

能让汉灵帝死心塌地地叫"爹",张让自然不是吃素的,他当然知道谁才是真正的主角。为了活命,张让向自己的儿媳妇叩头求救:"老臣得罪,当与新妇俱归私门。惟受恩累世,今当远离宫殿,情怀恋恋,愿复一入直,得暂奉望太后、陛下颜色,然后退就沟壑,死不恨矣。"(《后汉书·何进传》)看到自己的公爹这样求自己,张让的儿媳妇就去求自己的母亲舞阳君,舞阳君然后向何太后求救,何太后就把诸常侍召到宫内值班,何进肯定不敢到皇宫来杀宦官。同时,何太后匆匆把中常侍、小黄门等宦官放回家。

宦官们着慌了,惶惶然若丧家之犬,一起去叩求何进恕罪。袁绍在旁再三劝何进乘此机会杀掉他们,但何进还是把他们放走了,同时也把自己送上了不归路。张让、段圭等宦官自然不会坐以待毙,他们先下手为强。伪造诏书,把何进骗进皇宫,尚方监渠穆拔剑把何进斩杀于嘉德殿前。

事情正如曹操所料,何进失败得很彻底,成为了第二个窦武。何进死不足惜,问题是他把董卓给招来了,这董卓可不是招之即来挥之即去的主儿。

董卓来了,曹操也开始成为角儿了,可以说,没有张角的黄巾起义,曹操很难能登上历史舞台,如果董卓没有进京,曹操也就没有机会成为一个角儿——尽管只是配角。没有这个配角,哪能混个脸熟?正是从董卓进京开始,曹操也开始了从配角向主角转换。

6. 西凉有董卓

曹操对袁绍的评价是"好谋寡断",这说明袁绍还是有"谋"的,而何进呢?估计除了杀猪时果断外,其他时候应该没有出手狠过。其实,单凭他自己的实力就足以对付宦官了,可是他"优柔寡断"。如果说窦武犹豫是因为读书多,何进可是杀猪的啊,结果是殊途同归,都死在"优柔寡断"上。在这方面,他们跟董卓差的可不是一点半点,可以说是小学毕业生和大学本科生的距离。

与何进的屠户出身不同,董卓出身于地方豪强,从史书上记载来看,也不是什么名门望族,不仅和袁绍的四世三公没法比,和曹操的出身也不能比,毕竟曹操的父亲还做过太尉。董卓的父亲董雅,名字很好,但官位不高,仅做到颍川纶氏尉(和曹操的洛阳北部尉一个级别),董卓的字是"仲颖",董卓弟弟的字是"叔颖",由此可见董卓的父亲对颍川还是很有感情的。

董卓的出生地陇西临洮即今天的甘肃岷县,洮河中游,地处青藏高原东麓与西秦岭陇南山地接壤区。地处定西、天水、陇南、甘南几何中心,享有陇原"旱码头"和"千年药乡"的美誉,战略位置极其重要,西控青海,南通巴蜀,东去三秦。历史上甘肃、青海的黄河、湟水、洮河、大通河和四川岷江上游一带就是古代羌族的活动中心,当时岷县属于边远地区,与西北少数民族羌人的居住地相邻。

董家虽然官职不高,但家底不薄。从董卓父亲董雅的官职来看,董家属于武人出身,因而董卓的启蒙课肯定不光是舞文弄墨,而且还耍枪弄棒,骑马射箭。在羌人、胡人和汉人混居的地方,有时候道理是讲不清的,有时候也没有道理可讲,即使能讲道理有时候也显得非常不爷们,在这种情况下,武力最好用,而且屡试不爽。

在这里成长的董卓,性格自然深深烙上了那个地域的痕迹,放纵任性、粗野凶狠。据史书载,董卓"少好侠,尝游羌中","性粗猛有谋"。看来,董卓、曹操、袁绍真是一路人物,都是年轻好"游侠",都有"谋",都出身豪门,都有野心,都对皇帝有想法有行动,但董卓在这些方面是前辈,曹操和袁绍属于跟风。

董卓的家庭背景在京都洛阳可能什么都不算,但在陇西临洮天高皇帝远,董卓父亲的官职也算高干了,董卓自然就成了高干子弟。深厚的家庭背景,年轻时的游侠威名,富足的资产,人家董先生在临洮也是一个腕儿,是有身份的人,自然不会和一般人往来,出入董先生门庭的客

人都是一些羌族部落酋长。

深受武人家庭和当地风气的影响,董卓不仅识几个字,体格健壮,力大无比,而且还精通武艺,骑着马能左右开弓。别的不说,单就体格和武艺,这董卓就可以让人胆寒,再加上董卓那野蛮凶狠的性格,几乎就是活阎王,街坊邻居都不敢惹他。不光乡里人畏惧他,就连周边的羌族人也畏他三分,见了他都得叫声"董二爷"。羌族首领为求自保,对董卓极尽谄媚之能,千方百计与他结交为好友,以求得片刻的和平。

其实别看董卓表面上很强大,他对羌人也是有所忌惮的,只是后来看到羌人如此敬畏自己,一看自己有这么多的粉丝和拥趸,于是就寻思如何来利用和控制他们。也是在这个时候,董卓开始不再满足只做一个地方豪强,他眼光更高、更远。利用熟悉羌人的情形,董卓开始在羌人中培植和收罗亲信,为自己以后的长远发展打基础。

为了培养自己的知名度,董卓丝毫不吝惜花费自己的家产,每当羌人首领来家做客,他便杀牛宰羊款待,以取得他们对自己的支持和拥护。羌人一方面畏服董卓的凶悍,一方面感于董卓的"豪爽",所以纷纷归附他,听候他调遣。一次,一个羌人首领见董卓家的牛羊宰得所剩无几,便从老远的地方赶来上千头牛,赠给董卓,足见董卓当时在羌人心目中的影响和地位。

董卓的野心不只是做一个土皇帝,他要走出陇西,走向全国。董卓知道要实现自己的目标,仅仅依靠那些羌人是成不了什么气候的。因而在厚待羌人的同时,董卓还注意保持自己在当地豪强中的地位和影响,凭着他非凡的才武,拉拢、兼并其他势力,不断巩固和扩大自己的力量,还在那个天高皇帝远,地方官吏也不是"青天"的地方经常扮演游侠豪杰的角色,于是董卓在当地就享有了"健侠"的美名。

7. 董卓进京

正当董卓和羌人打得火热的时候,也正是东汉王朝和羌人闹得最僵的时候。其实,整个东汉,西羌问题一直是东汉政府最棘手的民族问题：自汉安帝永初二年（108）开始，羌人就不断发动反叛，涉及范围相当广泛，持续时间也很长久。汉桓帝年间，西羌问题不仅没有得到丝毫平息，反而声势更加浩大。当然从历史经验就可知道，反叛责任应该不在羌人方面，而是汉朝地方官吏对他们剥削和压迫太残忍了。于是不堪忍受的羌人不断杀死汉人官吏，侵占州县。

面对羌人的反抗，内忧外患的东汉政府就束手无策，只得求救于地方豪强，想借他们的力量来缓解西羌危机。

这个时候，董卓就被推上了历史舞台。为了选拔人才，也是为了镇压羌人，汉桓帝征召六郡的"良家子"做羽林郎。所谓"良家子"，应该是指出身好，祖上没有什么反对刘家统治的记录，而"羽林郎"就是禁卫军军官。出身武人之家的董卓自然符合条件，于是深知董卓底细的陇西地方官吏便极力向朝廷推荐董卓，这无疑给董卓创造了一个发展势力、满足贪欲和野心的良机。当时董卓就出任州兵马掾一职，负责带兵巡守边塞，维护地方治安。

这样一来，董卓也就成了官方人物，成了"董大人"，不再仅仅是当年道上的"董老二"。有了这个身份，这董老二就能利用自己的身份控制更多的羌人，为其日后发展势力打下基础。一时间，董卓成了陇西最当红的明星，不论是在官场上，还是在民间，他都拥有相当重要的地位。随着势力一天天地膨胀以及地位的不断上升，董卓的野心变得更大了，"边远豪强"的名分已经微不足道了，他需要更大的政治舞台。

董卓有董卓的想法，中央政府也有自己的盘算。在当时特殊的社会政治环境下，尤其是众多矛盾冲突并发的汉灵帝时期，中央政府一方面想利用地方豪强来镇压农民起义和少数民族的反抗；另一方面又担心地方豪强在战争中做大，于是乎就采取了一手招抚利用一手抑制打击手法。

当然政府政策不是单独为董卓量身定做，但肯定包括董卓。随着战功卓著，董卓的势力也急速膨胀，再加上性格粗犷豪放，董卓的野心不说路人皆知，最起码有眼光的人都知道是怎么回事。中央政府坐不住了，担心董卓成为第二个张角。为了遏制董卓权势继续滋长和蔓延，朝廷便开始动手了。

中平五年（188），汉灵帝征董卓为"闲职"少府。董卓很清楚朝廷的用意，便以"凉州扰乱，鲸鲵未灭"为由，婉言拒绝，不肯就任。中平六年（189），汉灵帝在病重之际急召董卓入宫，让他担任并州牧一职，其所属部队隶属于皇甫嵩。这一安排和任命自然满足不了董卓的野心，所以他回奏灵帝说："臣既无老谋，又无壮事，天恩误加，掌戎十年。士卒大小相狎弥久，恋臣畜养之恩，为臣奋一旦之命，乞将之州，效力边垂。"（《后汉书·董卓传》）就是说这些士兵跟我在一起时间久了，感情深厚，感念我对他们的养育培养，愿意为我卖命，而且只听从我的。不如这样，让我们驻扎在边陲，为国效命。这道折子很有水平，不知是不是出自董老二之手。讲了一番大道理，还是不把兵权交出，而且立即领着自己所属的部队进驻河东，等待机会。

由于时机不成熟，董卓两次拒绝汉灵帝征召。汉灵帝去世后，董卓认为时机成熟，所以当何进征召自己时，大喜过望，欣然前往。这倒不是何进比汉灵帝有魅力，而是在这个时候最合适，于是在"逐君侧之恶"的旗号下，董卓踏上了进京之路。

8. 洛阳劫

董卓到洛阳肯定不是打酱油来的，他是来打秋风的。可是，正当董卓盘算如何打秋风的时候，在他还没来得及赶到洛阳之前，他可爱的给他名正言顺机会进京的同盟伙伴——何进就在争斗中被张让等人给做了。

何进死了，给了许多人动武的理由和机会。最先动手的就是袁氏兄弟，正如当年曹操所预言的，祸乱天下的必是这俩人。听到何进被杀的消息后，袁术便放火烧毁了南宫，并追杀张让等人。张让等人遂挟持少帝刘辩和陈留王刘协仓皇外逃。袁绍和他的叔叔袁隗用假圣旨杀死了支持宦官的军官樊陵和许相，然后列兵朱雀阙下，袁绍随即和何进的弟弟何苗一起攻击宦官，杀死了汉灵帝的"母亲"赵忠等人。随后又下令关闭宫门，严禁出入，指挥士兵搜索宫中的宦官，不论老幼皆全部屠杀,总共杀死了两千多人,还把一些不长胡须的人当成宦官进行屠杀。

杀死赵忠后,袁绍继续派兵追杀张让等人,张让和中常侍段珪劫持少帝刘辩和陈留王刘协半夜出逃,到黄河渡口小平津(今河南省巩县西南)时,段珪还跑丢了,剩下张让一个人带两个孩子,大的哭小的闹,搞得像过年回家时的春运一样,实在太难为张让了。后有追兵,前有黄河挡道,实在走投无路,张让这帮人对少帝悲哭辞曰:"臣等殄灭,天下乱矣。惟陛下自爱!"(《后汉书·张让传》)随后,全部投河而死。

董卓的人马到洛阳郊区的时候,远远望见京城一片火海,知道情况有变,获悉少帝在北芒后,董卓急忙率兵前往。十几岁的少帝被蜂拥而至的大军吓得惊慌失措,泪流满面。一看这皇帝哭得稀里哗啦的,董卓不免更自信了,这样的娃娃都能做皇帝,谁能说我董某人不能做皇帝呢!连汉灵帝都没当回事的董卓自然不会把这娃娃皇帝当根葱,于是威风凛凛,大摇大摆地走上前去参见少帝,并且向他询问事变经过,不明就里的人还以为董卓在训儿子呢。

以前看到的都是别人对自己卑躬屈膝,今天突然有人在自己面前耀武扬威,耍起大刀,本就没见过什么场面的少帝结结巴巴,语无伦次。也难怪汉灵帝不喜欢长子刘辩,说他没有帝王的威仪,不适合做皇帝,真是知子莫如父,这样看来,汉灵帝有时候也能聪明一回。而另一个被汉灵帝看好的儿子刘协,也确实有点本事,一看哥哥语无伦次,站立一旁的陈留王刘协赶紧走上前向董卓叙述了整个事变的经过。当时的刘协年仅九岁,比少帝还小五岁,但他的叙述却言辞清楚,条理分明。

董卓一看,不禁大喜,觉得刘协要比少帝机灵多了,而且刘协又是董太后亲自抚养的,所以就产生了废刘辩、立刘协的念头。董卓把少帝迎回宫中之后,便开始挟天子以令诸侯,指挥整个天下。

本来是打秋风的,董卓只是想大捞一把,哪里想到这么容易就把皇帝弄到手啦,难道真是天意,风水轮流到我们老董家了?不要激动,要控制自己,做人要低调一些,董卓告诫自己。可是当初来得太匆忙了,只带了三千人马,这么一点人马怎么能成大事,怎么能威慑天下,征服百官,进而控制朝廷?

9. 袁绍吓跑，董卓吃饱

这儿毕竟不是西凉，这里是洛阳，在西凉，董卓打个喷嚏，都是地震。在这里不行，自己的官职在西凉还算个腕儿，在这里一棍子能打倒仨，再说了自己在洛阳连个暂住证还没有呢，说不定哪天就被遣送了。洛阳的确比西凉好，这里的发展空间大，必须要留下来，暂住证就不办了，直接落户。

董卓就是董卓，人马少，但脑袋是活的，大脑袋有大智慧，董卓的脑袋里面肯定不都是卤煮，还有智慧。为了给洛阳施加威慑，造成一种强烈的军事威慑，董卓活用自己的三千兵力，他每隔四五天就命令所部晚上悄悄溜出洛阳，第二天早上再浩浩荡荡开进洛阳，战鼓震天，旌旗招展，俨然千军万马源源不断。这阵势甚是吓人，乖乖，还是人家董老二厉害，这部队，这实力，吓到了朝廷官员在内的所有洛阳人，不敢有丝毫越轨行为。

虽然假象能暂时迷惑人，但终会被人识破。董卓此举当然只能是权宜之计，稍稍调整后，他便开始采取实际行动，以扩充兵力，收揽兵权。何进死后，他的手下部队乱作一团，而且内部互相残杀。何进属下吴匡念何进平日对自己有恩，很是怨恨何进的弟弟何苗（时任车骑将军），认为何苗故意不与何进合作，甚至怀疑他与张让狼狈为奸，联合起来对付何进。吴匡立誓要杀掉何苗，他发动手下士兵，对他们说："是车骑将军何苗与张让勾结共同杀害了大将军，我们一定要杀了他，替大将军报仇雪恨！"于是，他便与董卓的弟弟董旻合作，一起干掉了何苗。何苗一死，董卓成了最大的赢家，不费一兵一卒，就收编了何进和何苗的部队。

收编了何氏兄弟的部队后，董卓开始盯上了执金吾（卫戍部队司令）丁原手中的洛阳卫戍部队的军权，于是引诱吕布杀死丁原，接收全部京城防卫部队。从此，董卓不仅控制大量常规部队，而且还掌握着洛阳的直属部队，完全具备了左右朝政的军事基础。这为他的野心进一步膨胀增加了相当分量的筹码。

即便这时候，董卓也不是一家独大，袁绍依然有足够的实力可以清除董卓。当时，鲍信就对董卓军事势力的膨胀有较清醒的觉察和认识，他曾对袁绍说："董卓拥有强兵，而且为人奸诈狡猾，野心不小，如果现在不想办法除掉他，今后必将受其牵制。如今董卓军队人员混杂，军心不稳，组织不严，正可趁早除掉。"可是袁绍被董卓部队进出城的游戏吓住了，不敢动手。

有了强大的军事后盾，董卓便有恃无恐，为所欲为，开始了夺权行动。第一步先掌握人事任免权，迫使朝廷免除司空刘弘的职务，自己取而代之。掌握人事任免权后，董卓就有权随时任免任何官员，就成了实际的皇帝。本来"司空"是任免官员的，这董卓他越位，不仅要任免官员，还要任免皇帝。这董卓虽然胆大，但换皇帝他还是很谨慎的，他找来了袁绍商议。这董卓为什么还要和袁绍商议呢？第一，当时袁绍的实力最为雄厚，名气最大，声望高；第二，袁绍的叔叔袁隗是太傅，只要他们袁家支持，就等于成功了一半。

董卓没想到自己热脸贴在了袁绍的凉屁股上，袁绍说："两汉王朝恩德布满四海，万民拥戴，国豢民安。今皇上年纪虽小，但并没有恶行传布天下。你如果要罢黜皇上，改立新帝，恐怕没有人赞同你的意见。"董卓听后，凶相毕露，持剑怒斥袁绍说："我是有意看重你，没想到你如此不识抬举，今天不杀掉你，今后总是祸害！"袁绍也手按剑柄，针锋相对，董卓不敢轻举妄动。

当夜，袁绍就逃奔渤海郡避难，从这里就能看出袁绍确实缺乏政治头脑。董卓能进京，不就是袁绍出的馊主意，结果引狼入室，当鲍信建议他除掉董卓，又犹豫不决，自己落荒而逃。

连"四世三公"的袁本初都吓跑了，环视整个朝廷，董卓也就没什么对手了。于是董卓在朝廷上肆无忌惮地说："少帝愚昧懦弱，不能敬奉宗庙，没有资格担任天下的君主。为了国家和汉室江山着想，我想效法伊尹放太甲，霍光废昌邑的故事，废掉少帝，改立陈留王刘协为天子！"在场官员大多慑于董卓的淫威，对他独断专行、随心所欲的行为敢怒不敢言。只有尚书卢植当面提出反对意见，认为少帝只是年纪幼

四 天下大乱

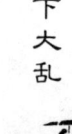

小，行为品性根本就不能与太甲和昌邑王相提并论。董卓大怒，连袁绍都吓跑了，你卢植还敢和我叫板，胆敢当众反对自己，便立即命令士兵将他推出斩首，幸亏侍中蔡邕极力劝阻，卢植才免于一死。收拾卢植之后，董卓顺利地废掉少帝，将他贬为弘农王；另立陈留王刘协，即为汉献帝。

废立皇帝之后，何太后就成为董卓的眼中钉，毕竟何太后还是有一定影响力的，再者就是刘辩毕竟还没死，说不定哪天又被人复位为皇帝。为了除去何太后，董卓向大臣们数落何太后所谓的罪行，说她如何如何逼迫婆母永乐皇太后（汉灵帝刘宏的母亲），以致皇太后忧虑而死。这种违背婆媳常理，不讲孝顺礼节的做法，应当受到严厉惩处。之后，董卓便责令何太后迁居永安宫。

到这里，董卓通过对中央政权最高阶层人员的更换和处理，已经完全把整个东汉政府控制在股掌之中：皇帝的废立、朝臣的任免、重大政策的制定，都由董老二拍板。

虽然是实际上的最高统治者，但董卓还不太满意，那就是还没有做最高级别官员——太尉。自己就是司空，这董卓也怕别人说闲话，将自己升迁为太尉，成为三公之一，掌管全国军事和前将军事务，后又自封郡侯，拜国相，跃居三公之首，掌宰相权。

董卓虽然名为"一人之下，万人之上"的国相，但实际上却远远超越皇帝，享有"赞拜不名、入朝不趋、剑履上殿"等特权。

10. 天下大乱

尽管董卓已经一手遮天，但毕竟出身低微，是暴发户。武人掌权，名声不太好，单凭自己的那批弟兄是成不了大事的，打架、杀人、喝酒、泡妞他们厉害，但治理国家就不行了。这个时候，要搞建设，要得天下，还得依靠东汉王朝原来的那些官员和将领。

于是，董卓一方面在暗中培养爪牙，广为收罗亲信，用拉拢、诱惑、排挤等手段打击和陷害一切于己不利的势力和集团，另一方面极力拉拢司徒黄琬、司空杨彪。这杨彪也是有来历的，他的名气不大，但他儿子杨修影响大。这仨人在朝中拉帮结派，沆瀣一气，为了获得名士的支持，抬举和扶植已被贬斥的陈蕃、窦武等人的余党，董卓不光全部恢复陈蕃等人以前的爵位，还擢升他们的子孙，以使他们世世代代为己所用。

据史载，董卓利用手中特权，重新提升和任用大批党人，如吏部尚书周毖、侍中伍琼、尚书郑公业、长史何颙、司空伍处士等。不仅如此，只要是与以上人员有关的党锢之徒，董卓都把他们拔为列卿，一时之间，"幽滞之士，多所显拔"。董卓对蔡邕的盛名和才气早有所闻，便特别征召他进京任官，蔡邕不想再涉及政治，婉言拒绝。董卓便威胁道："如不听命，我将诛杀你们全族。"蔡邕恐惧，只好回到洛阳。董卓大喜，任命他为祭酒，十分敬重蔡邕，后来又不断升迁他的官职。史书载，蔡邕三天之内，历遍"三台"，官至宫廷随从官。

董卓知道，纯粹的读书人好控制，难控制的是曹操这类读过书的武人，这类人可以说"文能提笔安天下，武能上马定乾坤"。必须拉拢过来，否则必有后患。于是董卓任命曹操为骁骑校尉。

这个时候曹操的政治远见、政治敏锐和政治眼光就表现出来了，他一眼就看穿了，董卓不得人心，早晚必败。别逗我了，我可不上你的贼船，追随你董老二的结果只能是祸国殃民和自取灭亡。

曹操于是辞官不就。但不给董卓面子，后果是严重的，曹操只得逃离洛阳。

曹操这一逃离，演绎了许多故事，最有影响力的当数"献刀杀董卓"，按照《三国演义》的说法，曹操之所以逃离洛阳是因为刺杀董卓失败。

董卓专权，滥杀无辜，曹操为了实现自己"治世之能臣"的理想，自告奋勇，求借王允的宝刀，假意献给董卓，以谋行刺。到了董卓家里，碰巧吕布在那儿呢。吕布离开后，董卓睡在床上，董卓的床头有一面镜子，曹操欲刺董卓，被董卓从镜子里发现，于是假称献刀，骗过董卓。而这时吕布也过来了，曹操灵机一动从吕布那里骗得一匹马，赶紧逃走了。

关于这件事，史书上没有记载，是罗贯中演绎的，但却符合故事的逻辑。因为按照史书记载，曹操仅仅是不愿和董卓合作，也没反对董卓，这样的小事，董卓就诏令通缉，有些小题大做，在那个时候，董卓未必这么看重曹操。事实上，曹操逃离后，董卓确实下令通缉曹操了。

当初为了对抗宦官，袁绍给何进出馊主意，把董卓引到了洛阳，结果董卓没到，何进就被做了；董卓到了，袁绍却吓跑了。这些情况都在曹操的预料之中，但曹操是没有办法的，是做不了主的。董卓进京后，自己做司空，废立皇帝，做太尉，做丞相，成了实际上的皇帝，刘家的王朝也只剩空壳了，天下真正乱了，而且很彻底。

11. 逃亡者曹操

既然董卓可以用武力来废立皇帝，做丞相，做实际上的皇帝，那么别的有武力的人为什么不可以呢！董卓开了一个很坏的先河，树立了一个相当不好的榜样——把皇帝当玩偶。表面上董卓胜利了，而下面则是暗潮涌动。这也是中国历史上第一个为了一己之私而废立皇帝，董卓在取得成功的同时，自己也就成了天下人的公敌。

乱世英雄起四方，有枪就是草头王。董卓可以，别人也可以，而且别人只需打着讨伐董卓的名义即可。只要有能力，任何人都可以向董卓叫板。

在这样的一个时局下，按照许劭的观点，曹操肯定是做不成能臣了。因为他遇到的是乱世，那他到底能做什么呢？在董卓当权的情形下，别说做能臣了，弄不好还会成为别人的刀下之鬼，至于能不能做许劭所说的"乱世之奸雄"，在那时也是没有谱的事。曹操见情势不对，便改易姓名，暗中潜行，东归乡里。

曹操是有故事的人，做什么事都有故事，就是逃离，也是新闻不断。曹操先逃出洛阳，路过成皋，而他父亲的好友吕伯奢正好住在这里，曹操于是到吕伯奢家做客。这一次做客不是普普通通的做客，不普通之处就在曹操杀死了吕伯奢全家。

这个故事有三个版本。第一个版本说，曹操到吕伯奢家做客，碰巧吕伯奢不在家里。吕伯奢的儿子和吕伯奢家里的其他客人看见曹操带的钱财和马匹，起了歹心，抢劫曹操，而且抢走了曹操的马和物品。这些人敢在太岁头上动土，能有好果子吃吗？曹操迅速拔出剑来，亲手杀了这些人。从这个版本来看，曹操的行为是正当防卫，杀吕伯奢一家并无不妥。这个版本的故事出自《魏书》，《魏书》是魏国人王沈写的史书，而王沈本人和曹家人的关系非常好，高贵乡公曹髦将王沈视为心腹，将军曹爽辅政时选王沈做了属员。曹操是他们的开国元勋啊，因此王沈在感情上会有所偏向，有溢美的可能。

第二个版本说，曹操去的时候，吕伯奢没在家，但他的五个儿子热情地接待了曹操。为了招待曹操，吕家人忙着洗刷锅碗瓢盆。逃亡中的曹操警觉性很强，听到锅碗瓢盆的声音，起了疑心，"疑其图己"，把吕伯奢一家杀了。这个传说出自《世说新语》，这里看来，曹操杀吕伯奢一家属于误杀。

第三个版本出自《杂记》，和第二个版本差不多，都是说曹操怀疑吕伯奢的家人要谋害自己，然后杀了他们一家。不同之处在于杀人以后，第二个版本，曹操杀人之后即走，第三个版本，杀人曹操还凄怆感慨："宁我负人，毋人负我。"

从记载来看，曹操确实杀了吕伯奢的一家，争论的焦点是：是正当防卫还是误杀。按照曹操多疑的性格，误杀的可能性最大。

比较看来，第三个版本比较符合曹操的性情，曹操本就性格多疑，当时又是通缉逃犯，曹操难免怀疑这些人要害自己。只是疑心太重了一点，太敏感了，然后杀了吕伯奢一家人。杀完以后，曹操发现杀错了，是误会，很是自责，于是"凄怆"。"凄怆"表示曹操内疚但坦然对待，体现了曹操的性情。覆水难收，错了就错了，能怎么着呢？说了一句自我安慰、自我排解的话："宁我负人，毋人负我。"而到罗贯中先生笔下，杀了吕伯奢一家后，曹操变成了理直气壮，说出了："宁教我负天下人，休教天下人负我。"这样一来，曹操这样做，是理所当然，成了赤裸裸的丛林法则，而没有丝毫的温存。

其实逃亡路上的曹操，和普通人并没有什么太大的区别，什么"治

世之能臣"、什么"乱世之奸雄"、也别说"宁我负人,毋人负我",都是假的,最真实的就是先活下来再说,活命才是硬道理。

尽管曹操的逃亡很曲折,故事也很多,但最终还是成功到达了陈留。

12. 陈留亮剑

曹操的第一次被罢官,第二次的辞官,都是回到老家亳州,而这一次,曹操却去了陈留而且还是避难。无论是第一次的连坐丢官还是第二次以病辞官,那时汉政府虽说谈不上政通人和,毕竟自己的父亲还在朝中为官,最起码还有那么一点希望,都还有东山再起的机会,只要等,机会还是有的。所以曹操的心情是放松的,春夏读读书,秋冬打打猎。而这一次完全不同,这是乱世,朝廷已不是刘家的了,而是董家的了。自己已经和董卓翻脸,只要董卓还活着,就永世不得重用,即便想做一个小老百姓,董卓也不会放过自己。

裸奔逃出洛阳的曹操,现在已经没有选择,无论是做"能臣"还是做"奸雄"都没有机会了,只能为了活命起兵造反。但造反败是要被砍头的,怎么办?总不能在没造反前就被砍头吧,总得给造反找个理由吧。那就以董卓为靶子吧。

按常理来说,这些活动放在曹操的老家亳州可能最合适,因为在那里有地利,曹操父子都在那里生活多年,熟悉地理环境;那里也有人和,从曹腾起,曹氏家族已经经营多年,各种关系盘根错节,可以说振臂一呼,应者云集。

但曹操选择了陈留,理由就是陈留有着比亳州更为重要的优势:一、陈留这里有钱。常言道,大炮一响黄金万两,起兵最为重要的就是金钱,曹操家族在陈留有许多家产,而且陈留的富人多,再就是曹操的父亲曹嵩罢官后在陈留定居。曹操到陈留后找到父亲曹嵩,把自己的想法和父亲说了一遍,打算"散家财,合义兵,将以诛卓"(《三国志·魏书·武帝纪》)。曹嵩对此是什么态度呢?《三国演义》里面没说支持也没说反对，只有曹嵩对曹操说的一段话："资少恐不成事。此间有孝廉卫弘，疏财仗义，其家巨富；若得相助，事可图矣。"就是说，"义兵"之事，钱少办不成事，这里有个叫卫弘的孝廉，可以找他拉赞助，只要获得他的支持，大事就成了。

就因为《三国演义》的这一段话，致使许多人认为，曹嵩爱财，自己有钱不支持曹操，反而唆使儿子到别人那里募捐。这样看来曹嵩确实很不厚道，但这毕竟只是小说里面的故事。《三国志·魏书·武帝纪》记载曹操"散家财，合义兵"，可以说明曹嵩是支持的，不然曹操何以有家财？《三国演义》里的卫弘其实就是卫兹。

在父亲的指引下，曹操果然去找了卫兹，向卫兹宣讲大义："今汉室无主，董卓专权，欺君害民，天下切齿。操欲力扶社稷，恨力不足。公乃忠义之士，敢求相助！"卫兹倒也是个有心人："吾有是心久矣，恨未遇英雄耳。既孟德有大志，愿将家资相助。"于是尽出家财，置办衣甲旗幡，支援曹操起兵。这好像也开了有钱人资助起兵、利用金钱投资政治的先河，同时期也有人投资刘备，后来隋唐年间，武则天的父亲就把自己贩运木材挣来的钱投资李渊起兵。

客观地说，曹操兴兵讨董，主要还是靠自己的家财。裴松之注《世说新语》"陈留孝廉卫兹以家财资太祖，使起兵，众有五千人"。卫兹的资助只能是锦上添花，曹操在陈留有家财，如没有卫兹，同样会聚财起兵。而从后来曹操与卫兹隶属陈留太守张邈麾下，曹操以本部人马据成皋，追赶董卓，"邈遣卫兹分兵随太祖"。（《三国志·魏书·武帝纪》）这里可以看出，卫兹也有自己的人马，因而卫兹的家财未必完全给曹操募兵（至少不是全部或大部），并非如前引裴注《世说新语》所说，所以陈寿《三国志》没有采用此说。

曹操到陈留的第二个原因，起兵的第二个必需条件是——地盘。而陈留的太守张邈，就是和曹操、袁绍一起游侠时的好哥们。张邈与曹操一样和董卓合不来，曹操做了张邈想做而不敢做的事，曹操的行为得到了张邈的默许与支持。史书记载，曹操最初并没有自己的地盘，所以只能寄居在张邈的地盘上，部队给养也靠张邈的接济，所以在军事行动上也或多或少地受到了张邈的节制。因为军队的开支是庞大而又惊人的，

四 天下大乱

仅仅依靠财团的支持是绝不够的,所以张邈的资助有着极为重要的作用。此外,作为一方太守,也绝不会允许有人在自己的管辖范围里举兵作乱。

第三个原因,就是陈留地处中原腹地,在当时扼东西之咽喉,历来为兵家必争之地。曹操在此起兵,占尽地利之优势。曹操在这里还得了一员大将典韦,就是己吾城人氏。对于三国武将的排名,民间曾有"一吕二赵三典韦"(或一吕二马三典韦)的说法,足见典韦在三国武艺之强、位置之重和人民群众对他的喜爱。陈留己吾城在当时是交通发达、人才物资集中的要地,非常富庶。

金钱有了,地盘也有了,有没有人愿意跟着干就看时机了。在曹操逃离洛阳的路上,董卓又借故杀死少帝刘辩,毒死何太后。如果说董卓杀死刘辩和毒死何太后是因为政治斗争,那董卓在自己家宴的行为,就只能说是野蛮了。有一次,朝中不少大臣被董卓邀请到府中做客。大臣们都感到奇怪,猜不透董卓此举意欲何为。宴会上,董卓显得兴致颇高,一个劲地招呼大家喝酒吃菜,开怀畅饮。酒过三巡,董卓突然站起身来,神秘兮兮地说:"光喝酒太单调了,需要来一点刺激精彩的小节目,以便大家喝得尽兴!"说完,只见董卓先"啪啪"击了两下掌示意,然后大声狂笑起来。

董卓笑得有些瘆人,甚至恐怖。接着,几百名诱降的反叛者被押到会场正中央,他命士兵割掉他们的舌头,再砍掉手脚、挖掉眼睛。其手段残暴至极,惨不忍睹,在场的所有人都被吓傻了。平日里这些文官们哪里见过这种血腥暴力的场面,不少大臣手中的筷子都被吓得抖落在地。董卓却脸色如常,一点都不受影响,仍然兴致高昂地饮酒,脸上还挂着得意的笑容。还有一次,董卓先用布条将俘虏来的数百名起义士兵全身缠绑住,头朝下倒立,然后浇上油膏,点燃火,将他们活活烧死,实在是残忍至极。

若说董卓刚刚进京时还有一点谋略的话,董卓此时的行为就是政治幼稚和天真。在追求杀人快感的同时,他失去了整个天下的人心。在这个时候,董卓专政,天下群雄想群起攻之,曹操已经在己吾城招兵买马了。

中平六年（189）十二月，曹操公开起兵。

这就是曹操成为乱世奸雄所做的第一件事：首倡义兵，发布讨伐董卓的檄文。曹操从这里起兵，发布讨伐董卓的檄文，算是选了个好地方，只要能控制陈留，那么就可以东进攻取徐州，继而南下庐江攻打江东各郡；一旦陈留失守，就可以退守白马，进而控制西北。陈留是个好地方，进可攻退可守，而且资源丰富，不用担心物资供应。

尽管此时曹操的兵力不多，只有区区五千人马，也没有什么威望，只是像新闻发布会一样公布了檄文，没有给各州郡发函，当然，即使发了也未必有人听从，袁绍袁术兄弟自然也不会听从曹操己吾会盟。但曹操这时举"忠义"大旗起兵讨伐董卓，当了个"急先锋"、"弄潮儿"，在东汉群雄里面抢先占了一个位置。

13. 倒董同盟

中平六年（189）十二月，曹操率领五千人马，在忠义的旗号下，讨伐董卓。一时间，天下震惊！太刺激了，还有人敢反对董卓，董卓是谁呀，大部队连续进洛阳一个月之久，连皇帝都能随意废立，讨伐他，不怕死啊。不过回过神一看，原来造反的人是曹操，也就正常了，曹操好像从来也没怕过谁，当年的蹇硕不比董卓怂哪儿去，人家曹阿瞒不照样棒杀他的亲叔叔吗！

这一回就更不一样了，天高皇帝远，曹操已经到陈留了，搞得更大发了，而是直接和董卓对着干。不会吧，曹孟德你才区区五千人马，就和董卓叫板，够董老二塞牙缝吗？太不自量力吧？董老二一发威，曹阿瞒就够悬的了，说不定会成为过街老鼠，看你曹孟德如何收场？

从正史的记载来看，曹操在陈留己吾起兵，董卓对曹操没有任何举动。也许董卓根本就没把曹操当一回事，小小的曹孟德瞎折腾什么，爱怎么闹就怎么闹，看你能闹出什么新花样，等你闹腾差不多了再去收拾你。既没有发檄文挞伐，也没有派军队镇压，就好像没有这回事一样。若从自信的角度来说，董卓也许做的没什么不妥的地方，但从政治的角

度来看，董卓确实犯了低级错误，这等于让曹操打开了挞伐自己的潘多拉之盒。

董卓对曹操的平静，让天下人震惊。呵呵，忒好玩了，原来董卓就这么忒不拉叽的，曹孟德区区五千人马就吓住他啦，早知如此，何必那么对他憋屈。看来还是曹孟德会作秀，这回又让他抢尽了风头露尽了脸，赶快动手吧，不然黄花菜都凉了，好事不能都让曹孟德一个人做了。

一个月后，或许不到一个月，曹操的煽风点火，终于引爆了天下。《三国志·魏书·武帝纪》记载：初平元年春正月，后将军袁术、冀州牧韩馥、豫州刺史孔伷、兖州刺史刘岱、河内太守王匡、渤海太守袁绍、陈留太守张邈、东郡太守桥瑁、山阳太守袁遗、济北相鲍信，各发兵数万，推袁绍为盟主，曹操为行奋武将军，征讨董卓。除了以上十一路人马，加上北海太守孔融、广陵太守张超、徐州刺史陶谦、西凉太守马腾、北平太守公孙瓒、上党太守张杨、长沙太守孙坚，合在一起就是后来常说的十八路诸侯讨董卓。

当然，当时无论是从家世、地位，还是实力来说，甚或投票选举，袁绍都是理所当然的盟主。十八路诸侯中，老袁家占了三席，其中山阳太守袁遗是袁绍、袁术的堂兄弟。盟主就算了，按理说，曹操作为第一个吃螃蟹的人，最起码也得是一个副职吧？不行，一来曹操不是朝廷命官，二来曹操没有地盘，最要命的是曹操还是朝廷通缉犯，造反也是有等级的，孟德得靠边站。当然也得有一个名号，叫什么呢？行奋武将军。"行"，其实就是暂代的意思，袁绍不是皇帝不能任命官员啊，所以只能是暂代吧。"行"就行呗，没办法谁让自己的实力弱呢？二等首领就二等首领吧。奋武，战场上毕竟还是用实力说话的。

这下子董卓慌了神，乖乖，怎么一下冒出这么多人反对咱家，平常没发现啊？真是人心难知啊！董卓数了数这些反对自己的人，真是不数不知道，一数吓一跳，韩馥、刘岱、孔伷、张邈……不对啊，这几个不是自己亲手提拔的吗？他们怎么也反对自己啊？对了，问题在尚书周毖、城门校尉伍琼等人身上，这些都是他们极力推荐的，好吧，敢出卖我，那咱家就砍了他们。

杀人归杀人，但不能等死啊，这么多人来讨伐自己，这个时候，董卓的政治幼稚病又犯了。《后汉书》评价董卓"性粗猛有谋",只说对了一半,那就是"性粗猛",另一半"有谋"实在是有些牵强,有的也只是小聪明,耍耍心眼还行,真正到了大是大非的时候,尽出昏招。

一看十八家诸侯讨伐自己,也不分析分析,哪些是真心的,哪些是打酱油的,哪些是迫不得已的,应该运用谋略分化敌人、拉拢一批、打击一批,这样一来敌人不就少了。董老二在西凉霸道惯了,错就错在把西凉那一套直接搬到洛阳了。西凉是什么地方?是羌胡汉杂居之地,是有理讲不清的地方,但洛阳不是这样,再怎么乱,也是有王法的地方。就是不讲王法了,读书人也多,常言说秀才遇见兵有理说不清,但是兵遇见秀才有理还是能讲清的,不应该动不动就用刀子解决。这董卓蛮横惯了,所谓流氓会权术谁也挡不住,自以为收拾了几个读书人就了不起了,开始把谁都不放在眼里了。

接着董卓又出了一个昏招,居然要逃回西凉。估计董卓认为所谓双拳难敌四手,算了吧,不在洛阳遭罪了,还是回自己的西凉吧,那里是自己的地盘。走是走,哪能空手走呢?常言道,贼不空手,何况国贼呢?这趟秋风打得还算不错,得了,把皇帝带回西凉。

临行前,董卓开始对老袁家下手了。你们老袁家也要反对,给你们脸不要,现在咱家不客气了,袁绍不是盟主吗?袁术不是后将军吗?还有袁遗,一共十八家,老袁家一下子有仨。你们不要以为天高皇帝远,但京城有你们的家人啊。跑了和尚跑不了庙,找老袁家的头头袁隗算账。于是在袁绍等人起兵的第三个月,董卓就将留在京城的袁氏家族共五十余口满门抄斩,连怀抱中的婴儿也不放过。其中包括他们的叔父袁隗、袁术的亲兄长袁基以及袁绍的生身之母(袁绍的生母是死于这个时候,至于他年轻时服母丧,那时死去的是他的嫡母)。董卓的残忍,使袁绍更具号召力。

董卓临行前的第二件事是,派郎中令李儒将鸩酒交给弘农王刘辩,让他自尽。

董卓可能认为,第一件事吓唬住袁氏兄弟,第二件事让联军师出无名。但这的确有些太小儿科了,其实,联军一组建,董卓就必然要杀少帝,这并不难预测。袁绍号召大家帮助复辟的汉少帝现在已死,这种处

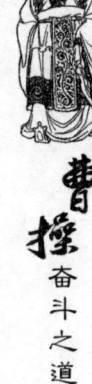

境实在有些尴尬。

身为联军统帅，袁绍现在必须向天下明确宣示：在战胜董卓之后，他是继续辅佐汉献帝，还是另作打算？如果继续辅佐汉献帝，那么现在继续讨伐董卓又有何必要？

董卓有方法，袁绍也有对策，既然不能从法理上找到根据，那就从血统下手，于是袁绍对外宣称：献帝既不是灵帝的亲生儿子，也不是老刘家的儿子，他根本没资格做皇帝，而且他还与董卓有亲戚关系，理当被废。

这确实是一个不坏的理由，在当时，是无法通过DNA基因鉴定的，袁绍总算找到了理由。但也有副作用，再怎么着，汉献帝也是名正言顺的刘家继承人，这样一来，不仅不能团结联盟，反而分裂了一部分汉献帝的粉丝。

所以，这联盟表面上看上去很强大，其实是银样镴枪头——中看不中用。董卓怕他们而选择逃跑，其实他们何尝不怕董卓呢？

14. 天下不可无曹操

讨伐董卓的联军虽然声势浩大，但各路诸侯各怀鬼胎，打酱油的打酱油、打秋风的打秋风、浑水摸鱼的摸鱼、乘机取利的取利、借以自保的自保、想露脸的以此露脸、想出名的以此出名，别的不说，就连盟主袁绍本人也无心作战。因而，袁绍只率部分军队屯驻于河内，大部分兵力部署在酸枣地区，貌似在摆出一副威逼洛阳的架势，其实并未进行任何战略上的策划，所谓的十八家诸侯，其实就是一群貌合神离的乌合之众。

大家之所以能聚集在一起，就是因为董卓威胁到了各路诸侯共同的利益，所以当有人振臂一呼时，一哄而起，快速结盟。但现在董卓跑了，威胁自然消除了，至于皇帝在哪里谁也不关心，这天下是姓刘还是姓董和自己又有什么关系呢？还是考虑考虑自己的利益比较实际，盘算怎么各自争利，割地称雄。为了天下苍生与皇帝去和董卓厮杀，至于吗？谁又相信呢？谁愿意冲锋陷阵呢？大家都在观望。

曹操看不下去了，对大家说了这样一番话："举义兵以诛暴乱，大众已合，诸君何疑？向使董卓闻山东兵起，倚王室之重，据二周之险，东向以临天下；虽以无道行之，犹足为患。今焚烧宫室，劫迁天子，海内震动，不知所归，此天亡之时也。一战而天下定矣，不可失也。"
(《三国志·魏书·武帝纪》)

意思是说咱们当初成立义军的目的就是为了讨伐董卓这贼臣，如今人马到齐了，血也歃了，盟约也立了，你们还有啥可犹豫的？即便董卓听说我们要起兵，吓得逃跑了，可他边跑还边作孽，现在是铲除董卓的最佳之机。为何？第一，董卓把京都洛阳城烧了，还把皇上挟持到长安。如果董卓真的还在洛阳的话，他手上有皇上做令箭，我们还真有些名不正言不顺；但是现在好了，董卓已经把首都烧毁，把皇上挟持走了，他的这番举动和强盗土匪无异，违背了人臣之道，弄得天下都震动了，不得人心了。假如我们此刻乘机与董卓决一死战，定能一举歼灭他。

曹操说得有没有道理？有；正确不正确？正确。但是没有人听他的。曹操愤愤地说，好吧，好吧，你们不去打我自己去。于是，自己带了一支部队西进。

一直以来，总觉得曹操的这些行为真的是"很傻很天真"。这些道理，还用着你曹操给他们上课？汉灵帝都不知道给他们上了多少回课，董卓也给他们上过，有用吗？显然没有。道理谁不知道，只是不愿意做冤大头。为国捐躯？拉倒吧，哪还有什么国，说不定哪一天我还做皇帝了呢？为了老刘家的江山，这样拼命，值得吗？你曹操愿意，你自己去，那是你的事情，别拉着我们。

曹操当然不能说服他们，他们当然也不会被曹操的行为感动。曹操只能独自引兵西进，去据守成皋，上前线和董卓兵戎相见。这个时候张邈表示同情，派卫兹带一支小部队也随着曹操西进。

张邈之所以支持曹操，一方面是他们的兄弟情深，另一方面就是希望曹操能有一块自己的根据地，省得老是在自己的地盘上活动，说不定哪一天就带来灾难。还有一个人也派出了部队支持，就是济北相鲍信，

即是那位建议袁绍趁机除掉董卓的哥们,但袁绍没有听从建议,结果袁绍自己落荒而逃,家族被屠。鲍信以此认为袁绍不足成大事,和别人不同,他很看好曹操,虽然当时曹操的地位还不如自己,但鲍信认为将来成功的必是曹操。所以当别人都去抱袁绍的大腿时,鲍信对曹操说:"夫略不世出,能总英雄以拨乱反正者,君也。苟非其人,虽强必毙。君殆天之所启!"(《魏书》)这里的"苟非其人"的其人是指袁绍,大意是说别看袁绍现在很强大,他和你曹操相争,成功的肯定不是他。随后,鲍信带上自己的弟弟鲍韬和曹操前去征战。

但是此时的曹操实力尚弱,哪里敌得过董卓强大的"西北军"。所以没战几个回合就败下了阵,鲍信受了重伤,鲍信的弟弟鲍韬和卫兹战死,就连曹操自个儿也中了一箭,战马也受了重创,差一点就阵亡。好在千钧一发之际,曹操的堂弟曹洪把马让给了曹操,否则曹操能否逃出来都是个问题。当时,情况万分危急,曹洪对曹操说,天下没有我曹洪不会怎样,可绝对不能没有哥哥你,你赶快骑上我的战马,逃出去吧!然后,曹操骑着马,曹洪步行跟着曹操逃命,到汴水又找到渡船。就这样,曹操才逃回了他们在酸枣的大本营里。

曹操败回酸枣后,看到十多万大军停止不进,各路将领每日置酒作乐,无心征讨董卓,那是一个郁闷,便向众人说:现在我们以正义之师已经发兵至此,反而犹疑不前,失去天下人心,我甚为各位惭愧!

败军之将还来给我们上课,一边待着去吧,袁绍等人当然听不进曹操的建议。

这当然也怪不得袁绍他们,汴水一战已经将联军缺乏战斗力的劣势暴露无遗。相比之下,曹操所带领的部队算是联军里最为精锐、最具战斗力的,可就连曹操都败得一塌糊涂,试想一下,若是袁绍与董卓的"西北军"对战,强行渡河攻打孟津的话,或许全军覆没也说不定。

曹操、鲍信等人率领联军中最为精锐的部队去攻打成皋,不想还未见到成皋的影子,就在汴水战败,可他们却反倒将希望寄托于那些个只会纸上谈兵,毫无军事经验的将领,带着一帮新兵去攻打成皋、敖仓、辘辕等众多要塞,这不是白日作梦,痴人说梦吗?恐怕结果依旧是连一座要塞都攻打不下来,反而被董卓杀得片甲不留。

曹操也知道和他们讲理无异于对牛弹琴，在这时候，实力才是硬道理，兵强马壮才有发言权，于是，曹操便带着夏侯惇等人去扬州募兵，以壮大自己的力量。

15. 倔强的坚持

曹操本来兵就不多，汴水这一惨败，基本上就破产了，有几千人马的时候，别人都还不拿曹操当人物，更别说几乎是光杆司令的曹操了。曹操当然很识趣，与其在这儿丢人现眼，不如回去招募人马，在哪里跌倒就从哪里站起来，于是就带着夏侯惇、曹洪等人到扬州募兵。需要说明的是，这里的"扬州"不是今天的"扬州"，那时候的扬州政治中心在今天安徽的寿县。

曹操带着夏侯惇、曹洪等人回到老家，然后就去扬州募兵。这时候，曹家人多的优势就显现出来了。在洛阳，在济南，甚至在亳州，可以说提起曹孟德是无人不知无人不晓。但到了扬州就不行了，在那里，曹洪比曹操好使。那里是曹洪的地盘，曹洪家资富庶，名震江淮，仅仅家兵就一千多人。能养活一千多人，那得多大的家产呐。

为了能征到兵，曹洪率家兵千余人到扬州庐江郡拜见陈温。熟悉情况的人知道是征兵，不熟悉的肯定以为是打仗。陈温一看曹洪这么大排场，都是多年的兄弟了，给个面子，于是欣然调给曹洪上等甲兵两千人。接着曹洪又渡江到丹阳郡，太守周昕命弟弟周喁征调两千余人，与曹洪一同北上，和曹操在沛国南部的龙亢县（今安徽省龙亢镇）会师。由此可知，这次募兵的主要功劳是曹洪的。

一看招募到这么多人马，曹操大喜，任周昕另一个弟弟周昂为军师。周家是会稽郡的豪强，势力广布于扬州，周昕又是陈蕃的学生，无疑也属于党人，所以袁绍和曹操都重用周昂。虽然重用周昂，但曹操却难以讨得扬州兵的欢心。抵达龙亢之后，扬州士卒不服豫州的水土，联合叛乱，夜间烧曹操营帐。睡梦中的曹操被惊醒后，提剑砍杀，再加上周昂、曹洪等人率领五百余名忠诚的部下拼死才冲出军营。之后一清点

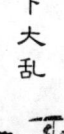

四 天下大乱

人马,只剩下五百多人了,可以想象曹操的此时心情,哭天喊地估计不会有的,但骂娘肯定会有的。

五百就五百吧,有总比没有强,曹操收拾停当,带着这帮人马上路了,在路过铚县(今安徽省宿州市西)和亳州北的建平时,曹操又在故乡招募了几百人。于是,曹操一行便带着这千余名士兵北上渡河,到河内郡去投奔袁绍,以便继续攻打董卓。

等曹操再一回去,联盟已经分崩离析了,验证了"世界上没有永恒的敌人,也没有永恒的朋友,只有永恒的利益",所有的联盟都是建立在利益的基础上,利益是转化点。联盟分崩离析的导火索是刘岱,兖州刺史刘岱对东郡太守桥瑁有想法,便以借粮为幌子向东郡太守桥瑁发难。上司向下级借粮,能拒绝吗?当然如果有实力,可以说不,桥瑁确实算是一方草头王,但和刘岱比起来,有点小巫见大巫了。桥瑁推辞不给,刘岱大怒,不借给我粮,我要你脑袋,于是带军队杀进桥瑁的大营,杀死桥瑁,收编了桥瑁的手下,任用王肱为东郡太守。

这下子,人心震动,谁能确定下一个断头鬼不是自己?本来就是来捞外快,为了一点东西搭上命不值得,风声紧,兄弟们,撤!就这样,各镇的太守各自引兵回去割据一方当草头王。袁绍见众人各自分散,就领兵拔寨,离洛阳,回关东去了,联盟土崩瓦解。

联盟瓦解之后,袁绍也陷入了被动,那就是承不承认"汉献帝"合法?如果承认献帝的合法性,董卓现在"挟天子以令诸侯",便占有了压倒性的政治优势;如果不承认"汉献帝"合法,那么谁又是合法的皇帝呢?这确实是个问题,经过反复考虑,袁绍便和韩馥等人想出了一个新方案,韩馥、袁绍以书与袁术曰:"帝非孝灵子,欲依绛、灌诛废少主,迎立代王故事,奉大司马虞为帝。"(《资治通鉴》)以便同董卓及献帝的长安朝廷对抗。按照袁绍的观点,反正如今少帝已经归天了,汉灵帝又没有其他皇子,而汉献帝是不够格做皇帝的,所以他们可以在皇室中挑选一个更合适、更合法的人来继承大统。

像这样的事情并不新鲜,以前曾发生过多次,例如公元前180年,吕太后去世之后,陈平、周勃等大臣对外声称当时的天子刘弘不是惠帝的龙种,将其杀掉,然后把代王刘恒捧上了皇帝宝座,是为汉文帝。有此案例在前，袁绍、韩馥等人便想如法炮制，打算拥立大司马、幽州牧刘虞做皇帝。

据《魏书》中记载，当袁绍打算说服曹操支持时，遭到了曹操的拒绝。曹操说，董卓的罪行震动四海，我等大举义兵，各方仁人志士纷纷响应，那是因为我们是出于一个"义"字，而非为了私利。如今只不过是幼主微弱，被董卓这贼臣控制，还没到亡国的地步，如果此时更换天子，那天下苍生又岂能安宁呢？你们若要一意孤行，拥立刘虞为新帝，我宁愿自己去讨伐董卓！

被曹操拒绝之后，袁绍不知道又从哪儿弄到一块玉印，和曹操一起喝酒的时候，在他面前显摆，准备借此号令曹操一起拥立刘虞。曹操看到袁绍的举止，感觉袁绍的行为非常幼稚可笑，大笑说："别逗了，我不会听你忽悠的。"内心却认为袁绍不够臣子之义，有机会一定除掉他。袁绍仍不死心，又派人游说曹操还带有威胁：说天下唯有二袁最强，劝曹操追随袁绍。曹操厌恶之极，却笑而不应。不屑说了。第二年春天，袁绍与韩馥要拥立刘虞，但刘虞"不敢当"，只好作罢。

"诸君北面，我自西向！"就是说，你们爱让谁做皇帝就让谁做皇帝，我的皇帝只有一个，就是汉献帝。但这只是标志着曹操与袁绍在政治立场的决裂，但现实中两个人还是哥们，毕竟曹操的力量薄弱，还得靠着袁绍这棵大树，现实中还离不开袁绍的帮衬。

十八路诸侯征讨董卓，是曹操一生中最重大的政治事件，也是曹操真正登上中国的历史舞台，也是这件事使得曹操的政治观念经历了浴火重生的煎熬和凤凰涅槃的新生。短短几个月时间，曹操前后经历了五次几乎是致命的打击，第一次，诸侯出兵不进；第二次，重创于汴水；第三次，征兵反叛；第四次，刘岱火拼；第五次，袁绍欲立新帝。这五次历练可以说一次比一次深刻，一次比一次刻骨铭心，一次比一次绝望，但曹操还是挺过来了。

如果说诸侯们看热闹，不愿冒风险，坐山观虎斗，甚至想坐收渔翁之利打击了曹操的政治理念，那袁绍的野心对曹操则是重磅炸弹。政治联盟彻底让曹操对诸侯失望，而袁绍的行为则彻底激醒了曹操。袁绍要更换皇帝，在曹操看来这与董卓的做法没什么两样，同样是乘着汉室微

弱之际兴风作浪，是不忠不义之行。董卓毒杀何太后，残害弘农王，拥立献帝，这虽然是大逆不道的，但好歹献帝还是土生土长于皇宫里的龙种，是一个已成的事实。作为臣子应该全力以赴平定叛乱才是，而袁绍却要拥立刘虞为帝，而在外有封地的皇子总共有 27 位，也就是将会产生 27 个郡国，这样一来，不同样祸国殃民，董卓废立皇帝毒死太后是国贼，袁绍鼓吹另立新帝，其实就是长相帅气心慈手软的董卓而已。

　　这件事给曹操一个教训，天子羸弱，诸侯各怀私心，只有敢于担当的大英雄大豪杰，才能拯救天下于既倒。四世三公之后尚且靠不住，其他人更不在他眼下，曹操只能独自承担天下了。

五、储蓄资本

　　按照基督教教义，从亚当夏娃偷吃了禁果开始，人类就有罪。资本原始积累就像人一生下来即有罪一样具有"原罪"。这是神学上的"原罪"与经济学上的"原罪"。政治也是如此，自从产生就有原罪，政治的本质就是争抢地盘。都是争抢地盘，谁能说，谁能比谁高尚，谁能比谁龌龊？只是有人手法高明一些，会经营一些，其本质都是一样的。董卓争地盘杀人，袁绍争地盘杀人，刘备争地盘也杀人，曹操争地盘当然不比他们好哪儿去。争夺地盘还是杀人，这不仅仅是人品的问题，更为重要的是"政治"，是"政治"让他们戴上了共同的面具，在这套面具下，没有高尚没有龌龊，只有现实利益。

1. 英雄要有用武之地

英雄之所以能成为英雄，就是因为英雄有了用武之地。也就是说，能否成为英雄，关键在于是否有用武之地，当然不是英雄即使有了用武之地也成不了英雄，自己的地盘反而会成为英雄们扬名立万的宝地。

《沙家浜·智斗》，胡传魁有一段唱词："想当初，老子的队伍才开张，总共才有十几个人，七八条枪……"这几乎是草头王的发迹历程写照，创业初期，备尝艰难，要人没人，要钱没钱，要枪没枪，更不要说地盘了。曹操这样经历过，袁绍也是这样过来的，皇叔刘备也历经辗转流浪。没有用武之地，成了英雄们的共同难题。

联军解散之后，尽管政治立场上已经分道扬镳，但为了生存，袁曹两个人表面上还是相当亲密的。由于曹操名义上还是朝廷通缉犯，自然没有官职，所以连一寸土地都没有，完全寄存在袁绍的地盘上，全靠袁绍养活。可袁绍家也没有余粮啊，袁绍虽然名声很大军队也不少，但地盘很小，小小的渤海郡根本无法保证供给，和曹操同样没有用武之地。

乱世英雄起四方，有枪就是草头王。虽然董卓控制下的中央政府已经丧失了对地方政府的控制力，但是皇帝毕竟还在，各路诸侯在名义上还是皇帝的臣子，因此就不好明着抢地盘。尽管已经发生了兖州刺史刘岱攻杀东郡太守桥瑁的事件，但是东郡是兖州的下辖地盘，刺史有权监察太守的言行。因此这个事件可以解释为一次先斩后奏（当然现实情况是没法儿上奏皇帝），多少还有那么一点合法性。袁绍是渤海郡太守，如果离开自己的辖区渤海郡去兼并别的郡县，那从道义上就说不过去，但别人邀请是一码事；而曹操作为一个代理将军（行奋武将军），如果去别的地方"用武"，说轻了是"师出无名"，说重了那就是"兴兵造反"，根本没有正当性可言，这一点曹操自然很清楚。

其实，袁绍当初和韩馥另立刘虞，并不是真正为了老刘家的天下抑或天下苍生，这只是计划的一部分。说白了，刘虞只是袁绍的一颗棋子，袁绍要的不是皇帝，而是天下。只是那个时候，袁绍还没有那个勇

气和实力,不得不如此。

眼见东部的联盟解散了,没谁能威胁自己了,董卓便安心地回长安了。

董卓回长安了,倒董联军也分崩离析了,整个东部看上去似乎风平浪静。实际上,各路诸侯可谓暗流涌动,谁有谁的算盘,谁有谁的打算,尽管没有明说,但都知道没有谁愿意安于现状,一辈子只做一州之牧、一郡之守抑或一国之相,都是胸怀天下。

最先打破平静的不是别人,还是袁绍。袁绍当时只是渤海太守,手中只有一个比较偏远的郡。这肯定不行,庙小养不了大和尚。袁绍手下的谋士逢纪就说:"不据一州,无以自全。"连自保都做不到,怎么成就大事呢?袁绍心里知道逢纪的意思,就是让他夺取冀州。这也与袁绍"南据河,北阻燕、代,兼戎狄之众,南向以争天下"的战略构思相吻合。可是,袁绍认为自己的实力不足,如果贸然去争夺冀州,一旦失败,就更没有容身之地了。逢纪就出主意说:可以去找公孙瓒,让他来攻击冀州。公孙瓒一来,韩馥肯定害怕。这个时候再派人去游说韩馥,就能让他把冀州让出来。

袁绍按这个计策实施,果然公孙瓒就来了。于是,袁绍开始亲自出面了,向自己最亲密的战友韩馥开炮。其实这事不怪袁绍,因为冀州这地儿太好了,从冀州的地理环境来看,它与司隶、青、兖、并、幽诸州接壤,战略地位十分重要。所谓"匹夫无罪,怀璧其罪",问题在于韩馥是"匹夫",如果是"枭雄"、"英雄"、"奸雄",那就是"金鳞本非池中物,一遇惊雷便化龙",那就可以"提三尺剑,斩白蛇",号令天下了。

冀州的地理位置非常重要,是兵家历来必争之地。这样一块美味的肥肉,嗅觉灵敏的豪强自然不会放过,早就在一旁觊觎多时了。南面的兖州刺史刘岱在讨伐董卓之前就曾扬言:"等干掉董卓之后,我便会率军讨伐韩馥。"这样一来,冀州成了众矢之的,南面险象已生,北面有虎视眈眈、急着挺进中原的幽州公孙瓒,东面的袁绍也早不习惯韩馥的供给了,正蓄势待发,而西面则还有凶猛彪悍的黑山军盘踞于山岭间,对韩馥构成了潜在威胁,韩馥置身其中,哪还有多余的精力自保呢?

2. 韩馥是一个"杯具"

这些错综的关系中,韩馥和袁绍的关系最为密切,韩馥和袁绍是老朋友,曾经一起联军讨伐董卓,袁绍的军粮补给全部仰赖韩馥的供养,后来还沆瀣一气准备立刘虞做皇帝,另立中央政府跟董卓叫板。外人看来,这哥俩正在蜜月期呢。这个时候,袁绍已经和公孙瓒眉来眼去了,为了吞并冀州,袁绍和公孙瓒勾搭在一起了。

公孙瓒的经历和董卓类似,可以算是一类人。他本就对冀州垂涎三尺,现在有人招引他南来,哪有不来的道理?公孙瓒以讨伐董卓的名义发兵,攻打韩馥。韩馥哪里是公孙瓒的对手,一打就败,本来就没什么本事的韩馥乱了手脚,内心在呼喊"苍天啊,大地啊,哪个天使姐姐能帮我出气啊?"正当韩馥不知所措的时候,真的有"天使"来了,不过不是"姐姐",而是两个大老爷们,袁绍的说客高干、荀谌不失时机地到了邺城。

其中,高干是袁绍的外甥,荀谌与韩馥的关系不错。他们表面上是帮韩馥出气的,实际上是来趁火打劫的。俩人先对韩馥进行一番慰问,诉说一下兄弟情怀,然后略带无奈和威胁,对韩馥说:"公孙瓒乘胜南下,吓得诸郡闻风而降;袁车骑也率兵到了延津,不知道他们的葫芦里卖的到底是什么药,我们心里都很替将军担忧。"韩馥听后,大吃一惊,赶忙问道:"既然如此,那应如何是好?"荀谌并不正面回答,而是反问他:"依将军之见,在待人仁厚方面,您与袁绍相比怎样?"韩馥很诚实地说:"我不及他。"荀谌接着又问:"在应对权谋、智勇方面,您与袁绍相比怎样?"韩馥说:"我不及他。""那么,在累积恩德,为天下苍生造福方面,您与袁绍相比又如何呢?"韩馥摇了摇头,依旧诚实地回答:"还是不及他。"

接连提了几个类似的问题后,荀谌才说:"公孙瓒率领着燕、代精锐部队,其势锐不可当,所向无敌;袁绍是这个时代里的弄潮儿,是人们心目中的英雄豪杰,他不可能长期居于将军之下。冀州是天下重要资

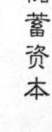

五 储蓄资本

源之地,是国家赖以生存的地方。倘若袁绍和公孙瓒联手,与将军您对抗,恐怕将军会有性命之危。袁绍与将军曾是旧识,还共结盟约,如今为将军着想,不如把冀州让给袁绍。袁绍得到冀州以后,公孙瓒也就没法和他抗争了,等到那时,他一定会深深感激将军,予以厚待。而且,把冀州交给自己亲密的朋友,总比被外人夺去了强。最重要的是,将军不但能因此获得让贤的美名,还能巩固您的地位,望将军不要有什么疑惑!"

韩馥同意了,但他的长史(副手)耿武、别驾(副手)闵纯、治中(助理)李历却不同意,劝韩馥说:"冀州虽然不起眼,但有百万家兵,粮草足够十年之用。袁绍孤客穷军,仰我鼻息,譬如婴儿在股掌之上,绝其哺乳,立可饿杀。奈何乃欲以州与之?"就是说,冀州虽然不太好,但也有百万雄师,十年军粮。袁绍算个什么玩意儿,一个仰我们鼻息之人,就好比一个我们抚养的婴儿,只要给他断粮,立马就能饿死他,怎么能把冀州给他呢?

韩馥说:"我韩馥为官,就是老袁家举荐的,况且我的才能又不如本初,就是从德方面考虑也应该让贤,这也是古人所提倡的,偏偏你们有意见呢!"大意就是,我愿意,我本事不如袁绍,就让给他,你们就别管了。

文官不同意,武官更不乐意,韩馥的都督从事赵浮、程奂将强弩万张屯河阳,听说韩馥要把冀州给袁绍,立马前来相劝。他们对韩馥说:"袁绍军中现在连一斗粮食也没有,人心离散,虽然张杨、於扶罗刚刚来归顺,但他们不一定愿意为袁绍卖命,没什么大不了。我们大伙认为从我们和袁绍开战之日起,十天之内,袁绍必土崩瓦解;老大您只需打开大门,优哉游哉睡大觉了,有什么值得担忧有什么值得害怕的!"韩馥并不听从,于是让出冀州居所,自己到赵忠原来的住宅居住,并且派儿子带着冀州印绶到黎阳送给袁绍。

于是袁绍就光明正大地成了冀州牧,封韩馥为奋威将军,和曹操一个级别了,虽然是将军,却没有一兵一卒,亦无官属,被彻底架空。

后来一个叫朱汉的人先前嫉恨韩馥风光时没有好好待见自己,为讨袁绍欢心,擅自发兵围住韩馥的府第,带刀闯进韩馥住处,韩馥吓得跑到楼上，朱汉逮住韩馥的大儿子，捶折两脚。

袁绍就是袁绍，朱汉只是做了他想做而不能做的事，但他感觉面子上挂不住，立即把朱汉抓起来杀了。虽然袁绍杀了朱汉，但韩馥仍然极度恐惧，知道自己朝不保夕，便向袁绍提出离开，去张邈那儿。后来，袁绍派人到张邈那儿议事，其间有所计议，使者和张邈耳语；碰巧韩馥也在场，以为袁绍派人来杀自己，无可奈何的情况下，一个人跑到厕所里用书刀自杀了。就这样，匹夫韩馥最终还是成了"杯具"。

套用一句诗：袁绍的地盘都有了，曹操的地盘还会远吗？

3. 曹操的春天来了

《易经·乾卦》有"潜龙勿用"之语，生活中有"人在屋檐下，不得不低头"之说，虽然一个是"阳春白雪"，一个是"下里巴人"，但却是"殊途同归"。只要一日在别人的屋檐下，就要一日厚起脸皮，既不用别人的提醒，也不用非要等撞了屋檐才低头。这是一种对客观环境的理性认识，没有半分的勉强。所以，完全不用不好意思或抹不开面子。比起生存，脸皮又值几个钱？当生存与脸面产生冲突时，生存才是第一位的！

这事曹操也经历过，联盟时，曹操在政治立场上就因皇帝废立之事和袁绍闹翻了。由于曹操寄人篱下，活在袁绍的屋檐下，只得低头。正如鲍信对曹操所说："袁绍为盟主，因权夺利，将自生乱，是复有一卓也。若抑之，则力不能制，只以遭难。且可规大河之南以待其变。"（《三国志·魏书·武帝纪》）曹操对鲍信的建议很是认可，对袁绍不再抱有希望，远离袁绍，同时积极积蓄力量，以待时机。

正当袁绍走马上任冀州牧的时候，曹操的机会也降临了，当然这对袁绍可不是好事。刚做冀州牧，在袁绍屁股还没有暖热的时候，公孙瓒不乐意了，自己引兵入冀州，白忙活了一场，结果是为袁绍作嫁衣裳，什么好处也没捞着。这事搁谁身上都不平衡，再加上公孙瓒的弟弟公孙越在关东义军对付董卓的时候，因为袁绍和袁术两支军队之间的矛盾、

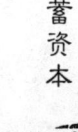

摩擦而意外身亡，公孙瓒恨袁绍恨到了骨头里。为了平息公孙瓒的怒气，袁绍任命公孙瓒的从弟公孙范为渤海太守。可是，公孙瓒并不领情，而公孙范带着渤海郡的军队也倒向了哥哥公孙瓒。

就在这年（191）的冬天，公孙瓒携此前大破黄巾军的余威，南下争夺冀州，"冀州诸城无不望风响应"。袁绍此时已没有别的办法，只能亲率大军与公孙瓒在界桥（今河北威县东）展开激战。偏偏在这个时候，黑山军配合公孙瓒凑热闹，于毒、白绕、眭固等十余万众攻略魏郡（治邺，今河北临漳）、东郡（今河南濮阳西南），这两块地盘虽然不都是自己的地盘，但袁绍及其一些宾客的家属都在魏郡政治中心邺城。这样一来，袁绍那边人心惶惶，有的忧愁、有的担心，甚至有人大哭，唯独袁绍像没事儿一样，估计是装的。这黑山军也不是吃素的，不久魏郡太守栗成被义军杀死，东郡太守王肱根本不禁打，败得一塌糊涂。

单单一个公孙瓒，袁绍都没有十足把握取胜，哪里还有力量去对付黑山军，据《后汉书·袁绍传》记载，袁绍在和公孙瓒的对垒中并没有优势，甚至处于劣势。在战斗中，袁绍曾被公孙瓒的骑兵围攻，据说"围绍数重，射矢雨下"，当时情况万分紧急，袁绍的身边只有两百来人，而公孙瓒一方却有一千多人，力量悬殊。然而，就在千钧一发之际，袁绍的谋士田丰想掩护袁绍躲到断垣残壁后面，但袁绍不干，说："大丈夫头可断，血可流，即便战死沙场又如何，岂能贪生怕死地躲到垣墙后面去？"说完，袁绍亲自督促将士们加强攻击，一直撑到援兵赶来。最终，这场战役袁绍以少胜多，公孙瓒败退回了幽州。翌年，不死心的公孙瓒再掀战事，但还是败给了袁绍。直到此时，袁绍的冀州牧之位才算坐稳。

正是在这危急时刻，袁绍想起了自己的哥们曹操，曹操正好没事做，不过老待在自己的地盘上终归不让人放心，"卧榻之侧岂容他人鼾睡"；再说了，自己也实在抽不出人马去做这件事。得了，给曹孟德一个机会，让他另立山头。

4. 地盘要靠自己去打

于是，袁绍让曹操去镇压东郡黑山军（东郡在古黄河以南）。

史书记载，"自张角之乱，所在盗贼并起，博陵（今河北蠡县南）张牛角、常山（今河北元氏西北）褚飞燕及黄龙、左校、于氐根、张白骑、刘石、左髭丈八、平汉大计、司隶缘城、雷公、浮云、白雀、杨凤、于毒、五鹿、李大目、白绕、眭固、苦蝤之徒，不可胜数，大者二三万，小者六七千人。"（《通鉴纪事本末·卷八·黄巾之乱》）看看记录挺吓人的，其实这些队伍中只有张牛角与褚飞燕两股势力最强。张牛角在打仗的时候中流矢，死前"令其众奉飞燕为帅"。为了纪念自己这位伟大的阶级兄弟，褚飞燕改姓张。褚飞燕本名燕，因其轻勇矫捷，所以军中称"飞燕"。此后其他一些零星义军也大多归附于褚飞燕，所以其部众很快发展到差不多一百万人。因其活动于今河北、山西诸山谷间，故号称"黑山军"。

据说，黑山军是有历史的，早在汉灵帝时代就已开始活动，"灵帝不能征，河北诸郡被其害。燕遣人至京都乞降，拜燕平难中郎将"（《三国志·魏书·张燕传》），朝廷使领河北诸山谷事，就是封张飞燕为所有"义军"头子，相当于总瓢把子。所谓"山谷"，其实就是"江湖"的别称，也可以说是土匪窝。联军解散后，关东各军事集团忙着争抢地盘，没时间与黑山军开战，而黑山军却在张飞燕的领导下与豪杰搭上了关系，一头转进了关东军阀的混战当中。所以，与其说此时的黑山军是农民起义军，倒不如说它是一股政治目标不明确的政治军事力量。张飞燕制定的战略目标是以太行山脉为中心，向邻近的魏郡、东郡、阳平郡等黄河中下游地区扩展。然而，这一区域恰巧是袁绍的地盘，两军交战不可避免，而公孙瓒与袁绍又是对手，所以张飞燕决定采取"联公孙制袁"战略。

曹操本就是靠镇压起义走向历史前台的，由于魏郡是袁绍的地盘，曹操只能去打东郡。东郡太守原来是桥瑁。桥瑁被刘岱杀害之后，王肱

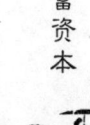

成了东郡太守。王肱对这支农民起义军无能为力,结果东郡就进入了无政府状态。于是,曹操引兵入东郡,在濮阳(今河南濮阳西南)打败白绕。这一仗可能对中国历史影响不大,但对曹操来说,可以说是决定性的,没有这一仗,曹操就不会获得自己人生中的第一块地盘,没有第一块地盘,就没有后来的发展。令人遗憾的是,关于这一仗是如何打的,史书没有详细记载。

曹操打败黑山军白绕,对袁绍来说是一举多得:第一,曹操帮助自己除掉了黑山军这块烫手山芋;第二,曹操离开了自己的地盘;第三,曹操成了自己可以利用的盟友。于是,心情大好的袁绍表荐曹操为东郡太守。其政治中心在东武阳(今山东莘县南)。然而,相对于袁绍来说,曹操才是最大赢家:第一,曹操终于有了自己的地盘,英雄从此有了用武之地;第二,身份洗白了,从此曹操不再是通缉犯,而是堂堂正正的东汉东郡太守。虽然这太守是官方的,但黑山军并不承认,正如袁绍接受冀州牧公孙瓒不同意一样。

初平三年(192)春,身为太守的曹操并没有在政治中心东武阳,而是屯军顿丘(今河南清丰西南)。一看曹操不在,黑山军于毒等攻东武阳,按照常理来说,曹操应该带兵前去解围自救,诸将皆以为应当还兵自救,曹操对大家说:"孙膑救赵而攻魏,耿弇欲走西安攻临菑。使贼闻我军西攻而还,武阳自解也;不还,我能败其本屯,虏不能拔武阳必矣。"曹操于是引兵西入山,攻于毒等人大本营。于毒获悉后,放弃东武阳回去救援大本营。事情果然是这样,东武阳围解,真是熟读兵书有好处。曹操乘势用兵,随后在半路上截击黑山军,大获全胜。

歼灭这股黑山军,对曹操集团的发展有着十分重要的意义。一方面,这是曹操起兵以来取得的第一块属于自己的势力范围——东郡及周边地区;另一方面,使得黄河中下游的冀、兖、青、徐诸州成为曹操集团的战略扩张目标。

那是一个地盘为王的时代,谁都不会赏给别人一块土地,自己还缺地盘呢,做梦都惦记着别人的地盘,谁会拱手相让?所以地盘只能自己去打。

5. 庶民也能改变时局

正当公孙瓒和袁绍炮声正隆、曹操和黑山军也打得激烈的时候，长安那边也是乌云密布，一场重头大戏也正在紧锣密鼓的筹备当中。

回到长安的董卓以为天下太平了，就是不太平毕竟还在自己的一亩三分地，等而次之，也是"我董老二的地盘我做主"，难到还有人敢在我董老二的地盘撒野？别说，还真有人不信邪，谁呀？

第一就是老百姓，为了给除掉董卓的人以勇气和支持，老百姓创作了一首谶语"千里草，何青青；十日卜，不得生"（《后汉书·五行志》）。歌词中"千里草""十日卜"合起来是董卓的名字，"何青青""不得生"就是寓意董卓死期不远。永远不要小瞧小老百姓的力量，虽然他们只是口头上支持，但他们的支持在某种程度上却是正义的代表。虽然这首谶语流传十亿次，董卓未必就会死，但却给对董卓有所行动的人以鼓舞和力量，尤其在迷信谶语的时代，这种鼓舞就更具有煽动性、鼓舞性和正义性。

第二就是所谓的精英，因为中国历来是精英统治，所以在中国，精英几乎就是统治者的代名词。也许正是这种理念在作怪，以至于产生了用官位衡量精英的标准，在我们生活的环境里，一个人成功的标准首先是官位，其次才是金钱、才能、文章之类，也是官本位思维产生的沃土。

有了小老百姓谶语的正义支持，精英内部夺权就有了合法性，尽管董老二人高马大身强力壮，但精英玩的可不是相扑游戏，他们可不是一对一的玩"费厄泼赖"，为了胜利他们讲究不择手段，"人人得而诛之"是他们的游戏规则。

当然这也不是说，董卓是无辜的，相反这一切都是董卓自食其果，根源就是太过迷信权力和武力。当年在洛阳的时候，由于在别人的地盘，董卓多少还有些胆怯，行事多少还有些收敛。现在到了长安，在自己的地盘，皇帝是自己的令箭，想收拾谁就收拾谁，而且名正言顺，身

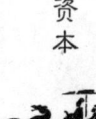

边有天下最厉害的勇士吕布做贴身保镖,外围有几十万西凉军团随时听候调遣。在距长安260里的地方筑了座城,名叫郿坞,积存了大量的粮草兵器。用董卓的话说:"事成,雄据天下;不成,守此足以毕老"。(《三国志·魏书·董卓传》)从这个事,就可以看出董卓是个典型的山大王,注定成不了气候。

网上最流行一句话"别迷信哥,哥只是一个传说",可惜董卓没有看见,如果看见的话,应该有所收敛的。其实关于"权力和武力"又何尝不是这样呢?"不要迷信权力和武力,它们同样也只是传说"。

就这样,就像打麻将一样,终于凑够人手了。初平三年(192)四月,司徒王允、尚书仆射孙瑞与董卓的亲信吕布共同密谋诛杀董卓。这次行动总指挥是王允,王允出身官宦世家,自幼聪颖过人,被同郡人郭林宗誉为"王佐才也"。事实也正是这样,读书读得好的王允确实有"王佐之才",但却没有"王佐之能",原因还是读书读得太好了。

王允十九岁就踏入仕途,年轻时曾担任过豫州刺史,因为在与中常侍张让的斗争中失败,被迫辞官隐退。一直到中平六年(189),何进执掌大权后,王允才重新出山,历任中郎和河南尹。在何进被宦官杀死,董卓上台时,王允已经取代杨彪做了司徒兼尚书令。后来,董卓进入洛阳以后,在和张让的斗争中吃了亏的王允吸取教训,他一面高举反对董卓暴政统治的旗帜,一面又在某种程度上迎合董卓,使得董卓信任于他。正是凭借着这种能屈能伸的精神,王允才得以和董卓义子吕布结为密友,利用吕布和董卓之间的矛盾,于初平三年(192),联手吕布杀掉了董卓。

这里要说一下除掉董卓的执行者——吕布,字奉先,不知道这字是谁起的,"奉"字好理解,"遵从、奉迎"之意,"先"就不好理解了,到底是指"先人"还是"先前"呢?如果从吕布的行为来看,无疑容易理解一些。

人生中有一些事情是无法选择的,比如出生与否、出生的时间、出生的地点,最为无法选择的是父母。古往今来,什么样的人我们都见过,就是没见过能选择父母的人。而且一旦出生,父母就固定,永世不能改变。即使是哪吒,也只能"割肉还母,剔骨还父",也没有做到再无瓜葛。

吕布非同常人,在三国时期,有谚语"人中吕布,马中赤兔",就是在三国英雄谱中吕布也是"一哥","一吕二赵三典韦,四关五马六张飞,七许八黄九姜维",关羽也才仅仅排第四位。现在强调双向选择,即你可以选择我,我也可以选择你,你相中大爷,大爷还瞧不上你呢!人们常说"良禽择木而栖,良马择槽而食,良将择主而事",吕布当然算良将了,他肯定要择主而事。

6. 乱局者贾诩

吕布是有个性的,要不怎么说"人中吕布",一般人也就"择主而事",仅此而已,吕布则更彻底,不光择主,而且还选爹。吕布的第一个上司是丁原,那时候丁原做并州刺史,非常欣赏吕布,让吕布做自己的秘书长(以吕布为主簿),并且认吕布为义子。这样,丁原就成为吕布的第一任上司兼父亲。后来董卓进洛阳,虽然那时候,丁原也官至执金吾(卫戍区总司令),但和董卓比起来,差距还是很大的。在利益的诱惑下以及同乡李肃的诱导下,吕布杀死自己的上司兼父亲丁原同志,然后投入新的上司兼父亲董卓的怀抱。在体格上,董卓的肩膀确实比丁原要宽一些。

到这里,总算明白吕布的字的含义,"奉先"不是别的,就是"奉爹",谁的肩膀宽大谁就是爹。

好东西谁都喜欢,好人才谁都想要,况且还是天下第一勇士吕布呢!董卓和丁原一样疼爱这位"儿子",当然这位儿子也会"奉爹"。这么好的儿子,打灯笼也找不着,吕布年轻力壮,勇猛无比,武艺超群,最初董卓特别喜欢和信任他,不仅收他做义子,还提拔他为骑都尉。后来,董卓又升吕布为中郎将,封他为都亭侯。

董卓心知树大容易招风,自己树敌太多,整天担心有人要暗算他。所以,他便将吕布安排到自己身边当保镖,他走到哪里,吕布就跟到哪里,如影随形。俗话说距离产生美,然而他们两人几乎零距离,天天见

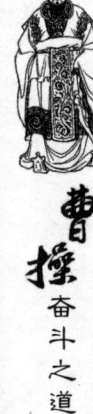

面难免会出现审美疲劳，这一疲劳，麻烦就大了，一丁点小事就会闹得不可开交。

据说，有一次吕布不小心得罪了董卓，把董卓气得吹胡子瞪眼睛，抄起手边的家伙就掷向吕布，幸好吕布眼疾手快，使出一招"凌波微步"，才躲过了董卓的这一击。正所谓，人在屋檐下，不得不低头，吕布知道对付董卓这蛮子不能硬碰硬，乖乖认错才是正道，即便错的不是自己，只要董大爷一怒，你便跳进黄河也洗不清了。见吕布诚心诚意地认了错，董卓一肚子的怒火才熄灭，便不再追究，之后也并未将这事儿放在心上。

可是，吕布却对董卓怀恨在心，你算什么，不就是爹吗，吕某人都换了俩了，也不在乎再换一个。其实，这董卓也有些得寸进尺了，尽管妻妾成群，但他仍不满足，吃着碗里瞧着锅里，董卓看中了吕布手下的一名婢女。为了与她私通，董卓借故支开吕布，让他去防守中阁。这也太过分了，即使吕布是自己的义子，这也不妥啊。

新恨加上旧仇，吕布彻底爆发了，所以当他听说司徒王允要谋算董卓的消息后，便主动向王允等人揭发了董卓的各种罪状。王允有意与吕布联手，便将诛杀董卓的计划告诉了他，希望他做内应。最初，吕布没有答应，他说："不论如何，我与董卓是名义上的父子关系，我若做内应，别人怎么看我？"王允便开导他说："你们一个姓吕，一个姓董，八辈子打不着的两家人，非亲非故。况且，董卓祸国殃民，人人得而诛之，你难道还要认他做父亲？他出手伤你的时候，顾念过父子之情吗？"在王允的游说下，吕布最终答应了。

一切准备就绪后，适逢皇帝大病初愈，朝中文武百官都聚集于未央殿，祝贺皇帝龙体康复。吕布乘机让同郡骑都尉李肃等人带领十多名亲兵，换上卫士的装束埋伏在宫殿侧门的两边。董卓前脚刚跨进侧门，立马就遭到了李肃等人的袭击，吓了董卓一跳，慌忙向吕布呼救，但吕布并不理睬他，怒喊道："我们是奉了皇上之命诛杀乱臣贼子，你死有余辜！"董卓绝望了，但依旧拼命反抗，可惜势单力薄，没撑多久就被杀死了，并诛连三族。

有一句话说，"杀死熊猫，你也成不了国宝"。这句话套在董卓身上有相似性，"杀死董卓，天下也不会太平"。董卓在的时候，虽然群雄割据，谁都可以对董卓指手画脚，但董卓还是绝对的"一哥"，真正敢和董卓对着干的人还是不多。董卓一死，势力均衡的局面立马破坏，可谓山中无老虎猴子称霸王，老虎毕竟少，猴子太多了，于是"王"就多了起来。

董卓死了，王允也没成老大，吕布也没有称雄关中。董卓死后两个月，其旧部李傕和郭汜等本想解散部队，归隐田野，但途中遇到一个小民——贾诩。

董卓被杀，李傕、郭汜便遣使诣长安求赦。王允为人虽刚直，但这次却并未同意，吓得李傕等人不知所措，打算解散部队回乡避难。

贾诩当时因为是董卓部队的官吏，为保自身性命安全，便出面阻止了李傕等人，并对他们说："闻长安中议欲尽诛凉州人，而诸君弃众单行，即一亭长能束君矣。不如率众而西，所在收兵，以攻长安，为董公报仇，幸而事济，奉国家以征天下，若不济，走未后也。"（《三国志·魏书·贾诩传》）就是说，长安那边正在谋划如何杀尽我们凉州人呢！你们却抛弃众人单独出走，孰不知，这样一个亭长就把你们收拾了。最好的办法就是回到长安给董卓报仇，如果成功，就可以以国家旗号征伐天下；如果失败，再走也不晚啊。

郭汜、李傕一听也有道理，于是采纳贾诩的建议，召集旧部，攻入京城，吕布战败，仓皇出逃。吕布这一出逃，搅乱了关东局势。

7. 曹操有地盘了

在长安那边城头变幻大王旗之际，关东更是风起云涌，不仅袁绍和公孙瓒打得不可开交，黄巾军也趁势再起，攻城略地，一片乱象。

黑山军战略目标本来是以太行山脉为依托，向邻近的魏郡、东郡、阳平郡等黄河中下游地区发展，希望和青州徐州的黄巾军会师，连成一片，壮大力量。不想半路杀出一个曹操来，把黑山军打得落花流水，会师的希望就泡汤了。

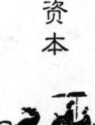

打下东郡之后，曹操虽然有了立身之地。但要和袁绍的冀州、公孙瓒的幽州、陶谦的徐州、刘岱的兖州、焦和的青州比起来，那就是弹丸之地。这尺寸之地还不够剔牙的，哪里能谈得上发展。出路在哪里呀？幽州太远了，徐州也太远了；袁绍的冀州是近，但不知道谁被谁收拾呢！那就只剩下刘岱的兖州与焦和的青州了。曹操也知道自己几斤几两，虽然刘岱、焦和的本事不大，但人家地大物博、兵强马壮，环视周围，可谓空间之大，哪里有曹操的活动范围！

"时运来了，墙头都挡不住"。找不到出路的曹操，正在郁闷的时候，计划和黑山军会师的青州黄巾军帮了曹操一个大忙，正是他们的行动给了曹操名正言顺的机会。这支黄巾军可谓历史悠久，战绩辉煌，他们是最初青、徐、幽、冀、荆、扬、豫、兖八州黄巾起义的部队，后来其他六州先后失败，只有青、徐两州黄巾军成为后期黄巾军的主力。而徐州黄巾军在和徐州刺史陶谦的对垒中，遭受沉重打击，全部转入青州，于是青州成为黄巾军的集结地。

为什么青州的黄巾军能存活下来，这倒不是完全因为他们战斗力强，而是因为，青州刺史焦和是一个昏庸无能之辈。焦和所辖土广人稠，兵多将广，坐拥青州，却总被弱小欺凌。焦和的军队往往还未和农民军交战，即望风而逃。这样一来，青州自然成了黄巾军的风水宝地。和曹操一样不满足自己的地盘，青州黄巾军也要扩大自己的生存空间，那就是西联黑山军。尽管黑山军已被曹操打败，但青州黄巾军并没有放弃。

正当黑山军为了和青州黄巾军会师而和曹操战斗之时，青州黄巾军也正准备通过渤海地区和从太行山东进的黑山黄巾军会合。青州黄巾军和黑山军一样，都在半路遇上打劫了，黑山军碰上曹操，青州黄巾军则碰上了公孙瓒。他们忙着赶路，放松了警惕，行进到东光（今河北东光）一带，遭到公孙瓒的突然袭击，折损了三万余人，辎重数万。之后，青州黄巾军欲横渡黄河北上时，再次遭遇公孙瓒的截击，死伤无数，损失不可估量。

之后，青州黄巾军经过整顿，决定向兖州进攻。在任城（今山东济宁）杀任城相郑遂，转入东平（今山东东平）。一看黄巾军进入自己的地盘，刘岱便要出兵进攻，鲍信进谏："今贼众百万，百姓皆震恐，士卒无斗志，不可敌也。观贼众群辈相随，军无辎重，唯以钞略为资，今不若畜士众之力，先为固守彼欲战不得，攻又不能，其势必离散，后选精锐，据其要害，击之可破也。"（《三国志·魏书·武帝纪》）这里我们再一次看到鲍信的远见和洞察世情的能力，鲍信看清了黄巾军缺乏后勤保障的弱点，提出了坚壁清野、固守避其精锐，待黄巾军疲惫之时再反击，此计可谓妙矣！然而刚愎自用的刘岱固执己见，偏偏要与黄巾军一决雌雄，落得个身首异处的可悲下场。与其说刘岱死于刚愎自用，倒不如说死于自己的无知。

刘岱死了，兖州的头头就没有了，这可是了不得的大事。兖州的级别相当高，这么一个地方首长没了，影响极大。当时兖州辖境相当于今山东西南、河南东部的广大地区，东郡、济北国也受兖州管辖。

按理说，兖州头头的事，应该皇帝来插手，可当时皇帝连自己的事都做不了主，天天还被别人插手，哪里能管了这样的事。虽然李傕、郭汜当政，也没有人听。这个时候，国家是指望不上了，那只能自己解决了。

兖州牧刘岱阵亡的消息传到东郡，据《世说新语》记载，陈宫力劝曹操："兖州现在无主，而皇帝也管不了，现在我愿意到那里去游说，曹公您现在应该想办法去做兖州牧，然凭借兖州以牧天下，此霸王之业也。"曹操对此很是乐意，陈宫星夜赶往兖州，凭着三寸不烂之舌，游说兖州别驾（州牧佐吏）、治中（州牧助理）："今天下分裂而州无主，曹东郡命世之才也。若迎以牧州，必宁生民。"众人犹豫不决，早已对曹操心仪已久的鲍信首先赞成。

由于鲍信的出身、官职、威望远远超出众人，大家纷纷附和，接受了陈宫的建议。鲍信欣喜万分，为避免夜长梦多，他当机立断，亲自与万潜等到东郡迎接曹操代理兖州牧。正是由于鲍信在关键时刻的鼎力相助，曹操这个不被士族看好的"赘阉遗丑"，开始被士族所接受，并从东郡太守（相当于地级市长），一跃成为兖州牧（相当于省长），进入了封疆大吏的行列，得以与冀州牧袁绍分庭抗礼了。

曹操虽然没有花费太大的气力就成为了兖州牧，但是，州牧并不好

五 储蓄资本

当,曹操一方面要尽快剿灭百万青州黄巾军,另一方面要改善民生。当初陈宫、鲍信等人为什么奉曹操为兖州牧呢?最重要的原因就是相信"若迎以牧州,必宁生民"。当前头等大事就是把起义军给镇压下去,解决民生问题,安定整个兖州的统治秩序。

8. 天上掉下来青州兵

青州黄巾军不是黑山军,他们在青州经营数年,采取"且战且耕"的政策,实力大增,作战勇敢,但也面临着严重的困难:在与公孙瓒的战斗中,辎重尽失,后勤补给极端困难,而且还带有大量的家眷,行动不便。黄巾军的根据地是青州,而此时,袁绍部将臧洪与公孙瓒部将田楷正在青州大战,老百姓纷纷逃离青州,所以,青州黄巾军已不可能再回到青州安居养息,屯田生产。

曹操在之前只有上千人的军队,接管兖州以后军队肯定会多一些,但是由于兖州本地的军队已经被黄巾军击败过一次,所以实力也不会特别强。面对百万青州黄巾军(其中战斗部队可能只有三四十万人),曹操处于绝对劣势。怎么办?曹操亲自上阵,披坚执锐,亲巡将士,明确赏罚。然后一面劝降对手,"开示降路";一面用计,"设奇伏"。战斗的确够艰苦的,曹操最早期的并肩战友鲍信就在和青州兵战斗中战死,连尸首都没有找到。曹操悲愤万分,找人用木头给鲍信雕刻头颅躯体,然后进行拜祭。

从鲍信的教训中,曹操看到了起义军的强大,一方面避免和黄巾军正面冲突,另一方面却不断进行零星袭击。黄巾军只好一面向济北退却,一面向曹操发出檄文说:"昔在济南,毁坏神坛,其道乃与中黄太乙同。似若知道,今更迷惑。汉行已尽,黄家当立。天之大运,非君之力所能存也。"(《魏书》)大意是说,曹操过去做济南相时毁坏神坛,曹操的所作所为,黄巾军认为和他们的"中黄太乙道"相合。因为黄巾军只敬皇帝和老子,"不奉他神",对于其他的神鬼祠庙一律禁毁。黄巾军把曹操当成"同道",并幻想劝说曹操不要"迷惑",不要和黄巾军为敌。

聪明的曹操将计就计，利用所谓"同道"关系，对正处于补给困难的黄巾军"开示降路"进行诱降。

就这样，双方一面交战，一面谈判。经过几个月的酝酿，这支强大的青州农民武装终于在曹操所谓"宽待"的条件下接受收编。"受降卒三十万余，男女百余万口"（《三国志·魏书·武帝纪》）。黄巾军三十万余，随军男女百余万口，曹操选拔精锐，重加编制，号称"青州兵"。同时，曹操还学习青州黄巾军"且战且耕"的做法，把黄巾军百余万随军家眷及其携带的耕牛农具，作为基本劳动力和生产资料，设置屯田，组织生产，为军队作战提供后方供应基地。

"青州兵"从组建到曹操死去的30年间，其精锐部分，始终保持单独编制，并且受到某种特殊待遇。其兵员的补充，也必须是从原来黄巾军屯户中解决，因此，"青州兵"带有职业兵和世袭兵的特点。后来，曹操的军队扩大，分为中军、外军、州郡军三类，"青州兵"属于中军，驻扎京城许昌，负责曹操的宿卫。同时作战时跟随曹操出征，作为曹操的近侍部队，经常用到最为关键的战斗当中。"青州兵"也唯曹操是从，不听别人的号令。

曹操病死后，"青州兵"竟然"擅击鼓相引去"，自行决定解甲归田；曹魏政权不但没有使用武力镇压，反而"作长檄，告所在给其廪食"，传令各地对返乡的青州兵给予安置。由此足见，曹操在"青州兵"中的影响力。

"青州兵"辅佐曹操统一北方，其重大作用，连曹操本人也无法否认。他在类似自传的《让县自明本志令》中说：当初被举为孝廉时，只是想当一名郡守，博取清官的好名声；做典军校尉时，便想着建功立业，能在死后的墓碑上写上"汉故征西将军曹侯之墓"，志向还是很有限；可是，等到"领兖州牧，破降黄巾三十万"时情况就不同了，遂有了"平天下"之志。

五　储蓄资本

9. 袁术的小聪明

代理兖州牧的曹操经过几个月的浴血奋战，顺利收编青州兵。正当这位代理兖州牧准备大展手脚的时候，长安那边有消息说，曹操不是合法兖州牧，朝廷新派来一个兖州牧，而且手持诏书。这样一来，曹操拼死拼活打下来的兖州，却又成了别人的地盘，自己还成了冒牌货。天下没有免费的午餐，这地盘是我曹操用生命打下来的，要想来兖州做兖州牧，就先在武力上试试吧。

在朝廷任命的兖州牧金尚还在半路上的时候，曹操就派出了一帮人马去列队"迎接"，给金尚来了个迎头痛击，场面很是热烈隆重，金尚却落荒而逃，最后到袁术那儿待着凉快去了。（《资治通鉴》："诏以京兆金尚为兖州刺史，将之部，操逆击之，尚奔袁术。"）

这件事表面上是朝廷和曹操的问题，实际上这件事的幕后总策划是袁术。这时候，朝廷的主角既不是董卓也不是王允，而是李傕和郭汜，为了共同利益，他们已经和袁术勾搭在一起了。192年6月，李傕、郭汜入长安，控制东汉朝廷之后，派了两个使者前往关东安抚群雄。这两个使者，一个是马日磾，一个是赵岐，其中马日磾为正使者，赵岐为副使者。马日磾同时还肩负着另外一个使命，就是联结袁术作为李郭朝廷的外援，拜袁术为左将军、阳翟侯。这马日磾够倒霉的，联结袁术的使命完成了，但却被袁术留下，软禁了起来。袁术于是轻侮马日磾，并借故观看符节，抢夺不还，拿着马日磾的符节招摇骗人，并用符节辟命将士。

谁都知道，这些行为和汉献帝关系不大，但却是以皇帝名义。尽管刘家统治已经分崩离析，但受数百年忠君思想的熏陶，天下的士人仍然心存汉室，东汉朝廷和汉献帝的招牌在士人心目中的分量仍然很重。而在同朝廷的关系上，袁绍、曹操集团恰恰处于不利地位。他们是朝廷的敌对者，袁绍冀州牧的官职是自封的，曹操兖州刺史的名号是袁绍给封的，朝廷都不认可。而袁术就不同了，他是朝廷所封的左将军、阳翟侯,而且还能"假节",就是在战争期间有先斩后奏的大权。从号召力上来讲,袁术一方无疑更有优势。

由于处于不利地位,袁绍、曹操与公孙瓒正在忙着争冀州,为了获得朝廷的支持,袁绍及曹操听说赵岐来了,都带兵数百里奉迎。于是赵岐趁机给袁绍、曹操上政治课,不外乎皇帝是真命天子,恩泽四方,听皇帝的话罢兵安人之道,接着又通过书信给公孙瓒函授政治课。

其实这些道理,他们这些人谁不知道,谁不烂熟于心,经常还以此来教训别人,之所以像小学生那样听赵岐唠叨,无非是为了获得刘家专卖店的联营授权。

没有金刚钻别揽瓷器活,袁术收留金尚,肯定是有所图的。天下没有无缘无故的爱,也没有无缘无故的恨,袁术收留金尚就是为了名正言顺攻打曹操。和曹操的代理兖州牧不一样,金尚的这个"兖州刺史"的官职是朝廷任命的,是正牌货,对兖州有着名正言顺的统治权;而曹操那个兖州刺史是冒牌货,朝廷不承认,对兖州的统治从法理上讲是站不住脚的。有了金尚这张授权书,袁术就可以大张旗鼓地到兖州打假,而且还能获得兖州那些心存朝廷的士人的支持。

从这些举措来看,袁术应该是一个比较有头脑的人,虽然算不上有谋略,最起码有些心计,但要把袁术整个看起来,就有些"二"了。

袁术,字公路,汝南汝阳(今河南商水西南)人。这名字确实不错,不过有点名不副实,纵观袁术一生,既没有什么"术",也不是什么为国家之"公路",俨然一个小丑。袁术是袁绍的异母弟,虽然是弟弟,由于袁术是嫡出,所以很看不上哥哥袁绍。

既然是老袁家的子孙,那就是出身豪门世家,家庭背景在中国历来是一个不可忽视的重要因素,"四世三公"自然就成了金字招牌。尤其在政界,有了袁家"四世三公"的招牌,想在政界混碗饭吃简直就是易如反掌。所以年方弱冠(刚到二十岁)即举孝廉,孝廉是当时社会走仕途之路的第一个台阶。初为虎贲中郎将,何进被宦官杀死后,袁绍在太监身上很是爷们了一回。董卓一来,袁术立马腿软,董卓进京后为了拉拢袁术,封袁术为后将军。袁绍虽然当时名气很大(因他是庶出),董卓也没给他什么爵位,给曹操的不过是个骁骑校尉,比起后将

五 储蓄资本

军差远了。要知道关羽跟随刘皇叔出生入死于千军万马之中，饱尝艰难困苦于颠沛流离之余，身经百战战功卓著，也不过得到个前将军。这后将军的分量价值大小由此就知道有多么重了。

可以说，袁术是年轻有"位"，因为这个"位"，不是他为的，而是他的家族，在袁术的后面是整个袁家。靠着借家族的光，袁术的人生开场可以说是春风得意，但是也有烦恼。尽管董卓授予他后将军之高位，他还是"畏卓之祸，出奔南阳"（《三国志·魏书·袁术传》）。

袁术就是鸿运当头，到哪里都有好运，从洛阳出来的他本来是无处栖身的流窜犯，正好碰上长沙太守孙坚杀了南阳太守张咨。南阳太守是朝廷命官，杀朝廷命官就等于造反，孙坚一下子被孤立起来，为了获得支持而把南阳郡让给了"四世三公"的袁术，这对袁术来说就是天上掉馅饼，正是这个馅饼养活了袁术！南阳户口数百万，而术奢淫肆欲，征敛无度，正好够袁术折腾。

10. 踏着袁公路出发

袁术虽然没多大本事，但孙坚是个人物，袁术早期的耀武扬威，大多靠的是孙坚。孙坚之所以举兵北上，就是为了响应反董同盟军向全国发出的檄文。自经过荆州首府时，孙坚以"素遇无礼"为由逼死刺史王睿。到南阳时，孙坚恨张咨没有给予支持，就设计杀了他。《吴历》上说："咨既不给军粮，又不肯见坚。坚欲进兵，恐有后患，乃诈得急疾，举军振惶。迎呼巫医，祷祀山川。遣所亲人说咨，言病困，欲以兵付咨。咨闻之，心利其兵，即将步骑五六百人诣营省坚。坚卧与相见。无何，卒然而起，按剑骂咨，遂执斩之。"从这段记载来看，这张咨确实不仗义，不帮人却想贪便宜，有点耍无赖，但耍无赖是要看对象的，跟本来就是靠武力起家的孙坚耍赖，结果只有送命一条路。

不过那时候确实是一个乱世，董卓都可以废皇帝立皇帝杀皇帝，一个太守自然可以随便就把另一个太守杀了。话虽这么说，孙坚这样杀了一个刺史又杀了一个太守，总有些不妥，一旦哪一天皇帝真正掌权了，自己就是造反。再说了，即使皇帝不管，这些事难免不被别人抓小辫子，总得找个靠山给压阵，恰巧这时袁术来到南阳，孙坚于是就把南阳送给这个幸运者了，以袁术做他的靠山。袁术于是占据南阳，同时也投桃报李，表孙坚行破虏将军，领豫州刺史，一个暂时将军称号，这算是两人的合作。有了孙坚的支持，袁术一生的辉煌达到了顶点。攻击董卓，"合战阳人，大破卓军，枭其都督华雄等。"（《三国志·吴书·孙破虏讨逆传第一》）继而又进军大谷，离洛阳只有区区几十里了。董卓害怕孙坚的猛壮，于是避其锋芒，迁都入关。

就在孙坚讨伐董卓之时，袁术的原形就开始露头，孙坚讨伐董卓，袁术负责押送粮草。袁术因妒才而不发给孙坚粮草，使得孙坚被华雄击败，但孙坚及时调整军队，最终大败华雄。

就在孙坚北上后不久，新任荆州刺史刘表上表天子，让袁术名正言顺地以后将军的身份领南阳太守，而袁术也趁机上表，让孙坚做豫州刺史。但袁绍却不买袁术的账，而且另外派了一个叫周㬂的人出任豫州刺史。一山哪能容得下二虎，矛盾是在所难免的，打起仗来，周㬂自然不是孙坚的对手，每次都被孙坚打得落荒而逃。不过，袁术想吞的不光是眼前这块地儿，就在孙坚、周㬂打得难解难分之际，他又将贪婪的双手伸向了扬州一带，趁机收拾了周㬂的兄长——九江太守周昂。周㬂打不赢孙坚，便跑去扬州帮兄长对付袁术，结果还是被打得灰头土脸的。袁氏兄弟的这番角逐，袁术取得了全面性胜利。

袁术就是在孙坚的支持下当上了南阳太守，而南阳是荆州的一部分。作为荆州牧的刘表当然不会允许袁术长期占着自己的地盘，袁术自然也不愿意把吃在嘴里边的肉吐出来，只能通过武力解决。于是双方兵戎相见。事情的转折发生在初平二年（191），这一年，袁术让孙坚去攻打刘表，孙坚奉命前去，但被刘表大将黄祖的部将射死在襄阳城前。用个比喻的话，袁术和孙坚就是"狐假虎威"，这里老虎是孙坚，狐狸是袁术，孙坚活着的时候，袁术耀武扬威像个腕儿似的，孙坚一死，袁术原形毕露，连狐狸都不如，成了流浪狗。

孙坚死后两年，到初平四年（193）的时候，袁术在南阳就待不住了，于是向北方走，进入了兖州境内的陈留郡，和曹操袁绍争地盘。为

五　储蓄资本

了得到陈留，袁术很是费了一番功夫。袁术把主力驻扎在封丘、匡亭一线，主要目标是先占据陈留，再向东进展开，东边是济阴、任城、东平、东郡、鲁国等地，顺势而得兖州。袁术的如意算盘打得不错，同时还利用了当时一切可用的矛盾，根据"敌人的敌人就是我的朋友"这一原则，袁术拉拢了公孙瓒、陶谦、刘备等力量参与，大有气吞中原之势。

这袁术也太小瞧曹操了，也许他根本就没有把曹操放在眼里，可这里正是曹操的地盘，荆州牧刘表不让你袁术待，兖州牧曹操就让你待？不是开玩笑嘛！如果刘表是老虎的话，那曹操就是阎王，刘表只是咬你一口，阎王可是要命的。

虽然袁术军进攻陈留郡之前联络了黑山军、匈奴於扶罗部，准备不是不充分，声势虽浩大，但战斗水平太次。前哨战，曹操先打击袁术部将刘详于匡亭，袁术援救，双方展开激战，袁军与曹军根本不是一个级别的，曹军对他是"大破之"，袁军根本没有还手之力。袁术只能退，这时又开始患得患失，想保住在封丘的基地，这是他在陈留郡的最南边的据点了，再退就只能回南阳，而他已将南阳吃光了，南阳是没法回的。

一看袁术赖着不走，曹操火了，等死啊！那好吧，成全你，于是把袁术围了起来。袁术一看势头不妙，在曹操合围之前，赶紧逃跑。这一次不是上一次，曹操也不是董卓，袁术跑，曹操追，袁术向东到襄邑，曹军紧追不舍，他只好一退再退，从太寿到宁陵、九江，才停住脚，那里是他派孙贲打下来的地方，这时他才喘了一口气。

这次战役，袁术败得很惨，对曹操一战彻底让他知道了什么叫打仗，后来只要一听曹操的名字他拔腿就跑。

11. 陶谦的选择

袁术到陈留撒欢，被曹操打得落花流水，一路逃走，曹操则是攻城略地，一路拾荒，赚个钵满盆倾。也正是在这次和袁术的战争中，曹操发现了武力的伟大，甚至对武力产生了崇拜，武力不一定是最好的方式但一定是最有效的方式。其实，曹操这些年的经历都证明了这个颠扑不破的真理，当年镇压黄巾军靠的是武力，讨伐董卓靠的是武力，进兵东郡靠的是武力，入主兖州靠的是武力，这次打跑袁术靠的不还是武力吗？

在曹操看来，在某些时候，武力几乎就是万能的，曹操毕竟是读过书的，做起事来，还是要讲究一些谋略的。打跑袁术，不仅使曹操实力大增，名气大振，更为重要的是积累了信心，连庞然大物袁术都被打得这样狼狈，曹阿瞒还怕谁呢？

人都是这样，好了还想好，多了还想多，有了还想有，没有止境。曹操自然不例外，当年寄居在袁绍的河内，梦想有自己的立身之地，有了立身之地东郡之后，又垂涎兖州，现在不仅坐拥兖州，而且还从袁术那里捡了一些土地。按理说，得到这些地盘已经不少了，该心满意足了，不，拥有的越多，胃口就越大，就越贪得无厌。

以前曹操还只是盘算一城一郡之得失，现在开始对州动心了，眼光高了，动作也更大了。一城一郡都是小本买卖，现在要做大生意，起步即是一州之得失，经过一番谋划，曹操把眼光投向了东方的徐州。

兖州是曹操的大本营，虽然曹操打败了袁术，明眼人一瞧都知道，这些诸侯中，曹操处境最为惊险艰难。兖州的东面是徐州，南面是豫州，西面是司隶（就是中央直辖区），北面是冀州，东北面是青州。可以说曹操进退无路，这五个地区中，有三个是有明确主人的，冀州和青州主人是袁绍，袁绍是绝对的老大，曹操和他联盟还来不及呢，哪里敢和他抢地盘；徐州是陶谦的地盘，这一个虽然有主，却可以打主意。

豫州表面上看是无主的，实际上是一分为二的。豫州包括颍川郡、汝南郡、梁国、沛国、陈国、鲁国两郡四国。其中，汝南郡三十七城，沛国二十一城，加起来占到了整个豫州一半以上。可以说谁控制这两个郡国，谁就控制了豫州。我们知道，曹操的老家就在沛国，曹家在沛国的势力很大，因而沛国即使不能说是曹操的，也必然是倾向于曹操的；汝南是袁术袁绍兄弟的老家，袁家在汝南的势力就更大了，即使不能说是袁术的，也必然是倾向袁术的，就是袁术跑了，不还有袁绍吗？轮也

轮不到曹操。曹操和袁术各控制着豫州的一个重量级地区,其他的几个郡国也都必然是依附于这两家。对于曹操来讲,夺豫州就是打袁术、打袁家。打袁术还好说,打袁家,袁绍可就不乐意了。

这样掰着手指头一比划,就剩下中央直辖区司隶了,司隶表面上是无主之地,而实际上大家都有想法,那可是皇帝的地盘,谁敢动?动这里就是和所有的人过不去!曹操当然知道其中的厉害,再说了司隶是受战争破坏最严重的地区,这块地不但已经被董卓烧杀抢掠而成了废墟,而且在董卓死后,他手下的那些西凉兵等乱兵还有不少在这一带出没,这是一块难以治理且没有什么油水的地方。

曹操何尝不知道,打跑袁术之后,自己的敌人就是袁绍和陶谦了?但袁绍毕竟家大业大,下不得手,那就只能打陶谦了。柿子捡软的捏,实力要差一些的陶谦自然成了曹操的盘中餐。

曹操的运气也不错,曹操说,我要打陶谦,于是上帝就给了理由和借口。当时,下邳有个叫阙宣的人聚众起兵造反,自称天子。据《三国志》记载,阙宣造反时,陶谦身为徐州牧,不但没有镇压,反而和他联合起来,四处抢掠。虽然陶谦后来找机会把阙宣杀了,吞并了他的人马,但是其造反的恶名却是洗不掉的。

其实,即使陶谦没有和阙宣沆瀣一气,曹操照样有出兵的理由。那就是,下邳正是徐州管辖的地方,下邳有人造反,还自称天子,向来以汉朝"能臣"自居的曹操自然不会放过这样一次登台的机会。于是,在镇压阙宣的名义下,曹操向徐州进军了。本来打徐州为的是地盘,因为有了阙宣,于是就名正言顺了,曹操也就有了政治家的做派。

曹操出兵理由还有一个,就是曹操的父亲曹嵩在这时候被陶谦部下杀害了。这就产生了一桩历史公案,一说,陶谦为了劫财而派人截杀曹嵩;另一说,曹嵩路过,陶谦派人保护,结果属下见钱眼开,杀人劫财。前一种说法,自然是陶谦不是,后一种说法,只能算陶谦用人不当,属于好心办了坏事。

为说清这件事的来龙去脉,需要说说前前后后的恩怨是非。董卓西去之后,关东诸侯形成了两大派,一派是袁术为带头人,公孙瓒、孙坚等人跟随的阵营;另一派是以袁绍为带头人,曹操等人跟随的阵营。陶谦为求自保，仔细权衡了利弊得失之后，最终选择站在袁术、公孙瓒一方。从当时的情况来看，陶谦的选择也是很有道理的。

第一，从战略地位考虑。徐州北接青、兖两州，原本与袁绍、曹操是不相干的，但袁绍吞并冀州青州，曹操占据兖州后，陶谦的徐州正好被袁曹势力包围了。而当时公孙瓒的势力范围在幽州、袁术的势力范围在荆州南阳，他们和徐州距离较远，没有直接的利益冲突，构不成威胁，更为重要的是他们和袁绍等又正好敌对，陶谦的这一招，正是利用与敌人的敌人做朋友。

第二，个人情感方面深厚。当年陶谦做幽州刺史时，公孙瓒担任幽州辽西小吏，是辽东属国长史，陶谦与他或许在幽州时就已经相识。中平二年（185），在跟随张温讨伐边章之战中，陶谦、孙坚两人都为张温参谋军事，公孙瓒那时又刚好率领乌桓突骑从征，三人都是张温部下，属于旧识。初平二年（191），孙坚在洛阳与董卓打得热火朝天之时，还特地抽空派朱治，特将步骑，去帮助陶谦讨伐黄巾军，足见孙坚和陶谦之间情谊颇深。

第三，战斗力。公孙瓒当时北胜乌桓、南破黄巾军，孙坚赶走了董卓、进军洛阳，他们两人都是当时首屈一指的将领，而袁绍集团只是名声大，并没有显赫战绩，两相对比，袁术集团显得更为强大。

12. 徐州，徐州

陶谦的做法在理论上并无不当，但他忽略了一个最为重要的因素——曹操。正是曹操，把袁术打得一路狂奔。再就是，江东猛虎孙坚横死于黄祖军士箭下，公孙瓒被袁绍打败。

这样一来，袁术、公孙瓒这一方算是彻底失败了。由于陶谦并没有到一线作战，损失不大，但毕竟曾经是袁术、公孙瓒的盟友，按照"敌人的敌人就是朋友"逻辑，那么"敌人的朋友就是敌人"，就这样，陶谦自然就成了曹操的敌人。不仅如此，对陶谦还有不好的事情等着呢，意料不到的事发生了：一是孙坚之子孙策到自己地盘笼络人才，二是袁

术惨败兖州后,南走扬州,竟然自称起比"徐州刺史"更大的"徐州伯"来了,表明了占据徐州之意。可见袁陶两家已经是明合暗不合,甚至处于决裂状态。

就这样,公孙瓒遁入幽州,闭门不出,袁术又南下扬州,图谋徐州,陶谦和其联盟等于名存实亡,为保护徐州,陶谦只有交好袁曹。

这个时候,曹操的父亲曹嵩正在琅邪逃避战乱,琅邪是陶谦的势力范围,因而曹嵩的一举一动都完全掌控在陶谦之手。但即使在曹操对峙期间,陶谦也没有难为曹嵩,所以曹嵩在琅邪很安全。现在情况变了,陶谦有求于曹操,又怎么可能在想交好的时候杀害曹操的父亲呢?为了保证父亲的安全,曹操派遣泰山太守应劭去迎接,应劭和陶谦曾经联合起来讨伐李傕,有着深厚的战友感情。鉴于当时的环境,陶谦应该积极派人一路保护送曹嵩,以此讨好曹操,断不会派人拦路抢劫,给曹操攻打的借口,最有可能的就是,护送的人见财起了贪心。

曹嵩向来善于经营,一般人家家产万贯就是富豪了,而曹嵩家财已是万万贯了。儿子有了地盘,接老爷子过去享福,但曹嵩太不低调了,家财装了一百多辆车,浩浩荡荡,太惹人眼了。炫富也得看时候啊,兵荒马乱的,再说了必经之地华、费一带大都是陶谦军队收编的阙宣叛军,本身就是土匪出身,这么多钱财不是诱惑他们吗?再说了,也是刚刚招安,匪性未泯,一见这么多钱财,哪还顾得上仁义道德!干这一票,够吃一辈子的了:兄弟们!抄家伙,抢啊!这曹嵩向来爱财,一看有人抢财,立马拼命保护,结果被杀。

一看曹嵩被劫匪杀死了,担任护送的应劭傻了,回去无法交差,再赔上小命不划算,直接投奔袁绍去了。而抢财杀人的贼党,带着财物逃往天南地北逍遥去了。那里不是曹操的地盘,曹操上哪里抓他们回来问罪?俗话说,跑了和尚跑不了庙,陶谦是没有动手,但总得要负领导责任,曹操自然把这笔血债算到陶谦头上。

初平四年(193)秋,在国事家仇的幌子下,曹操带兵攻打陶谦,为了支持自己的兄弟,袁绍派遣朱灵带领三营兵力参加。曹操的队伍里面,不仅曹操和陶谦有不共戴天之仇,曹操的"青州军"和陶谦更是血海深仇。当年正是由陶谦血腥镇压,他们才不得不撤出徐州,这帮人自然就成了名副其实的"还乡团"。

一时间,旧恨未除又添新仇,曹操和他的青州军同仇敌忾,要向陶谦除旧恨报新仇。所谓哀兵必胜,曹操的大军戴孝出发,先后攻下了十余座城池,大将于禁一鼓作气攻占了广威(今江苏沛县东),沿着泗水河岸一路攻至彭城;前锋曹仁攻打陶谦部将吕由,破敌后又与曹操会合。陶谦挥军迎击,双方在彭城展开了一场大战,面对眼睛都杀红了的曹军,陶军很快就败下阵来,灰溜溜地逃回了彭城,退保东海郯城据守。曹操大军乘胜追击攻破了彭城、傅阳。当初京都洛阳因先后遭到董卓、李傕的摧残,百姓纷纷东移,依附于陶谦。所以,大多数百姓都在彭城,此次遭遇曹军,无一幸免。

据《后汉书·陶谦传》载:初平四年,曹操击谦,破彭城、傅阳。谦退保郯,操攻之不能克,乃还。过拔取虑、睢陵、夏丘,皆屠之。凡杀男女数十万人,鸡犬无余,泗水为之不流,自是五县城保,无复行迹。初三辅遭李傕乱,百姓流移依谦者皆歼。

同时代人孙盛曰:夫伐罪吊民,古之令轨;罪谦之由,而残其属部,过矣。确实是这样,曹操的屠戮,无论是出于什么目的,也不论有什么样伟大的道理,都是违背人性的,都是反人类的,应该受到批判,是有原罪的。

我们知道按照基督教教义,从亚当夏娃偷吃了禁果开始,人类就有罪。资本原始积累就像人一生下来即有罪一样具有"原罪"。这是神学上的"原罪"与经济学上的"原罪"。政治也是如此,自从产生就有原罪,政治的本质就是争抢地盘、都是争抢地盘,谁能说谁能比谁高尚,谁能比谁龌龊?只是手法高明一些,会经营一些,本质都是一样的。董卓争地盘杀人,袁绍争地盘杀人,刘备争地盘照样也杀人,曹操争地盘当然不比他们好哪儿去。争夺地盘还是杀人,这不仅仅是人品的问题,更为重要的是"政治",是"政治"让他们戴上了共同的面具,在这套面具下,没有高尚没有龌龊,只有现实利益。

当然崇拜武力的曹操也为自己的行为付出了惨重代价,就是因为残暴,以致大批知识分子和曹操彻底分道扬镳,集团内部的陈宫最具代表。

五 储蓄资本

也正是曹操攻打徐州,才使得刘备得以登上历史舞台。

13. 耳朵大有福

曹操这两年的日子太不顺了,先是父亲和弟弟被陶谦的下属杀害,为了报仇兴师动众讨伐陶谦,正当战争打得激烈的时候,后院起火了,自己最亲密的战友张邈和最可信任的谋士陈宫联手背叛了自己。这种打击是沉重的,不仅仅是物质和地盘上的损失,还有精神上的、感情上的,而且平叛进展得也不顺利,又遇上了蝗灾,正可谓屋漏偏逢连夜雨。

正当曹操身处水深火热的饥荒之中,却有一个人鸿运当头,不说连升三级,也是青云直上,从一个名不见经传的小人物,成为了豫州牧,后来又成为徐州牧。这个人不是别人,就是名震三国的刘备刘玄德。

刘备不是草鸡没名草鞋没号之流的人物,刘备是有出处的,而且他的出处也是有历史的。别的不说,单单那个姓就足以让人艳羡,尤其那些想做皇帝的人,谁都知道这天下是刘家的天下,虽然大家都在说"皇帝轮流做明年到我家",陈胜也说过"王侯将相宁有种乎",但这天下在老刘家手里已经四百多年了,王莽曾经短暂做过皇帝,只是昙花一现,最后又回到老刘家手里。这无疑会在天下人心里产生"龙生龙凤生凤"的想法,尤其当时局又回到类似西汉末期的时候,那些刘姓之人,难免不产生要做第二个刘秀的想法。作为老刘家的子孙,要说没有这个想法,那是打死人也不会相信的事情。

刘备不光姓刘,据说还和刘邦有关系,当然不是直接的,转了好多个弯。中山靖王刘胜就是刘备的第十三世先祖,刘胜也不是一般人物,名气很大。第一,刘胜是刘邦的孙子汉景帝的儿子;第二,刘胜死的时候穿了一身金缕玉衣;第三,就得和刘备拉上关系了,刘备到处宣传自己是刘胜之后,后来刘备做了皇帝,刘胜自然也就是不朽了。一直让人怀疑的刘备在出处方面涉嫌虚假宣传的嫌疑,为什么这么说呢?因为刘胜这哥们虽然没有做皇帝,但生育能力超强,光儿子就生了一百二十多个。一百二十多个儿子，估计刘胜自己都未必能认全，更别说其他人了，所以冒充起来，别人也不好求证，不像今天可以做 DNA 鉴定，那时候没这条件，刘胜那么多儿子，说是他的后人，容易让人相信。

就算刘备是西汉中山靖王刘胜之后，但那也是很遥远的事情了，对现实中的刘备来说无疑是画饼充饥，没有什么实际的帮助，饥不能当食，寒不可当衣。总之到了刘备这一代，家境已经破落了，而且其早年丧父。所谓穷人家的孩子早当家，为了糊口，小的时候就和母亲一起贩鞋织席，做起了地摊主。

据传刘备身高七尺五寸，相当于今天一米八那么高，双臂下垂时，能超过膝盖，耳朵很大，连自己都可以看见。刘备从小就有大志，不多说话，而且城府很深，喜欢玩深沉，喜怒不形于色。虽然家里穷困潦倒，但刘备人穷志不短，他家附近有一棵桑树像华盖，在树下和同族孩子玩耍时他曾说过："吾必当乘此羽葆盖车"。"羽葆盖车"就是皇帝的御用车，好比今天元首的专机。虽是儿戏之语，但刘备后来果然乘坐了"羽葆盖车"，也就是说，人成功的原因，有时候能力并不一定是最为重要的因素，反而野心有时候会成为决定的因素。

尽管家道败落，但刘备的母亲还是很重视教育的，在刘备十五岁时，送刘备到当世大儒卢植那里求学。可以说卢植就是刘备的贵人，卢植不仅传授知识给刘备，还给刘备提供了表演的舞台，正是在这里结识了将他带入江湖的公孙瓒。

汉灵帝末年爆发黄巾起义，公孙瓒命刘备追随田楷，夺取青州建有功劳，和曹操一样，刘备也是借着镇压黄巾军起义而登上历史舞台的，说白了就是踏着人民大众的尸体。在镇压黄巾起义的时候，刘备因有功被封为安喜县县尉，和曹操当年的洛阳北部尉是一个级别的，只是曹操是在天子脚下。小官并不好做，刘备刚上台没有多久，就有督邮（相当于特派巡查员）来刁难刘备。不要以为刘备只会哭，不是的，刘备也曾经爷们过。那刘备不干，区区督邮也敢在刘某人面前耍大刀，于是用鞭子打了督邮，然后弃官亡命，《三国演义》中把这一功绩记到了张飞账上。

此后，刘备先后曾担任过下密丞、高唐尉、高唐令之职。后为起义

五 储蓄资本

军所迫,往奔公孙瓒,被表为别部司马,与青州刺史田楷一起对敌冀州牧袁绍,累次有功而实授平原县县令。后领平原相,当了平原相后,就任命关羽、张飞担任地方团队司令(别部司马),分别统领部队。刘备和袁绍、曹操他们一样,年轻的时候也好游侠,有浓厚的江湖情结,讲究哥们义气,正是这样,刘备结识了关羽和张飞二人,和他们的关系情同手足。

据说刘备跟二人同榻而眠,在大庭广众之下,二人则在刘备身旁侍卫,整天站立;追随刘备跟外人应付周旋,不避艰难危险。常山(河北省元氏县)人赵云,早先率领本郡部队,投奔公孙瓒,公孙瓒问:"听说冀州人士,都倾心袁绍,你怎么单独闯出迷途?"赵云说:"天下沸腾,不知道谁是真正英雄?人民痛苦,犹如倒悬。本州人士,只盼望能行仁政,并不是轻视袁绍,而趋附将军。"刘备听其言,对他至为惊奇敬佩,遂用心结交。赵云遂追随刘备到平原国,指挥骑兵。

在做平原相期间,刘备露了一次脸,那就是当时的名士孔融曾经向刘备求救。这孔融是读书人出身,别的本事不咋地,骂人写文章有一套,他和董卓较劲,董卓理论不过他,只好把他派到北海做相国,那里黄巾军闹腾正厉害,让孔融和黄巾军讲理去。

和黄巾军比起来,孔融只能是"读书你们不行","打仗我不行"。可战场的事是没有道理可讲的,孔融被打得满地找牙,四处流浪,好不容易逃到都昌,想在那里休息几天,但黄巾军不干,于是立即把都昌围个水泄不通。这孔融一个着急,这个时候,写文章没有用、读书也没有用、讲道理更没有用;怎么办呢?于是派太史慈去向刘备求救。当太史慈突出重围找到刘备,说孔融先生向刘先生求救。刘备一听孔融向自己求救,激动地忘乎所以。不会吧,太兴奋了,太幸福了,连孔融先生都知道我刘备了(孔北海乃复知天下有刘备邪),于是派三千兵解孔融被黄巾围困之危。解了孔融之围,刘备也是一时名声鹊起。

正当刘备协助孔融打黄巾军的时候,兴平元年(194),曹操借口为父报仇而再度攻打徐州,徐州牧陶谦不能抵挡,向青州刺史田楷求救。田楷便来联络刘备,田楷找到刘备,大家都是兄弟,只要兄弟有困难,刘备自然出头,刘备便率军来救陶谦。刘备这时已集结几千人,陶谦再拨给他丹阳部队四千人，合起来共一万人。有了这些人马，刘备就离开田楷，前来协助陶谦。虽然刘备是真心协助陶谦打曹操，但曹操毕竟不是黄巾军，刘备遭遇了挫折，被曹操击败。恰好此时张邈、陈宫叛迎吕布，曹操根据地失陷，于是回兵兖州。

　　刘备帮了自己大忙，为了表达感谢之意，陶谦向朝廷推荐并任命刘备当豫州（河南安徽一带省）刺史，驻扎在小沛（江苏省沛县）。对刘备而言，这是一个很大的转变契机，刘备对豫州虽不能行使职权，但政治地位却提高了一大层。

　　虽然豫州牧只是空头名衔，但却是国家编制，是体制内的人物。更幸运的事情发生在刘备到陶谦那里的第二年，这一年陶谦病故，遗命将徐州交与刘备。刘备又得到糜竺、陈登、孔融等人拥戴，不费一兵一卒就成了徐州的主人。

　　刘备的幸运，在某些方面印证了一句俗话——耳朵大有福！

14. 错误的代价

　　犯错误了就要付出代价，不要抱有丝毫的侥幸，要大大方方，坦坦然然地接受，不要再做无谓的蠢事，否则就有可能错上加错，代价就更为高昂，将失去更多。曹操在对待陶谦和徐州上就犯了严重错误，曹操为报父仇、曹操的青州军也是复仇，但除此之外，曹操忘了自己的身份、忘记了自己的理想，俨然一介武夫的行径，他做了一个政治家最不该做的事。

　　正当曹操在徐州大开杀戒炫耀武力之时，曹操的后院起火了，而且火势很大。这很出乎曹操意料，更出乎意料的是，点火的人居然是自己最亲密、最信任的兄弟和朋友——张邈和陈宫。当然这也不是曹操第一次碰到这样的事，当年到扬州募兵的时候，就出现过这样的事情，因而处理起来也有经验。

　　张邈和陈宫都是曹操的老朋友老战友，有着很深的情谊。曹操年轻时和张邈、袁绍在一起游侠，当初之所以在陈留起兵反对董卓，就是因

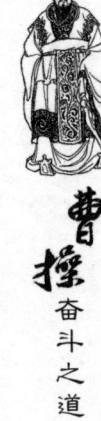

为有张邈的支持。讨伐董卓时，袁绍作为盟主，有骄矜色，张邈当面批评了袁绍。袁绍不爽，挥掇曹操杀张邈，曹操不听，反而责备袁绍："孟卓，亲友也，是非当容之。今天下未定，不宜自相危也。"张邈知道这件事后，更认为曹操这哥们值得交。曹操也没把张邈当外人，第一次东征陶谦时，把家人都托付给张邈。曹操对家人说："我若不还，往依孟卓。"征陶谦回来后，曹操见到张邈，两人垂泣相对，可见两人友情之深厚。

当然曹操和陈宫的关系肯定没有和张邈那么深厚，但也不是泛泛之交，根据《三国志·吕布传》注引《典略》的记载："陈宫字公台，东郡人也。刚直烈壮，少与海内知名之士皆相连结。及天下乱，始随太祖（曹操）……"从这里可知，陈宫和曹操有来往应该在初平二年（191），那时曹操刚任东郡太守，正在积极招揽人才，陈宫就是在这个时候投靠曹操的。

曹操到东郡，虽说是凭武力进来的，但毕竟还是外来户，需要当地士族的支持，当然要笼络一下当地名人。陈宫能"少与海内知名之士皆相连结"，自然也不是一般吃闲饭的，不说有帝王之心，至少也有名扬天下的打算。陈宫确实有能力，在协助曹操代理兖州的运作中发挥得淋漓尽致，虽然不如《捉放曹》中说的那样救曹操的性命，但他能为曹操谋划到兖州牧，仅此一点就胜似救命恩人。因此曹操也十分信任陈宫，视为心腹，带兵外出的时候，大多都是让陈宫留守最重要的根据地——陈留。

然而，就是这两位战友却突然反叛了。这是为什么呢？

直接原因就是曹操杀了边让。边让之所以被杀，据《三国志》、《后汉书》、《资治通鉴》等正史中记载是因为他"讥议"曹操。边让是当时的名士，兖州官吏和士族阶层都很敬重他，尽管史书并未具体记载边让之死的原因，但从时间上推理，很有可能是边让不满曹操血洗徐州之举，加之曹操为阉党之后的出身一直被世人诟病，言谈之间对其处处讥讽，终于惹火了曹操，《资治通鉴》中说"操闻而杀之，并其妻子"。

这种描述有两层意思：一是，边让并非当着曹操的面"讥议"的，可能是在与兖州官吏和士族阶层私下聊天里提及的。但因为边让是当时的名人，他的一言一行都会引起广泛的共鸣，所以他的这番"讥议"对曹操在兖州的统治产生了极大的负面影响，逼得曹操只好杀了边让。二是，从"并其妻子"一事中可以看出曹操对边让深恶痛绝，反之也可以说明边让的"讥议"不仅恶毒至极，而且传播范围甚广，曹操这样做的目的是杀鸡儆猴。然而，这一切事情最根本的原因就是曹操屠杀无辜，尤其在徐州的屠杀，充分暴露了其诡诈、多疑、残忍、嗜杀之性格，从而大失民心。士大夫对曹操的暴行更为不满，进行口诛笔伐。其中以边让为首的知识分子最为不满，对曹操的行为指手画脚，指责曹操的屠杀。

曹操当然不乐意了，我曹某人还需要你们来教怎样行军打仗吗？这帮读书人，书读多了，闲着没事管到我头上来了，于是杀了边让。为了以儆效尤，还杀了其全家。

曹操的这一暴行自然激起了大多数士大夫阶层的强烈不满，他们纷纷谴责曹操，使得曹操的名声遭受了很大的损失。那么，陈宫这时候是什么想法呢？史料中并未记载，但就从陈宫素来以"刚直烈壮"的性格著称这一点来看，他对此应该也是十分不满的，曹操和陈宫之间的裂痕大概就是由此产生的。

曹操这次明显错误的行为最后还是引发了严重后果，曹操入主兖州时，当时就有部分兖州官吏和士族阶层对曹操的到来心存顾虑，而血洗徐州一事后让他们对曹操更加不放心，甚至产生了心理恐惧。曹操杀边让成了导火索，引发了巨大恐慌，从原本的少数派意见一下子就变成了如今的共识，再加上张邈这位老领导早就对曹操心怀不满，因此叛乱是不可避免的，只是时间早晚的问题。

曹操的行为，给陈宫造成了多坏的影响，带来多大的伤害，以及陈宫的反应，今天我们已经无法从史料中找到蛛丝马迹了。只是在关于陈宫为什么和曹操分裂时，在《三国志》看到"自疑"两个字。这两个字承载的东西太多了，喜欢陈宫的人可以理解为，曹操血洗徐州使陈宫改变了原先对曹操"必宁生民"的看法；名士边让被杀事件又让这个素以"刚直烈壮"著称，并且"少与海内知名之z士皆相连结"的陈宫感到危险和难堪。想当初，若不是陈宫极力向兖州官吏和士族阶层推

五 储蓄资本

荐曹操，他们又怎会接受曹操这个阉官之后呢？如今，曹操的残暴行径或多或少都会令陈宫在兖州官吏和士族阶层的名声、威望扫地。正所谓，道不同不相为谋。尽管陈宫原想跟着曹操干一番大事业，现在发现曹操和自己不是一路人，所以"陈宫、从事中郎许汜、王楷共谋叛太祖"（见《三国志·张邈传》）也实属正常行为。

喜欢曹操的人可以理解为：陈宫是有野心的，也是有一定能力的，但陈宫又有些过于自负，或者说有些自我膨胀，这在他帮曹操入主兖州之后表现得更为明显。或如裴松之注引鱼氏《典略》记载：太祖谓宫曰："公台，卿平常自谓智计有余，今竟何如？"这句话表明了曹操对陈宫的一个认知，那就是觉得陈宫平时自认为智计有余，但在曹操眼里，陈宫还嫩着呢，所以才会问"今竟何如？"

无论怎么说，曹操的行为，使得陈宫名声扫地，尤其好友边让被曹操杀死，几乎把陈宫推向了和整个兖州人民为敌的境地。当初正是你陈宫把曹操招进来的，还说什么"必宁生民"，可现在"必宁生民"没有做，反倒杀了一些生民，你陈宫怎么解释？你陈宫当初把曹操弄进来就是为了自己的利益，你得到好处了，却把兖州人民推向了深渊，把咱们给害苦了。这姓曹的，既不讲什么仁义，也不讲什么道德，只有赤裸裸的武力杀戮，杀完徐州会回来杀咱们兖州吗？你陈宫能保证了吗？边让不就是在你陈宫的反对下杀的吗？

这样一来，陈宫就成了兖州的罪人，兖州人民的公敌、内奸了。此时，陈宫也知道自己的算盘打错了，本以为，曹操是个人物，是个可以托付的人，没有想到曹操奸诈残忍，远非想象的那样完美，自己真是很傻很天真。受到打击和挫折的陈宫自然不能咽下这口气，既然曹操不仁，不采纳我的建议，那我既然能把你请进来，也能把你赶出去。我陈某人可是一位顶天立地的正人君子，岂能任由你曹操做这种事？一不做、二不休，干脆把你曹操赶走。

15. 陈宫看上了吕布

就在陈宫说要把曹操赶走的时候,吕布来了。对正在流浪的吕布来说,陈宫的请求无异于天上掉馅饼,一看有这等好事,于是和陈宫一拍即合。

自从被李傕、郭汜赶出长安之后,吕布一直都在流浪,出了长安的第一站,吕布先去找袁术,但袁术看不上吕布背信弃义,反复无常,就把吕布拒之门外。被袁术拒绝之后,吕布后来投奔到袁绍那里,吕布也不是吃闲饭的,协助袁绍攻打黑山黄巾,正是吕布率将士冲锋陷阵,大破张飞燕,给黑山黄巾以毁灭性的打击。大军扫荡了黑山黄巾的根据地,黄巾渠帅左髭、丈八等被斩,刘石、青牛角、黄龙、左校、李大目、于根氐等全军覆没。

由于在长安那块地方撒野惯了,吕布和他的手下仍以为还在长安,打败黑山黄巾后杀性没有过瘾,又骚扰袁绍境内的官员和黎民百姓。吕布也太拿自己当根葱了,在袁绍的地盘能让你撒野吗?袁绍准备对吕布下手。过了些天,吕布感觉情况不妙,袁绍可能要对自己下手,便主动要求率部南下洛阳。为了除掉吕布,袁绍一面拜吕布做司隶校尉,一面又派了几十个壮士随他同去,欲趁机杀死吕布。

在江湖闯荡多年的吕布也非顽童,这一点机关还是能看透的。出发后的一天夜里,为了戳穿阴谋,吕布让人在自己营帐中鼓筝,然后自己悄悄溜出营帐。果然,夜深的时候,袁绍的壮士冲入帐中,将吕布的地铺砍了个稀烂,其实吕布早已逃走。第二天,吕布回去找袁绍问个究竟,袁绍吓得闭门不出。

吕布没有带兵找袁绍报仇,因为关东没有他的根据地,只得继续寻找立身之处。在关东这块地上,现在能投靠的只有张杨了,于是吕布去投奔张杨。去投奔张杨的路上经过张邈的地盘,张邈设宴款待,推杯换盏,那是一个亲切,二人谈得投机,临别之时,把手共誓。这件事,传到袁绍那里,袁绍大为恼怒;张邈也感到不安,他总觉得袁绍会让曹操

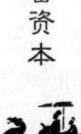

杀了自己。

正当张邈没有安全感的时候，陈宫劝张邈："今雄杰并起，天下分崩，君以千里之众，当四战之地，抚剑顾眄，亦足以为人豪，而反制于人，不亦鄙乎！今州军东征，其处空虚，吕布壮士，善战无前，若权迎之，共牧兖州，观天下形势，俟时事之变通，此亦纵横之一时也。"（《三国志·魏书·张邈传》）就是说，现在天下大乱，英雄并起，你张邈拥有方圆千里的地盘和民众，只要你提剑一起，不是皇帝也是豪杰，而现在却受制于人，你是纯爷们吗？现在曹操东征，州郡空虚，又有吕布，现在我们共同治理兖州，不说纵横天下，但也横行于兖州。就这样，陈宫轻松把张邈搞定，不仅如此，陈宫还拉张邈的弟弟广陵太守张超合伙反曹操！

比较陈宫推荐曹操与推荐吕布说的话，就能发现：在陈宫嘴里曹操是"命世之才，若迎以牧州，必宁生民"，而吕布则是"壮士，善战无前"。也就是曹操是做大事的人，吕布只是一介武夫，到底谁更有本事，陈宫当然清楚。之所以看上吕布，也是实在没有办法了，就是借吕布的力量撵走曹操，保护自己。

正如陈宫对张邈说，吕布是"权迎之"，就是说迎接吕布只是权宜之计，真正的目的是兖州人自己管理兖州，兖州是兖州人的地盘，决不能让外人在自己的地盘称王做大。

可以看出陈宫选吕布，就是认为吕布是武人，不像曹操那样，自己有把握控制住吕布，吕布只能在自己的摆布下行动。陈宫的想法看上去很美，其实他又在曾经跌倒的地方跌倒了，如果说陈宫迎接曹操进入兖州是失误的话，那这一次迎接吕布就是失足。曹操来了，陈宫丢的只是面子，吕布来了，陈宫失去了性命。

陈宫把自己的方案告诉吕布，吕布一听，简直不敢相信，估计都把手指头咬破了，才知道是真事。吕布太高兴了，正中下怀，正好在张杨这里也待不下去。长安李傕和郭汜派人送金子给张杨，向他购买吕布的人头。没有退路的吕布也爷们了一把，对张杨说："干脆些，拿了我吕布的头去买官吧！"张杨说："奉先大哥，小弟我是那种小人吗？"虽然张杨不杀自己，但这里也不能待了，真是天无绝人之路，我吕布又有地盘了。由此推断，陈宫对待吕布只是利用，谈不上真心真意。

一切准备就绪后，陈宫振臂一呼，果然一时间"郡县皆应"，真的反了起来！为什么一时间"郡县皆应"呢？一方面是曹操不得人心，另一方面也说明陈宫号召力强大，保密工作也做得非常不错。这一番折腾后，曹操最后只剩下三座孤城了。

16. 谋士的力量

"宫布组合"可谓一举成名，天下震动，但这只是表面的现象，实际上并没有多大的威力。精心策划后的行动，居然被荀彧和程昱三下五去二化于无形之中，可见"宫布组合"实力一般。陈宫带着兵马秘密地把吕布迎入濮阳后，马上就对兖州的政治中心也是曹操的老营甄城发起了攻击。为了蒙骗荀彧，陈宫说吕布是来帮助曹操攻打徐州的，荀彧是多聪明的人，知道这肯定有问题。于是，火速召东郡太守夏侯惇来甄城救场。夏侯惇接到命令后，连夜出发，到达后，立即处死了那些与陈宫他们通谋的将领官员，然后出城和吕布战斗，吕布战败逃走。

这时候，从吕布那边投降过来的人说，陈宫将亲自带兵攻取东阿，还派氾嶷攻取范县，一时间官民大惊。这个时候，荀彧和程昱站了出来，荀彧和程昱商议说："现在兖州叛乱，唯有此三城。陈宫他们以重兵来攻打，除非深结其心，否则的话，三城必动。你程昱，是民众的主心骨，赶快回去稳定人心，这样才行！"

程昱立马起身回东阿，路过范县时，劝说范县的一把手靳允："闻吕布执君母弟妻子，孝子诚不可为心！今天下大乱，英雄并起，必有命世，能息天下之乱者，此智者所详择也。得主者昌，失主者亡。陈宫叛迎吕布而百城皆应，似能有为，然以君观之，布何如人哉！夫布，粗中少亲，刚而无礼，匹夫之雄耳。宫等以势假合，不能相君也。兵虽众，终必无成。曹使君智略不世出，殆天所授！君必固范，我守东阿，则田单之功可立也。孰与违忠从恶而母子俱亡乎？唯君详虑之！"听到程昱的这番话，靳允流涕大哭："不敢有二心。"（《三国志·魏书·程昱

传》)

这个时候,陈宫的特使氾嶷已在范县,为了表示自己的选择,靳允于是召见氾嶷,设伏兵刺杀,然后带兵守城。

别的不说,单单游说范县县令这一点,就足以展示程昱的能力和眼光。当时县令靳允的家人全在吕布的手里,可以想象范县有多悬乎!就是在如此情形下,程昱临危不乱,对靳允说,你是一个孝子。不要小看"孝子"一词力量,表面上称赞靳允是一个孝子,实际是给靳允套了一个紧箍咒,是孝子就更应该是忠臣。情况就是这样,你自己掂量,难道你愿意不尽忠而母子都一命呜呼吗?这样一来,靳允哪里还有选择,哪里还敢再有二心?本来正担心自己家人的安危呢,现在自己都麻烦了,先保住自己的命再说吧。正是这一到位的威胁,靳允才真正踏实下来。

接着程昱派人在仓亭津拆掉桥梁,使得陈宫的军队无法顺利渡河,拖延了陈宫进军的步伐,这样自己才有时间回到老家东阿。即使这个时候,程昱在东阿的威信依然不减,于是东阿官民在程昱和东阿令枣祗的率领下构筑工事,拒城坚守,陈宫和吕布一时无法前进。

正是荀彧的积极谋划,夏侯惇的英勇奋战,再加上程昱不顾安危的奔走游说,曹操的根据地才保存了三个城市;正是有了这三个城市,才有了曹操后来的崛起基础。

一听说后院起火,曹操率军匆匆从前线撤回,赶到东阿,见到程昱,曹操拉住程昱的手说:"没有程老弟你,我曹某人就无家可归了。"经过这次兵变,曹操对程昱更加信任,遂任命程昱为东平相,带兵防守范县。

也是这个时候,曹操获悉,吕布带兵攻打甄城无功而返,撤回濮阳,便对自己的将领说:"吕布占领兖州后,竟然不先驻守东平,切断亢父、泰山之间的道路,然后利用地势埋伏拦击我的部队,却返回濮阳,哈哈,吕布这个人就这个水平了!"都这个时候了,曹操还能大喜,可见曹操的定力。其实,这个时候,曹操大哭也没有用,也哭不回来了,大喜还好一点,最起码能鼓舞士气。

可能"宫布组合"正在为曹操落魄和自己成功击掌庆祝呢!明眼人就看出他们的结局,第一个就是程昱,程昱在劝说靳允时,就对这对组合进行了全面点评：首先，吕布只是"匹夫之雄耳"，正如当年韩信评价项羽一样"妇人之仁匹夫之勇"，都是成不了大事的人。其次，陈宫和吕布搭手只是"以势假合"，就是说这个组合有私心，互相利用；再就是陈宫这个人"不能相君也"，没有辅佐领导的能力。尽管"兵虽众，终必无成"。第二个人就是曹操，应该说陈宫的这次叛变，对曹操的打击很大，曹操几乎失去了兖州，可以说辛辛苦苦多少年，一下子又回到解放前。

曹操这个人，就是不怕逆境，当别人身处逆境的时候，都是怨天尤人，而曹操总是很乐观。在这次叛乱中，虽然损失很惨重，但依然保持乐观心境，并从中发现吕布攻不下甄城，竟然返回濮阳，而不是据守东平，切断亢父、泰山之间的要道，利用险要地势邀击自己的归路。曹操据此认为吕布这人没有多大的本事，是一个名气盖过能力的主儿。

17. 收拾残局

尽管程昱和曹操都认为吕布和陈宫的组合成不了大事，但吕布和陈宫还是有一定实力的，尤其在他们合作的蜜月期间，那种纯真的兄弟感情还是帮他们凝聚了极大的力量。

刚刚从前线回来的曹操，郁闷到极点，自己猎鹰这么多年，不想自己倒被鹰啄了眼，曹某不发威，还以为我是病猫呢。不就是打仗吗？谁怕谁，这么多年不都是从死人堆里爬出来，就你吕布，也敢和我叫板？那好，战场上的事情，就用战争来解决。

返回甄城的曹操，可谓是满腔怒火，眼都红了，连休息都顾不上，带上人马，夜袭濮阳城西的吕布大营。吕布哪里想到曹操会来这一手，曹操在天亮的时候大破吕布的军营。在返回的路上，曹操遇上了带兵来救援的吕布。于是，一场恶战展开，双方三面会战，吕布亲身搏战，从早上一直战斗到日落，杀得天昏地暗，你进我退我退你进形成拉锯战，进进退退数十回合，情况十分危急。

由于战况紧急，曹操便召集敢死队冲锋陷阵。危机之时，典韦请命

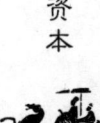

带领数十人突围，穿上两件铠甲，扔下盾牌，只持长矛撩戟，杀入吕布的军队。乱箭如雨，典韦视而不见，勇猛直前，但典韦并不是逞匹夫之能，而是有谋略的，为了更好突围，对身边的敢死队员说："敌人离我十步之内时提醒我。"一会儿，敢死队员说："十步了。"典韦又说："五步再告诉我。"敢死队员害怕，急忙说："敌兵到了！"典韦手持十余杆戟，大喝一声跳起来，凡是典韦戟所刺之处，敌兵都应声倒下，剩下的仓皇退后。正是典韦的英勇拼命，曹操才杀出一条血路。这时天已经快黑了，曹操得以安全撤离。这一仗，典韦的骁勇无畏表现得淋漓尽致，从而获得了曹操的赏识和信任，被加封为都尉，受命统率禁卫亲兵在大帐周围护卫。

这场战斗打得十分残酷，曹操领教了吕布的英勇，而吕布也知道了曹操的厉害，双方都有所忌惮，谁都不敢再鲁莽行事。武力不好使，那就来文化的，来点谋略吧，这是那个时代最流行的，也是迄今为止最为人们所津津乐道的，所谓"老不读三国"就是说谋略的。

虽然交战双方是曹操和吕布，但真正主导战争的却是陈宫和曹操。战场上打仗是曹操和吕布对垒，而玩智谋则换成了曹操和陈宫的互掐。陈宫"平常自谓智计有余"，曹操更是"少机警，有权数"，这俩人掐架，肯定有看头，于是他们二人在濮阳展开了智斗。

由于吕布和陈宫被困在濮阳，他们最先出招，吕布与陈宫谋划，来了一个反间计。利用濮阳城中巨户田氏反间，以诈降做内应，引曹操入城。曹操向来觉得陈宫和自己不在一个档次，没把陈宫当回事，结果中计，率兵杀入城来，还未进入郡府，陈宫带兵杀出，曹操陷入包围之中。

曹操知道中计了，直奔北门突围，路上被截杀，又折回南门，结果又被拦阻。只得再次冲向北门，这个时候，吕布骑马杀来，顶头碰见了曹操，却不认得，反而用戟指着曹操的头盔问："曹操何在？"曹操顺手一指前面的人，说："骑黄马者是。"吕布于是催马前去追赶，曹操比吕布更快，掉转马头直奔东门。这个时候，东门城楼突然大火燃起，幸亏典韦来得及时，冒着烈火浓烟保护曹操冲出东门。冲杀中，曹操的左臂被烈火烧伤。

曹操回到营中,心想陈宫吕布小儿还敢跟我玩心眼,不让你们吃吃苦,你们还不知道马王爷几只眼呐!于是,将计就计,向外散播曹操因烧伤严重不治身亡的消息,同时挂孝发丧,全军痛哭,然后在军营周围设好埋伏,等待吕布入套。吕布果然配合曹操,带领部队杀来,曹操率军团团围住吕布。吕布损失惨重,拼死才逃出包围圈。这一回,双方又打个平手,谁都奈何不了谁,只能对峙。

正当曹操和吕布两军对峙得正起劲的时候,这年秋天,蝗虫忽起,蝗虫食尽庄稼,双方粮草供应困难,于是暂且罢兵。

撤兵之后,曹操回到自己的大本营甄城。而吕布撤退后,去了乘氏,结果被乘氏县的李进打败,只得跑到山阳驻兵。表面上濮阳之战,双方打个平手,但曹操处境更为艰难,曹操的地盘大多被吕布抢去了,这样自己的补给就成了问题,而濮阳之战又未能得势,现在又闹蝗灾,这么多军队何以度日?常言道,兵马未动粮草先行,现在自己的军队连吃的都没有了,何来先行。连肚子都吃不饱,又怎么能打仗呢?

正在曹操困顿之际,袁绍派人来了,想和曹操联军。这个时候曹操粮草将尽,袁绍因此欲与其联合,将曹操接去邺城定居,其实是想伺机吞并他的力量。曹操当然也能看出袁绍的阴谋,怎么办呢?

中国有一句说"人穷志短",事实也是这样,即便是曹操这样的人,在贫穷落魄之际,也是束手无策。明知道袁绍那儿是一个阴谋,曹操犹豫多时还是想答应。这时程昱赶到,提及此事,引经据典分析局势,并且说像曹操这样的人怎可屈就袁绍?《魏略》记载,程昱还用田横的故事来刺激曹操,还欲擒故纵地说:"昱愚,不识大旨,以为将军之志,不如田横。田横,齐一壮士耳,犹羞为高祖臣。今闻将军欲遣家往邺,将北面而事袁绍。夫以将军之聪明神武,而反不羞为袁绍之下,窃为将军耻之!"就是说兖州虽残,不还是有三座城和一万多士兵呢,依靠曹操、荀彧和自己的能力,如果团结一致奋发图强,那么称霸天下的梦想仍能实现。

通过这番劝说,程昱才阻止了曹操投降的念头。于是,曹操下定决心靠自己的力量吃饭,靠自己的力量打地盘。

五 储蓄资本

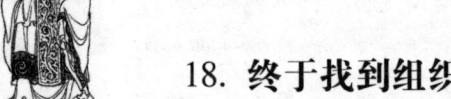

18. 终于找到组织了

不管世道好与坏，时间从来没有停留过，太平盛世的时候，时间没有放慢脚步，而在灾难之年，时间也不会快一点过去。蝗灾过后的这个冬天注定是曹操命中的一道坎，曾经偌大的一个兖州，现在只剩下甄城、范县、东阿三个孤城。在这次动乱中，曹操失去的不仅仅是地盘，还有兵源，还有民心，最为重要的是失去了粮草来源，这才是真正要命的事情。

蝗灾发生在兖州，这是天灾，蝗虫也不会故意跳过陈宫吕布的地盘，专吃曹操地盘的庄稼禾苗，所以，这次灾难，对双方都产生了巨大的影响。由于"宫布组合"的地盘大一些，所以吕布和陈宫的处境比曹操稍微好一些。

蝗灾的后果是很严重的，东郡斗米五十贯，这时谷一斛至五十余万钱，出现了人吃人的现象。为了节省军粮，曹操只好遣退费尽心力新招募的士兵。

兴平二年（195）春天，缓过气来的曹操，重振旗鼓，再次亲自率军攻打吕布，收复兖州失地。第一战就是攻打定陶，济阴太守吴资死守南城，曹操未能攻陷。这时吕布军队赶来救援，曹操击退了吕布。这时候，吕布的将领薛兰、李封二人留屯巨野，与定陶相距不远，曹操害怕他们援应定陶，因此分兵围攻定陶城，然后亲自带领健将典韦等，往前去攻打巨野，端掉薛李的屯营。等到吕布知道后前来救援，也被曹操击退，薛兰李封先后战死，曹操占据了巨野。

转眼到了夏天，正值麦子成熟的时候，吕布和陈宫带领一万多军队来攻打曹操。不过这俩人挺会挑日子的，这时候，不好好收麦子，储存粮草，积蓄力量，偏偏来打仗，这样行动即便成功了，也是"杀敌一千，自损八百"。和"宫布组合"不同，曹操这个时候正忙着收麦子呢，去年冬天的教训让曹操明白"军粮"的重要性，于是几乎把所有的士兵都派出去了，城里只剩下一些老弱病残和一些妇女，怎么办？大敌当前，敌强我弱，与对方开战等于去送死，这么一点人马，守也守不住；逃跑？这个时候，逃跑都来不及了。

怎么办？曹操玩了一把"空城计"。大搞虚张声势，居然派一批妇人守城，以此来和吕布对阵。屯西有大堤，其南树木幽深。吕布怀疑有埋伏，回头对陈宫说："曹操多谲，勿入伏中。"于是，吕布引军屯南十余里。扎好营地之后，吕布才明白曹操的举动不过是虚张声势而已，第二天一早便主动进攻。曹操也知道这招肯定不能常用，也只是万般无奈下的举措，于是连夜调回了大量的部队。

当吕布第二天再来的时候，曹操把士兵隐藏在大堤里，让士兵半露在堤外。吕布认为，曹操又在玩把戏，于是大胆向前，还命令轻兵挑战。当吕布的士兵到达的时候，曹操的伏兵全部出击，步骑并进，大破吕布，获其鼓车，一直追到吕布大营才撤回。

曹操接着进攻濮阳，吕布出城迎战，曹操派出许褚、典韦、夏侯惇、夏侯渊、李典、乐进六将共战吕布，这比传说中的"三英战吕布"更神奇，吕布打不过，拨马回城。上次协助陈宫吕布上演反间计的濮阳大户田氏倒戈了，他们玩了一个无间道，其实他们真的痛恨吕布暴戾，私下早已投降曹操，当吕布战败回城的时候，田氏将城门关闭。吕布无法回城，只得率残军向东南逃去，奔徐州刘备去了，开始了新的流浪。

在和吕布陈宫的较量中，曹操的表现非常出色，他在连续失败中没有气馁，屡败屡战，以燎原烈火一样的疯狂热情激励出了全军的斗志。虽然身处逆境，但在气势上完全压倒了吕布，曹操最终取得胜利。

当曹操追击吕布到乘氏的时候，获悉徐州牧陶谦已死，打算先趁机夺取徐州，之后再消灭吕布。

这时候，荀彧劝阻曹操，说当年汉高祖、光武帝之所以能成大业，就是汉高祖力保汉中，光武帝占据河内，他们这样都是为了稳固根据地然后以图天下。只要根据地稳固了，进足以胜敌，退足以坚守，故虽有困败但最终能成大业。

现在将军你以兖州为根据地，平山东之难，百姓无不归心悦服。再就是黄河和济河相交叉的这块地，是天下之要地，虽然目前有些残败，但这里容易自保，这可是将军你的关中、河内啊，这才是首先要稳定的地方。

如果现在派一支人马去攻打陈宫，陈宫肯定不敢对我们这边有想法，我们可以趁着这个机会收收麦子，等到粮草丰足后，我们就可一举打败吕布。收拾吕布后，可以联合孙策他们，共同讨伐袁术，这样就能把我们的地盘推展到淮、泗那一带。如果放弃攻打吕布，而东去攻打徐州，防守就是一个问题，留守的兵力多了，攻打徐州不够用；留守兵少了，能不能守住，还是问题。即便守住了，只怕是光忙着守城，而没有

五 储蓄资本

工夫收庄稼了。

再就是虽然陶谦已经不在了，但徐州自上次战后多方结盟，多少还是有一定战斗力的。加之东边他们都在大收麦子，必定会坚壁清野等待我们困顿，所以徐州并不容易拿下啊。

荀彧是高明的，他没有硬劝，而是以汉高祖、光武帝为例子，这正是曹操所喜欢的，可以说击中了曹操的软肋。曹操听了荀彧的一番话，如醍醐灌顶，遂放弃了进攻徐州的企图。

随后，刘备代领徐州牧，曹操乘胜攻取定陶城，并分别派出部队收复兖州各县，兖州遂平。这个时候，曹操才算真正拥有兖州。当时，汉献帝在长安，李傕、郭汜等正祸乱长安，与关东断绝。

曹操当上代理兖州牧之后，就开始遣使上书，派王必做联络员。曹操对组织很热心，但真正掌权人李傕、郭汜等对曹操并不感冒，以为"关东欲自立天子，今曹操虽有使命，非其至实"，打算留下曹操的使者王必，拒绝和曹操来往。这个时候，钟繇劝说李傕、郭汜等人："方今英雄并起，各矫命专制，唯曹兖州乃心王室，而逆其忠款，非所以副将来之望也。"(《三国志·魏书·钟繇传》) 就是说，天下大乱，英雄四起，只有曹操心系朝廷，如果拒绝了曹操的忠心，对我们的将来不好。李傕、郭汜等人觉得钟繇的话有道理，于是对来使厚加答报。由是，当年十月，汉献帝刘协封曹操为兖州牧。

这样一来，董卓专政时外逃的曹操，终于从官方通缉犯变成了大汉帝国的官员了，也有了名分，曹操的兖州牧就由代理转为正式的了，成为老刘家授牌经营的连锁店。也就是说，流浪这么多年的曹操，一心"向西"终于修成正果，找到了组织，真是感恩涕零，谢谢国家，谢谢皇帝，总算成为体制内的人了。

汉献帝的这道诏书让曹操特别感动，总算平反了，从通缉犯变回了封疆大吏，一切所作所为也就合法了。有了皇家的授权招牌，曹操的腰板也直了许多，干事业也利落许多，在这年十二月攻破了张邈弟弟张超的雍丘之后，合法的兖州牧曹操把张邈一家按照汉朝的法律给灭了三族，张邈在向袁术求救的路上被部下杀死。

这样一来，吕布陈宫跑了，张邈一家死了，兖州自然就平定了，曹操成为兖州的真正一把手，又趁机夺取青徐大片土地，自此有了逐鹿天下的资本和力量。

六、奉天子以令不臣

说金钱是罪恶，都在捞；说美女是祸水，都想要；说高处不胜寒，都在爬，这正印证了东汉时那些驾驭皇帝的权臣下场，从最牛的"跋扈将军"梁冀，到汉桓帝的老丈人窦武，到汉灵帝的大舅哥何进，到西凉彪汉董卓，谁不知道"皇帝"是祸水？玩不起啊，谁玩谁倒霉。可有什么用呢？道理谁都知道，只是抵制不住那权力的诱惑。前面的一个个倒下了，后面又有一批站起来，前赴后继，永续不绝。当董卓的尸骨正在点天灯的时候，王允又被砍了。但这仍不足以震撼任何有野心的人，袁术早在运筹，袁绍的纲领是"挟天子以令诸侯"，刘备也早想坐坐"华盖车"了，少有"治世能臣"之志的曹操则内敛许多，只是提出了"奉天子以令不臣"。正所谓，乱哄哄，你方唱罢我登场，且看谁主皇帝，问鼎中原。

1. 皇帝就在心中

中学的政治课本,有一段这样的马克思语录:资本如果有百分之五十的利润,它就会铤而走险,如果有百分之百的利润,它就敢践踏人间一切法律,如果有百分之三百的利润,它就敢犯下任何罪行,甚至冒着被绞死的危险。

读过这段文字后,可谓是心潮澎湃,浮想联翩。最深刻的反思是,终于明白外国人为什么这么富裕了,敢情人家可以为了财富"就敢犯下任何罪行",这比较起来,我们的穷是理所当然的,我们不会为了钱而去做这些抑或不屑去做。这又导致了另外一种极端,即国人常说的,我们缺乏冒险精神。在追求个人物质享受方面,外国人可以冒被绞死的危险去开拓殖民地,中国人为了贪图老婆孩子热炕头,而有可能放弃自己做人的底线。

尽管还能举出 N 个国人缺乏冒险精神的活例,但那不能代表全部,套用鲁迅一句话,要说中国人没有冒险精神,用以指一部分人则可,倘若加于全体,那简直是诬蔑。

中国人最具冒险精神不是体现在为民请命上,也不是体现在舍身求法上,更不是追求物质财富上,而是在对皇帝之位的追求上。商有"汤武革命",周有"武王伐纣",秦末有陈胜"王侯将相宁有种乎",五代有安重诲"皇帝宁有种乎?兵强马壮耳"……太多了,再就是民间的俗语"舍得一身剐,敢把皇帝拉下马"。看看,多具有冒险精神,"一身剐"绝对比"绞刑"更残酷,但中国人愣是不怕,足见其冒险精神。

中国的冒险精神,和西方是大不相同的,产生差别的根本原因是:中国物质富裕,所以中国人考虑问题是如何占有和控制这些东西,最好的方法就是做皇帝,做了皇帝就是"溥天之下莫非王土,率土之滨莫非王臣"。正如阿 Q 所说,想什么是什么,要什么有什么,所以中国人会拼死拼活的做皇帝;西方不一样啊,客观地说西方那疙瘩太穷了,他们的富裕不过三百年,而且都是从海外抢掠的,在吃不饱饭的时候,做皇

六 奉天子以令不臣

帝有什么用，填饱肚皮才是硬道理。所以从远古一直到五百年前，西方人考虑的都是吃饭问题，而且做的事大抵都和吃饭直接或间接有关，顺便就产生了冒险精神。

正如西方的吃饭是大问题一样，中国的皇帝问题也是至高无上的，可以说是头等大事，"国不可一日无主"。这个问题不好把握，如同玩火，而且极具危险性。玩好了是伟大领袖，青史留名，玩不好就引火烧身，有灭顶之灾。

皇帝这把火不好玩，远的不说，仅仅曹操耳熟能详的就不少，先是梁冀被逼自杀，再是窦武被杀，何进被杀，十常侍投河，董卓被点天灯，王允被杀……这一串名单，挺吓人的，没有一个人有好下场的，是天意如此，还是手法拙劣？这对下一个准备入场的玩家是警醒还是挑战？还有下一个吗？有，中国什么都可缺，唯独不缺的就是做皇帝的人和想做皇帝的人以及做不了皇帝想玩弄皇帝于股掌之上的人。

曹操刚刚平定兖州，由于成了体制内的人，和皇帝也有了名正言顺的关系，因此可以关心一下皇帝过得好不好，愉快不愉快，幸福不幸福了。

2. 皇帝成了抢手货

当时皇帝正在玩家李傕和郭汜这哥俩手里，你想想，一个傀儡两个人玩，能玩到一块吗？李傕说郭汜毛长，郭汜说李傕是妖怪，于是乎，两个人闹僵了。对不起，咱俩谁都别玩了，李傕劫持了汉献帝，郭汜一看你李傕劫皇帝，于是他劫持了所有的公卿大臣。一个木偶被分成了两半，再好的游戏也没法玩了。

李傕郭汜彼此对阵了一段时间，俩人闹翻就是因为玩游戏，两个人的游戏瘾也不小，好好的一个傀儡只能先放在那儿，挺可惜的。正当李傕郭汜两个人互相僵持的时候，董卓的一个部将张济（张绣的叔叔），出面调停，这两个人也正愁找不到台阶呢，张济出面，李傕和郭汜接受调停，接受张济把皇帝拆迁到弘农（今河南灵宝北）的建议。这个时候，傀儡汉献帝也很怀念自己儿时的乐园——洛阳。为了能回到洛阳，汉献帝先后派人对李傕郭汜下诏十多次。在张济调停下，李傕郭汜本想各自交换儿子做人质，但李傕的妻子十分爱护自己的儿子李式，不愿交换，最后李傕答应各自交换女儿做人质和解。

趁着李傕郭汜二人和好的机会，汉献帝像回洛阳过年一样，急急忙忙离开了长安，大有京剧《苏三起解》中苏三离开洪洞县情怀。在汉献帝看来，整个长安就没有好人，董卓也好，王允也罢，更不要提李傕郭汜了。

在张济斡旋下，李傕带兵驻扎到池阳，不再过问朝廷之事。于是汉献帝得以出长安东归，尽管是"拆迁"，但场面仍相当讲究，张济、郭汜以及原董卓部下杨定、杨奉、董承皆随天子车驾东归。这些人给足了汉献帝面子，被拆迁的汉献帝穷得只有官位了，于是乎毫不吝惜加封这些人，任命张济为骠骑将军，开府如三公（就是享受三公的待遇）；郭汜为车骑将军，杨定为后将军，杨奉为兴义将军，同时皆封列侯。又封董承为安集将军。

有这么多将军护驾，按理说应该能够平安顺利抵达弘农。可事情就出在这帮将军身上，表面上是保护皇帝，其实争权夺利。有这么一帮将军保护，想不出乱子都难，于是沿途诸将争端不断。刚刚离开长安一个月，郭汜就不干了，就打算私自把汉献帝劫回长安，不料计划败露，郭汜弃军逃奔南山。

没过多久，不光郭汜后悔，李傕也后悔放汉献帝东归。为了共同的利益，这哥俩于是联合去追汉献帝。没过多久，由于分权不均，张济和杨奉、董承等玩不到一块，于是带着自己的人马加入李傕、郭汜的盟军。

经过近半年的颠簸，汉献帝终于在快到年底的时候到达自己未做皇帝时的封地——弘农。正当汉献帝准备好好过一个年的时候，李傕、郭汜、张济等人撵来了，他们肯定不是来接汉献帝回长安过年的，而是来抢皇帝的。汉献帝不愿回去，杨奉、董承当然也不愿意，好不容易弄一个皇帝，怎么能轻易拱手送人呢？但董卓的这帮手下，向来是不讲理的，只能通过战争来解决问题，于是双方在弘农东涧交战。杨奉、董承

六 奉天子以令不臣

的军队无论在数量上还是质量上都不是李傕他们的对手,于是大败,百官、士卒死伤无数,汉献帝则在战乱中趁机逃往曹阳,狼狈不堪。

打不过,只能动脑筋了,杨奉、董承于是就以皇帝名义积极和李傕郭汜他们谈判,然后背地里派人到处搬救兵。经过一番忽悠,李乐、韩暹、胡才以及南匈奴右贤王去卑带领人马赶了过来,与杨奉、董承里应外合围攻李傕、郭汜他们。这些力量一来,实力对比马上转换,李傕他们的军队被打得落花流水,光被砍头的就有数千人。

为了得到皇帝,战败的李傕等人整顿兵马之后,继续抢夺汉献帝,杨奉董承还是打不过李傕郭汜,只得带着汉献帝一路逃亡。正当汉献帝居无定所衣食无着的时候,河内太守张杨、河东太守王邑给汉献帝送来钱粮布匹,看来这天子还是有点威望的,不管怎么样,汉献帝总算有点吃的和住的了。

说金钱是罪恶,都在捞;说美女是祸水,都想要;说高处不胜寒,都在爬……而这一切的复合体就是皇帝,就好像汉献帝一样,谁都知道危险,但又都争着抢,即使曹操也未能免俗,也许是他想做能臣吧!不论怎样,曹操也是抢天子队伍中的一员。

3. 无限接近皇帝

在中国这块土地上,人们对政治的热情太高了,这一点在启蒙教育里就体现得淋漓尽致,甚至牙牙学语时,就跟着大人读"修身、齐家、治国、平天下"。俨然每一个人长大了都要成为政治家,受这样的教育,想不做政治家都难。所以无论什么时候,最不缺的就是政治家,随便拉出一个不识字的农民,也能给你上上政治课,讲讲天下事。

平定了兖州,又找到了组织,曹操的政治热情就更加高涨了,又开始憧憬"治世之能臣"的理想了。也正在这时,谋士毛玠给曹操规划了一幅未来的宏图,同时也为曹操制定了平定天下的方略。毛玠说:"今天下分崩,国主迁移,生民废业,饥馑流亡,公家无经岁之储,百姓无安固之志,难以持久。今袁绍、刘表,虽士众民强,皆无经远之虑，未有树基建本者也。夫兵义者胜，守位以财，宜奉天子以令不臣，修耕植，畜军资，如此则霸王之业可成也。"（《三国志·魏书·毛玠传》）

从这份方案可以看出，毛玠也是政治家，根据"今天下分崩，国主迁移"的形式，毛玠提出了"奉天子以令不臣"大手笔；为了保证大战略的实现，必须改变"生民废业"的状况，毛玠提出了"修耕植"；面对"公家无经岁之储"，毛玠提出了"畜军资"。这个方略被易中天先生赞为"'曹操版'或'毛玠版'的《隆中对》"，此言不差。

面对这份方案，据史料记载，曹操是"敬纳其言"，而且在曹操接下来的政治行动中均一一实践。这三项建议中，第一项是迎奉天子，毛玠提出建议的时候，天子远在关中，被如狼似虎的关西军包围着，没法儿迎奉。但没过多久，汉献帝就开始东归了。正当曹操想奉迎皇帝而不能的时候，汉献帝回到洛阳了，对曹操来说，无疑是天上掉下大宝贝。

但当时对皇帝有想法的人肯定不在少数，不过能真正有实力角逐的并不多，群雄中也就是张杨、袁绍、曹操、袁术、吕布几个。

首先，虽然在袁绍打算立刘虞为帝的时候，袁术坚决支持汉献帝，但那只是托词，真实的打算是自己做皇帝，所以袁术是不会去迎接皇帝的。其次，汉献帝到河东的时候，张杨是第一个救驾的，并供给粮草。近水楼台先得月，可以说，张杨是最有条件迎立汉献帝的。但是，这位张杨同志太善良了，这样的秉性哪能在乱世安身立命。《汉末英雄记》记载："杨性仁和，无威刑。下人谋反，发觉，对之涕泣，辄原不问"。人家都要杀他了，发觉后，和对方一起哭，就这样算了，敌我矛盾，焉能如此心软。

这样一来，在这些人物中，就剩下吕布、袁绍、曹操三个人了。

其实汉献帝当初首选既不是拥有大半河北的袁绍，也不是拥有精兵强将的曹操，而是吕布。东归路上受尽郭汜、李傕和张济折磨的汉献帝，实在是太怕西凉军人了，也许在这个年轻的皇帝看来只有吕布能镇住这些西凉人，吕布能杀掉董卓，当然也能摆平董卓的那些手下。虽然汉献帝抛出了媚眼，但和天子谈恋爱是要花钱的，刚刚被曹操打败的吕布实在是没有资本，而且当时吕布自己也正在闹粮荒，对于迎立汉天子

六 奉天子以令不臣

这件事实在提不起兴致。

所以说,迎立汉天子的第一难题就是"粮食问题",如果这个问题解决不了,其他的就没有意义。而这个问题恰恰就是当时群雄面临的最大问题,吕布正是因为粮食问题而被淘汰出局,失去了奉迎天子的资格。还是那句话,吕布的粮食不多,曹操家也是余粮有限。由于当初接受荀彧的建议,曹操在打吕布的同时抢收了许多小麦,所以曹操的日子还是能过下去的。

就是这样,到最后,实力并不是最强,距离不算近,机会很一般,皇帝并没有抱很大希望的曹操脱颖而出。

4. 奉迎天子

尽管曹操对奉迎皇帝这事很热心,但集团也出现了"拥汉"和"反对拥汉"两种论调,而且反对拥立汉天子的占多数。

天子究竟是块肥肉,还是个累赘?绝大多数武将看不透其中的道道,夏侯惇和许褚的态度折射出众武将的心声:这些年没有皇帝我们不是活得很滋润吗?照样可以大碗喝酒大口吃肉,多快活,多逍遥自在。干吗弄个皇帝过来管着我们,还得朝拜请示,太麻烦了。

曹操一时拿不定主意,就把此事交给他的智囊团。荀彧和程昱早就看到了汉献帝的潜在价值,坚决支持迎立。不过,二人的想法还是有细微差别的:荀彧的想法较单纯,力挺曹操为匡扶汉室的正义事业而奋斗终生;程昱则纯粹是为老板着想,他在附和荀彧的意见之后,着重强调了迎立汉献帝对曹氏集团的重大意义。曹操自然明白程昱想表达的是什么,也就顺势点点头,说:"是啊,我们不能让那些奸臣阴谋得逞,还是要挑更重的担子,人不能总为自己考虑,你们说是不是?"

方案确定后,曹操回到大营就派人西去迎接流浪的汉献帝。不知道曹操出于什么样的考量,把这样重要的任务交给了著名的吝啬鬼曹洪先生。曹洪的字就很有意思,字"子廉",真是名如其人。谁都知道曹洪那是家大业大,绝对是富豪级别,但生性吝啬、小气。据说,曹丕小时候有一段时间日子相当困难,就在"富豪"身上打主意,想从曹洪那里募捐一些银子。这位曹洪大哥竟然没给曹丕面子,不给。对此,曹丕很生气,当上皇帝后,曹丕还想找茬杀了曹洪。

是否迎接汉献帝,曹洪和许褚的态度差不多。懂得"经营"之道的曹洪明白这是一桩赔本买卖,接到曹操的命令后,那是一百二十个不乐意。不乐意归不乐意,但命令必须执行。曹洪不敢怠慢,立即出兵,在半道上却被卫将军董承和袁术的手下苌奴拦住了。曹洪却挺高兴的,因为他本来就不想去接汉献帝,更不愿意因此事浪费自己的本钱。为了说服曹操,曹洪像模像样地派人去调研,最后得出结论:一个到处流浪的皇帝,连饭都吃不上,为了迎接这样的人和别人打架,实在不值得。之后,曹洪派人把报告送给曹操,并提出建议:为这帮叫花子和别人打架,根本不划算。

曹操没理曹洪的建议,继续坚持西去迎接汉献帝。但这些依附袁术的寇盗,阻隔了曹操西进的道路,曹操必须先将他们荡平。于是在这年二月,曹操以天子之名去镇压汝南、颍川的黄巾起义军,并带上于禁前去。其实汝南、颍川两地的黄巾军也是有历史的,何仪、刘辟、黄邵、何曼等人是主要的领导,各有人马数万。为了获得最大可能的利益,他们先响应袁术,后又附从孙坚。表面上,这帮人是乌合之众的杂牌军,其实战斗力不容小觑。曹操这一仗打得也是十分惨烈,在曹操驻军版梁时,黄邵等人率部众夜袭曹操的大营,幸好有于禁在旁边。于禁率领手下迅速击败来袭的部队,斩杀了刘辟、黄邵,并收编了他们的部队。

这时,董昭已在汉献帝身边,曹操请董昭说服兵力最强的杨奉,董昭认为杨奉虽然兵马最强但缺少党援,于是模仿曹操的口气给杨奉写了一封信:"吾与将军闻名慕义,便推赤心。今将军拔万乘之艰难,反之旧都,翼佐之功,超世无畴,何其休哉!方今群凶猾夏,四海未宁,神器至重,事在维辅;必须众贤以清王轨,诚非一人所能独建。心腹四支,实相恃赖,一物不备,则有阙焉。将军当为内主,吾为外援。今吾有粮,将军有兵,有无相通,足以相济,死生契阔,相与共之。"(《三国志·魏书·董昭传》)董昭这一通马屁,拍得杨奉很是受用,接到信后那叫一个高兴,对身边的将军说:"兖州诸军近在许耳,有兵有粮,

六 奉天子以令不臣

国家所当依仰也。"

随后，杨奉就和董昭共表曹操为镇东将军，袭父爵费亭侯。杨奉同意向曹操伸出援手，并请汉献帝加封曹操为建德将军。

汉献帝本来向吕布求救，认为吕布会送来一些粮食，没想到吕布自己也没粮食。正当饥寒交迫的小皇帝几天都没有吃饱饭的时候，董昭告诉汉献帝："曹操有兵、有粮、有钱、有肉，咱们应该到曹操那里去，既有吃的，还安全。"汉献帝一听曹操那里有东西吃，眼睛一亮，感动得不知道说什么好，眼下就剩下曹操这一根救命稻草了，汉献帝唯恐抓不住，于是发出十万火急的求救信，求他无论如何，不惜一切代价前来救驾。末了，害怕曹操不答应，还给他一个镇东将军的官衔，再让他世袭费亭侯曹腾的爵位。此一受封，表明曹操已初步接近献帝。在这种"郎有情，妾有意"的往来之中，曹操的迎接计划自然名正言顺了。

正当曹操积极谋划如何突破董承这一关的时候，局势却发生了戏剧性的变化，正在凭险拒绝曹操的董承突然给曹操发来了"潜召"，还要和曹操联合。这个时候的曹操真是太幸福了，简直就是要雨得雨要风得风。原来，因护驾韩暹、张杨专横跋扈，董承知道自己无法抗衡，害怕韩暹专权，于是"潜召"曹操。接下来，董承以天子名义召曹操进洛阳，曹操当然不客气，立刻动身。

经过这么漫长的跋涉，曹操才真正到达了汉献帝身边。

5. 能臣曹操

曹操到洛阳给汉献帝送去钱粮米肉，已经许多天没有吃肉的汉献帝，相信会感激涕零的。曹操很聪明，他知道自己决不能做董卓第二，也不能做下一个王允，他要做治世之能臣，因而他不能学董卓"剑履上朝，参拜不名"，所以见到汉献帝后曹操还趴在地上给汉献帝行三跪九拜之礼。

被追得丢了魂的汉献帝见曹操如此忠心耿耿，鼻子一酸，差点流下眼泪，他想不到还有曹操这样的忠臣，这曹操就是我的萧何啊。接下来，就是嘘寒问暖，曹操肯定自我检讨一番：这么多年陛下您受委屈了，都是我曹操不好，从今以后只要有我曹操的一口，最少就有陛下大半口。微臣也知道，陛下这么多年过得不好，生活得不愉快，一点也不幸福，但从今天起，这一切都将改变。

曹操费尽周折总算找到组织，成为东汉帝国的正式公务员。为了成为"治世之能臣"，同时也是表达对汉献帝刘协臣子之情，曹操对汉献帝可谓极尽讨好之能事。

在古时候，饮酒是一种高雅的行为，不是谁都能饮酒的，汉高祖刘邦的谋士郦食其就以"高阳酒徒"自称。当然皇帝也喜欢饮酒，于是曹操就把经自己改良的酒进贡给汉献帝，为了让汉献帝知道这酒是安全的、是绿色的，曹操详细讲解了酿造方法和过程。

曹操在《上九酝酒法奏》中说："臣县故令南阳郭芝，有九酝春酒。法用曲二十斤，流水五石，腊月二日渍曲，正月冻解，用好稻米，漉去曲滓，酿……三日一酿，满九斛米止，臣得法，酿之，常善；其上清，滓亦可饮。若以九酝苦难饮，增为十酿，差甘易饮，不病。今谨上献。"

经过曹操这么以推广，这酒后来就成了名酒，就是今天位列八大名酒的"古井贡酒"。

曹操去洛阳虽然兼有扶贫的工作，但他不仅仅是扶贫的，当然也不是去做公益的，他是去做能臣的。曹操的一番真诚，肯定打动了汉献帝，得到了汉献帝信任。进驻洛阳后，曹操发现韩暹、张杨、杨奉的部队大都在外面，自己如入虎狼之穴。于是立马展开能臣工作，马上向皇帝奏报"韩暹、张杨之罪"。韩暹害怕被砍头，一个人骑马投奔杨奉去了。

韩暹跑了，张杨、杨奉的兵力又都在外地，这洛阳城中兵力最强的就是曹操了。为了行动起来名正言顺，曹操自封为司隶校尉，也就是卫戍区司令员，同时还兼任尚书事（相当于国务院办公厅领导）。

既然大权在握，向来有治天下之志的曹操，自然毫不客气地指点江山了，开始了人生第一次处理国事。曹操接着做了三件事：杀侍中台崇、尚书冯硕等，谓"讨有罪"；封董承、伏完等，谓"赏有功"；追

六　奉天子以令不臣

赐射声校尉沮俊,谓"矜死节"。真有点当年刘三进咸阳的气派,刘三约法三章,曹操也是三件大事定朝纲。

然后在第九天趁他人尚未来得及反应的情况下,曹操听从董昭之意,按照原来的计划,迅速"移驾"出洛阳,迁都到许县,到达曹操的实际控制区,这样皇帝就摆脱了其他势力的控制。如此,曹操就给汉献帝和自己分好工了,汉献帝继续做皇帝,而自己则努力做能臣。多年的现实,使得汉献帝的脑瓜子灵活了许多,为了拉拢曹操,到了许都以后,封曹操为大将军、武平侯,比原来的"费亭侯"高两个级别,这个是"县"侯。

什么是"能臣"?在曹操看来"能臣"就是除了不做皇帝外,其他的都是无所不能。因而为了做能臣,曹操还需要提高自己的权势。第一步,向最有影响力的三公开刀,先后罢免了太尉杨彪、司空张喜;第二步,除掉不太听话的议郎赵彦;第三步,为了解除身边军事力量的威胁,发兵征讨杨奉;最后是完善国家制度,以天子名义制定宗庙社稷制度。

这样一来,曹操才算完成真正意义上对朝廷军政大权的垄断。如此,曹操才可以"奉天子以令不臣",为自己征四方,平天下,打下了良好的基础。

6. 好面子的袁绍

当曹操正忙着做能臣的时候,有一个人的肠子恐怕都悔青了,这人就是袁绍。当初汉献帝东归的时候,表面上袁绍不管不问的,实际上他也有代理人,一个是间接代理人曹操,之所以这样说,是因为当时曹操其实是依附于袁绍的;另外一个是直接代理人徐勋。按照曹操当时的实力,如果没有袁绍的背后支持,那么曹操的努力很可能付之东流,就是袁绍不和曹操为敌,单单袁术、吕布这两个人,就够曹操喝一壶的。

按照袁绍的算盘,区区曹操,地盘那么小,兵力也不强,就是汉献帝愿意到他那儿去,曹操的那小庙也供不起汉献帝这个大神。万一出了什么乱子，还不得我袁某人给你曹操罩着，早晚还不得乖乖地把汉献帝送到我袁某人的邺城来？我们不得不说，袁绍的如意算盘打得还是不错的，可惜袁绍错了，他太小看曹操了，他把曹操和自己的兄弟袁术放在一个水平线上了。

可怜的袁绍也许还在想着美事呢，还以为曹操会与徐勋把汉献帝乖乖地送到邺城。曹操在朝廷那边已经有所行动了，汉献帝封曹操为大将军、武平侯后，曹操也没有忘乎所以，他知道当时绝对的一哥仍然是袁绍，自己的军功章上应该有袁绍的一半，袁绍依然是自己的带头大哥。曹操并没有"娶了媳妇忘了娘"，自己被封为大将军之后，为了感谢袁绍大哥对自己的照顾，向汉献帝给袁绍讨封了太尉。太尉虽然掌管国家的军事，官至"三公"，但实际上大将军才是帝国军队的真正统帅，大将军的地位比三公还高，权力更大，可以说就是"一人之下万人之上"，这也是为什么东汉外戚经常出任大将军职位的原因。

曹操本来是为了讨好袁绍，送给他太尉一职。没想到袁绍不领情，得知自己官位在曹操之下，袁绍大怒："曹操当死数矣，我辄救存之，今乃背恩，挟天子以令我乎！"（《献帝春秋》）就是说，你曹操算什么玩意儿，没有我袁绍，你曹操都不知道死多少回了，哪一次不是我袁绍救的你？你一点都不知恩图报，现在居然欺负到我头上了，开始利用皇帝对我袁绍喝五吆六了，你曹操也配？袁绍这一通牢骚一点水平都没有，用吕蒙的话说，就是"士别三日即更刮目相待"。现在的曹孟德早不是和袁绍游侠的曹阿瞒了，更为重要的是，袁绍只是停留在过往。事实的确如袁绍所说，曹操是仰仗袁绍才得以活命，但无论曹操当初是怎么落魄，可人家现在发迹了。

很多人都有这种酸葡萄心理，一个当初极为落魄之人甚至说一无是处之人，若干年后，这个人发迹了。一些熟知这个人历史的人，就会大发牢骚，说当年怎么怎么着，这样一个人都能成功，老天真是不长眼。而事实是，人们只看到了当初的落魄和后来的发迹，而没有看到其中间的奋斗过程，最为重要的就是这中间的奋斗，客观地说，这些人的成功都是靠自己的血汗奋斗而来的，所以在看待一个人时，不能光看他落魄的一面，也不能仅看其光鲜的一面，还要看他奋斗的历程。一旦割裂了

六　奉天子以令不臣

连贯，只看某一部分，就会产生错判，就会影响自己的决策。从袁绍的牢骚中，也能看出曹操的奋斗之艰难，但袁绍没有看到，袁绍看到的只是落魄的和发迹的曹操，所以袁绍做出了错误决策。

袁绍的这番牢骚把自己好名的本性暴露无遗，曹操当然了解自己的这位发小。他知道大将军也好，太尉也罢，就是司徒又能怎么着，在我的地盘不还得听我的，你袁绍还能来许都吗？你袁绍不是要高帽子吗？给你，于是曹操上表给皇帝，辞去大将军职务，让给袁绍。在许都，曹操才是老大，既然曹操封袁绍，皇帝顺水推舟说，好，那就封袁绍当大将军。袁绍是当了大将军，可是又有什么用呢？仅仅一个虚名，一点实惠都没有得到，虽然官位在曹操之上，但他敢到许都去指挥曹操吗？

也许做大哥做惯了，袁绍还想像当年一样指挥曹操。袁绍和杨彪、孔融两人合不来，于是给曹操写信说，你现在不是朝廷中的老大吗，大权在握。大哥请你帮我做一件事，帮我把杨彪和孔融杀了。要说长相方面，曹操肯定没有袁绍长得帅，但玩心眼，曹操一个顶袁绍一打儿。

袁绍想杀人，让曹操替他背黑锅，门儿也没有。当时曹操正忙着收买人心，哪能去滥杀无辜呢？再说了，就是要杀，那也是曹操自己的事，轮不上你袁绍来指手画脚。于是曹操一本正经地给袁绍回一封信，说袁大哥啊，现在天下大乱，人心惶惶，所有人都觉得朝不保夕，人人自危啊，"此上下相疑之秋也"。在这个时候，我们治理天下，就是用最最坦诚的心对待大伙，大伙还不一定信任我们呢，如果动辄就随随便便杀人，那大伙就更不愿意信任我们了。如果这样做的话，还如何治理天下呢？曹操婉转拒绝了袁绍，袁绍十分生气，但没有什么办法。

一看号令曹操不成，而曹操奉迎天子又得到这么多利益，于是袁绍也提出来奉迎汉献帝。理由是洛阳已经破落不堪了，皇帝肯定不能再回洛阳了；但许都也不是皇帝待的地方啊，这个地方也不好，地势低洼，太潮湿，我们多年颠簸的皇帝可能患有风湿病了，应该把皇帝接到鄄城来。这儿多好，军队多可以保护皇帝，粮食多让皇帝衣食无忧。袁绍准备和曹操共享这一张王牌。曹操知道后，哈哈大笑，袁本初，你真是太天真了，真有点雏啊。

袁绍的这个建议，不仅曹操不答应，汉献帝也不答应。汉献帝和袁绍也是有过节的，早在董卓议废少帝立新帝时，袁绍就表示反对，而且还散布言论说刘协不是汉灵帝的血统。最后在董卓的推动下，汉献帝还是即位了，而且得到了广泛的认同。后来董卓将汉献帝挟持到长安后，袁绍又不承认汉献帝，而要另立幽州牧刘虞为帝。

尽管袁绍的这些行为未必真正是对着汉献帝本人去的，但汉献帝受到了实际伤害，因而其本人不可能对袁绍有好感。所以汉献帝到许都后，袁绍提出欢迎到鄄城发展的时候，汉献帝比曹操还来气，给袁绍下一道诏书，一本正经地教训了袁绍一番：朕知道你兵多将广，实力雄厚，但是朕流离失所的时候你在哪里？你只顾发展自己的势力了吧？

历史上很多人都认为这道圣旨是曹操授意而为，但从汉献帝和袁绍的个人恩怨来说，应该是汉献帝自己所为，因为在那个时候，曹操还不敢公开和袁绍闹翻，连官位都不敢在袁绍之前，更别说措辞这么严厉的诏书了。

毕竟皇帝很生气，无论是曹操的意思，还是汉献帝本人的观点，都是用皇帝的名义盖了皇帝的印发出来的，作为臣子的袁绍只好写一封检讨书。好面子的袁绍，连面子也没有得到，更别说里子了。

7. 欢迎前来捧场

想做能臣的曹操知道仅仅"奉迎天子"是不够的，更为重要的是要能"令"。这个"令"有两重意思，一是"令臣"，就是号令那些听话的大臣；二是"令不臣"，就是号令不听话的大臣。当然这个"令"不是弄一个皇帝放在那儿就能解决问题的，是需要实力做后盾的，一是军队，二是粮食，三是民心及名声。

奉迎汉献帝的时候，正是饥荒最为严重的时候，袁绍在河北，军人都是靠吃桑葚度日；袁术在江淮，民多相食。这个时候，羽林监枣祗向曹操建议建置屯田，曹操接受了建议。曹操知道不仅要在朝廷之上做能臣，而且还要做到田间地头。他明白，民以食为天，如果连吃饭问题都解决不了，自己的能臣是做不成的。

建安元年（196），曹操在取得了"奉天子"的优势后，看到天下人心思安、百姓需要休养生息、豪强地主也需要喘息，于是，以汉朝皇帝为号召，任命枣祗为屯田都尉，以骑都尉任峻为典农中郎将，开始募民屯田。

尽管已经能控制皇帝了，但就凭曹操的影响力和实力，别说"令不臣"了，就是给人家送官帽，人家还不领情，上一次热脸贴到袁绍的凉屁股上，就是明证。最后还得自我委屈，把高帽送给袁绍，这才稳住袁绍，暂时不能明目张胆反对自己了。

当初曹操西向"奉迎天子"的时候，有一个人开始蠢蠢欲动了。这个人就是袁术，袁术知道自己打不过曹操，所以曹操在东部的时候，袁术非常老实。一看曹操接皇帝去了，那东部这一块地方不就是我袁术说了算？于是再次把眼光投向了徐州，早在陶谦活着的时候，袁术就对徐州垂涎欲滴，自名为"徐州伯"，俨然这徐州就是他袁术的。现在这徐州的老大换成了刘备，袁术更是气不打一处来，我袁术出生以来，就从来没听说天下还有刘备这一号人，这刘备也配和我袁术叫板？

于是袁术带上一帮人马杀向徐州，可就是这个袁术从来没听说的刘备，打得袁术狼狈不堪。不过刘备毕竟根基浅，兵力弱，不久就打起了拉锯战，两军在盱眙、淮阴对峙。这个时候，曹操一看袁术和刘备打起来了，由于和袁术是死对头，故而他站在了刘备这一边，向皇帝表奏刘备为镇东将军、宣城亭侯。这样一来，曹操就号令了刘备，同时通过刘备来号令不臣的袁术。有了曹操做背后靠山，再加上皇帝的任命，刘备似乎更胜一筹。

偏偏这个时候，刘备后院起火。下邳国相曹豹，是已故徐州牧陶谦的旧部，与张飞关系不好，被张飞杀死，致下邳城中大乱。袁术趁机写信给吕布，劝他袭击下邳，许诺给缺衣少粮的吕布大批军粮。听说袁术给粮食，吕布大喜，带领水陆大军向东攻打下邳。由于张飞没有和陶谦旧部处理好关系，中郎将、丹杨人许耽与吕布暗通，吕布一来，立即打开城门迎接。张飞兵败逃跑，刘备的妻子儿女以及官员、将领们的家属都成了吕布的战利品。

听到这个消息，刘备急忙带兵回来营救。但是，到达下邳的时候，败局已定，刘备只得收拾残兵败将，向东攻打广陵，结果又被袁术打败。被迫退守海西。这个时候刘备军中面临着比战败更严重的危机，那就是粮荒。由于饥饿难耐，许多士兵竟残杀战友为食，场面惨不忍睹。好在东海人麋竺拿出家中财物资助，有了饭吃，人心才得以安稳。

但是，麋竺的家产毕竟有限，只能解决一时的饥荒。万般无奈之下，刘备居然去投奔对手吕布。刘备这一招，的确不比寻常，因为这个吕布正埋怨袁术不讲诚信，给粮太少。而刘备正是袁术的敌人，敌人的敌人就是朋友，于是吕布就接受了刘备的投诚，并且让刘备驻军小沛。

看刘备不行了，向来善于欺负弱者的袁术哪能轻易放手，于是派纪灵领步骑三万攻小沛。吕布也知道唇亡齿寒的道理，用"辕门射戟"使两家罢兵。不久，刘备再度召集万余人的军队，吕布很不爽，担心刘备威胁到自己，于是带人马进攻小沛。刘备哪里是吕布的对手，只能落荒而逃。只是这次刘备选择的投奔对象是曹操。

曹操那里也不是天堂，刘备刚到，曹操的谋士程昱就劝曹操把刘备"处理掉"。据《三国志·魏书·程昱传》记载，程昱对曹操说："观刘备有雄才而甚得众心，终不为人下，不如早图之。"曹操的回答则是："方今收英雄之时也，杀一人而失天下之心，不可"。曹操征求郭嘉的意见，郭嘉分析说："有是。然公起义兵，为百姓除暴，推诚杖信以招俊杰，犹惧其未至也。今备有英雄名，以穷归己而害之，是以害贤为名也。如此，则智士将自疑，回心择主，公谁与定天下乎！夫除一人之患以沮四海之望，安危之机也，不可不察。"曹操含笑说道："君得之矣。"（《三国志·郭嘉传》裴松之注《魏书》）

郭嘉此刻的建议的确是十分高明的，曹操当时实力尚不是十分雄厚，对曹操来说，留着刘备远比杀了刘备的价值大，刘备是皇族，在某种意义上是皇家的代表。虽然刘备的实力不大，却捧了曹操一个大人场：有了刘备，曹操就等于树立了忠信义大旗，以招募天下英雄豪杰；有了刘备，曹操就可名正言顺地号令不臣的吕布和袁术了。曹操厚待刘备，可以说是一箭三雕。

刘备到来之后，为了拉拢刘备，当然也有昭示天下豪杰之意，我曹操是善待重用英雄豪杰的，曹操表奏刘备为豫州牧，还派兵给刘备，并

六 奉天子以令不臣

给予粮草，让刘备屯沛地。至此人称刘备为"刘豫州"。

尽管刘备既没有给曹操带来兵力，也没有给曹操带来粮食，但却能给曹操带来人气。大家看看，刘备都来了，我曹某人还是有号召力的，说明"奉天子"是大势所趋，是民心所向，当初的决策是伟大而英明的，现在又有了伟大而英明的皇帝坐庄，再加上刚来的刘备，我们将号令不臣了。

8. 能臣首秀征张绣

汉献帝改元建安，本来希望能给自己带来好运，不想却是刚脱离李傕郭汜的狼窝，又进入曹操的虎穴。不过这一年的的确确是曹操生命中的幸运年，一是成功奉迎了汉献帝，二是屯田获得了大丰收，三是刘备来投。这样，第一件事使曹操获得了代表正义的旗帜，第二件事使曹操获得经济上的富足，第三件事使得曹操获得了讨伐不臣吕布和袁术的理由和借口。

一切就绪，准备战斗！曹操自然不会无缘无故送给刘备人马和粮草的，那是有目的的，就是要刘备去攻打吕布和袁术。刘备去打吕布，可谓是名正言顺，好心收留吕布，不想吕布背叛自己，还抢了自己的地盘，现在以皇帝名义去收复失地。

就在曹操将要对吕布发动总攻之际，局势有了新的变化，那就是曹操的大本营许都受到张绣的威胁，使得曹操不得不回师营救。

张绣名声不大，但他叔叔不是一般的人物，就是那个和李傕郭汜搞三角的骠骑将军张济。由于曹操把天子奉迎到许都，张济也一下子没有了落脚地点，从关西出来的张济也不愿再回到残破不堪的西部，于是便将自己的部队带出关外，进入荆州刘表的地盘。张济军队最初在汉献帝的封地弘农屯田，遇到荒年不收，士卒饥饿，于是他便以借粮为由发起了攻打南阳穰城的战役，不料在攻城时中箭身亡。

张济死后，刘表的下属都前去道贺，并提议刘表收编张济的部众。刘表满脸仁义地说："张济将军因穷迫而来，作为主人的荆州将士却这样不礼貌。至于这场战争,并不是我的本意,本人对此十分遗憾,因而本牧只接受吊唁不接受祝贺。"接着,刘表还真为张济发了丧。这样,张绣和刘表在事实上就形成了联合,结成了联盟。

在刘表和张绣联手的过程中,有一个人起到了关键作用,这个人就是贾诩。贾诩第一次出场,就鼓动郭汜李傕他们联手杀死了王允赶走了吕布,足见贾诩的能力和水平。贾诩听说张绣要和刘表联合,于是从驻扎在华阴的段煨营中出来,投奔张绣。

一看贾诩来了,张绣那是一个激动,贾诩多大腕儿,到我这儿来,那是看得上我。于是,张绣对贾诩执子孙之礼。所谓子孙礼就是张绣以晚辈自居尊贾诩为长辈,贾诩也毫不客气,便带张绣去见刘表。刘表热情接待了他们,并接受了他们要求收编的请求。于是,由建忠将军张绣领张济部伍,屯驻南阳首府宛城。不过,仅仅是一个照面,贾诩就看出刘表靠不住,不是一个可以托付终身的人。他一出客厅,就对张绣说:"刘表这个人,如果在太平盛世可以官至三公。但在天下大乱之际,他察觉不到事变,又多疑无决,不能有什么作为。"

宛城,可不是一般的地方,一是南阳的首府,二是和豫州的颍川、汝南搭界,三是距许都很近。如此重要的地点,刘表派张绣这样的降将屯驻,肯定不是信任张绣。一方面是让张绣成为自己荆州的一道藩篱,另一方面是在曹操背后插下一把尖刀。

张绣突然出现,确实出乎曹操的意料,打乱了他攻打吕布的部署,但也使曹操多了一个选择。张绣这股力量的出现,虽然多了一个敌人,但在曹操看来无疑多了一次练兵的机会:其一,环顾周围的对手,袁术、吕布、袁绍、刘表……张绣是自己周围对手中实力最弱的一个;其二,张绣刚到宛城,根基浅,底子薄;其三,距离近,可以发挥自己的骑兵优势,速战速决。俗话说,柿子要拣软的捏,曹操就看上了张绣这个软柿子。

正好"奉天子"令一回"不臣",于是曹操果断调整战略,开征张绣。

六 奉天子以令不臣

9. 软柿子也能硌掉牙

建安二年（197）正月，曹操军进淯水，讨伐张绣。张绣觉得自己在关东没有根基，不如投个更强的主子，便率众投降。事情进展得太顺利了，兵不血刃，问题解决，曹操都有些忘乎所以了，真以为自己是太阳，可以为所欲为了。

我们可爱的曹操先生一生有两大爱好也可称为癖好吧，就是好"才"和"色"。套用一个成语就是"贪才好色"，贪人才，好女色。作为一个爷们、纯爷们，喜欢点女色也是每一个男人都会做的事，作为一个男人中的翘楚，爱好人才就更是爷们了。尽管这些癖好算不了太大的问题，但要在不当的地方去做，问题就严重了。

张绣投降之后，曹操也太不客气了，拿张绣家当自己家了，大有凡是张绣家的东西都是曹家的架势，更是把自己那点癖好发挥得淋漓尽致。先是看上了张绣守寡的漂亮婶婶，既然张绣都投降了，那就把她也收编了吧，于是乎就和张绣的婶婶好上了。这事曹操是舒服了，但张绣不爽了，再怎么说，这张绣也是爷们，虽然是投降曹操，但曹操也有点欺人太甚了，不带这么玩儿的。

曹操向来就是一个求贤若渴的主儿，视人才和美女一样，见一个收编一个，这对一个成大事的人来说是必需的。在收编张绣的时候，曹操相中了张绣的贴身侍卫胡车儿。一看胡车儿是人才，曹操就和胡车儿套近乎，送给了胡车儿许多钱财。曹操对胡车儿的热情，让张绣感到害怕，你曹操什么意思啊？刚到这儿就收买我身边的人，是不是要谋杀我啊？

张绣便找贾诩商议，当初你让我投降曹操，看看现在曹操做的什么事儿？贾诩也看不过去，感觉曹操做人不地道。既然曹操不地道，还是反吧。这样活着也太不爷们了，在贾诩的帮助下一个周密的灭曹计划出台了。

此时，在大帐中休息的曹操一直没把自己当外人，他真的把张绣家当成自己家了。他还不知道,张绣已经把枪口对准了自己。

于是,在曹操优哉游哉的时候,张绣以为曹操着想的方式提出了建设性意见:现处之营地地势低洼,应移到高处驻扎。曹操没有多想,随口道:既然张将军为我如此尽心尽力,那么营寨搬迁的任务就交给你了。

张绣等的就是这句话,信誓旦旦地表示保证完成任务。接着,张绣又向曹操反映了搬迁过程中所面临的困难:就目前的情况来看,咱们的车辆太少了,需要搬运的辎重太多,不过您放心,只要士兵在搬运的时候将盔甲穿在身上,武器都自己拿着,就能够有效解决这一问题。

曹操说:既然这样,那还等什么,赶紧干活吧。

接下来就是张绣表演的时间了:他让那些听命于自己的旧部穿上盔甲,拿起武器,骑上战马,为反叛做准备。

曹操听见外面的响动很大,就问是怎么回事,随从回报说是张绣在搬东西呢。曹操听了,心里说:张绣这小子还挺有干劲,看来今后还得提拔他一下。

直到张绣的人马大摇大摆地杀到曹操营帐外的时候,曹操才如梦方醒:原来自始至终就被张绣这小子给忽悠了!

曹操急忙召唤大将典韦。典韦拿起长戟,前往寨门抵挡张绣反兵,以便让曹操有充裕的时间从后门逃命。

典韦凭着过人的勇力,杀死无数试图冲进营寨的张绣士兵,果然为曹操赢得了宝贵的逃命时间。但是典韦终因寡不敌众,惨死于张绣的乱军之中。可叹三国英雄谱中的一员猛将就这样陨落了。

此时,曹操已领着儿子曹昂、侄子曹安民等人从营寨后门逃走。在跑到淯水河边的时候,张绣领军追了上来,曹安民为掩护曹操而被砍为肉泥。惊慌之下,曹操急忙催马渡河。在逃跑过程中,曹操的坐骑已中三箭,好在此马为大宛良驹,最终还是带着曹操跑过了河。

哪成想,曹操刚上岸,追兵乱箭当中有一箭正中马眼,这匹良驹顿时倒地不起。曹操身边的长子曹昂见父亲失去了坐骑,赶紧将自己的马让父亲骑上,可在曹操得以逃脱的同时,他的心爱长子却被乱箭射死。

在曹操逃到舞阳后,张绣的追兵也随后赶到,好在大将于禁领兵前

六　奉天子以令不臣

来营救，才把张绣的追兵击溃。

败给张绣，而且血淋淋的！要是一般人可以为自己的失败找到许许多多的理由，甚至把脸一翻，当初谁主张接受张绣投降的，拉出去砍了。但曹操没有这样做，这也是曹操能屡仆屡起的原因所在。曹操当然知道这次失败的根源所在，追究别人也解决不了问题，还会因此失去人心，于是曹操老老实实自己做检讨。

曹操收军后点将，然后对诸将说："这次失败是我个人造成的，而且我也发现了问题的根源，就是在接受张绣投降的时候没有扣押张绣的儿子到军营里做人质，所以出现了叛乱事件。兵败原因已经知道了，大家今天在这里给我作证，今后我不会再错了。"知错能改，能从错误中汲取教训，不再犯类似的错误，因而曹操能越来越强。

随后，曹操命人设祭，祭祀典韦，曹操亲自哭而奠之，对左右众将说："我失去长子、爱侄，都不是特别悲痛；独独为失去了典韦而伤心落泪！"众将都很是感叹。第二天，曹操下令班师回许都。

10. 袁术的皇帝梦

早就有做皇帝梦想的袁术，由于多次被曹操打败，于是产生了很严重的心理障碍，别说和曹操打仗对垒了，一听到曹操的名字就腿软。这一回，一看曹操连张绣都打不过，觉得曹操也就那个样子，自己以前太害怕曹操了，竟是自己吓自己，必须克服掉自己的心理障碍，不然怎么做皇帝呢？

建安元年（196）的时候，曹孟德忙着"奉迎天子"，袁术也没有闲着，一是忙着夺徐州，二是忙着做皇帝。

建安元年（196）六月，袁术与自己从来没有听说过的刘备展开了争夺徐州的战役。就是这个不知名的刘备也给袁术上了一堂军事课，打败袁术倒不是说刘备多有本事，而是袁术太差了。翻遍所有的典籍，好像就没有发现有记载袁术打胜仗的文字。袁术一看，噢，刘备也不是盘中餐，那就换个菜吧，联手吕布。按理说，这吕布不应该再反叛刘备，吕布名声已经太臭了，再要反叛刘备，以后还能在江湖上混吗？但袁术触动了吕布的软肋，吕布缺粮，说只要吕布联手攻打刘备，事成之后，就送给吕布一批粮草。

向来以利益为准则的吕布，一看有好处，心想干他一票，既能把刘备赶走，自己做徐州牧，还能从袁术那儿得到粮食，一举三得。于是吕布袭击了下邳，张飞败走，刘备的太太和子女被吕布俘获。刘备回军下邳，又被吕布击溃。至广陵，与袁术交锋，又被打得大败。刘备走投无路，向吕布投降。吕布此时正在生袁术的气，因为袁术答应给他的军粮没有兑现，他仍让刘备做空头的豫州刺史，屯兵小沛，合兵击走了袁术，吕布自称徐州牧。

连刘备都打不过，袁术哪里还敢跟吕布和刘备联军过招，一看徐州是没戏了，那就忙着做皇帝吧，趁着手里还有一些资本，晚了就来不及了。

当时有民谣云"代汉者当涂高"，这是一句谶语，暗含谁将替代汉朝，意即有一个站在路上的大高个子应当代替大汉皇帝。袁术个头还算高，更为巧妙的是他的字里有一个"路"字，这下全解决了。袁术认为当涂者，公路也，公路不就是本人吗！我们都知道，董卓迁都长安后，传国玉玺找不到了，后来孙坚在洛阳城的一口废井中发现了玉玺，结果，袁术就将孙坚的老婆抓住，逼着孙坚将玉玺交给自己。

谶语暗合自己，手中又有传国玉玺，这天命就在我们老袁家的手里。想到这里，袁术忍不住兴奋起来，想起了哥哥袁绍几年前非闹着要立刘虞做皇帝，真是小老婆生的孩子，没有志向，没有出息，天生就是做奴才的料，这刘家的天下都几百年了，我们老袁家四世三公，轮也该轮到老袁家了。也好，这回我做皇帝，你来辅佐我，就做自己家的奴才吧。

虽然袁术想做皇帝，但汉朝毕竟还有一个皇帝在那儿呢。也就是说，只要汉献帝还是皇帝，东汉就没有实质性灭亡，谁当皇帝谁就是靶子，袁术当然知道其中的厉害。

前些年袁术曾经向自己的游侠之友陈珪试探过，陈珪坚决反对，而且罗列一大套理论来教训自己。此时，他也不知道自己身边的人有什么

六　奉天子以令不臣

看法，于是先在内部进行了民意调查，袁术对自己的手下发表演说："今刘氏微弱，海内鼎沸。吾家四世公辅，百姓所归，欲应天顺民，于诸君意如何？"（《三国志·魏书·袁术传》）就是说，现在老刘家已经不行了，统治不了天下，现在四海内乱就是明证。你们看看我们老袁家，四世三公，门生故吏遍天下，深得民心，作为老袁家的杰出代表，我袁术准备应天顺民，诸位意下如何？

袁术的这样一段演讲把众人搞懵了，没人敢回应。只有秘书长阎象发表了自己的见解："昔周自后稷至于文王，积德累功，三分天下有其二，犹服事殷。明公虽奕世克昌，未若有周之盛，汉室虽微，未若殷纣之暴也。"（《三国志·魏书·袁术传》）阎象的意见很明了，不行。为什么呢？第一，西周几代人积德累功，即便拥有了三分之二的天下，仍然本分地做殷商的臣子；第二，你们袁家确实牛气哄哄，但和西周比起来还是有很大差距的，当前的刘家天下虽然衰微，但并不像殷纣王那样残暴啊。

11. 袁术成了靶子

自己的人不支持，袁术于是寻找外援，派人去请张范。张范以身体不适为由拒绝，但派弟弟张承过来应付。袁术也不客气，开门见山，还是皇帝的事："现在，我的地盘最大，人也最多，我想做汉高祖刘邦那样的事，怎么样？"张承回答："在德不在众。"又一次有人对自己说不，袁术很不爽。

建安二年（197），终于有人支持袁术做皇帝了，这个人就是河内的方士张炯，估计是出于投机，这个老兄向袁术出示一个符命，按照天意，袁术可以做皇帝。机会难得啊，袁术于是僭号做皇帝，自称"仲家"。做了皇帝，就要有皇帝的范儿，于是以自己下辖的九江太守为淮南尹，像模像样地置公卿百官，还去祭祀天地。

别管怎样，这皇帝总算当了，要发出号令震慑一下，袁术环顾四周，看看还是吕布最面，于是向吕布发布号令。派遣使者昭告吕布，选吕布的女儿做太子妃。吕布居然还同意了，还真派人把闺女送了过去。正在这时候，陈珪从沛地跑过来劝告吕布，说和袁术来往很危险。吕布也是一个没有主意的人，于是赶紧派人把闺女从半道接了回来。不仅如此，吕布立马绑起袁术的使者，并把袁术的使者送到许昌。曹操立即将之斩首示众。

一看吕布这样对待自己，袁术大怒，太不拿新皇帝当腕儿了，立即派遣大将张勋、桥蕤攻打吕布。从袁术和其手下的战绩来看，真应了一句俗话"兵熊熊一个，将怂怂一窝"。袁术是习惯性战败，他的手下也是屡战屡败，这两位将军被吕布打得大败而还。这次失败，极大地挫伤了袁术的自尊，我袁术难道还打不了胜仗？于是亲自率兵出击力量最弱的陈国，先诱杀陈国国王刘宠和国相骆俊，正当袁术准备大开杀戒，过过胜仗之瘾的时候，曹操率兵赶来。

曹操把天子迎到许都，就是为了号令不臣，正愁找不到典型呢，这时你袁术称帝，不是把自己当靶子吗？袁术心甘情愿想当靶子，不管多少手下反对，不管天下多少唾沫来袭，不管天下多少人骂娘，依然坚决称帝！看袁术称帝了，平常和袁术关系不错的，也开始和袁术断绝来往了。

袁术成了公敌，打袁术成了正义的事情。这些人本就愁没有借口抢地盘呢，这下子可好，名正言顺，而且对象又是习惯性战败的袁术，于是在曹操的谋划下，曹操、孙策、吕布、刘备四路大军齐刷刷向袁术的老巢寿春进军。

别说四路大军了，就是一路，也够袁术招架的了。一听曹操也来了，袁术虽然多次给自己鼓劲，不要怕曹操，但还是习惯性阳痿，立即逃跑，渡过淮河，留张勋、桥蕤于蕲阳和曹操对抗。袁术本来就兵弱，他自己又临阵逃跑，张勋、桥蕤又哪里是曹操的对手，一触即溃，残兵败将四散逃离。加上天旱岁荒，老百姓冻死无数，江、淮之地出现了人吃人的惨剧。

据《后汉书·袁术传》记载，那时，舒仲应是袁术下属，知道袁术不长久，就把袁术用来作为军粮的十万斛米全部散给饥民。袁术知道后大怒，于是带兵要杀舒仲应。舒仲应说："知当必死，故为之耳。宁

六　奉天子以令不臣

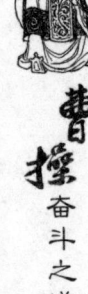

可以一人之命,救百姓于涂炭。"袁术下马牵之曰:"仲应,足下独欲享天下重名,不与吾共之邪?"

看到自己最信任的人都反叛自己了,袁术知道自己不行了,这个时候,又想起了自己的哥哥——袁绍同志。尽管这些年,哥俩闹得不愉快,尤其自己骂哥哥不是老袁家的血统,要不是离得远,估计早已兵戎相见,但别管怎么说,兄弟毕竟还是兄弟,所谓"度尽劫波兄弟在,相逢一笑泯恩仇",皇帝太不好当了,但就是不当也不能给别人啊,也得给我们袁家人。于是袁术和袁绍联系,坦露心迹。袁绍很高兴,有这好事还想着我,终究还是兄弟啊。袁术打算把玉玺送给袁绍,袁绍也想要,可是中间隔着曹操和刘备的地盘,问题很难解决。

袁术打算到自己的侄子袁谭的地盘青州去,但必须经过曹操的地盘。想从曹操的地盘通过,有那么容易吗?正当袁术有所行动的时候,曹操派刘备去攻击,袁术自然还是习惯性战败,只得重新返回寿春。

青州去不成了,袁术想到自己昔日手下雷薄、陈兰已经占山为王,想去投靠他们,这时候的袁术可是众矢之的,接受袁术就等于把自己当成箭靶子。于是雷薄陈兰拒绝了袁术,但还是让袁术留住三日。这样,袁术只得回到离寿春八十里的江亭。

已经像汉献帝一样流浪的袁术,早已成为漂泊一族,实在饿极了,问厨子,有没有好吃的了?厨子回答:"只有三十斛麦麸子。"当时正值盛暑,袁术染病在身,口渴难耐,对手下说:我要喝蜂蜜水。手下说:木有蜂蜜。袁术这叫一个郁闷,斜靠榻床上,叹息良久,大声喊道:"我袁术怎么混到这般境地!"

或许用力过度,袁术顿伏床下,呕血一斗多而死。就这样,叱咤风云的"四世三公"的嫡出公子哥儿,曾经的虎贲中郎将、后将军、仲家皇帝——袁术,就成了过眼云烟。

袁术一死,地盘马上被瓜分,孙策分得最多,不仅如此,还收编了袁术部众和家人。

12. 人是会思想的芦苇

法国伟大哲学家、物理学家、数学家帕斯卡尔曾经在《论人的伟大》一文中说过一句极为经典的名言："人是会思想的芦苇,看似脆弱,却能在风雨中摇曳不倒。"其实用这话来形容张绣和贾诩的组合,倒也恰到好处,在曹操所有的对手中,张绣是最弱的一个,但张绣却是唯一一个没有被曹操打败的人,也是唯一一个全身而退的人。

张绣被夹在刘表、曹操两座大山之间,刘表来了,跟随刘表后边混,曹操来了,再跟随曹操,曹操走了再跟随刘表,局势有变,还能再跟随曹操,俨然一根风中的芦苇,随风摇曳,历经风雨,却能屹立不倒。这倒不是张绣有多大本事,而是他背后有一个会思想的贾诩,如果说张绣是芦苇杆的话,贾诩就是芦苇头。

败给张绣之后,曹操是一脸的不服,可以说是曹操平生的奇耻大辱。回到许昌后,曹操就着手准备下一次打张绣。为了防止攻打张绣的时候西凉那边闹事,曹操派遣钟繇镇守长安,韩遂、马腾"各遣子入侍",表示臣服。

这档子的工夫,袁术在寿春称帝,曹操只得先放一放张绣之事,亲自去收拾袁术。袁术败逃之际,曹操完全可以一路过去,攫取袁术的地盘。但由于张绣的存在,袁术过了淮河之后,曹操就没有再追,而是立即返回了许都,生怕在追击袁术的时候,张绣在背后给自己一刀子,那自己多年心血就白费了。

还是为了张绣,曹操趁机讨伐袁术之际拉拢吕布,曹操此时授予吕布官爵,缓和与吕布的关系,为的就是在自己攻打张绣的时候,吕布不攻打刘备。

一切准备就绪后,当年十一月,曹操又将战麈指向宛城。其实在这之前,双方已经小打小闹了许多次,先是南阳、章陵这些曹操的地盘叛乱投靠了张绣,曹操派遣曹洪去平定叛乱,结果曹洪没有取胜,后来反而多次遭受刘表张绣联军的袭击。

无奈之下，曹操决定亲自南征，抵达宛城之前，为了吸取上次的教训，鼓舞士气，曹操亲自在淯水河边举行了声势浩大的纪念上次阵亡将士的活动，将士感慨流涕，发誓拿下张绣为死去的弟兄们报仇。

趁着宣誓后的激情，曹操迅速攻下刘表手下邓济占据的湖阳，生擒守城将领邓济，然后攻下舞阳。关于后续的战斗，史书没有记载，战斗到此戛然而止，《三国志·魏书·武帝纪》没有直言战果，直接转到下一年。也就是说，曹操这一次南征，并没有攻下宛城。

曹操没成功，也就是张绣的成功，贾诩早就做好了准备——联合刘表。刘表的援助成为张绣死守宛城的重要助力，也是贾诩初到张绣处就给张绣定下的战略。《三国志·魏书·贾诩传》载："张绣遣人迎诩……诩遂往，……说绣与刘表连和。"这足以体现贾诩在政治和外交上的卓识远见。

没拔掉这把插在背后的尖刀，曹操肯定不会善罢甘休，据《三国志·魏书·武帝纪》载："三年春正月，公还许，初置军师祭酒。三月，公围张绣於穰。"其中"三年春正月，公还许"就是说第二次宛城之战没有打下宛城，曹操的军队于第二年（即建安三年）春正月返回许都。

回到许都后，曹操对军队进行了改制，在军队中设置了"军师祭酒"这一职位，军师祭酒这个官职是曹操发明的，所以叫"初置"，相当于现在的随军作战参谋。

第一任军师祭酒不是别人，就是曹操五大谋士之一的荀攸。休整了一个月左右，曹操又开始攻打张绣，这次两军在穰城交锋。作为军师祭酒，荀攸随曹操出征。去是去了，按《三国志·魏书·荀攸传》载，战前，荀攸曾劝阻曹操攻打张绣，他说："绣与刘表相恃为强，然绣以游军仰食於表，表不能供也，势必离。不如缓军以待之，可诱而致也；若急之，其势必相救。"看来，荀攸已经发现张绣与刘表的联合势大，很难取得成功，所以劝阻。但曹操没有听从，于是进军穰城，和张绣开战。一看张绣危急，刘表果然派人来救。曹操再次失利，曹操对荀攸说："不用君言至是。"不过，这不影响大局，只是受挫。

随后，曹操就扭转战局，正当曹操一鼓作气，准备拔下这把尖刀的时候，形势却发生了转变。按理说，曹操这次准备得够充分了，怎么又出意外了呢？

13. 智慧的力量

按《三国志·魏书·武帝纪》载："夏五月，刘表遣兵救绣，以绝军后。公将引还……"《献帝春秋》载："袁绍叛卒诣公云：'田丰使绍早袭许，若挟天子以令诸侯，四海可指麾而定。'公乃解绣围。"这两件事，无论是刘表的援军截断曹操的后路，还是后方有情报传来，袁绍要偷袭许都，劫走汉献帝，哪一件对曹操来说都是致命的，所以曹操只能撤军。

一看曹操撤军，和曹操交过手的张绣并不太把曹操当回事，于是带兵追击。贾诩立马劝阻，不能追，追击必败。曾经战胜曹操的张绣哪里听得进去，执意追击，果然遭到曹操算计，被打得丢盔卸甲，灰溜溜地回来了。

张绣正想向贾诩表示歉意的时候，贾诩对张绣说，现在赶紧去追曹操！张绣十分纳闷，这是为什么呢？刚才我去追你说不能追，现在我惨败而回你却让赶紧去追？贾诩说，不要问为什么，赶紧去追。算了吧，想也想不明白，赶紧去追吧，大不了再败一回，于是收拾残兵败将，追赶过去，结果真的大胜而回。

得胜归来，张绣心中大悦，立刻拜谢贾诩。说贾先生你太高了，我第一次带上精兵追击曹操，你说必败；第二次先生让我以败兵追胜兵，你又说必胜，而且你的话都灵验了，先生能不能指点一下？贾诩说，这些事情的道理其实并不复杂，平心而论，将军你虽然会用兵，作战也勇猛，但要跟曹操相比，还是有差距的。再就是，曹操攻打我们，没有失利，却突然撤退，这种撤退肯定是有计划的，这个时候，曹操肯定亲自断后，尽管将军你的追兵很精锐，由于你不是曹操的对手，士兵肯定也不行，所以失败是必然的。曹操没有战败，却撤退，这不正常，说明曹操的后方出事了，所以打败你的追击之后，曹操肯定快速往回走，不再亲自断后了。曹操一走，留下一些其他的将领断后，这些将领虽然英

勇,但哪里打得过你呢?所以你一定能大胜。

这一次,张绣对贾诩就更崇拜了!

此战过后,曹操回到许都,麻烦事一大堆,先是攻打吕布,接着又是刘备的反叛,让曹操忙了一阵子。到建安四年(199)底建安五年(200)初,袁绍已经灭掉公孙瓒,转过头来要攻打曹操的时候,曹操仍没有把宛城的问题解决好。

建安五年(200)春天,袁绍集结了十万精锐部队,向许都方向开进,意在发动一场剪灭曹操的战争。而曹操的部队也已经开到了官渡,一场决定当时中国命运的战争即将打响。战争进入紧张时期,袁绍和曹操分别四处拉援助,他们都向四方的诸侯伸过手,如刘表、张绣、刘璋等。张绣由于其所处的特殊的战略位置,分别受到曹操和袁绍的拉拢。

对于张绣应该投靠谁,贾诩自有安排。据《三国志·魏书·贾诩传》载,当曹操和袁绍在官渡对阵的时候,袁绍派人对张绣进行拉拢诱惑,还暗地里和贾诩书信交流。一看袁绍这么热情,张绣打算和袁绍结盟,这个时候,贾诩站到张绣座位前面,对袁绍的使者说:"您回去替我们谢谢袁本初的好意。一个连兄弟都不能相容的人,难道能容天下国士吗?"

听到贾诩这一说,张绣大惊失色,说道:"何至于此!"

于是偷偷对贾诩耳语:"若此,当何归?"意思是,如果真的这样,那该跟谁混呢?

贾诩淡定地说:"不如从曹公。"

张绣担心地说:"袁强曹弱,又与曹为仇,从之如何?"

不料,贾诩却说:"这就是为什么要投靠曹操的原因所在。曹公奉天子以令天下,这是我们归顺曹操的第一个原因。袁绍强盛,我们仨兵俩将投过去,袁绍必然不会看重的。曹公队伍比较弱,他得我们必然很高兴,这是我们归顺曹操的第二个原因。有霸王志向的人,应该抛弃私人恩怨,要向天下显示自己的德行,这是我们归顺曹操的第三个原因。希望将军不要迟疑!"

于是,张绣听从了贾诩的建议,率部投奔了曹操。

听说张绣来投奔,曹操亲自迎接,拉着贾诩的手说:"使我曹操的信誉天下信服，就是你贾诩啊！"

曹操于是上表任命贾诩为执金吾，封都亭侯，升任冀州牧。

这段话足见贾诩对人性、对局势、对政治的了解有多深刻，所以贾诩能以三条理由说服张绣投降曹操，而曹操也厚待了张绣。

贾诩当然也不是什么神人，更不会神机妙算，只是看透了人性和人心。贾诩是非常有自知之明的人，知道自己不是和曹操出生入死的旧臣，害怕曹操对自己猜疑，所以自从进入曹操的阵营以后，贾诩为人处世非常低调，不轻易给曹操建议，经常大门紧闭，独自在家，不交任何朋友，连儿子、女儿结婚都不找豪门大户。

所以贾诩一直活到77岁，最后寿终正寝，对那个时代的谋士来说，无疑是最好的结局。

14. 再高的智慧也抵挡不了枕边风

袁术称帝之初，为了拉拢吕布，特选吕布之女做太子妃，袁术有情吕布有意，新娘子都已经上路，陈珪硬是在中间插一脚，破坏了这场政治联姻。陈珪这个人和袁术是世代之交，年轻的时候还是游侠奔走的好友，关系那是"杠杠的"，作为吕布比较信任的下属，关系也差不哪儿去。

尽管如此，陈珪却看不上这两位，知道这两位都是祸害天下的主儿，生怕这两人联手，所以一听说这两个人要联姻，立马前去破坏。这倒不是说，吕布十分信任陈珪，也是有利害关系在里面，陈珪曾经打算派自己的儿子陈登到曹操那儿去，吕布害怕陈氏父子有鬼，就没有同意。就当陈珪破坏政治联姻的时候，曹操派遣的使者来了，还拜吕布为左将军。吕布向来见利忘义，一看曹操封自己这么大官，而且还是刘家授权的，比袁术的太子妃之爹更有分量，高兴得屁颠屁颠的，立即派遣陈登到曹操那儿去，还带上奏章谢恩。

陈登见到曹操，说吕布这个人有勇无谋，反复无常，轻率地离开一个地方而投靠另一个地方，宜早图之。曹操说："吕布这个人，狼子野

心,诚难久养,只有你最了解他。"为了收买陈氏父子,随即增加陈珪的俸禄到中二千石,封陈登为广陵太守。

临走的时候,曹操拉着陈登的手说:"兄弟,东方之事,就拜托你了。"同时要求陈登秘密整合部队,在攻打吕布的时候做内应。陈登回到徐州,吕布一看好处都让陈登父子得了,自己徐州牧依然没有着落,相当生气,拔戟斫几说:"你父亲劝我和曹操联盟,绝婚袁术,现在倒好,我所要求的一无所获,而你们父子硕果累累,我被你们出卖了!你倒给我说说,这是什么事啊?"陈登并不害怕,慢条斯理地对吕布说:"见到曹操时,我曾对他说:'待将军譬如养虎,当饱其肉,不饱则将噬人。'公曰:'不如卿言也。譬如养鹰,饥则为用,饱则扬去。'其言如此。"吕布一听也有道理,就忘了这事。

袁术没有娶成儿媳妇,非常生气,于是与韩暹、杨奉等联手,遣大将张勋攻吕布。袁术来了,吕布对陈珪摊牌:"当初你不让我把闺女嫁给袁术的儿子,好处竟让你们家得了,现在惹得袁术联合韩暹、杨奉的军队来攻打我,这一切都是你造成的,你看着办吧!"陈珪胸有成竹,对吕布说:"韩暹、杨奉与袁术,是临时组建的军队,策谋不素定,不能相维持,我儿子陈登前去策反,可解离也。"吕布采用了陈珪的策略,遣人游说韩暹、杨奉,策反他们与己并力共击袁术军,军资所有,全部给韩暹、杨奉,这俩孩子和吕布一个德行,都是见利忘义之徒,一听说有好处,去你的袁公路吧,还是军资实惠。于是韩暹、杨奉就听从了陈登的建议,联手打败了张勋。

虽然打败了张勋的部队,吕布还是主动和袁术和好,为了表达诚意,建安三年(198),吕布派遣高顺攻打刘备的驻地沛。虽然曹操对刘备又是给粮食又是给军队的,但毕竟底子弱,不是高顺的对手。

这个时候的曹操正和谋士们犹豫打袁绍还是吕布,这下子可好,吕布送上门了,这哪里是打刘备,分明是向我曹操叫板。曹操于是派夏侯惇救刘备,但结果还是没有打过高顺。

一看都不是高顺的对手,这年十月,曹操决定打着皇帝的旗号,亲自出征。这高顺在刘备和夏侯惇面前确实是又高又顺的,但在曹操面前就是一路坎坷。曹操一路凯歌,很快打下彭城,然后直抵下邳,日夜围攻。

吕布见曹军实力强大，不免流露出归降曹操之意，但是遭到了陈宫的强烈反对，大骂曹操是逆贼，强调投降也是死路一条。他提出了由吕布带一支队伍屯军城外，陈宫和高顺守城内，内外夹击曹军的计策。吕布别无他法，只能依陈宫之计。

当天晚上，吕布把陈宫的想法跟他妻子严氏说了。

严氏说：老公，陈宫和高顺素来不和，将军一旦出城，二人很难协同作战。如果有什么差错，老公要往哪里立脚？何况，以前曹操对陈宫比自己儿子还亲，陈宫都能背叛曹操，你对陈宫，还不及曹操对他的一半，你却把老婆、孩子和城池一并交给这个人，你不觉得这样不合适吗？

这个枕边风，吹得真不是时候，吕布听了老婆的话，很是犹豫，一边是自己事业上的助手，一边是自己生活中的助手，听谁的呢？

15. 当吕布遇见刘备

后来想想还是老婆好，俗话说得好，听老婆的有饭吃，那就听老婆的。

其实，这事也不能全怪吕布和他的老婆，这是人性使然，和陈宫比起来，老婆肯定更亲近一些，对吕布也更忠心一些。再就是陈宫有背叛曹操的不光彩经历，两者相加，陈宫的分量自然差一些，所以吕布会听老婆的而不是陈宫的。

又过了一天，吕布派人去向袁术讨救兵，为了联合袁术，吕布都放下身段了，主动和袁术联合。要不说袁术既愚蠢又狂妄自大呢，都这个时候了，袁术还惦记自己儿媳妇的事，袁术说："谁让吕布不嫁闺女给我儿子呢，他这是活该，干吗还跑这儿告诉我这些事儿呢？吕布要是把女儿送来，我就出兵，否则，就让他自作自受。"吕布的手下说："袁老头，你今天不救吕布，就是不救自己，今天的吕布就是明天的你。"

要说吕布有勇无谋，那袁术简直一无所有。吕布没有办法，只得同

意袁术的条件，但女儿不愿意。到了深夜，吕布便用布帛把女儿强缚在马背上，自己拿着画戟，跨上赤兔马，冲出城去。但没跑多远，便被曹兵发现，立时强弓利箭，不停发射，吕布无法前进，只好再回到城里。尽管吕布闺女没有送到，袁术也亲自带一千多人马来救吕布，结果不用猜，袁术见了曹操都哆嗦，那还能赢吗！

连续攻城两个多月，不仅吕布受不了，曹操这边也是士兵疲惫不堪，粮食也快耗费完了。都处于强弩之末，这个时候，就看谁有魄力和毅力了。

在吕布犹豫不决的时候，曹操也在打退堂鼓，但荀攸、郭嘉立即劝阻道："千万不能退。吕布虽然勇猛，但头脑简单，而今连连战败，锐气全失。大军的战斗意志，全看主帅。主帅已无锐气，陈宫虽有谋略，但反应迟钝，应该乘此机会，加紧攻打，必定可以夺取。"两人又献计用水攻，曹操点头同意。

方案确定，立马行动，曹操军队把沂水、泗水的河堤掘开，迅猛的河水冲向下邳城，顷刻间，全城只有北门无水，其余各门都变成汪洋一片。

吕布将士终日被水围困，粮食越来越少，不免士气沮丧，军心动摇，吕布见有唉声叹气或作战不力的，不是鼓鼓劲加加油之类，而是采取了不是打就是杀的暴行，弄得部下怨声载道。部将侯成、宁宽等对吕布早已不满，如今见满城是水，知道吕布迟早必败，便私下决定向曹操投降。

有一天，他们趁陈宫、高顺上城楼巡视，便出其不意，缚住陈宫、高顺，私自开城投降了曹操，将这俩人做了见面礼。

吕布见大势已去，只得束手就擒。

曹操入城，与刘备一同在白门楼审问吕布。吕布知道，要想活命，就得先忽悠住曹操，于是开口便道："从今以后，天下可以平定了。"

曹操问："为什么呢？"

吕布说："你所担忧的，仅我吕布一人，如今我已心服。今后只要你我二人通力合作，天下不就指日可定吗！"

吕布害怕不能打动曹操，又转过脸，对刘备说："玄德，你是座上客，我是阶下囚。绳索绑得太紧，你怎么不出一言相救？"

谁知，刘备对吕布的求救置之不理，只是转过头对曹操说了一句话："难道你忘记丁原和董卓的下场了吗？"

吕布一听，气得脸上青筋直跳，瞪着刘备说："大耳朵的坏家伙，天下最不讲诚信的就是你。"

其实吕布何必埋怨刘备，你吕布是最没有资格说教刘备的，当年的刘备是多么的清纯，尽管跑过许多地方，一直都是本本分分的。即使做了徐州牧也还保持本色，直到你吕布投奔过来，要不是刘备收留你吕布，恐怕早已成为曹操的刀下鬼了，吕布倒好，到刘备那儿，吃着人家的、住着人家的、用着人家的……结果呢？

袁术的一点点口惠就把你打动了，结果就把刘备家变成吕布家了，反客为主，连夫人都差一点收编了。吕布自己本身就是一白眼狼，还说刘备忘恩负义，就是刘备忘恩负义，他的导师不就是你吕布吗！

刘备的一句话传到曹操耳里，基本上就是判了吕布死刑。曹操让人将吕布押到一旁，开始提审陈宫。

曹操问陈宫："你平日总以为自己智谋深远，如今还有什么话说？"

陈宫说："如果不是吕布坏事，你未必能捉住我。"看着陈宫慷慨赴死的样子，曹操不得不对眼前的这个男人生出一种由衷的敬意。不过，两个人的恩怨注定无法化解，是时候了断了。

"你如何安排你的老母和妻小？"曹操把话题转移到陈宫家人的善后问题上。

"以仁政治天下的，不绝人之亲人。老母、妻子儿女全在明公您手中，你看着办吧。"说完，陈宫头也不回地走出辕门，曹操忍不住落泪。

陈宫确实是一个爷们，他用死捍卫了自己的尊严，赢得了尊重，从他称曹操为"逆贼"到"明公"，以及最后和曹操的对话，能看出陈宫是一个对家庭负责的男人，所以曹操会为之流泪。人家陈宫当初就为了吕布才和曹操闹翻，现在倒好，在陈宫一味求死的时候，吕布却在想方设法求生，说明其不明大义，没有英雄气度，两相对比，高下立见，所以做人不能太吕布。

最终，吕布、陈宫、高顺被斩首。曹操妥善安置了陈宫的家人，归

六 奉天子以令不臣

降的吕布旧部也得到了重用。

杀了吕布,是曹操走向成功较重要的一件事,首先是解决了东部之忧,此后可以全心对付袁绍;其次,割断了袁术和袁绍的联系,使得袁术孤立无援,走投无路,最后呕血而死;最后,正是这场战争,让张绣知道除了投靠曹操别无出路。

杀了吕布,占了徐州,曹操率军凯旋,回到许都,便开始积极准备对付冀州袁绍的进攻。

16. 令不臣称臣

成功的人不在于永不犯错误,而是不再犯同样的错误。只要交了学费,就应该学乖一些,老在一个地方跌倒,说轻一些,是不长记性,说重一些,就是愚蠢。

曹操是机警的,他善于吸取教训,这一点从他对张绣战败后的行动就可以知道。

徐州,对曹操来说,是一个伤心的地方,也是一个令他魂牵梦绕的地方。说伤心,是因为前两次攻打徐州都失败而回,尤其第二次,为报家仇,失去理智,大开杀戒,结果大失人心,陈宫张邈联合吕布背叛了他;说魂牵梦绕,是因为从初平四年(193)第一次打徐州到建安三年(198)打下徐州,为了得到徐州,他先后苦心奋斗六七年。

当真的打下徐州后,曹操没有再次举起屠刀砍向徐州的黎民百姓,他知道向黎民百姓举起屠刀就是间接自残。上一次,陈宫张邈背叛就是例子,而且现在正处在和袁绍对垒的关键时候,拉拢人心还来不及呢,哪还能举起屠刀呢?

曹操只是杀了吕布、陈宫和高顺等人,对于其他将士则是尽可能地收降,影响最大的当数收降臧霸和魏种这两个人。之所以影响大,不仅仅是拉拢人心,还有战略上的考虑,那就是在哪里和袁绍决战,如何在能发挥自己优势的地方决战。

在哪里和袁绍决战,曹操早就有了目的地,那就是——官渡。但这只是曹操一厢情愿的事情，还要看袁绍答应不答应，所以曹操要做的就是逼迫其不得不在官渡决战。

曹操也知道把决战地点安排在官渡，并不是一朝一夕可以实现的，要想实现这个战略，必须做到：第一，解除袁军对东线的威胁。第二，在黄河中线，曹操在建安四年（199）九月就把主力指向黎阳（见《三国志·魏书·武帝纪》），给袁绍"下一个套"，"牵着"袁绍把主力也安排在黎阳、白马附近，为日后进一步牵引袁绍进官渡埋下伏笔。第三，截断袁绍在黄河西线从"敖仓到杜氏津"一线南下渡河通路，最好的办法就是控制河内郡，控制了河内郡就控制了敖仓到杜氏津。

打下徐州后，曹操就开始思索如何在这块地盘对抗青州的袁谭，因为这事关全局的成败。有地盘而没有有能力的人来守，只能为别人做嫁衣。就好比袁术，那么多的地盘不也丢个差不多了？想到这里，曹操倒吸了口冷气，人才，人才，只有人才，才能解决这些问题。

这个时候，臧霸就进入了曹操的视线。臧霸，字宣高。这臧霸可不是一般的人，虽说没有"西山挖过煤，东山烧过炭"，但确实是有来头的，真的一点不逊于猛张飞。

故事要从臧霸十八岁那年说起，那时候臧霸的父亲臧戒在华县做一个监狱的官员，其间因执法如山，不肯听从泰山太守凭私欲杀人，太守因而大怒。小样的，还敢跟我叫板，你不杀人，那我就把你抓起来，并派人将其送到太守府。可能是害怕臧霸劫囚犯，派去的监送者就有百余人之多。

臧霸听说后，立即引领数十人在费县西山道中半途截劫，夺救亲父，监送者见状，均惧而不敢动，臧霸便与父亲亡命奔逃于东海，此后，臧霸也一举成名。

黄巾起义时，臧霸跟随陶谦镇压黄巾军，因有战功，拜为骑都尉。后来臧霸收兵于徐州，与孙观、吴敦、尹礼等聚合军众，臧霸为统帅，屯于开阳一带，自成一方霸主。

不过，臧霸对曹操好像没什么好感，所以建安三年（198），当曹操讨伐吕布时，臧霸等曾带兵往助吕布，从这里可以看出，臧霸是勇猛有余而智慧不足。后来，吕布被擒后，臧霸隐身匿藏，曹操倒想见见这

个胆敢相助吕布的人物。

于是，曹操点名搜索，不久就找到臧霸，见到之后十分喜欢，这是人才啊，爱才的曹操就把臧霸收编了。这还不算，还派臧霸招降吴敦、尹礼、孙观、孙观之兄孙康等人。曹操以臧霸为琅邪相，还把青、徐二州委任于臧霸。

收降臧霸后，曹操差一点又犯错误，那就是对待曾经背叛他的徐翕、毛晖这俩人。看到这俩人，曹操就想起兖州之乱，当年陈宫、张邈叛乱的时候，徐翕、毛晖二人也跟着背叛了曹操。后来兖州之乱平定后，这俩人亡命出逃投靠臧霸。可能是为了报当年之仇，收编臧霸后，曹操命刘备去见臧霸，并命臧霸奉上二人首级。

这件看起来十分顺当的事情，却出了岔子。臧霸对刘备说："以前我之所以能自立一方，是因为我不会做这种事。我受主公存命之恩，不敢违其命令。不过有意于王霸之道的君主应该以义相告，不宜威迫，愿将军为我辞却这个命令。"

回来后，刘备就把臧霸所言告诉曹操，曹操叹息地对臧霸说道："这是古人仁德之事，而你能够加以奉行，这也正是孤之所愿。"这就是曹操，他的聪明就在这里，虽然臧霸没有给他面子，但臧霸做得很对，因而他知错就改，而且很真诚，一点都不文过饰非。不仅如此，还分封徐翕、毛晖二人为郡守。后来曹操与袁绍相拒，而臧霸数以精兵投入青州，所以曹操不用顾念东方之事，能专心应付袁绍。

17. 等待决战

稳定东线徐州后，曹操又把眼光瞄向了西线河内，曹操知道这事关和袁绍的战争，必须拿下。

这里要说说河内的郡守张杨，张杨这个人虽然有些妇人之仁，但还是相当讲哥们义气的。当年郭汜李傕就曾经要求张杨杀吕布，张杨并没有这样做。张杨和吕布的关系好，几乎是天下人都知道的事。

在此之前，河内地区在张杨控制时算是安定富庶的，要不然张杨怎么有粮食送给汉献帝呢？所以张杨生存在各个势力交错混杂的司隶地区，多年来竟然没人能动他。

但现在情况不同了，曹操和袁绍要开战，谁控制河内谁就掌控了黄河西线的优势，但由于张杨的存在，双方各自忌惮潜在对手的威胁，都没有先动手取河内。

尽管表面上风平浪静，其实河内郡内部已经开始站队了，选择曹操还是袁绍，每个人都有自己的小九九，于是就闹开了锅。是归顺汉献帝名义领导的曹操还是实力强大的袁绍，必须要做选择，就是不做选择也早晚是别人的菜，与其被动被俘不如主动献媚。作为河内郡的头头，张杨当然希望独立自主，所以既和曹操眉来眼去又对袁绍暗送秋波，但曹操和袁绍态度很明确，不谈恋爱，直接到位。这样一来，就有了矛盾，《三国志·张杨传》记载，杨丑为了"应太祖"而杀张杨，那就说明张杨对曹操没兴趣，起码不是真心的，而张杨的部将眭固居然明目张胆杀杨丑，就更说明了张杨是倾向袁绍的。由此可以知道，张杨是不会归顺曹操的，所以不论张杨中立还是投靠袁绍，曹操都没有机会插足河内郡的地盘。

但张杨给曹操提供了机会，建安四年曹操东征吕布的时候，讲究哥们义气的张杨就打算救援吕布，虽然自觉远水解不了近渴，但张杨还是出兵东市，和吕布遥相呼应。也是在这个时候，倾向曹操的杨丑杀了张杨，响应曹操。杨丑后来又被张杨的部下眭固杀掉，而眭固为了给张杨报仇，采取联合袁绍的策略。

这不是给曹操出兵找理由吗？一看有机会，曹操哪里会放过。曹操事先派曹仁、史涣包抄河内后方的犬城，击杀眭固，再包围河内，派董昭招降薛洪、缪尚。

攻打犬城，曹操还有意外收获，那就是在城内抓到了魏种，这个人和曹操是有渊源的。

当年，曹操做代理兖州牧的时候举荐魏种做孝廉，这魏种自然就是曹操的人。后来陈宫、张邈在兖州叛乱，曹操知道后，自信地说："就是整个兖州都叛乱了，魏种都不会背叛我。"话音未落，就有消息，说魏种也逃离兖州了。曹操很没有面子，发誓说："除非你魏种南逃到越

六　奉天子以令不臣

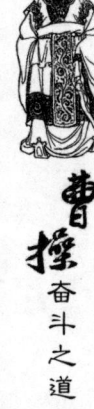

人之地或者北逃到胡人之地，我才不收拾你。"

正是冤家路窄，偏偏这个时候这个地点碰上了，曹操情何以堪？

士兵们很快把魏种捆到曹操面前，让人没有想到的是，曹操亲自给魏种松绑，还说了这样一句话："唯其才也！"

曹操这句话意味深长，一是说给身边的人听：魏种逃跑，是不愿意毫无意义地死在兖州，所以魏种的逃跑是可以接受的。二是说给魏种听的：现在我放了你，不是你逃跑无罪，而是你有才，要留下你将功补过继续为国家效力。最后，曹操任命他担任河内太守，全面负责黄河以北的事务。这时候，魏种对曹操肯定死心塌地。

曹操奇袭控制河内后，与袁绍已经公开翻脸，于是就出现袁绍"兼四州之地，众十余万，将进军攻许"（《三国志·魏书·袁绍传》）。掌握了黄河西线，曹操回军敖仓，于是八月进黎阳，迫使袁绍将战斗地点放在黄河中线白马到官渡一线。

18. 青梅煮酒论英雄

中国人向来崇尚英雄，而且有一种英雄情结，每个人都想做英雄。于是就有了一些夸别人顺带自夸的话语，诸如"慧眼识英雄"、"惺惺相惜"、"英雄所见略同"……

尽管中国人很喜欢英雄，尽管每个人都认为自己是英雄，尽管一直都在呼唤英雄，但中国确实是一个英雄匮乏的地方，从古至今，细细掰一下手指头，仅有两个半，一个是项羽，一个是三国时的孙策，剩下的半个是曹操。为什么曹操只能算半个呢？因为曹操比项羽和孙策聪明，比起项羽和孙策的彻底"费厄泼赖"精神，曹操要灵活得多，曹操会根据对手的不同采用不同的"费厄泼赖"，故而留下了"奸雄"之名，所以只能算半个。其实在中国这样一个玩了谋略玩阴谋，玩了阴谋玩阳谋，玩了阳谋耍无赖的社会，英雄的生存空间是很小的，能混半个英雄已经很不容易了。

吕布投降后，曹操一时"惺惺相惜"，很想和吕布联手，但在刘备的挑唆下，曹操在白门楼勒杀吕布，随后带着刘关张三人回到许昌。谋臣劝说曹操早日干掉刘备，免得刘备日后做大，曹操却说："实在吾掌握之内，吾何惧哉？"说是说，实则还是有所顾虑，很想试探一下刘备。

于是便发生了流传千年的"煮酒论英雄"，此事本来乃是酒中之言，聊可一笑置之，但《三国志》有此事，《三国演义》也有此事，所以分量就不一样了。由于《三国志》过于简单，所以节录《三国演义》的内容：

随至小亭，已设樽俎：盘置青梅，一樽煮酒。二人对坐，开怀畅饮。酒至半酣，忽阴云漠漠，骤雨将至。从人遥指天外龙挂，操与玄德凭栏观之。操曰："使君知龙之变化否？"玄德曰："未知其详。"操曰："龙能大能小，能升能隐；大则兴云吐雾，小则隐介藏形；升则飞腾于宇宙之间，隐则潜伏于波涛之内。方今春深，龙乘时变化，犹人得志而纵横四海。龙之为物，可比世之英雄。玄德久历四方，必知当世英雄。请试指言之。"玄德曰："备肉眼安识英雄？"操曰："休得过谦。"玄德曰："备叨恩庇，得仕于朝。天下英雄，实有未知。"操曰："既不识其面，亦闻其名。"玄德曰："淮南袁术，兵粮足备，可为英雄？"操笑曰："冢中枯骨，吾早晚必擒之！"玄德曰："河北袁绍，四世三公，门多故吏；今虎踞冀州之地，部下能事者极多，可为英雄？"操笑曰："袁绍色厉胆薄，好谋无断；干大事而惜身，见小利而忘命：非英雄也。玄德曰："有一人名称八俊，威镇九州：刘景升可为英雄？"操曰："刘表虚名无实，非英雄也。"玄德曰："有一人血气方刚，江东领袖——孙伯符乃英雄也？"操曰："孙策借父之名，非英雄也。"玄德曰："益州刘季玉，可为英雄乎？"操曰："刘璋虽系宗室，乃守户之犬耳，何足为英雄！"玄德曰："如张绣、张鲁、韩遂等辈皆何如？"操鼓掌大笑曰："此等碌碌小人，何足挂齿！"玄德曰："舍此之外，备实不知。"操曰："夫英雄者，胸怀大志，腹有良谋，有包藏宇宙之机，吞吐天地之志者也。"玄德曰："谁能当之？"操以手指玄德，后自指，曰："今天下英雄，唯使君与操耳！"玄德闻言，吃了一惊，手中所执匙箸，不觉落于地下。时正值天雨将至，雷声大作。玄德乃从容俯首拾箸曰："一震之威，乃至于此。"操笑曰："丈夫亦畏雷乎？"玄德曰："圣人迅

六　奉天子以令不臣

雷风烈必变,安得不畏?"

这场酒,主角是曹操,嘉宾是刘备,这酒当然就是古井贡酒。俩人喝的是酒,吃的是青梅,说的是天下之事,论的是天下英雄,指点江山,激扬文字,哪里在意万户侯,风流正当年。好一句"天下英雄,唯使君与操耳",只有真英雄方能有此气概,可谓眼观天下,胸中有谋,口中有准,手中有法,我不平天下谁平天下!霸气但不外露,大家都别装着了,尤其你刘备,你那点想法,我都知道了,说出来吧,咱们一起奋斗。

两相对比,谁是英雄,一目了然。其实所谓英雄是相对而言的,有一个映衬和对比的关系,如果整个世界就剩一个人了,也就无所谓英雄了,项羽是英雄是因为碰上了刘邦,孙策是英雄是因为死于小人暗算,曹操是半个英雄是因为有了刘备的衬托。

曹操和刘备"煮酒论英雄"充分体现了曹操高瞻远瞩的谋略和自信:袁术称帝后,被曹操所破,带玉玺欲归其兄袁绍,被刘备截杀,落魄惊恐而亡,临死想喝蜂蜜水都不能如意。袁绍空自兵强马壮,先自毁长城,拘田丰于狱中,关沮授于军营,驱许攸于阵前,终被曹操破于官渡,十余年内,其三子先后被曹操所灭。刘表枉称八俊,忧虑焦思而亡,而其子更不如他,对此曹操评价道:刘景升儿子若豚犬耳。而孙策空称江南小霸王,死在许贡三门生下。看看这些所谓"英雄"的结局,可见曹操当时的眼光是何等的独到和老辣!

刘备是什么人,曹操当然很清楚,所以当刘备在曹操面前耍小聪明时,曹操根本不买他的账,用手一指刘备,再指自己,说:"天下英雄,唯使君与操耳。"曹操之意很是明确,你刘备是英雄吗,不是,一个惶惶如丧家之犬的人,怎么能是英雄?天下英雄就两人,既然你刘备不是,英雄是谁呢?只有我曹操一人,英雄的坦荡磊落展现无遗。

19. 刘备跑路了

在曹操讨伐吕布的那一年,发生了几件重要的事情,一是周瑜、鲁肃渡江依附孙策，孙策逐步占据了江东；二是，袁绍在这一年兼并了公孙瓒，袁绍一下子坐拥青州、幽州、并州、冀州之地，十几万军队。

也不知道是不是英雄所见略同，总之曹操和袁绍想到一块了，曹操灭掉吕布之后，把枪头对准了袁绍，而袁绍在兼并公孙瓒之后，也把矛头指向曹操的大本营许都。实际上，当时他们不具备可比性，尽管曹操先打张绣，再打袁术，又灭吕布，看似了不起，但和袁绍比起来，却是小巫见大巫，好比貂蝉和张飞掰手腕一样。

形势这么明朗，谁都害怕，曹操手下将领可以说是相当悲观。唯独曹操，鼓舞众人，他分析说："吾知绍之为人，志大而智小，色厉而胆薄，忌克而少威，兵多而分画不明，将骄而众令不一，土地虽广，粮食虽丰，适足以为我奉也。"（《三国志·魏书·武帝纪》）

尽管曹操这么自信，但曹操的手下仍然十分含糊，不少人都在为自己的出路作铺垫，有的暗地里和袁绍勾勾搭搭、眉来眼去，甚至有不少人在密谋杀死曹操，可以说曹操的处境远没有他自己想象的那样乐观。

自从徐州回来，曹操和刘备那个亲密啊，曹操对刘备真是一个好，为了表彰刘备攻打吕布的功绩，曹操向皇帝表请刘备为左将军，出则同车，坐则同席，天天美女伺候着，古井贡酒喝着，那待遇几乎超越了皇帝。尽管曹操是真诚的，但已经师从吕布的刘备，早青出于蓝而胜于蓝，吕布都已经成为手下败将。

曹操对刘备的感情已经超越了兄弟之情，但刘备并不领情，在他看来，这天下好歹是刘家的，你曹操一个外人瞎搅和什么，权力应该在刘家人手里。

据《三国演义》第二十回写汉献帝接见刘备的情形：

"帝宣上殿问曰：'卿祖何人？'玄德奏曰：'臣乃中山靖王之后，孝景皇帝阁下玄孙，刘雄之孙，刘弘之子也。'帝教取宗族世谱检看，令宗正卿宣读曰：'孝景皇帝生十四子，第七子乃中山靖王刘胜。胜生陆城亭侯刘贞。贞生沛侯刘昂。昂生漳侯刘禄。禄生沂水侯刘恋。恋生钦阳侯刘英。英生安国侯刘建。建生广陵侯刘哀。哀生胶水侯刘宪。宪生祖邑侯刘舒。舒生祁阳侯刘谊。谊生原泽侯刘必。必生颍川侯刘达。达生丰灵侯刘不疑。不疑生济川侯刘惠。惠生东郡范令刘雄。雄生刘

六 奉天子以令不臣

弘，弘不仕。刘备乃刘弘之子也。'帝排世谱，则玄德乃帝之叔也。帝大喜，请入偏殿叙叔侄之礼。帝暗想：曹操弄权，国事都不由朕主，今得此英雄之叔，朕有助矣！遂拜玄德为左将军宜城亭侯。设宴款待毕，玄德谢恩出朝，自此人皆称为刘皇叔。"

这么一说，刘备就成为汉献帝他叔了，幸亏没成为二大爷，要不刘备就会被世人称为"刘皇二大爷"了。其实刘备对曹操不满，倒不是什么道义上的问题，而是曹操的权力太大，刘备没有安全感。

这个时候，汉献帝又扇了一把火，汉献帝当初招引曹操去取代杨奉，其实就是饮鸩止渴，撵走一匹狼迎来一只虎。汉献帝是有些责任，责任最大的当是他岳父董承，拒绝曹操是他做的事，迎接曹操也是他的馊主意。所谓请神容易送神难，曹操来了不走了，不仅不走，就是走也得把皇帝带走，皇帝成了他曹操的私人物品。

董承那是一个郁闷，于是又故技重施，和当年招引曹操一样，搞什么"密谋"。和汉献帝一合计，决定：干掉曹操！于是汉献帝亲手授给外戚车骑将军董承一道密诏，要他筹划诛杀曹操，作为皇帝他叔，刘备就是不想参与也不行，总之刘备后来参与了密谋。

和曹操经常来往，刘备知道曹操的本事，加上又参与了密谋，当然怕掉脑袋，更知道是非之地不宜久留。凑巧袁谭从青州去迎袁术，袁术要从徐州经过，前去投靠侄子袁谭，刘备就主动提出去截击，曹操因为知道刘备熟悉那一带情况，就派刘备和朱灵截击袁术，刘备立即受命起程。

程昱、郭嘉等听说让刘备带着关羽、张飞去截击袁术，赶快跑到曹操面前，劝道："老大，刘备不可纵啊！怎么能让刘备去呢？"听到郭嘉和程昱的话，曹操后悔起来，马上派人去追，可是，刘备他们已经走远了。

20. 战利品关羽

袁术还是习惯性战败，只得重新返回寿春。袁术走了，刘备留在了下邳，朱灵回许都交差。好不容易才逃离虎穴，刘备肯定不回去了，然后，乘机到徐州杀了曹操派在那里的守将车胄，自己做了徐州牧。留关羽驻防下邳，刘备自己据守小沛。刘备打着皇叔的旗号，忽悠一大批对刘家天下有情结的粉丝，于是东海郡及其他郡县纷纷背叛曹操，归降刘备。不久，刘备部众就有了几万人，还派人到袁绍那里缔结同盟。

刘备另立山头，对曹操来说，旧仇未去又添新恨，除掉了吕奉先，又来了一个青出于蓝而胜于蓝的刘玄德。有一句话说"吕布投靠了刘备又背叛了刘备，刘备投靠了曹操也背叛了曹操"，也即是说，在吕布没有和刘备打交道之前，刘备还是一个淳朴之人，吕布背叛之后，刘备从中汲取了教训，变成熟了，徒弟打败了师傅。

曹操为了免于将来同袁绍作战时前后受敌，决定先消灭在徐州立足未稳的刘备。先派遣司空长史刘岱和中郎将王忠前去讨伐，顺便交代一下，这里的刘岱不是兖州牧刘岱，兖州牧刘岱早已战死，两人仅仅是同名。这两人自然不是刘备的对手，久攻不克，而且还遭到刘备的奚落，刘备对刘岱他们说："像你们这样的人，就是派一百人来，又能奈我何；就是曹操来了，谁输谁赢还不知道呢！"

正在这个时候，董承策划的密诏杀曹操之事泄露。有人竟然要谋杀我，你不仁我不义，曹操立即诛杀董承、王子服、种辑等涉事人员，并夷其三族。一深究，刘备也在其中，曹操知道这个人不可不除，决定趁袁绍迟疑未定之时，迅速解决刘备。

一听说曹操要亲自打刘备，当时诸将皆怕袁绍乘机来攻许都，曹操对此胸有成竹，说："刘备，人杰也，今不击，必有后患。袁绍虽有大志，而见事迟，必不动也。"郭嘉也认为："绍性迟而多疑，来必不速。备新起，众心未附，急击之，必败。"（《资治通鉴·卷第六十三》）

曹操立马率领大军开向徐州，虽然刘备吹牛吹得大，说是曹操来了也不怕，但只是过过嘴瘾。刘备错误估计形势了，认为曹操正和袁绍对垒，不敢东征；再就是自己和袁绍已经联盟，一旦曹操出击自己，袁绍可以趁机偷袭。

正当刘备逍遥自在的时候，探子过来报告，曹操带领人马打来了。刘备哪里相信，不会吧？我还能判断错，于是亲自带领一批警卫人员登

上城头瞭望，真是不看不知道，一看吓一跳，曹操军队那是战旗飘飘，尘烟滚滚。

曹操让刘备失望了，而袁绍同样也让刘备失望了。当袁绍的谋士田丰听说曹操前去攻打刘备，立即向袁绍建议："曹操跟刘备打得难解难分，我们如果挥军直袭曹操的后路，可以一举成功。"袁绍这个时候却因为幼子患病正重，不愿发兵，田丰急得用手杖猛敲地面，说："因为一个患病的婴儿而失去一个千载难逢的好机会，真是太可惜了。"

从这里可以看出袁绍是个重家庭的人，是个好父亲，也是一个好丈夫，但是他忘了，除了家庭角色外，他还是一个首领、一个将军、一个要争霸天下的人。他除了要对自己的家庭负责，还要对千千万个家庭负责，一个家庭的幸福和千千万个家庭的幸福两者之间，袁绍选择了一个家庭，同时也是选择了失败。我们倒不是要求袁先生非得以牺牲个人家庭去争天下，而是在事关全局的时候，一个领导者的权衡取舍能力，在某种程度上决定着全局的走向。

形势判断错了，尽管已经临危，刘备并没有乱，还是知道逃跑的，要不说人家刘备是人杰呢。人杰确实非同常人，就是逃跑也是以迅雷不及掩耳之势。刘备是跑掉了，可他手下的部众都被曹操收编了，刘备的老婆孩子再次被人收留。刘备逃跑了，驻扎在下邳的关羽没法跑，曹操随即进军下邳，攻破下邳，拿下关羽，大名鼎鼎的关二爷说是降汉不降曹，但那时候真正的主子是曹操，曹操才不管投降谁呢，只要能帮我打仗就行了。

这次东征，对曹操来说，那是赚得盆满钵倾，刘备跑了，东部威胁消除了，避免了官渡之战时的两面作战。而带回来的关羽，则成了曹操在官渡之战的一把利器，正是关羽在前期的关键作用，使得曹操能按自己的战略作战。

七、决战官渡

年少时的游侠好友,同朝为官的僚友,讨伐董卓的盟友,初期抢地盘的战友……一个是"治世之能臣,乱世之奸雄"的曹操,一个是"怀雄霸之图"的袁绍;一个志在做老大,一个不甘为人下;一个"机警,有权数",一个"多谋深筹"……曹操战袁绍,是缘分,也是夙愿;有恩,有怨,有情,也有仇。因而,这两个人对垒注定不是简简单单的武力较量,还有智慧的比拼。所以官渡之战打的不只是战争,还有谋略。

1. 做事要有大气魄

当年,曹操和袁绍起兵讨伐董卓,他们虽然有十八家诸侯联盟,明眼人都知道那是银样镴枪头——中看不中用。联盟的发起人曹操和盟主袁绍心知肚明,他们知道这次行动不会有什么结果,自然要考虑一下将来,在此期间,哥俩有一次精彩的对话。

有一天,袁绍问曹操:"孟德,这次兴兵要是失败了,你那方面靠什么去发展呢?"曹操没有直接回答,而是反问袁绍:"足下以为何如?"袁绍胸有成竹,侃侃而谈:"我将向南占据黄河,北向阻击燕、代之地,吞并戎狄,然后南下争天下,这样不就成功了吗?"听了袁绍的论断,曹操说:"吾任天下之智力,以道御之,无所不可。"(《三国志·魏书·武帝纪》)

虽然仅仅是短短几句对话,两个人的政治观、战略观以及战争观已经跃然纸上。

在袁绍看来,夺天下要以武力为主,地盘为王。袁绍提到"南据""北阻""兼戎狄",最后是"南向以争天下"的战略。而曹操则大不同,曹操强调了两点,第一是人才,认为人才是一切的根本,首先必须拥有天下之才,这里的"才"既包括"智"才即文人,也包括"力"才即武将;第二是道,"道"是什么呢?简单一点说,就是当时的条件下最正确的最恰当的方法。

再细心一点,可以发现,袁绍的方略路线,比较机械,相当程式化,"南据"→"北阻"→"兼戎狄"→"南向以争天下"。前面的步骤倒也没什么说不过去的地方,问题就在"南向以争天下",最为重要的一点,就是没有解决好皇帝问题,凭什么去争?若天下太平,皇帝英明,怎么争?再就是和谁争?若天下在董卓这样的臣子手里倒可以去争,如果天下在名正言顺的皇帝手里,又怎么办?争天下的理由是什么?是为了天下苍生,还是一己之利?争天下之后谁做皇帝,自己做还是别人做?这些事关成败的关键都没有说明,只是一种大概,缺乏可操

作性。

反观曹操的方案，则要灵活实际许多，要拥有人才，"以道御之"，曹操就高明在"道"上，"道"适合做什么就做什么，道适合抢地盘就去抢地盘，道适合去找皇帝就奉迎天子，道适合做能臣就做能臣，以道而行，无所不能。

据《傅子》记载，针对袁绍的观点，曹操还说了一句话："汤、武之王，岂同土哉？若以险固为资，则不能应机而变化也。"就是说，商汤、周武王这样的人物，难道是靠地盘起家吗？如果仅仅凭借险固为资本，则不能应机而变化。这句话到底说没说给袁绍听，谁也不知道，当然就是说了，多谋的袁绍也未必能听进去。但曹操却知道了袁绍的命门所在，一旦两人真正对决，胜负高下不难判断。

后来，两人确实都在践行自己的观点，袁绍实现了自己最初的"南据"→"北阻"→"兼戎狄"→"南向以争天下"的规划，诸侯联盟解体。然而大家都看到了当时的政权混乱的这个局面，认为中原无主，天下可争，遂开始各诸侯间的征伐。

袁绍"争天下"的理念就是地盘为王，大抵就是我的地盘我做主，只要有了地盘，那就是实际上的一哥，我做第二，谁还做第一。既然抢地盘，那该就有一个先后顺序，轻重缓急。联盟解散之初，黄巾军残余势力在青州、兖州、徐州声势浩大，西面洛阳附近有黑山张飞燕，南面有弟弟袁术，袁绍知道要想在中原立足，别的不说，弟弟袁术一个人就够招架了，所以他并没有选择兖州、豫州。而是选择了河北的冀州、幽州之地，一是北面刘虞、韩馥，都不是争天下之人，袁绍正好可以借着自己的威名和实力，占而据之。二是黄河以北，战事很少，经济富庶，社会稳定，正是良好的战略根据地。

按照这种战略，袁绍先后完成了文取冀州，武夺幽州，东占青州，西攻黑山的战略构想。打败北边最后一个对手公孙瓒之后，袁绍的下一步计划就是"南向以争天下"。

2. 得道者得天下（1）

曹操的目的是"无所不可"，志向是"治世之能臣"，他实现理想的保障一是"智"和"力"，二是"道"。纵观曹操的政治行为，大体都是顺"道"而为，洛阳北部尉的严刑峻法、济南相期间的廉政风暴、董卓乱政时的首倡义兵、立身兖州立马寻找组织、奉迎天子以令不臣。由于曹操的行为多是"民心工程"，无形中就增加了砝码，获得了黎民百姓的称赞。虽然黎民百姓不能直接帮助曹操，只能是口头上的支持，但却能形成强大的舆论力量。尤其在中国这样一个众口铄金的社会，舆论可以让你一夜成名，流芳百世，也可以让你声名狼藉，遗臭万年。

在"道"行天下的同时，曹操也着手实施其长期的人才发展战略，即把人才作为自己的根本，且注重人力资源建设。其实那时候和现在一样，也是双向选择，曹操选择人才，人才当然也在选择曹操。行"道"的曹操，自然得道多助，因而就容易吸引更多人的到来，尤其是奉天子于许都后，手里掌握了分封大权，在刘家天下还有市场的时期，还是能笼络一大批人才的，发的是刘家的官证，得到人才的却是曹操。

用一句不太恰当的话来比喻曹操对人才的态度，那就是他"爱才如好色"：曹操好色，这一点大家都知道，我们没必要为他避讳，但可贵的是他爱惜人才毫不逊于甚至远远超过了美色。他每得一才，都喜形于色，当年荀彧离开袁绍投靠曹操的时候，见到荀彧，曹操"大悦"，说："吾之子房也。"然后利用荀彧和荀攸的叔侄关系，把荀攸吸引过来，让荀攸先做汝南太守，接着做尚书。曹操对荀攸甚至有些崇拜，交流过后更是大喜，对荀彧、钟繇说："公达，非常人也，吾得与之计事，天下当何忧哉！"（《三国志·魏书·荀攸传》）

据《三国志·魏书·郭嘉传》记载，当曹操的得力谋士戏志才去世后，曹操给荀彧写信："自志才亡后，莫可与计事者。汝、颍固多奇士，谁可以继之？"荀彧就把郭嘉推荐给了曹操。曹操于是把郭嘉请到兖州，与郭嘉"共论天下之事，与之谈论，终日不倦"。曹操兴奋地对

人说:"使孤成大业者,必此人也。"郭嘉也高兴地说:"真吾主也。"

曹操不仅对主动投靠自己的人如此喜欢,而且对敌营中的人才也喜爱有加:比如,见许褚"威风凛凛",心中暗喜,见贾诩"应对如流,甚爱之",然后想方设法争取过来为己所用。曹操爱才情深,对人才有着深厚感情,他多次哭郭嘉、典韦,令活着的人不禁潸然垂泪,感动不已。

曹操为了得到心仪的人才,甚至达到了不择手段的地步。据说,当曹操知道徐庶很有才能后,为把徐庶弄到手,按程昱的计策,连夜把徐庶的母亲接到许昌,并且热情招待,为的就是让徐庶的母亲写信把儿子叫到曹操这儿来,为曹操做事;但徐庶的母亲不愿意,无奈之下,设法骗得了徐庶母亲的手迹,然后模仿字体,给徐庶写了一封信,接到母亲的"信",信以为真的徐庶乖乖来到曹操身边。

曹操一生喜爱人才珍惜人才,而且想方设法网罗人才,所以曹操身边出现了"猛将如云,谋士如雨"的超豪华阵容,猛将有典韦、夏侯惇、许褚、夏侯渊、张郃、张辽、于禁、徐晃……谋士有荀彧、郭嘉、程昱、崔琰、荀攸、刘晔、满宠、吕虔、毛玠……而这些人正是曹操平定天下的基础和资本。

当袁绍在经历十几年的奋战,完成前期积淀,开始南向争天下的时候,此时的曹操也已得青徐兖豫四州,正所谓不是冤家不聚头,北方遂成袁曹两家之争,而官渡就成了前沿阵地。

官渡之战中,对战局起决定作用的人就是荀彧、郭嘉、许攸,刚开始曹操表面上很自信,其实也很担心,正是郭嘉的"曹操十胜,袁绍十败"提高了曹操的自信。当曹操在粮草不足思想动摇之际,正是荀彧的话坚定了曹操的信念,而正在危急之时,许攸来投,曹操才一举打败袁绍。这几个人曾经都是袁绍的部下,可以说,官渡之战就是袁绍曾经的谋士和袁绍之间的战争,曹操倒成了一个执行者。

3. 得道者得天下（2）

曹操的政治理想是做"治世之能臣"，袁绍则是"雄图天下"，尽管表面上看来袁绍和曹操的矛盾是关于汉献帝在谁那儿定居的事，袁绍动辄要攻打许都迎接汉献帝，而实际上就是关于谁主天下之争。

袁绍的战略是"南据"→"北阻"→"兼戎狄"→"南向以争天下"，袁绍强调的是地盘为王，武力是硬道理。当初汉献帝被董卓挟持到长安的时候，袁绍就抛出了另立皇帝的方案，正是没人响应而胎死腹中，后来汉献帝回到洛阳的时候，袁绍也是动过脑筋的，曾派郭图前往表达忠诚。

和曹操当时奉迎天子的局面一样，有反对的，有支持的，谋士沮授属于支持的一派，他对袁绍建议道："今州城粗定，宜迎大驾，安宫邺都，挟天子而令诸侯，畜士马以讨不庭，谁能御之！"（《三国志》裴松之注引《献帝传》）不得不佩服，沮授这一招很厉害，拿天子做令箭，号令诸侯，这就是"挟天子以令诸侯"的最早出处，沮授就是这个理论的肇始人。

但以淳于琼为首的人很是反对，他们认为："汉室陵迟，为日久矣，今欲兴之，不亦难乎！且今英雄据有州郡，众动万计，所谓秦失其鹿，先得者王。若迎天子以自近，动辄表闻，从之则权轻，违之则拒命，非计之善者也。"（《三国志》裴松之注引《献帝传》）就是说，汉朝已经破败，很难再兴盛起来。现在天下大乱，有枪就是草头王。如果弄一个皇帝过来，还得早请示晚汇报，多麻烦，不是上策。

这两种意见应该是公说公有理婆说婆有理，都有优势，也都有弊端，袁绍到底采取了哪一种呢？答曰：都采取了。

按传统的史学观点，袁绍拒绝了沮授"挟天子以令诸侯"的建议，而实际上并不是这样的。袁绍的性情是"多谋寡断"，既好虚名也好实利，只要是好东西，他都想要。所以尽管袁绍的政治战略是"地盘为王"，他还是不想放弃奉迎天子的好处，于是在曹操奉迎天子的时候，

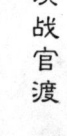

袁绍也派出了徐勋，这是袁绍自认为高明的一招。

在袁绍看来，第一，曹操当时还是自己的马仔，只要奉迎天子有好处，自己就能分一杯羹；第二，以曹操当时的实力，就是把天子接过去，也是能请神不能安神，早晚会成为烫手山芋，那个时候自己再出马接手，岂不是名利双收。

一些机遇一旦错过就不再有，袁绍的算盘确实很完美，不说一箭双雕，也是技高一筹。和曹操一起长大的袁绍对曹操的了解远没有曹操对袁绍的了解深刻到位，这可能是童年噩梦般的经历帮助曹操练就了一双洞彻人性的火眼金睛。曹操属于绝境能逢生，腐朽也能化神奇，给点阳光就灿烂的那一类人。

和袁绍的政治战略不同，曹操的则是"治世之能臣"，外加顺"道"而行。在袁绍的支持下，曹操把汉献帝接到许都。和董卓、李傕、郭汜他们不同，曹操对汉献帝那是百般敬重，就是当活神仙供着，好吃的、好喝的、好穿的、好玩的、美女……所有的好东东统统都送给汉献帝享受。

汉献帝流浪多年，长期衣不蔽体食不果腹，到曹操这里才算过上幸福的生活，有漂亮衣服、有酒有肉，还有美女。这些都是曹操送来的，但曹操不这样说，他说这些东东都是先前你们老刘家赏赐给我们老曹家的，现在天子您落难了，我们老曹家日子好过一些，现在都还给您。这样的好事，上哪儿找去，汉献帝是一个激动，曹操真是一个大好人、大忠臣，要是能早来就好了。

无论什么事，只要皇帝一高兴就好办了，汉献帝一高兴，几乎毫无保留地把大权交给了曹操：你办事，朕放心。就是这样，曹操首先掌握了人事大权，有了这个权力，曹操就可以以令群臣了，于是在别人眼里是烫手山芋的皇帝到了他手里就成了张无忌的圣火令。

4. 天下在人心

曹操掌握了"圣火令"，第一个不乐意的就是袁绍，为什么呢？曹操抢了袁绍的生意。

自从曹操当年把讨伐董卓的大旗一挥,东部就成了袁绍的天下,虽然诸侯之间各自为政互不服气,但袁绍势力最大,因而就成了东方的老大,成了"无冕皇帝"。由于袁绍最为强大,因而诸侯也都唯袁绍马首是瞻。不仅如此,袁绍还管辖着东方的人事任免权。

曹操当年进入东郡,东郡太守之位就是袁绍帮着申请的,后来徐州牧陶谦死后,刘备代理徐州牧,为了获得认可,也是向袁绍打报告,一起获得批复。不仅曹操刘备要向袁绍拜山头,其实,整个同盟军底盘里的所有高级行政官员的任免,甚至小到推举"孝廉",也都得到袁绍那里备案办理,由袁绍盖章确认才合法。现在不同了,官至司空的曹操是正宗品牌,独家专营,而袁绍虽不是假冒伪劣,但也是二道贩子。有了正宗,谁还上二道贩子那里去。

袁绍一看曹操奉迎天子得到了好处,那是一个后悔,就和曹操商议把皇帝拆迁到甄城,这么好的大宝贝,曹操自然舍不得。其实就是曹操舍得,汉献帝也不愿意去,汉献帝和袁绍的个人恩怨也是源远流长。

关于迎接汉献帝,袁绍也就是这样一说,真来了,他也未必欢迎,他当然知道汉献帝不愿来,曹操也不愿放,目的就是为将来出兵找理由。其实这也是一个看似高明实则昏庸的招数,表面上为自己将来的行为找到了理由,但同时也等于承认了曹操在政治上的优势。所以当袁绍准备向曹操开战的时候,他的谋士沮授提醒他:"曹氏迎天子安宫许都,今举兵南向,于义则违。"(《三国志》裴松之注引《献帝传》)袁绍不以为然,也许在他看来,只要大军兵临城下,一切就都解决了。

袁绍似乎没有认识到,控制了中央政府已使曹操在政治上拥有巨大的主导权,曹操再也不是当年那个朝廷通缉犯,也不是在自己地盘上仰自己鼻息的小兄弟,而是一个要官位有官位、要地盘有地盘、要人马有人马,而且还占有皇帝的曹老大。

前事不忘,后事之师,不知袁绍还记不记得当初在山东讨董盟军起事时,朝廷官员几乎都不同意用军事手段驱逐董卓,来自朝廷的支持微乎其微。这并非因为他们对董卓有什么好感,而是因为"自古以来,未有下土诸侯举兵向京师者。……'投鼠忌器',器犹忌之,况卓今处宫

阙之内,以天子为藩屏;幼主在宫,如何可讨!"(《三国志》裴松之注引《汉末名士录》)所以讨伐联盟才分崩离析,现在主政的曹操怎么说也比董卓强得多,袁绍必须为自己找到合适的理由。

袁绍一味迷信于自己的武力,可是他忘了如果举兵南下没有充分的政治理由,那么袁绍的举动无异于反叛,那他的敌人就不只是曹操一个人,还有那一批刘家天下的粉丝,还有一些可能不是粉丝但追随刘家有好处的人。

而实际上,袁绍南下就没有找到很好的理由,仅仅把矛头指向曹操,可是他忘了曹操的背后是皇帝,而皇帝在对待袁绍的态度上和曹操是一样一样的。这一点从董承的被杀就可以看出来,董承以皇亲的身份,又拥有车骑将军(在将军序列中名列第三)的职位,领头策划谋杀曹操,几乎没有引起太大的震动,就被轻易处决,好像在处决董承的时候,身在官渡的曹操连许郡都没回去。可以想象,在那个时候,汉献帝和朝中官员都是支持曹操的。

大战尚未开始,已经输在道义上了,看到曹操奉迎天子得到那么多好处,袁绍早早做好了挑起武力去许都抢汉献帝的计划,事实上袁绍真的准备好了吗?还有一点,也是最为重要的一点,就是袁绍的武力真的比曹操强大吗?

5. 曹操十胜,袁绍十败

袁绍早在建安二年(197)的时候,就开始羞辱曹操了。那时候,由于刚被张绣打败,曹操的势力一下子陷入低谷,正所谓"虎落平原受犬欺,脱毛的凤凰不如鸡",大伙趁机落井下石。其中尤以袁绍为甚,他给曹操休书一封,"其辞悖慢",把曹操狠狠羞辱一番,以报奉迎天子之仇。

还在为败于张绣而郁闷的曹操,为此大怒,"出入动静变于常"。大伙都很担心,曹操会不会想不开?郭嘉和荀彧聊起此事,荀彧说:"曹总是聪明人,不会为打翻的美酒伤心的,他这样焦虑肯定是牵挂其他的事情。"于是这哥俩一起到曹操那里探究竟,顺便安慰一下。曹操对荀彧、郭嘉说:"今将讨不义而力不敌,何如?"听到这个问题,二人没有直接回答,而是先拿曹操喜欢的刘邦做话题,说刘邦和项羽的实力对比,刘邦也就智力比项羽强一点,所以项羽虽然强大,但最后却被刘邦拿下。

曹总,虽然我们现在的实力不如袁绍,但终究胜利是属于我们的,为什么这样说呢?我们的优势还有很多。

第一,袁绍礼仪繁多,往往陷入形式的窠臼,可曹总您呢,注重实际,讲究实效,您处理事情的办法,可比袁绍技高一筹,这就是所谓的"道"胜。

第二,袁绍逆历史大势而为,曹总您顺应统一大势,奉天子以率天下。这样,曹总您是皇帝授权的国家大臣,代表的是国家,袁绍发兵来打你,那他就是叛逆国家。这就是所谓的"义"胜。

第三,从汉桓帝汉灵帝以来,政策的失误就是对豪强过于宽松,而袁绍继续放纵大官僚大豪强,所以他治理不好危局。可是曹总您呢,拨乱反正,以严治政,依法办事,非常注意安抚民心,此乃"治"胜。

第四,袁绍表面上对人十分宽和,其实心存戒备,用人疑之,所任用的都是自己的亲戚子弟,而真正有真才实学的人,不但不重用,反而嫉妒他们。可是明公您可就不一样了,用人不问远近,用人不疑,唯才是举。此乃"度"胜。

第五,袁绍这个人谋略确实很多,但常常当断不断,而事后才知道怎么回事。可是曹总您呢,坚决果断,能洞察先机,善于随机应变,能从众多谋士的建言中择其善而从之。这就是"谋"胜。

第六,袁绍沽名钓誉,喜欢听奉承话,所以到他那儿去的,都是一些能言善辩,外表上看是德才兼备而实际上是干不了实事的人。曹总您待人真诚,不务虚名,所以有真知卓识,真才实学的人都愿意为您所用。这就是"德"胜。

第七,袁绍有妇人之仁,见到饥寒之人怜悯之情溢于言表,而对那些他没有看到、想不到的抑或估计不到的却不考虑。曹总您可就不同了,可能有时候您疏忽一些小事,但对待大事从不含糊,有些事情虽然

您没有看见,但考虑得很周全,可以说四海之事都在您的考虑范围,因而您的恩德加于四海。这就是所谓的"仁"胜。

第八,袁绍这个人,不会用人,大臣之间争夺权力,疑惑丛生,他还听信谗言,不管是阿猫还是阿狗,只要嘀咕几句他都相信。可是曹总您用人得法,使人各尽其力,不能相互倾轧。这就是"明"胜。

第九,袁绍是非不分,赏罚不明,以亲疏定是非。而曹总您是非分明,赏罚有道。这就是所谓的"文"胜。

第十,袁绍这个人,虽然声众势强,但是不懂得兵法要领不懂得排兵布阵,统率力低,手下那些士兵他根本就指挥不了,不但如此,他还朝令夕改,政令不一。可是曹总您呢,以寡克众,用兵如神,军人恃之,敌人畏之,此武胜也。主公有此十胜,袁绍有此十败,当真打起来袁绍必败。

这便是经典的"曹操十胜袁绍十败"之说,尽管有一定的演绎成分,在一定程度上抬高了曹操,但也有相当的合理成分。听到这些略带拍马屁的话,曹操都不好意思了,笑着说:"如卿所言,孤何德以堪之!"(《三国志·魏书·郭嘉传》)虽然是奉承之语,但这对有些不自信的曹操来说是极大的鼓舞,无形中增加了其自信心。

6. 袁绍的犹豫

袁绍攻打曹操为的是天下,在某种程度上来说,也是利益之争;而曹操抵抗袁绍,为的则是生存,是一种有你无我的决斗。再说了,谁愿意不为了好处去和别人拼命呢?而对曹操的军队来说,此战就是你死我活的战斗,曹操因此也知道自己必须胜。

所以建安五年(200)正月,当刘备另立山头的时候,曹操大胆率精兵东征,击溃刘备,一举占领沛县,收复徐州,转攻下邳,并收编了关羽。曹操获胜后,回到官渡,以迎战袁绍。

这个时候,刘备也已经成为了袁绍的座上宾,虽然被曹操打得落荒而逃,但到袁绍这里还是成了香饽饽。据说,刘备到袁绍那儿时,袁绍是派兵遣将夹道欢迎，袁绍也到邺城二百里外迎接，那规格绝对超过汉献帝的待遇。由于刘备是曹操那儿过来的，熟悉曹操的情况，因此袁绍聘请刘备为参谋，留在统帅部工作，任军事行动顾问。

到哪里都没有免费的午餐，多年浪迹江湖的刘备当然知道其中的玄机，于是竭尽所能把自己所掌握的曹操军事情报全部奉献给了袁绍，趁机损了曹操一番，当然也拍了袁绍的马屁。获得刘备的含有水分的情报后，袁绍知道曹操不过尔耳，也就更加自大了：打曹操还要准备啥，直接出击，一举拿下得了。

袁绍立即召开军事会议，决定出兵曹操，而田丰认为最好的战机已经错过，再次规劝袁绍："曹操这个人很会用兵，变化无常，他的兵众虽少，也不能小瞧他，所以最好的办法是和他打持久战。将军您据有山河之固，拥有四州之众，外结英雄，内修农战，然后挑选精锐士兵，作为奇兵，专门骚扰曹操势力薄弱的地区。曹操救右边我们就打他的左边，曹操救左边，我们就打他的右边，使曹操疲于奔命，百姓不得安居乐业。这样，我们还没疲劳，曹操就已经困乏，不出两年，我们坐着就可以战胜曹操。现在出兵打曹操，就是放弃必胜的策略，以一战决定成败，倘若不能胜利，后悔都来不及啊！"

袁绍听了田丰的建议，觉得也有道理，于是再次征求武将的意见。武将们和袁绍一样希望速战速决，袁绍于是拍板决定出兵。可田丰依然不依不饶，坚决反对，袁绍大怒，以"重文轻武，有失大义"为名训斥一番。情急之下，田丰竟然口出狂言："若不听良臣言，出师必不利。"（《三国志·魏书·袁绍传》）且不说袁绍做得是否正确，作为军师，一旦决策定下，就应该坚决执行，绝不该这么情绪化。这样情绪化的人，就是采取了他的建议，结果也未必好到哪儿去。袁绍于是以扰乱军心的罪名，把田丰拘押起来，然后挥师南下。

主帅左右摇摆，军师情绪化严重，这样的搭档，自然难担重任。

无论如何，曹操和袁绍的对决已经开始了，这是一场准备数年的战斗，无论是强者还是弱者，都是使尽浑身解数。

7. 战前之战

中国人做什么事都要有个来头，叫作师出有名，就好像蚊子在叮人之前总要嗡嗡一番一样，先说一通大道理，诸如生存是硬道理，其实我也不想叮你，只是迫于生计才如此，不叮你我就没法生存。所以即使叮了你，也请你一定原谅，叮你不是我的本意，是自然界的规律如此。

历史上每次重大战争之前好像都有这一类的东东，诸如商汤讨伐夏桀时发布的《商誓》、武王伐纣时发布的《泰誓》、唐朝骆宾王的《讨伐武曌檄》、清朝曾国藩的《讨粤匪檄》，再就是经典的《为袁绍檄豫州文》。

中国人打天下讲究两杆子，一是枪杆子，讲究武力；二是笔杆子，强调文治。

为了昭示自己行为伟大而且正义，建安五年（200）二月，袁绍发布讨伐曹操檄文，指控曹操"豺狼野心，潜包祸谋，乃欲挠折栋梁，孤弱汉室，除忠害良，专为枭雄"（《为袁绍檄豫州文》）。问题是袁绍太高看曹操了，区区一个曹操，不应该给他这么高的待遇，这样一来，曹操几乎成了皇帝，那皇帝怎么办呢？看似技高一等，实际上是昏招。

不过这篇檄文着实厉害，据说当曹操读到此文时，紧张得大汗淋漓，偏头痛病一下子好了许多。着急问情报人员，此文何人执笔，后来获知乃陈琳所为，曹操对身边的人说："有文事者，必须以武略济之。陈琳文事虽佳，其如袁绍武略之不足何！"（《三国志·魏书·武帝纪》）

犹如唱戏之前的暖场一样，檄文发出之后，自然就是真枪实刀的对垒。既然是打仗，就需要战场，战场的选择是关乎双方成败关键因素之一，因而都想在对自己有利的地方开展战斗。曹操知道袁绍行动目标就是许都，作为弱势的一方，和敌人在他们的地盘打攻坚战是犯大忌的，最好的办法就是诱敌深入，在自己的地盘决战，我的地盘听我的。

曹操于是就在袁绍进军路线中寻找最有利自己作战的战场，经过近半年的详细侦察，发现官渡的地形对自己最有利。为什么要选择官渡呢？官渡地理位置极为重要，位于鸿沟运河上游，濒临汴水。鸿沟运河向西与虎牢、巩、洛要隘关口连接，向东可进入淮河、泗河，是曹操大本营许都北面和东面的屏障。

再就是官渡的战略地位。首先，官渡是官渡水、阴沟水、濮水三水交界之处，官渡地处渡口之地，北面有官渡水作屏障，利于防守。其次，渡口地区地势平坦，有利于曹操发挥自己的骑兵优势。最后，袁绍的军团从黎阳赶到官渡，需要渡过黄河、阴沟水、北渡水、官渡水、濮水等河流，等渡完这些河流，别的不说，速度肯定慢下来了。再就是辎重运输困难增加，也无法最大可能将兵力投入到这里，最为要命的就是补给，这么多坎坷，补给将成为袁绍最为严重的问题。

袁绍毕竟不是袁术，曹操会打仗，袁绍也不含糊。曹操有战略，袁绍亦有方略；曹操这么安排，袁绍自然也有自己的计划；曹操想在官渡决战，而袁绍的打算却是侧翼攻击。到底是曹操的道高一尺，还是袁绍的魔高一丈呢？

8. 赢在白马津

曹操为了实现自己的战略构想，可谓费尽心机，曹操知道保证战略实现的前提是守住鄄城和延津，只要这两个战略据点能保住，袁绍只有华山一条路——走进曹操设计多年的陷阱。

建安五年（200）三月，情况已经万分紧急，战争是一触即发，曹操最担心鄄城的安危，尽管当时的鄄城司令员正是当年三城抗吕布的英雄——程昱。

曹操担心的不是程昱的能力，而是鄄城的兵力——只有七百多人。鄄城在曹操东端战线的最前哨，一旦战争打响，首当其冲的就是鄄城。深知鄄城在自己战略中地位的曹操哪能不担心，于是主动提出给程昱增加两千兵力。

程昱做了全方位的评估之后，向曹操报告，不需要任何增援。这可把曹操给吓坏了，乖乖，比我还大胆，这哥们不会是疯了吧。曹操担心

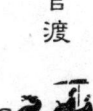

七 决战官渡

曹操奋斗之道

有闪失，于是派人前去问个究竟，程昱对来人说："袁绍拥十万众，自以为所向无前。今见昱兵少，必轻易不来攻。若益昱兵，过则不可不攻，攻之必克，徒两损其势。愿公无疑！"（《三国志·魏书·程昱传》）

不论从哪个角度来看，程昱都有些赌徒心理，连大胆的曹操都害怕，可见这着棋的危险性。最不可思议的还是袁绍，他居然配合了程昱，一看程昱的兵少，袁绍感觉不好玩，打仗要打大阵势，用十万人去打七百多人不好玩，说出去别人笑话，袁绍"果不往"。事后，曹操对贾诩说："程昱的胆识，比起孟贲、夏育都有过之而无不及。"

鄄城程昱的成功表面上看是赌博式战斗，风险极高，其实不然，程昱之所以这样，是建立在他对袁绍的熟悉和了解的基础之上的。程昱的胆量是以智略为后盾，审时度势揣度人心，断定袁绍不会因为区区七百驻军的鄄城，而劳师动众或分兵别道来攻打。鄄城不失，看似战略实现了一半，实际上只要延津失守，就是全盘皆输，因而战略的实现还要看延津的局势，这边程昱大显身手，延津的于禁自然也是风光无限。

袁绍南下的第一道屏障就是黄河，怎样渡黄河？在哪里渡黄河？这是袁绍首先要解决的重中之重。黄河有三个现成的渡河点：白马津、延津和杜氏津。按原定进军计划，白马津是主要渡河点，延津和杜氏津是辅助渡河点。为了保证顺利渡河，袁绍在一年前就沿黄河三个渡河点附近建造了许多营寨，并派了二十多位将领防守。袁绍这个战略的确是有利侧翼作战的，袁绍想得好，但还得看曹操答不答应。当然这不是在谈判桌上能解决的，要通过战场来说话。

对袁绍来说，鄄城是不错的进攻路线，可惜他放弃了，现在只能从这三个地方渡黄河了。由于杜氏津地处河内郡，而河内郡已经是曹操的地盘，那里有魏种把守，魏种也不是等闲之辈，不好对付。这样一来，袁绍的进军路线就剩下了延津和白马津两处。

袁绍最先出击之处并不是计划中的主要战场白马津，而是延津。延津的一把手，是袁绍比较熟悉的于禁。曹操第一次攻打袁绍之时，虽然袁绍兵盛，于禁还是主动做先锋。打仗毕竟不是完全靠勇气的，曹操选步骑两千人拨给于禁，任命于禁为延津特遣司令，守延津以抵抗袁绍进攻。

后来在刘备到徐州叛乱，曹操东征刘备的时候，袁绍并不是一点都没行动。袁绍派兵攻击于禁，于禁拼命坚守，袁绍没能攻下，当然那时候袁绍也不是真心攻打于禁，只是试探性的。

这一回不是逗你玩了，而是真枪实刀对垒，袁绍大军一挥，立马渡过黄河，向于禁开战。于禁一看形势紧急，立即向曹操求救，曹操根据情况，派出了以勇猛见长的乐进，带领从主力部队抽调的五千名善战精锐前去支援于禁。由于乐进有勇无谋，临行前，曹操吩咐乐进将军队指挥权交给于禁。

接到前线的情报，于禁获悉这次行动由袁绍亲自率军，反倒不紧张了，因为他知道什么事只要有袁绍参与，行动肯定快不了，因此他和乐进商议，决定采取主动进攻。于是，在一个月黑风高之夜，于禁他们带领士兵神不知鬼不觉地渡过黄河。在于禁的规划下，部队以迅雷不及掩耳之势绕过袁绍的主力部队，从延津西南面出发，沿着黄河焚烧了袁绍重兵把守的三十多个驻地，杀死和俘虏士兵各几千人，还俘虏了何茂等十几位将领，给还没有正式出师的袁绍以沉重打击。

发现于禁后，袁绍的军队也是快速行动，但于禁的部队极为熟悉地形，神龙见尾不见首，调动极快，袁绍军队一筹莫展。袁绍这么大军团进入延津，本以为能大展神威，吓吓曹操的军队，没想到一点优势都没有，进攻吧，找不到对象；分开驻守吧，又时不时遭到于禁游击式的袭击。袁绍的大军那叫一个郁闷，进退两难，进也不是，守也不是，最终还是决定撤。于是袁绍大军再次渡黄河返回乐阳，回到了起点。

不仅在延津的军队遭到于禁的袭击，驻守在杜氏津的袁绍部队日子也好不到哪儿去，这支部队正是因为突然遭到了于禁游击队的袭击，而迅速溃散。

延津之战，袁绍没有取得突破，要想进军许都，就只有白马津了，而这也是曹操所希望的。

七 决战官渡

9. 颜良成了关羽的背景

出师未捷先受挫,袁绍很是窝火,为了找回面子,同时重振军威,袁绍不和于禁在延津那一块玩猫和老鼠的游戏了,太没意思了。袁绍要打大场面战役,直接和曹操对垒,于是决定从白马津渡黄河,之后迅速派部队包围了白马城。

为了能按照有利于自己的战略进行战斗,同时找回信心,袁绍随即派遣郭图、淳于琼、颜良攻打东郡的白马,三个人中,颜良为主,其余二人为辅。

一看袁绍派颜良去攻打白马,沮授向袁绍建议:"颜良这个人性格暴躁心胸褊狭,虽然骁勇,将才有余帅才不足,不能独当一面。"向来以颜良为荣的袁绍,哪里听得进去,他正盘算着颜良给他攻城略地的快感呢。为了给颜良助威,袁绍也引兵到黎阳,准备渡过黄河。

颜良到底怎样呢?读过三国的人都知道,袁绍那是言必称"颜良文丑",孔融也曾经对荀彧说过:"……颜良、文丑,勇冠三军,统其兵,殆难克乎!"(《三国志·魏书·荀彧传》)不管怎么说,颜良毕竟是从战场上摸爬滚打出来的,肯定不是浪得虚名。

最先领略颜良战斗力的是白马守城将领刘延,面对颜良,要说刘延不害怕,肯定不可能。尽管害怕,刘延并没有失去分寸,而是积极采取坚守策略,加强防御工事,以箭雨和落石顽强抵抗颜良的进攻。战斗中,刘延肩膀中箭,但是仍然带伤指挥作战,极大鼓舞了士气。士气是提高了,毕竟实力悬殊太大,刘延只能咬牙坚持,过一天是一天。无奈之下,刘延向曹操求救。

曹操决定率兵救刘延。这时候,敌众我寡,曹操强攻打不过人家,只能在头脑子上做工作了。荀攸建议曹操:"今兵少不敌,分其势乃可。公到延津,若将渡兵向其后者,绍必西应之,然后轻兵袭白马,掩其不备,颜良可擒也。"(《三国志·魏书·荀攸传》)荀攸的计策是"声"攻延津而实"击"白马。荀攸没有要曹操兵分两路,而是要其率领全军向延津进军假装要渡河,然后再率兵突袭白马。

不分开主力和疑兵行动的原因有三条:一、白马之围只有曹操亲自去才有胜算;二、只有曹操亲自到延津才能把袁绍军队的注意力转移到延津,进而忽略白马;三、曹操兵力太有限了,根本不能分兵了,或者说如果曹操兵分两路,即使袁绍军队中计了,但曹操军队却没有取胜袁绍军队的把握。在这种局势下,曹操仅仅通过改变军队的行军路线和行军速度就把袁军控制于自己手掌之上,足见曹操用兵水平之高。

白马之战打响了,白马局势紧张,延津的局势也是让人提心吊胆。表面上于禁的两千步骑守住了延津,还趁机过黄河打了袁绍的秋风,搞得袁绍后方鸡犬不宁的。然而事实上延津这个地方是岌岌可危的,两千步骑把守只是一时之计,只要袁绍稍微投入一些兵力,后果不堪设想。

最危险的情况就是曹操用声东击西策略解救了白马之围,但延津却被袁绍攻破了,袁绍军队直接从延津渡黄河,然后截断曹操从白马回撤的后路,那曹操就无家可归了,白马也就没什么意义了。也就是说,曹操在去解白马之围的时候,就想到了延津的重要性和危险性,在那时就开始给于禁增兵了,曹操用兵高妙就在这里。

按理说,进攻一旦展开,进攻方就应该迅速以主力向着敌方的重心挺进,也就是说,袁绍除了留下必要的守备部队外,应该全军渡河,以部分兵力监视或围攻白马,主力迅速南进许都,这样才能发挥进攻者的积极性。不管你曹操是否增兵延津,你守你的延津,我渡我的白马津。如果这样的话,曹操即使有可能反吃掉颜良,也决计不敢。可袁绍却依然把主力驻扎在河北,优哉游哉,准备有面子地渡河。

袁绍不着急,曹操着急啊,为了吸引袁绍的注意力,曹操摆出来要抄袁绍后路的架势,让部队假装从延津渡黄河,准备进入袁绍的后方。一看曹操要抄后路,袁绍很是紧张,立马把兵力向延津方面集结,准备在延津和曹操战斗。袁绍哪里知道,曹操这是做样子,就是吸引你袁绍,只要你来就好。袁绍果然上当。

一看袁绍中计,曹操带上张辽和关羽就朝白马方向进军,这可是曹操当时的最强阵容。

关羽在投降之初,就是降汉不降曹,意思是说,我关某人不会归顺

七 决战官渡

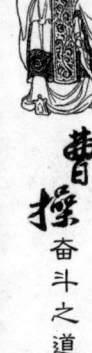

你曹操的。但曹操很欣赏关羽,封其为偏将军,而且盛情款待。曹操很快就发现,关羽有些想法,不会在自己这里效力,就对与关羽关系甚好的张辽说:"卿试以情问之"。张辽去问关羽,关羽感慨地说:"吾极知曹公待我厚,然吾受刘将军厚恩,誓以共死,不可背之。吾终不留,吾要当立效以报曹公乃去"(《三国志·蜀书·关张马黄赵传》)。张辽就把关羽的意思传达给曹操,曹操知道后,不仅不记恨,反而愈加觉得关羽是一个仁义之人,因此也就更看重他了。

正是如此,曹操才敢在这样关键的战役,带着张辽、关羽火速突袭白马城外的颜良。不知是什么原因,等到曹操距离白马十余里时,颜良才发现曹操来了,看来有负河北第一名将之誉。颜良震惊之余,仓促迎战,但为时已晚。

河北名将颜良好像就是为了成全关羽而来的,无论是在《三国演义》中,还是在《三国志》,抑或其他史书中,都是不惜笔墨描述颜良的勇猛。但好像都又没有列举出他的丰功伟绩,相反倒是详细描写了他怎样被关羽砍头的,颜良成了地道的"杯具"。

关于颜良之死,还有一说,那就是颜良辞别袁绍时,刘玄德曾暗嘱说:"吾有一弟,乃关云长也,身长九尺五寸,须长一尺八寸,面如重枣,丹凤眼,卧蚕眉,喜穿绿锦战袍,骑黄骠马,使青龙大刀,必在曹操处。如见他,可教急来。"因此颜良见关公来,只道是他来投奔,故不准备迎敌,被关公斩于马下,于是出现了"只因玄德临行语,致使英雄束手亡"的情景。这样看来,不是关羽多么勇猛,而是刘备害了颜良,正是因为刘备临行语,才导致颜良束手亡。

无论怎样,关羽正是凭借这精彩的一刀而扬名天下,而颜良则成了关羽的陪衬。

实际上这场战争的最大赢家是曹操:一、善待关羽,终于派上了用场;二、解了白马之围,提升战斗气势;三、战争按自己设想的方向发展。

白马之战后,曹操盛赞关羽的勇武,对立功的关羽更是关爱。为了留下关羽,曹操三日一小宴,五日一大宴,还送美女十人,金帛无数,把当年吕布的赤兔宝马也送给了关羽,又官拜寿亭侯,曹操真下了血本。

曹操是热情的，但关羽也有自己的追求，当关羽认为自己该离开曹操的时候，就把所有的赏赐原封退回，留下一封告别信，带着刘备的家眷离开了曹操，前去寻找刘备。曹操手下的将士获悉后，要去追杀，曹操挥挥手说："彼各为其主，勿追也"（《三国志·蜀书·关羽传》）。

关羽和曹操的故事后来传为佳话，一方面是关羽讲究义气，重感情，但另一方面体现了曹操的大度成全，如果曹操稍微有一点小动作，关羽可能都会小命不保。

10. "备丑组合"成为曹操的祭品

身在黎阳的袁绍正等着颜良的捷报，然后挥兵南下，直奔许都。可现实告诉他，这不可能，白马之战惨败，颜良被关羽斩杀，袁绍那是一百个不服。不可能！曹阿瞒那点人马，那几个没有名号的战将，他们能打败颜良，是不是情报搞错了？但前线逃回的士兵证明结果是真的。

正好像拳击擂台上，两个正在对垒的拳击手，力量较弱的一方偷袭了强大的一方，强大的一方必然不服，然后全力压上，想给对方点颜色看看，让对方知道大爷的拳头不是吃素的。袁绍就是这样，被曹操一打，立马抓狂了，你曹阿瞒让我受挫，我让你玩儿完。你曹阿瞒也不看看，我袁本初是软柿子吗？压上，全压上，准备挥师渡河，追赶曹操。

这是许许多多强大者和自以为强大的人最容易犯的通病，因为他们太自大了，认为他要是称第二，没人敢称第一，现在居然有人欺负他，那不是开国际玩笑吗？

就这样，袁绍被激怒了，一下子失去了理智，非要和曹操拼命。这时，曾经因为屡谏而被嫌弃的沮授，又站出来劝阻说："战场胜负瞬息变化，不可不详细计划。现在大军应当留屯延津，分兵攻打官渡。如能攻克，再迎大军也不晚；如果不能取胜，我们就面临全军覆没的危险。"袁绍没有接受建议，连曹阿瞒都敢在我面前撒野，一定要给他点颜色看看，我要给颜良报仇，我要找回面子，于是挥军南下。沮授在大军即将

渡河的时候叹息:"领导者骄傲,下面的将领贪功,悠悠黄河,我沮授还能再回来吗!"于是,沮授推托身体有病,不愿过河。袁绍非常气恼,强迫沮授随军渡河,并且把他所部军队割属郭图。

关羽杀了颜良,一举成名,不说天下皆知,最起码作战双方都知道。关羽的日子好过了,可寄人篱下的刘备就没有那么舒适了,听说刘备的结义兄弟关羽杀了颜良,袁绍是暴跳如雷,你的兄弟关羽杀了颜良,这个情况怎么办,非要刘备给个交代。刘备说,自己亲自上战场,只要在战场上见到关羽就能把他招降。其实,他还有一个想法没说,那就是——开溜。

这个时候,和颜良齐名的文丑站了出来,主动请缨做先锋,要为自己的好兄弟颜良报仇。有了颜良的前车之鉴,袁绍这回谨慎了许多,虽然是文丑做主将,但却派出了刘备做文丑的军事顾问。袁绍这一招可谓高明,一是让刘备给勇猛有余谋略不足的文丑出谋划策,二是如果曹操派关羽来战文丑,刘备顺道招降关羽。

解决了白马之围后,曹操立即率领骑兵返回延津,与夏侯渊的部队会合,开始有计划后撤。曹操知道得了便宜不能卖乖,袁绍不可能就此罢休,硬碰硬,自己不是对手,与其如此,不如提前撤退,加强沿线防守,尤其是官渡的部署。不过,曹操的这次撤退非常让人不解,先让夏侯渊的主力部队撤回,再命令辎重车队缓缓南撤,然后亲自带领六百骑兵断后。

这个撤退阵势确实有意思,非常不符合常规,步兵在前面,辎重在后面,由曹操率领的骑兵队指挥转移。这哪里是撤退啊,简直就是钓鱼。

文丑出发不久,就和曹操的断后部队在延津南面不远的南阪相遇了。文丑从前哨获得情报,曹操正率领骑兵在山丘上指挥辎重撤退。文丑一听说有这好事,立马就要过去。这时候,刘备站出来反对,认为这是曹操的诱敌行动,千万不要上当。文丑哪会把刘备放在眼里,玄德是被曹操打怕了吧,不就曹操吗?你给我殿后,我带领几百人马赶上前去,杀他个干干净净。

一听说文丑的军队来了,令人奇怪的是,曹操不仅不走了,反而在南阪下安营扎寨，还在南阪搭建了高高的瞭望台，在台上能清楚看到文丑军队的追赶行动。

曹操命令士兵登上瞭望台，观望文丑军队的情况，观望之后，士兵报告说："有五六百骑兵。"

过一段时间，士兵又报告说："骑兵稍微多一些，步兵不可胜数。"

曹操说："好了，不用再报告了。"

按理说，大敌当前，这个时候该披甲上马准备战斗了，曹操偏偏不，他却命令骑兵解鞍放马。这时，从白马城带回的马匹辎重满路都是，将领们都认为文丑的骑兵太多，不如回去保护大营。

荀攸却说："这正是诱惑敌军的饵料，怎么能把这些辎重拉走呢！"

听到荀攸的话，曹操看了看荀攸，两人相视而笑。

不久，文丑与刘备带领五六千骑兵先后到来，将领们再一次对曹操说："可以上马准备战斗了。"曹操说："时候未到。"不一会，文丑的骑兵越来越多，而且有些骑兵已经分头抢劫辎重了。

一看文丑的骑兵开始抢劫辎重，曹操知道时机成熟，果断下令："打！"于是，军队快速上马，尽管曹操这时的骑兵还不到六百人，但他们训练有素，出击有力，很快杀入文丑的骑兵队伍。反观文丑的军队，他们不是在战斗，而是正忙着抢东西呢，根本无心作战，一下子就被冲得支离破碎。文丑也死于乱军之中，不是传说中的为关羽所杀。

随后而到的刘备，一看文丑已死，而且对手是曹操，还是老方法——跑！

虽然连胜两场，斩杀了袁绍两员大将，曹操并没有被胜利冲昏头脑，他知道决战在官渡。于是，命令白马城的守将刘延撤军，自己立即回到官渡，只留下于禁的游击部队在延津南北两岸活动，骚扰袁绍的行动。

连败两场的袁绍，气急败坏，一心要和曹操比高低，这个时候的袁绍，已经没有天下之事，眼中只有一个曹操。曹操到哪儿，袁绍就追到哪儿，全然不顾战略，就这样，袁绍不知不觉就进入了曹操苦心经营的决战战场——官渡。

七 决战官渡

11. 成功需要的是坚持

两场战争说明不了什么，无论是对大胜的曹操还是完败的袁绍。对袁绍来说两场失败只是打乱了计划，于实力来说，等于得了一场感冒，对战斗力有影响但有限；尽管两场全胜，一口吃不成个胖子，曹操的实力并没有明显上升，只是宏大的战略实现了第一步。对于久经沙场的曹操和袁绍来说，这太小儿科了，曹操不会因此骄傲起来，不知道天高地厚，打算和袁绍玩对攻；袁绍也不会因此而气馁，从此一蹶不振，仗还是要打的，而且还要更猛烈一些。

连败两场之后，袁绍也认识到，曹操不再是当年的阿瞒了，是曹孟德了，也不是当年那个跟在自己屁股后面游侠的浪荡少年了，这些年曹操出息了。出息是出息了，但和自己比起来，还是嫩得多，建安五年（200）八月，袁绍很快兵临官渡。有了前两场战争的教训，袁绍显然收敛了许多，不再是先前的猛攻硬打，而是采取了阵地战，依沙堆立营，东西数十里，把曹操围了起来。

袁绍要和曹操打持久战，这正是曹操所喜欢的，这样一方面可以发挥官渡的防御优势，拖住袁绍的大军；另一方面可以延缓袁绍的行进速度，给自己争取时间。只要有了时间，什么事情都能做，什么事情都有可能发生，古语所谓"夜长梦多"就是这个道理。

一看这架势，许攸明白，战争就怕时间长，时间一长，曹操获得了机会，袁绍的优势就会化为乌有。于是许攸对袁绍说："本初啊，不要和曹阿瞒打持久战。我们应该把部队分开作战，一方面在官渡对峙，另一方面直接从他道迎天子，则大事立马成功。"袁绍没有听从许攸的建议，反而说："不着急，我还怕和曹阿瞒耗时间吗？我要先围死他，然后直取许都。"许攸听后，非常生气，但也没有办法。

所谓"兵来将挡水来土掩"，袁绍要和自己对垒，曹操也分营与袁军对峙。和袁绍的悠然自得不同，曹操那是一个着急，九月，曹操率兵出击，但战斗不顺，只得返回阵地。当时曹操兵力不满一万，且十有二三是伤兵，只好退回营垒坚守。袁绍那边一看，别以为在营垒里不出来，就奈何不了你们，于是便堆起土山，筑高橹，用箭俯射曹营，一天二十四小时不间断，使得曹操的士兵天天只能扛盾出行，就好像下雨天打伞一样。可是盾牌比伞重多了，举起来没有那么轻松。再就是那射过来的不是雨而是箭，稍有疏忽就有可能一命呜呼。

下雨天打伞，打几天都受不了，更别说天天扛着盾牌了。为了扭转这种被动局面，曹操动员大家想办法，谋士刘晔设计制作了一种抛石装置的霹雳车，向袁绍军队还以飞石。霹雳车很快投入战斗，威力尽量，好比坦克开入步兵方阵，战局风向立即改变，曹操这边可谓是万石齐发，袁绍那边狼狈不堪。石头本身的重量再加上什么动能势能的，那可不是扛一个盾牌就能抵抗的，这一阵石头雨，不仅打垮了士兵，还摧毁了袁绍所筑的楼橹。

一看这招不行，袁绍又开始运用地道战。在那个时候，这一招应该常用，曹操第三次南征张绣，撤退时就是运用地道战才打败刘表和张绣联军的。在地道战这方面，曹操应该是专家，不仅在战斗中使用，曹操还在老家亳州建立了地下练兵道，一直保留到现在，还可以参观。常言道，关老爷门前耍大刀——班门弄斧，在曹操面前挖地道，同样有些幼稚，袁绍命士卒挖地道袭击曹营，曹操也针锋相对，在营内掘地壕以对抗，粉碎了袁绍的计策。

就这样，袁绍和曹操双方你来我往相持了三个月。终于有人挺不住了，当然不是袁绍，而是曹操。当时前方兵少粮缺，士卒疲乏，后方也不稳固，曹操几乎失去坚守的信心。在这时候，谁都知道要坚持，曹操当然也知道，但坚持并不是一件容易的事，坚持的痛苦一般人还能忍受，最为绝望的是看不到任何希望和曙光，这才是痛苦之中尤为痛苦者。坚持要是肯定能获得胜利，谁都会坚持下去，但问题是坚持下去未必能获得胜利，动摇就是在这种可能性情况下发生的。

眼看军粮将尽，士卒疲惫，曹操那是一个郁闷、无聊，把大伙找过来商议，都说要坚持，可怎么坚持，坚持到什么时候，又没人能给出答案。实在没办法了，写信给荀彧，曹操在信中告诉荀彧，说自己准备退守许都。

七 决战官渡

为了劝服曹操坚守官渡，荀彧先给曹操戴了一顶高帽："绍悉众聚官渡，欲与公决胜败。公以至弱当至强，若不能制，必为所乘，是天下之大机也。且绍，布衣之雄耳，能聚人而不能用。夫以公之神武明哲而辅以大顺，何向而不济！"（《三国志·魏书·荀彧传》）然后又拿曹操和刘邦相比，可以说这是曹操的软肋，这一招对曹操是屡试不爽，荀彧回信说："今军食虽少，未若楚、汉在荥阳、成皋间也。是时刘、项莫肯先退，先退者势屈也。公以十分居一之众，画地而守之，扼其喉而不得进，已半年矣。情见势竭，必将有变，此用奇之时，不可失也"（《三国志·魏书·荀彧传》）。其实荀彧的建议并不比自己身边谋士的想法高明到哪儿去，高就高在，荀彧把曹操和汉高祖刘邦相提并论。

曹操一听自己和刘邦是一个级别的，立马就来了精神，就是现在再差也比那时候的刘邦强，刘邦都能反败为胜，我曹操为什么就不行呢？我难道还不如读书人荀彧吗？我能，一定行，四个字：坚持到底！

曹操之所以相信荀彧的话，一个最根本的原因就是荀彧负责粮草的补给，既然荀彧说没问题就一定没问题，故而曹操能下定决心坚持。荀彧在劝服曹操下定决心后，就需要具体执行了，前线的士兵可是需要一日三餐的，那不是几句话就能解决问题的。为了保障前线的粮草补给，荀彧对后勤补给的运输方法进行了改变，为了缩短运输队的前后距离，将十路纵队合为一部，同时为了加强防卫，采用复阵（两列阵）方式，有效保证了粮草运输畅通。

荀彧积极努力，曹操也没闲着，他正在积极寻求和捕捉战机，击败袁军。不久，机会来了，据可靠情报，袁绍的数千车谷子快要运到了，荀攸对曹操说："袁绍运粮车最近就要到了，押送的将领韩猛轻敌，一举就能拿下。"曹操说："谁可使？"荀攸说："徐晃。"曹操于是派遣徐晃和史涣前去邀击，烧毁袁军数千辆粮车，增加了袁军的补给困难。

尽管这一战极大地破坏了袁绍的粮草补给，但曹操的军粮问题仍然没有解决，"众少粮尽，士卒疲乏"，本身部队就不多，就是这样还是没有吃的。人是铁饭是钢，一顿不吃饿得慌，饭都吃不上，哪里来战斗力。也许受到荀彧和这场仗的鼓舞，曹操信心爆棚，他对运粮的战士说："十五天之内为你们打败袁绍，不用你们再来送粮食了。"

12. 袁曹智斗，刘备得利

连曹操都被这场官渡之战打急眼了，可见这场战争的残酷性。其实，这场战争对双方来说都至关重要，不能有任何闪失。谁都输不起，曹操要是输了，就输得精光，连小命也得搭上；袁绍也输不起，毕竟五十多岁了，这次拿不下曹操，下一次还不知会等到什么时候，等不起了。

为了确保胜利，袁绍也是大动脑筋，不光正面战场要争，敌后战场也要开辟。袁绍的老家是豫州汝南，而那里正是曹操的后方，袁绍利用袁家在汝南的影响巧打曹操的身后。豫州包括颍川郡、汝南郡、梁国、沛国、陈国、鲁国两郡四国。其中，汝南郡三十七城，沛国二十一城，加起来占到了整个豫州一半以上。可以说谁控制这两个郡国，谁就控制了豫州。汝南是袁术袁绍兄弟的老家，汝南简直就是老袁家的私人花园。此时袁术已死，但袁绍尚在？所以尽管曹操控制了豫州，但汝南并不太平。

在豫州汝南郡，袁家门生宾客分布于诸县，拥兵拒守，地盘名义上是曹操的，但曹操却不得入内。曹操对此甚为忧虑，好在有满宠替曹操解忧。满宠做汝南太守后，为了对付当地袁家势力，招募五百人，攻下二十多个壁垒，设计诱杀首领十余人，汝南平定。

但好景不长，当袁绍和曹操开战之后，建安五年（200）秋七月，汝南黄巾军首领刘辟等叛归袁绍。袁绍那是一个乐，当然袁绍也知道，刘辟这样的人成不了什么气候，必须派出一个能掌控全局的人前去支持，派谁去合适呢？袁绍盘算来盘算去，就只有刘备了。

不过这刘备也够不顺的，虽然关羽也从曹操那儿过来了，但实力也就那个样子，袁绍让他帮自己打仗，但却不愿给一批人马。尽管刘备去了，也没有救了刘辟，曹操没有亲自出马，只派了吝啬鬼曹洪，曹洪果然圆满完成任务。刘备再次失败，只得回到袁绍那儿。

这次失败，刘备长了见识，知道袁绍成不了大事，这里不宜久留，

再说了,刘备也不是甘为人下的主儿,准备跑路。于是,就主动向袁绍请缨:本初,这样打下去要到何年何月啊,我们要是前往汝南,策动当地黄巾余党龚都反对曹操,再联合一下南方的刘表就好了。袁绍一想这主意确实不错,但谁去呢?刘备于是自告奋勇,一方面我是刘家之后,是皇叔,可以号令龚都;另一方面,我和刘表是本家,有事好说话。袁绍一看有这等好事,立即答应,批准刘备带着自己的队伍出发,刘备于是获得脱身。

明眼人都能看出来,刘备哪里是联合什么刘表啊,他就是趁机开溜吗!刘备为什么要开溜呢?有人认为是刘备两次出战,全部败北,面子上挂不住,作为吕布的真传弟子,刘备是青出于蓝而胜于蓝,刘备向来是今天投奔这个、明天又投奔那个,他曾经和公孙瓒一起打袁绍,之后又投奔陶谦打曹操,后来又投靠曹操打吕布,现在又投靠袁绍打曹操,在刘备眼里换主子好像过家家一样,没啥不好意思的。

13. 刘备的眼光

事实上,刘备跑路的真正原因大抵如下:第一是刘备知道袁绍必败,善于逃跑的他知道必须及早脱身,多年的流浪使得刘备对战争有了天生的敏感,刘备可能已经预料到袁绍要失败了,所以趁早溜之。第二是刘备向来有大志,小时候就有乘坐"羽葆盖车"理想,老是在袁绍这儿混,猴年马月才能实现呢?第三是寄人篱下的日子不好受,虽然袁绍很客气,但已经打了两次败仗,袁绍到底怎么想,谁知道呢?

刘表胸无大志,是那种"老婆孩子热炕头,三十亩地一头牛"类型的男人。这一点就令刘备很生气,内心瞧不起这位同宗大哥,同是老刘家的子孙,做人的差距咋就这么大呢?

什么才是我们老刘家的子孙呢?在刘备看来,第一,老刘家子孙要像高祖刘邦那样,永远有一颗做皇帝的心;第二,就是没有做皇帝的想法,也要心怀天下,关心黎民百姓。

在刘备看来,最没出息的老刘家子孙就是低头过自己的日子,这样的人怎么能配姓刘？

刘备一直都看不上刘表，在他看来，就是把自己和刘表相提并论都绝对是一种侮辱。但不久，刘备的态度就改变了。改变的原因，不是刘表变得上进了有野心了，而是刘备需要到刘表那里蹭饭吃。

俗话说，端谁的碗，服谁的管，刘备开始睁眼看刘表了，这时的刘表在刘备的眼里还是很可爱的。

建安五年（200年）九十月间，官渡之战结束，曹操大胜，袁绍大败，刘备知道自己的好日子结束了。

官渡之战，无论是曹操还是袁绍都是不能承受之轻，在短时间内，谁都无力再次发动大规模战争。因而，战后短期休整，成为曹操和袁绍的共同选择。

收拾完袁绍，曹操回头一看，刘备正在自己的地盘活动，而且还在汝南建立根据地。这下子，曹操火了，卧榻之侧岂容他人鼾睡，建安六年（201）九月，曹操腾出手来，亲自带兵进攻刘备。

一看曹操来了，刘备当然知道自己的分量，自己的那些人马，和曹操根本不是一个级别的。就这点人马，还都是刚刚招募过来的，叫军队都有些不好意思，充其量就是民兵团。

虽然打不过曹操，刘备当然也不愿意束手被擒，为了生存，刘备开始向刘表抛橄榄枝了。刘备知道，自己虽然善于逃跑，但总得有一个方向吧，这个时候，环顾四周，就只能跑向刘表那儿了。

刘备是有身份的人，自然不能落荒而逃去刘表那儿，要有尊严，有面子。于是为了和刘表拉上关系，刘备先派遣糜竺、孙乾到刘表那里做铺垫，然后快速逃跑，以免成为曹操的刀下鬼。

当曹操的军队一到，连照面还没有打，刘备就快速逃跑，虽然不清楚这是刘备生命中第几次逃跑，但可以肯定的是，绝不会是刘备的最后一次逃跑。

虽然我们常说"说曹操曹操到"，但曹操的速度还是没有刘备的速度快，这就是"好狗撵不上逃狗"，一条好狗撵不上逃命的劣狗。

刘备逃到刘表那儿去了，又过起了逍遥日子，尽管曹操不爽，但也没有好办法。曹操知道，这个时候，袁绍仍然是自己第一位的敌人，必

七 决战官渡

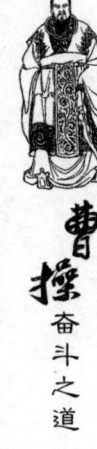

须彻底除掉。刘备只是让自己头疼,而袁绍是要命的,所以只能先放刘备一马。

尽管刘备是逃难到荆州的,但荆州人仍然把刘备奉为贵宾,听说刘备来了,为了表达自己的心情,刘表亲自到襄阳郊外迎接。

不管怎么说,刘备还是有一定水平的,毕竟在江湖上闯荡了这么多年,尽管没有多少能拿得出手的成绩,但刘使君、刘豫州、刘皇叔的名头还是很响亮的。就凭这些,谁不给一个面子,所以,刘表对刘备那是一个热情,简直把刘备当神供奉。刘表的确高看自己的这位同宗兄弟,为了尽自己的地主之谊,不仅送给刘备一些军队,同时还把荆州北部的新野那块地盘划给他防守。

正是在荆州,刘备获得了自己真正意义上的地盘,也是在荆州开始了自己的霸业之路。

刘备的出走,和曹操对运粮士兵所说的话,应该有异曲同工之妙,都极准确预测了官渡之战的结局。

14. 许攸来了

面对官渡之战的残酷,曹操为了鼓舞士气,对运粮士兵夸下海口说,十五日之内要结束战争。曹操他有这个把握吗?没有,真没有!其实曹操也就是一说,鼓励一下自己和士兵。尽管当时,曹操问计于贾诩时,贾诩曾说:"公明胜绍,勇胜绍,用人胜绍,决机胜绍,有此四胜而半年不定者,但顾万全故也。必决其机,须臾可定也"(《三国志·魏书·贾诩传》)。谁都知道,这是客套话,有水分在里面,顶多鼓鼓劲,曹操不会完全相信贾诩,贾诩也没有说定具体日子。

向士兵许诺时,估计当时连曹操都没有当真,仅当一说,可有人偏偏要帮助曹操实现诺言,而且是不远数里从袁绍那边来的人,这个人不是别人,就是——许攸。

许攸,字子远,南阳人。在风云际会的东汉末期,许攸也是一个人物,除了个人本身的水平外,还有就是他和袁绍,曹操都是好朋友。年轻的时候，他们曾经在一起游侠，只是没有袁绍和曹操闹的动静大，故而没有他们俩抢新娘子出名。

成年后，许攸也没有销声匿迹，也曾干过惊天动地的大事，那就是和冀州牧王芬、沛国相周旌策划废掉汉灵帝另立合肥侯。许攸想到了曹操，觉得有曹操参与胜算更大，但曹操没有参与。结果正如曹操预料的，这次废立失败了。王芬自杀，而许攸好像也沉寂了。尽管失败了，但也说明许攸很早的时候就有点气魄，敢于跟人同谋废立皇帝，能没有魄力吗！

废立汉灵帝失败后，许攸也一下子消停了，直到董卓到洛阳，袁绍出逃，许攸作为袁绍的追随者再次出镜，一起跑到冀州。

许攸这个人虽然算不上顶级聪明的人，但也应该是一个人物，最起码在袁绍那里还算是一个角儿。陈寿描述袁绍出兵攻打曹操，袁绍"众数十万，以审配、逢纪统军事，田丰、荀谌、许攸为谋主，颜良、文丑为将率，简精卒十万，骑万匹，将攻许"（《三国志·魏书·袁绍传》）。作为排在第三位的谋主，足见许攸的能力和水准，但许攸有一个致命的弱点——好财。作为一个人，好财本无可厚非，关键要取之有道，如果不管什么来路的财，全部照单收下，那祸将不远矣。

建安三年（198），打败吕布之后，曹操与袁绍开战。这时候，曾经去过袁绍那儿的孔融十分担心，便和曾经在袁绍那儿混过的荀彧探讨。据《三国志·魏书·荀彧传》记载，孔融对荀彧说："绍地广兵强；田丰、许攸，智计之士也，为之谋；审配、逢纪，尽忠之臣也，任其事；颜良、文丑，勇冠三军，统其兵，殆难克乎！"荀彧明白孔融的意思，于是说："绍兵虽多而法不整。田丰刚而犯上，许攸贪而不治。审配专而无谋，逢纪果而自用，此二人留知后事，若攸家犯其法，必不能纵也，不纵，攸必为变。颜良、文丑，一夫之勇耳，可一战而擒也。"

在这段对话中，许攸的出现尤为抢眼，几乎盖住了袁绍，不过也不是什么好事，就是说许攸贪财。许攸不仅自己贪财，而且家教有"方"，老婆、儿子、侄子都贪财。可是审配逢纪不贪财，于是审配以许攸家收受钱财法，收其妻子，并从邺城向袁绍发来书信，说：许攸在冀州时，尝滥受民间财物。且纵令子侄辈多科税，钱粮入己，今已收其

七 决战官渡

子侄下狱矣。

在这里先不说许攸到底有多贪财，家人如何不法，单说审配这样做，确实有点二。大敌当前，应该全力以赴对待曹操，这审配却在窝里斗，荀彧评价他"专而无谋"，的确如此。在这个节骨眼上，打仗是第一位的，要内部和谐，外部战曹操，而不是搞点内斗，要协调人际关系，搞统战。自以为帮了袁绍大忙的审配可能不知道，正是他害了袁绍，袁绍本身刚愎多疑，现在听说许攸贪财，肯定怀疑，许攸是不是收了曹操的财物？

袁绍看到审配的信，大骂："许攸，你这个滥行匹夫！你与曹阿瞒有旧，想是亦受他财贿，和他一起来谋害我！"这事表面上看来，袁绍有问题，有点刚愎多疑，但许攸也不是没有毛病，两个有性格缺陷的人在一起做搭档，悲剧是必然的。

许攸也认识到问题的严重性，活命要紧，走吧！到哪儿去呢？袁绍不是怀疑我和曹操有来往吗？我还就到曹阿瞒那儿去，于是乎直奔曹操的大营。

15. 火烧乌巢

听说许攸来了，正在睡觉的曹操，兴奋得连鞋都没有顾上穿，光着脚跑出来迎接。曹操握着许攸的手，笑着说："子远，你来，我大功告成了！"

两人落座之后，许攸对曹操说："袁绍军盛，你怎么办？现在还有粮吗？"

曹操慢慢悠悠地说："差不多够用一年的。"

许攸微笑着说："不对，你没说实话，再说一遍！"

曹操又说："可用半年的。"

许攸摇摇头，提高了声音："阿瞒，你不打算打败袁绍了吗？为何不实话实说呢！"

曹操于是严肃地说："刚才都是逗你玩的。其实我粮草只够一月用的,怎么办啊?"

许攸一看曹操对自己说出了军事机密,那是一个感动,你阿瞒信任我,我许攸怎能不帮你啊?于是对曹操说:"阁下孤军独守,外无救援且粮谷已尽,现在正是危险的时候啊。现在袁绍那里有一万多车辎重存放在故市、乌巢,守卫并不严密;现在以轻兵袭之,不意而至,烧其积聚,不过三天,袁绍自败也。"

曹操获得许攸情报,于是立即召开军事会议,商讨此事。大家都怀疑许攸情报的真实性,这个时候,唯独荀攸和贾诩坚决支持,劝曹操不用怀疑,立即行动。于是,曹操让曹洪守大营,亲自率领精锐步骑五千人夜往。

为了蒙混袁绍军队,曹操命令所带士兵全部穿上袁绍士兵的衣服,并使用袁军旗帜。为了能不声不响地行进,所有马匹的嘴也都被绑扎,每个士兵都口衔枚(像筷子样的小木棍儿。古代夜间行军或偷袭敌营,往往让军士每人口中衔枚一个,以免说话或出声,被敌人发觉),枚的两头还有绳子拴在脖子上。准备停当之后,为了避开袁绍的士兵,趁夜间绕小路出发;为了火烧军粮,每人怀抱一捆干柴;为了在行军途中应付袁军询问他们是何处兵马,曹操让士兵口径一致回答:"袁公恐曹操抄略后军,遣兵以益备。"巡逻的人一看服装旗帜都是自己人,自然相信,双方都神色自若,没有引起怀疑。

一路紧赶慢赶,曹操终于在天快亮的时候到达乌巢。到达之后,曹操命令士兵迅速把袁绍的粮草大营包围起来,立即放火。接着,擂鼓前进,曹操带领士兵像潮水一样杀向袁绍的粮草大营。

在乌巢守粮草的人正是淳于琼,这哥们和曹操当年都是西园八校尉成员。虽然能力不比曹操,但也绝不是无能之辈,此人最大的弱点就是好酒。两军对峙于官渡,袁绍命令淳于琼带领一万多士兵押运粮车,驻扎在袁绍大营以北四十里的乌巢。按理说,淳于琼也是老资格了,粮草大营怎能掉以轻心,可能淳于琼认为乌巢不会能有什么大不了的事儿,于是整日酗酒,因而疏于防备。

酒后正在酣睡的淳于琼,听到战鼓之声,大吃一惊,大声问道:"谁人大胆,聚众鼓噪?⋯⋯"话音未落,就听见有人大喊:"曹操的

七 决战官渡

军队来了!"一听曹操来了,淳于琼那是一个紧张,立马出帐查看,发现自己的粮囤已经火光熊熊,烟雾腾腾。

出于军人本能,淳于琼快速披甲上马,准备出击,但转念一想,连曹操来了多少人马都不知道,如何出击,这样出击还不是白白送死。决定等等再看,这一等不要紧,自己的小命是保住了,但粮草烧完了。当天亮之后,淳于琼带兵迎敌,发现曹操来的人并不多,淳于琼那是一个后悔。

袁绍得知曹操派人袭击乌巢,立即派人前去救援。

这样一来,曹操就陷入了被前后夹击的境地,一面是淳于琼,一面是从袁绍大本营支援的士兵。形势十分危急,身边的人告诉曹操:"敌人快到了,分开兵力战斗吧?"曹操听后大怒:"别说了,赶紧打仗,敌人什么时候到了我们身后再告诉我!"

在曹操的鼓舞下,士兵拼死战斗,最后彻底摧毁了袁绍的粮草基地,打败淳于琼的部队,斩杀了督将眭元进、骑督韩莒子、吕威璜、赵叡等人。

最为不可思议的是,曹操的士兵居然割掉了淳于琼的鼻子,淳于琼也命大,鼻子被割掉后竟没有死,后来又被人在夜里逮到,将其送到曹操面前,曹操对其说:"怎么会是这样?"淳于琼说:"胜负自天,何必再问为什么呢?"念及旧情,曹操想留下不杀。这时候,许攸慢吞吞地说:"明天在镜子看到自己的鼻子被割掉了,恐怕会记恨一辈子。"听到许攸的话后,曹操便杀了淳于琼。

16. 袁绍过黄河

曹操在那边和淳于琼激战的时候,这边袁绍也在帐中接到报告,说是北面火光冲天,定是乌巢出了事。据《后汉书》记载,当袁绍听说乌巢出事时,并不怎么紧张,相反,还自信地对袁谭说:"就是曹操打败了淳于琼,我也能击破曹操的大营,让他无家可归。"

一看这样盲目自信,张郃对袁绍说:"曹操的部队太精锐了,淳于琼肯定不是对手，曹操一定能打败他。而淳于琼一旦失败，我们就全完了，应该赶快派人去救援乌巢。"郭图说："张郃的方案不妥。曹操必定亲自带兵去乌巢了，不如现在派重兵去攻打曹操的大营，这样曹操肯定会来营救，这就是'围魏救赵'的道理。"一听郭图如此说，张郃的鼻子差点气歪了，大声说："曹操大营太坚固了，肯定攻不下来。而如果淳于琼被曹操拿下，我们就都要做俘虏了。"

之所以说张郃的方案正确，是因为张郃知道曹操大营坚不可摧；袁绍和郭图的方案也有道理，只是他们看扁了曹操大营的防守能力，所以做出了错误的决策。

尽管张郃一再劝说，但袁绍总觉得曹操大营不堪一击，于是命令张郃、高览带重兵去官渡攻击曹营，只派蒋奇带领一点点人马象征性地营救乌巢。

袁绍又一次做出了错误的决策，这也是他最后一次做出错误的决定。纵观整个官渡之战，真是太难为袁绍了，居然一次都没有决策正确。

尽管张郃不同意袁绍的决策，但还是按袁绍的命令，和高览带领士兵攻打曹操大营。经过分析，他们决定从中路进攻，遭到曹营士兵的拼死抵抗，果然像张郃想象的那样，曹操的大营太坚固了。正在厮杀之际，夏侯惇从左边杀了出来，曹仁、李典从右边杀了出来。曹操大营的左中右三路人马一起杀向张郃、高览，中路人马就够张郃高览招架了，一下子又多了两路，这可如何是好？

正当张郃、高览犹豫之际，偏偏遇见曹操带领人马从乌巢归来，于是四下围住张郃、高览。张郃、高览一看情况危急，风紧扯呼——跑吧。

当张郃和高览逃回袁绍大营的时候，前去救援乌巢的蒋奇早已败回大营。袁绍正打算惩罚蒋奇，一听张郃、高览也被曹操打败，几乎要昏过去。

郭图一看张郃、高览失败了，攻打曹操大营就是自己的主意，生怕袁绍怪罪自己，赶紧为自己开脱，于是冷冷地说："听说乌巢战败了，张郃他们居然还高兴，还有没有廉耻。可以肯定他们二人这次攻打曹营，一定没有尽力。"袁绍一想，有道理，立马召张郃、高览来大营

七 决战官渡

问罪。

获知消息后,张郃知道肯定没有好结果,两人一合计,投降曹操吧。

说做就做,张郃、高览马上带着本部人马直奔曹营。

张郃、高览来投降,留守大营的曹洪不敢相信,不会吧?刚才我们还杀得你死我活的,现在来投降,不会是诈降吧?正当曹操对张郃、高览两位的投降心存疑虑的时候,荀攸说:"张郃来投降,是愤怒袁绍不采用他的计谋,有什么好担心的?"听荀攸这么一说,曹洪赶紧迎接张郃、高览进营。

从乌巢回到大营后,曹操听说张郃、高览投降了,太高兴了,立即封他们为将军。大胜之后还有意外收获,曹操赚大了。

从乌巢粮草被烧,到蒋奇营救失败,再到张郃、高览战败,最后还投靠了曹操,没有一个好消息。袁绍大军已经精神崩溃,一时间人心惶惶,军心涣散,毫无斗志。

这个时候,许攸劝曹操趁热打铁,快速出击。刚投靠过来的张郃、高览也急于表现一下,送给曹操一个见面礼,请先打头阵。大家这样积极,曹操也是求之不得。

当夜三更,曹军兵分三路,快速袭击袁绍大营。由于袁绍军队早已丧失战斗力,兵败如山倒,伤亡惨重。

曹操大军半夜袭击大营,袁绍惊慌失措,再也没有往日的风度了,为了逃命,连盔甲都没来得及穿,找了一块丝巾包住头发,和儿子袁谭一起,率领剩下的八百余骑兵,北渡黄河而去。

17. 人间正道是沧桑

曹操大军一路追杀到黄河,但没有追上袁绍,于是接收了袁绍大营里的辎重、图书、金银财宝。

袁绍跑掉了,但沮授却没有跑掉,成了俘虏。沮授很有意思,被俘后,大声说:"我沮授不是投降,而是被你们俘虏了。"

其实这种结局，沮授早就料到了，在袁绍大军出发前，便召集家族成员，把所有的财产分散，说："事情成功，威望无所不加；事情失败，一身不保，可哀！"

一听沮授这么悲观，弟弟沮宗说："哥哥不用担心，曹操的兵马肯定不是我们的对手，你怕什么？"

"不是你想象的那样，曹操英明有远见，又挟天子作为政治资本。"沮授摇摇头说，"我们虽然打败了公孙瓒，但部队已很疲惫。再就是，现在将领骄傲无能，而主公向来刚愎自用，我们离失败不远了。"可谓一语成谶，预言成了现实。

沮授在官渡失败后，成了曹操的俘虏。曹操跟沮授也是多年的老朋友了，听说俘获了沮授，于是亲自出帐迎接。曹操握着他的手，亲切地且对沮授说："由于众所周知的原因，兄弟你我在不同的政治阵营，因而彼此之间断绝了往来，没有想到今天俘获了你。"沮授淡淡地说："袁绍没有采用我的策略，所以败回北方；我的才智无法发挥，只能落得被俘下场。"

听到沮授的话，曹操深受感触，对沮授说："本初无谋，不用你的谋略，造成了战乱，使国家不得安定，我希望和你联起手来共同安定天下。"

沮授摇摇头，说："不行啊，我的叔父、母亲和弟弟的命运，都握在袁绍手里。如果你真看得起我，就尽快杀了我吧，那才是真的对我好。"

听到沮授这样说，曹操很是感慨："我要是早得到你，天下事还有什么可担心的！"为了招降沮授，曹操命令士兵给沮授松绑，给予沮授厚待。

但沮授心不在曹操这儿，处心积虑逃回北方，曹操无奈，只好杀掉他。

关于官渡成败原因，《三国志集解》卷六引王补曰："沮授、田丰智略与荀彧等，而彧言如石投水，授、丰所谋，如枘凿之不纳，此袁曹成败所由也。"就是说，这几个人的智谋水平差不多，只是荀彧的谋略曹操如石头投水一样接受，沮授和田丰的谋略对袁绍来说好像方与圆一样互不容纳。"枘凿"是什么呢？枘，是圆形的；凿，是方形的，所以

七 决战官渡

他们互不容纳。

这个论点是有一定道理的,但不是绝对的。袁绍是什么样的人,曹操的谋士都能看出,难道袁绍手下的沮授、田丰这哥几个竟没有一个人看出来?事实上他们也看出来了。既然荀彧、许攸都能从袁绍集团逃出来,为什么田丰、沮授知道袁绍的痼疾,却仍然追随他?翻阅史书可知,从袁绍那儿投奔曹操的荀彧、荀攸、郭嘉等人,籍贯多是豫州的,而田丰、沮授等则是冀州土著,故前者离开袁绍比较容易,而后者却是乡土宗族难离。

这就决定了,他们必须和袁绍在一起。所以,他们尽忠于袁绍是想稳定河北,发展势力。但袁绍身为汝南人,作为一个外乡人,对冀州的豪强势力颇为忌惮,难免有打压之意,而这时候身边以郭图为代表的豫州士人乘机打击冀州人士。这样一来,袁绍后期,在集团内部两股势力冲突加剧,在斗争中,袁绍明显偏向于豫州士人,田丰、沮授自然就成了牺牲品。而当田丰、沮授成为牺牲品后,袁绍的好日子也就不多了。因此,可以说袁绍集团中的地域派别与斗争,才是造成官渡之战失败的根本原因。

官渡一战,曹操就成了名义上的老大,既然是老大,就要有老大的胸怀。

打败袁绍之后,曹操检查从袁绍那儿抄没充公的文件档案,真是不看不知道,一看吓一跳,发现袁绍有许多信件都是许都那边寄来的,而且还是朝廷官员,更为恐怖的是还有不少信件是自己军中将领写给袁绍的,内容差不多,大抵是向袁绍抛媚眼,为自己的将来铺路。

见到这些重要文件,曹操身边的人要强烈要求"逐一查对姓名,把他们揪出来杀了!"

"算了,算了。"曹操摆了摆手,"当时袁绍比我强大,连我自己都不能自保,何况大家呢!"

同时,曹操下令把这些信件全部烧毁,而且既往不咎。曹操这一举动,人心迅速安定。

这个时候,曹操看的是整个天下。

八、征天下

人能改变局势，但局势发生变化后，人也应该去适应。如果不能适应，尽管局势是自己营造的，也有可能被局势废掉。打败袁绍，曹操也不是绝对的老大，曹操知道要想做老大，还有很多事要去做，除了武力上的震慑还需要文治熏陶。人强大到一定程度，控制不当就会自我膨胀，会认为自己是太阳，结果终会原形毕露，虽袁绍之鉴不远，但曹操并没有吸取。这个时候，最好的办法就是，让上帝的归上帝，恺撒的归恺撒。

1. 人都是会变的

　　人都是会变的，尤其在局势和环境都发生变化的时候，有的人会控制、控制……到最后也未必能控制住，有的人则是放任，纵情，最后就是自我膨胀，结果只能回归于原形，从哪里来到哪里去。

　　曹操年轻的时候，尽管桥玄、许劭对他的评价非常高，但曹操好像也没有多高的志向，"自以本非岩穴知名之士"，理想也就是"为一郡守"，好好做官做出政绩，以"建立名誉，使世士明知之"。因而进入官场后，无论是在洛阳北部尉还是在济南，曹操都是不畏豪强，举免官吏，取得了不错的政绩，也赢得了声誉和民心。这些成绩的取得却是以"违忤诸常侍，以为强豪所忿"为代价的，结局曹操只能"恐致家祸，故以病还"，这沉重打击了一个上进青年，对朝廷抱有极大希望的曹操几乎彻底失望了，一气之下跑回老家，过上"秋夏读书，冬春射猎"闲云野鹤般的生活，准备二十年后，天下清平时再出来做官。

　　这只是一时的冲动，曹操不可能从此销声匿迹，就是曹操愿意他的爹爹也不会答应，所以很快又回到官场。董卓进京后极力拉拢曹操，曹操知道董卓不能长久，于是拒绝合作，随后遭到董卓通缉，热血青年曹操只身到陈留拉起反对董卓的大旗。正是这次的第一个吃螃蟹，曹操一举成名，尽管不是老大，但也是一个小头头了。

　　后来，联盟老大袁绍准备另立刘虞做皇帝，派人和曹操商议，曹操坚决反对，从此和袁绍决裂，提出"诸君向北，我独向西"。再到后来，曹操拥有兖州之后，自封为代理兖州牧，随即派人和远在长安的组织联系。

　　在那个皇帝热的时代，只要有机会，谁不想玩一票皇帝游戏？董卓废立皇帝、袁绍要另立皇帝、李傕郭汜玩弄皇帝、袁术自己做皇帝，还有许许多多没机会登台的。其实，皇帝是危险的，无论是做皇帝还是靠近皇帝都是如此，所以在皇帝的龙椅旁应该贴上"远离皇帝，珍爱生命"的公益广告。

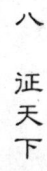

八　征天下

在皇帝的诱惑面前，再好的公益广告都起不到作用，只要有机会，大家还是挤破头地去争。建安元年（196），汉献帝终于摆脱了李傕、郭汜的控制，开始东迁。汉献帝一时无主，真是千载难逢的好机会，快抢啊，谁抢回家皇帝就是谁的了！有这么好的机会，曹操也没能免俗，成为挤破头族中的一员。

曹操向来给点儿阳光就灿烂，执行力极强，三下五去二，皇帝就抢到手了。这个时候，事情开始出现端倪，有人蛊惑曹操。这个人就是侍中太史令王立，当曹操把汉献帝抢到手后，这哥们运用自己的星象五行知识，演绎出了一些结论，就好像运用四则运算法则计算出来的结果一样，对曹操抛出了什么"革命之象，汉祚终也，晋魏必有兴者"（《三国志》裴松之注引《汉纪》）。据《汉纪》记载，王立还对汉献帝说："承汉者魏也，能安天下者，曹姓也，唯委任曹氏而已。"这哥们胆够大的，估计背后有人撑腰，否则可能脑袋搬家。皇帝当然不喜欢，但有人喜欢，曹操很乐意。

尽管很乐意，但曹操知道做人要低调，于是派人告诉王立一句话："知公忠于朝廷，然天道深远，幸勿多言。"（《三国志》裴松之注引《汉纪》）这太幽默了，什么叫此地无银三百两，劝进的话都出来了，曹操还夸王立忠于朝廷。这句"天道深远"含义深远，是说给谁听的呢？是王立，还有其他人，当然也有曹操自己。

2. 治天下要有智慧

曹操向来讲究"道"，他绝对不去做有违"天道"之事的。汉朝的意识形态基本是董仲舒打下的底子，天人相通是它的基础。"受命于天，既寿永昌"，皇帝不仅是最高统治者，而且具有哲学和神学上的意义。再就是中国几千年的文明，汉朝占了四百多年，所以在当时老百姓的心目中，汉朝就是刘家的，皇帝可以换，但要姓刘。

曹操是读着董仲舒的讲义长大的，而且通古明今，所以皇帝之事在他骨子里也是一片未知地，很想去开垦，但又没有把握，只能抛出一句

"天道深远"。

当曹操在官渡打败袁绍之后，局势急转，曹操成了实际上的老大，虽然袁绍未灭，但其覆亡已经进入倒计时，此时大局已定，曹操将把持天下。

这个时候，有人翻出了老黄历，说早在汉桓帝的时候楚国和宋国交界的地方出现了黄星，辽东善观天文的方士殷馗观察到了这件事，并且当时预言，五十年后，当有真人起于梁、沛之间，其锋不可当。巧合的是，从预言到曹操打败袁绍这一年，正好到五十年。这也太巧合了，谁信呢？

这听起来是一个传说，不应该相信，但有人迷信，因为这样有好处。曹操就信，汉献帝也得信，不信也被信了，再说了殷馗只是说"真人"，又没有说"皇帝"，那就做"真人"呗。

真人是什么呢？创始人殷馗没说明白，曹操也没说，应该也不是出家的道人。事实是，从此以后，曹操不仅仅带兵打仗，还开始令行天下。

建安六年（201），曹操做了很大的军事调整，开始谋划下一步的局势。这年四月，稍作休整的曹操挥兵黄河，打败袁绍的仓亭军。虽然袁绍在官渡之战战败，但实力还是很强大，很难一下子拿下，袁绍还是最重要的对手。

这年九月，曹操回许都，开始盘算如何除掉后方打游击的刘备和龚都。由于刘备和汝南黄巾军首领龚都联手，闹得比较厉害，曹操便派蔡阳去收拾，蔡阳哪里是刘备的对手，结果落得个身首异处，反而被刘备收拾了。曹操知道要想彻底打败袁绍，就必须避免两线作战，要避免两线作战就要消除刘备在后方的基地，于是决定亲自攻打刘备。刘备和袁术一样，听到曹操就腿肚子发软，一个字——跑。刘备一口气跑到刘表那儿去了，而龚都等作鸟兽散。

建安七年（202）正月，打完刘备后，曹操带兵回到老家亳州，在这里曹操也做了一件影响深远的事情——第一次颁令。曹操的理想曾经是"欲为一郡守，好作政教，以建名誉"，而今虽然已官至司空，但因忙于征战，征张绣、打袁术、灭吕布、撵刘备，再就是官渡打袁绍，曹操的威名好像都是在战场上树立的，而治国的水平只是在济南小试了一

八 征天下

把，那点成绩并不能服众。熟读经学的曹操当然知道陆贾名言：居马上得之，宁可以马上治之乎？战争只是暂时的，而和平生产发展才是主旋律。因而到了亳州，曹操颁布了《军谯令》。

曹操颁布这个令，可谓一举多得，一是安抚了百姓，二是稳定了军心，三是建立了自己的兵源、粮源基地。无论什么样的战争，正义的非正义的，受害最深的总是百姓，正如曹操在《军谯令》中所说"旧土人民，死丧略尽"，"国中终日行，不见所识"。尽管曹家为战争也死了几个人，但和普通人家比起来，还是好得多。曹操和别人不同的地方在于，他打完了仗懂得安抚百姓，使百姓受伤的心灵得到慰藉。所以曹操为战死将士的家属送一点抚恤，没有家属的寻找其亲戚作为他们的继承人，由政府拨给他们土地、耕牛，让他们安居乐业。同时，曹操还着力兴办学校。

和执政者一样，老百姓更希望生活安定，曹操的这些安民措施远比拿着刀枪威胁甚至砍头更能让百姓安定，任谁也不愿意被人强迫做事，再说哪有老百姓不愿安定的道理？之所以不愿安定，是确实没有活路了。反过来说，只有百姓安定了，生产才能发展，军队才能有充足的兵源和粮源。

还有就是，这篇令明显烙上了曹操的鲜明特色，开篇就是"吾"，一百多字的令中出现了三次，再就是终篇不见汉献帝的痕迹，全是曹操个人包办。

3. 袁绍死了

在官渡被曹操击溃，袁绍那是一路逃亡，和霸王项羽不肯过江东不一样，袁绍是快速过黄河。项羽不肯过江东，为的是面子，项羽为了面子可以不要生命；而袁绍过黄河为的是生命，袁绍为了生命可以不要面子。袁绍逃到黎阳北岸，到部下蒋义渠营中，握着蒋义渠的手，说："孤以首领相付矣！"每每读到这里，心里都有一种莫名的触动，难道袁绍要超越项羽，既不做人杰，也不做鬼雄，在蒋义渠面前掉份是为了卷土重来？

袁绍就是袁绍，蒋义渠是自己的下属，只是在黎阳把自己接过了黄河，仅此而已，况且这也是蒋义渠的分内之事。袁绍老激动了，说出了"孤以首领相付矣"之类的没有政治头脑的蠢话，的确如曹操所评价"干大事而惜身，见小利而忘命"。当年曹洪为了救曹操，把自己的马让给了曹操，曹操也没表示什么，就是后来典韦救了自己的性命，曹操也没有情绪失控，不顾自己的身份而胡乱许诺。

表面上看，袁绍为了活着可以不要尊严，这没什么，因为只有活着才有希望，活着要有活着的意义，否则不如死了。但对待田丰，袁绍是要尊严的，据《三国志·魏书·袁绍传》记载，在逃亡的途中不少将士痛定思痛，捶胸顿足大哭："向令田丰在此，不至于是也。"

这个时候，关在监狱里的田丰，听说袁绍战败，有人对他说："先生，你以后一定会被重用的。"田丰说："不是这样的，袁公表面上宽厚其实很小心眼，如果这次大胜回来，我可能没有问题，现在大败而回，我的死期不远了。"袁绍对逢纪说："冀州诸人闻吾军败，皆当念吾，惟田别驾前谏止吾，与众不同，吾亦惭之。"逢纪说："丰闻将军之退，拊手大笑，喜其言之中也。"袁绍对身边的人说："吾不用田丰言，果为所笑。"为了虚无的尊严，找个理由把田丰杀了。田丰既能洞察大局，也能看透人性，却不去掌握主动权，身死人手，令人叹惜！

尽管官渡之战，袁绍败得很惨，但冀州、幽州、青州、并州还是他的地盘，再差也比当年的曹操只剩下三城好得多。就是在这个时候，曹操的整体实力和袁绍也是有差距的，只要袁绍好好整顿，像杜牧诗中所说"包羞忍耻"，真的是"卷土重来未可知"。袁绍回到河北做了什么呢？大抵是说，袁绍的根据地冀州许多地方背叛了袁绍，袁绍要收复失地。也就是说袁绍失败后有人落井下石，其实这现象什么时候什么地方都存在，这是一种生存法则，但却不是生存之道。

袁绍是个好面子的人，官渡战败加上有人趁机落井下石，他不堪忍受如此之辱，不久就病了，而且很严重，最后和他的弟弟袁术一样——吐血而死，真是亲哥俩。

袁绍死了，但关于他故事并没有结束，他还有儿子，而且是三个。

八 证天下

老大就是那个和袁绍一起逃回河北的袁谭，老二是袁熙，老三是袁尚。袁绍最喜欢后来的小老婆刘氏，爱屋及乌，对刘氏生的袁尚也是特别喜爱，打算让袁尚做自己的继承人，所以就把长子袁谭派到青州做刺史。沮授劝诫说："这样不行，如果不改变的话，祸乱就要从这件事上发生了。"袁绍则说："我的想法是让这几个孩子到地方基层去，锻炼一下他们的才能，以便选择优秀的接班人。"战胜公孙瓒以后，袁绍如果真的这样做也没什么，问题是长子袁谭和次子袁熙都被下放做刺史去了，却把袁尚留在身边，这是啥意思呢？不就是让袁尚做接班人吗？

如果把袁绍和汉桓帝相提并论，袁大帅哥肯定不接受，但事实上他俩犯了同样的错误。袁绍口头上考察儿子们，谁都知道他最中意的就是袁尚，但他又不敢做，就这样犹犹豫豫，一直到死继承人问题都是悬而未决，这一点跟汉桓帝如出一辙。

说是三个儿子，其实竞争就在老大袁谭和老三袁尚之间，老大袁谭年龄大、成熟、有些本事（长而惠），老三袁尚年轻帅气（少而美）。这本是一个极其简单的问题，选继承人选的就是能力，不是选美，也不是选妃，只要长得漂亮就行，长得帅有什么用？直接选袁谭，既符合当时的嫡长制度又符合继承人原则。再说了，继承人将来是要上战场的，战场不是演唱会，帅气能迷倒一大片，战场上讲究的是能力，没有人有心情去欣赏你。

但袁绍偏偏看中了长得帅气的小儿子，因为袁绍本身就是一个帅哥，不得不说的是，袁绍的成功在某些程度上是沾了长相的光。据《三国志》记载，袁绍"有姿貌威容，能折节下士，士多附之"。所以袁绍就把个案做规律了，认为只要长得帅，就能成事，推己及人，就看上了小儿子。

但袁绍忘了，把他打得落花流水的曹孟德，不就长得其貌不扬吗？

4. 袁绍的儿子们

有一句俗话说"好兄弟讲义气"，还有一句俗话说"兄弟如手足"，再有一句不是俗话，出自《左传·僖公二十四年》："兄弟阋于墙，外御其侮。"

这些"兄弟",意义不同,关系自然不同,但很值得深思、玩味。

袁绍和袁术兄弟俩为了嫡出和庶出闹腾了一辈子,正因为是庶出,袁绍受了袁术一辈子的窝囊气,多次被袁术骂为家奴。可能袁绍受够了袁术的气,因而在继承人上就想打破陈规,干吗非得嫡长子呢?谁有能力谁接班。不能不说袁绍的想法有创意,但问题是他选继承人的标准不是以能力为标准的,而是以长相论英雄。

问题就这样产生了,虽然袁绍想创新,可是他到死都没有去做,方案胎死腹中,产生了和汉桓帝一样的局面。这样一来,就有故事了,可能几个儿子之间并没有太大的关注,但下边的人比较热心。

就这样,袁尚做了袁绍的接班人,袁尚虽然长得帅,但他能力不行,不能服众。而袁谭又不愿配合,还自封为车骑大将军,外人没有给他们制造矛盾,他们自己却创造了出来。

建安七年(202)夏天,曹操又开始在官渡地区集结部队,进行编组和训练,好像正在为讨伐袁绍做准备。但在此期间,曹操可爱的朋友兼对手——袁绍咯血去世了。袁绍死了,看似轻松了,实际上,一下子没有了直接的对手,局势反而不明朗了,这也是曹操所担心的。

曹操并没有趁对方大丧期间发动战争,因为这个时候进行战争,等于帮助对方团结,帮对方的大忙。怎么办?等待,在训练中等待。

在官渡等待了四个多月后,曹操还没着急,但袁尚和袁谭等不及了,一个自封为大将军,一个自封为车骑将军。曹操当然不干了,谁给你们授的权?盖章了吗?有任命文书吗?开玩笑,我才是朝廷,我还没同意呢,你们就自封?讨伐!

这年九月,曹操亲率大军渡过黄河攻打黎阳,这次出兵,声势浩荡,但规模不大。尽管是曹操亲征,荀攸、郭嘉随军参谋,但真正渡过黄河作战的只有张辽的军团。兵力不多,参谋不少,曹操亲征,说明这次北征是一种试探。曹操想了解一下,袁绍死后的变化,为以后行动作参考。

尽管只有张辽一个军团,但他们准备充分,很快就从黎阳渡过黄河,进而包围黎阳,袁谭那是一个紧张,赶紧向弟弟求救。《左传·僖

公二十四年》中严肃说过:"兄弟阋于墙,外御其侮。"难道袁绍没让自己的儿子读《左传》?但从袁尚的行为来看,好像没读过,他采取的不是"兄弟阋于墙,外御其辱",而是"兄弟阋于墙,赶紧拆墙"。

袁谭是有点本事,他那点能力在袁尚面前是盘菜,可在曹操那里充其量算点心。明知道哥哥不是曹军的对手,守在重镇黎阳,袁尚还玩阴的,拆哥哥的墙,少给人马,并且派自己的心腹逢纪去暗地里使坏。

收到袁谭的求救信后,袁尚召来审配等人商议是否增兵。袁尚本来就是审配把他推上去的,哪有什么见解,不都是审配说了算。商议到最后,审配决定不派兵。

使者回来把结果告诉袁谭,袁谭获悉后,大怒,当时剐了审配的心都有,只是鞭长莫及,审配离得远。可审配的好伙伴逢纪就倒霉了,话说这逢纪也该着倒霉,你帮袁尚在冀州也就算了,还挺敬业的,跑到袁谭身边来,和审配一起鼓捣袁尚做大将军,你逢纪也没干好事,这次不派兵说不定就是你从中捣鬼,剐不了审配,就杀了你逢纪,反正也不冤枉你,就这样逢纪成了袁谭的刀下鬼。

袁家兄弟还在闹着的时候,曹操渡过了黄河,开始进攻袁谭。"巧妇难为无米之炊",况且袁谭就是有人也战不过曹操。袁谭只能向袁尚告急。

5. 袁谭送来大礼包

虽然兄弟不和,但在这个关头,尤其还涉及自己的利益,袁尚只得出兵了。袁尚想给袁谭派兵,但害怕袁谭趁机夺自己的人马,于是留下审配守邺城,亲自率兵帮助袁谭,与曹操相拒于黎阳。

这一战打得算不上惨烈,但时间很长,从建安七年(202)九月延续到建安八年(203)二月。尽管袁氏兄弟人数占优,但由于经验欠缺,终被久经沙场的曹操打败。袁谭、袁尚战败,退到黎阳城防守。曹操的兵力不多,尽管袁氏兄弟败了,但曹操也无法一举拿下黎阳,于是战局进入了胶着状态。

曹操这次行动试探成分大于实际，一看袁氏兄弟退守黎阳，便下令在黎阳城南搭建临时城寨，摆出一副要和袁氏长期作战的架势。有一句俗话，叫"十七的玩不过十八的"，什么意思呢？十七岁的人没有十八岁的人老练成熟，所以十七岁的容易被十八岁的欺骗。袁氏兄弟哪里能玩过曹操，一看曹操要打持久战，哥俩很是紧张，怎么办？逃跑！而且在夜里逃跑！和曹操玩速度，曹操的速度，那是"说曹操曹操到"，袁氏哥俩一路跑，曹操一路追。

袁谭、袁尚一路狂奔到邺城，曹操一路追到城外，手下战将都要乘胜追击，曹操没有忘记这次行动的目的，只是趁机收了袁氏兄弟的麦子、攻下阴安，然后撤军，留下贾信屯兵黎阳。

这倒不是曹操不懂宜将剩勇追穷寇，关键是袁氏兄弟不是穷寇，追急了兄弟齐心协力，胜败反而不可预测了。郭嘉也和曹操不谋而合，他对曹操说："袁绍爱此二子，莫适立也。有郭图、逢纪为之谋臣，必交斗其间，还相离也。急之则相持，缓之而后争心生。不如南向荆州若征刘表者，以待其变；变成而后击之，可一举定也。"（《三国志·魏书·郭嘉传》）曹操说："好！就听你的。"

回到许都后，曹操立即摆出了要南征刘表的阵势，所谓"假作真时真亦假"，大军一挥直抵西平。要是别人作假，估计还有人能看出来，而曹操做事，假的也能做得跟真的一样，真的也能做得跟假的一样。

一看曹操走了，没有外患，袁谭开始内忧了，于是和袁尚算秋后账。袁谭对袁尚说："我铠甲不精，故前为曹操所败。今操军退，人怀归志，及其未济，出兵掩之，可令大溃，此策不可失也。"（《三国志·魏书·袁绍传》）袁谭是做梦娶媳妇——净想好事，袁尚是没你有智慧，但他手下也有几个有头脑的，能答应你吗？最后的结果还是：不给。既不给袁谭增兵，也不给他更换盔甲。

史书说袁谭"长而惠"，从袁谭的行为来看，有点过奖，充其量也就是窝里横。一看没从弟弟那儿获得好处，袁谭就开始骂街。而这个时候，郭图和辛评俩老几又趁机煽风点火："当初你爸爸袁先生就是让你做继承人的，都是审配之流耍阴谋，你才没做成。"袁谭一听，知音啊，还是你们哥俩了解我，你们说说，现在怎么办？讨论后一致认为：打

丫的。

于是,袁谭带兵攻打袁尚,可惜打不过他,败逃到南皮。这个时候,袁谭的副手王修率军队来救袁谭,袁谭还打算再次攻打袁尚,向王修问计:"计将安出?"王修诚恳地说:"兄弟相攻击是败亡之道也,夫兄弟者,左右手也,譬人若斗,而断其右手,而曰我必胜,若是者,可乎?夫弃兄弟而不亲,天下其谁亲之?属有谗人,固将交斗,其间以求一朝之利。愿明使君塞耳勿听也。若斩佞臣数人,复相亲睦,以御四方,可以横行天下。"(《三国志·魏书·王修传》)

王修这话讲得太有道理了,兄弟之情如手足,可是袁谭听不进去。不过,就是袁谭听进去了也没有用,袁尚也来劲了,一看袁谭不过如此,于是带兵反攻。袁谭上次主动攻击都没有取胜,这次更惨,跑到婴城坚守不出。

袁尚这个时候同样也不顾什么兄弟情义,真不愧是袁本初的儿子,风格差不多,袁尚围得急,袁谭逃向平原。狗急了还跳墙,袁尚只顾向哥哥显示肌肉,而忘了叙旧。这个时候,袁谭想起了曹操,想让曹操来为自己解围。也不知道谁给出的这一招,于是派遣颍川辛毗到曹操那里求救。

曹操虽然在征刘表,但惦念的却是北方的袁氏兄弟。这个时候,辛毗前来求救,天下掉下一个大侄子,这么好的事,曹操都不敢相信。更让他惊喜的是后面更好的事,那就是辛毗居然投靠曹操,还帮着出谋消灭袁氏兄弟。

从来没有过这样的好事,所以曹操都不敢相信,对辛毗说:"袁谭这个人可信吗?是真投降还是假投降?袁尚一定能打败吗?"

辛毗回答说:"曹总您别计较他投降是真还是假,要看看大形势。他们兄弟之间相互征战,这就对您有利,干吗不派兵前去帮忙,顺便大捞一把?"

尽管辛毗很真诚,但老辣的曹操不会完全相信。辛毗随后给曹操分析了天下局势,袁氏兄弟不和,但如果我们攻打荆州,他们又会在背后捣乱,使我们腹背受敌。所以,为今之计,就是先平定河北,才能进一步挺进关中,平定江南,定鼎天下。曹操听了辛毗的见解,兴奋地说:

"太好了！真后悔与你相见太晚了"。

曹操也是久闻阳翟名士辛毗之名，于是乘机将辛毗留在自己帐下，大军一挥前去"救援"袁谭。

6. 袁谭和曹操斗心眼

袁谭送上这么大的礼包，却之不恭啊，曹操立即从西平撤军，前去解救水深火热中的袁谭。建安八年（203）十月，曹操到达黎阳。袁尚听说曹操来了，立即从平原撤走，回到自己的基地邺城。

曹操来了，害怕的肯定不止袁尚一个，但欢迎的肯定也不止袁谭一个。和自己的主子害怕不同，袁尚手下的吕旷、吕翔一看曹操来了，好像找到了组织，一下子投入曹操的怀抱，找曹操的肩膀做靠山。这样的好事，曹操当然欢迎，你们来了，我很欣慰，封为列侯。所谓封为列侯，其实就是一张盖了皇帝印的上等好纸。曹操仅仅给个封号，不用发工资、不用上保险，也不用交住房公积金，再说了这些人也不需要，但这张纸，就是能吸引人。

袁尚刚跑，袁谭又蠢蠢欲动了，不过他确实愚蠢，他居然和曹操玩心眼。袁谭一看弟弟两员大将投靠了曹操，曹操仅用列侯就收买了，心想你们不是要做官吗？曹操封你们列侯，我封你们做将军，而且还给印，其实这事只能意淫，哪能真去做。

要不说袁谭没有头脑，有负"长而惠"之称，曹操做事不仅仅是曹操，他后面还有皇帝，他是有刘家授权的，人家那是正宗的。你袁谭的算什么玩意儿，说白了，如果曹操颁发的是正规文凭，袁谭就是马路边上刻章办证做的假文凭。

袁谭后来还真的给吕旷、吕翔送去了自制的印绶，看来我们的刻章办证的历史应该在东汉就有了。吕旷、吕翔手握曹操颁发的正规授权官证，还会在意你马路边弄来的假证？不过他们还是接受了，却转手送到曹操那儿去了。曹操看到袁谭的印绶，心想袁谭小儿还跟我斗心眼，你爸爸都不行，别说你了，还嫩着呢！

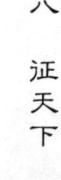

于是对吕旷、吕翔说:"我知道袁谭在跟我耍小聪明。他打算让我打败袁尚,我们两败俱伤,然后他趁机掠民聚众,等到袁尚战败,利用我军疲敝向我开战。但袁谭忘了,袁尚败了我自然就强大了,我强大了,哪有什么破绽可乘呢?"

曹操知道袁谭和他斗心眼,但袁谭还有利用价值,便继续和袁谭来往。而且更进一步,和袁谭联姻,派人给自己的儿子曹整向袁谭的女儿求婚,袁谭当然也很愿意,也正好借此稳住曹操。稳定袁谭之后,曹操就撤军了。

一看曹操走了,袁尚又来劲了,安排就绪之后,留下审配、苏由守邺城,又带着大军到平原攻打袁谭。

袁尚哪里知道,曹操也准备对自己动手呢,建安九年(204)正月已渡过黄河、济河,截断淇河之水,使其流入白沟以通粮道。曹操刚刚疏通白沟,袁尚就攻打袁谭,这个时候,就是袁尚不打袁谭,曹操也会进攻袁尚。于是曹操进军攻邺城,行军到离邺城五十里的洹水时,邺城另一个守将苏由,不是苏子由,向曹操投诚,愿做内应。后来却被审配发觉,苏由只得与审配决战城中,结果被审配打败,只得出城投靠曹操。

曹操于是对邺城发动攻击,审配的确有本事,和曹操打起了攻守战。久攻不下,曹操开始挖地道,审配于是在城内挖深沟抵挡。

后来,审配的手下冯礼开暗门,里面有曹操的三百多人,审配发现后,并不慌乱,而是从城上以大石击突中栅门,栅门关闭后,进去的人全军覆没。一看硬攻无法奏效,曹操就把邺城围了起来,在邺城一周四十里都挖成河沟,曹操开始命令挖浅一些,看上去很容易就跳过去,以此引诱审配上钩。曹操是猎手,审配也是老狐狸,看到曹操举动,审配望而笑之,不出城争利。

既然你不上钩,那就玩真的,曹操命令士兵连夜深挖,挖成宽深两丈,打开漳之水灌淹邺城,彻底断绝邺城和外界的联系。自五月至八月,城中饿死者过半。袁尚获知邺城危急,亲自带领一万多士兵回来解救。

7. 战争与和平

听说袁尚亲自带兵来救，据《三国志·魏书·武帝纪》记载，当时，曹操手下诸将皆以为："此归师，人自为战，不如避之"。曹操却说："如果袁尚从大道来，当避之；若循西山来者，此成禽耳。"

据《三国志》裴松之注引《曹瞒传》记载，为了获得袁尚从哪里来的准确情报，曹操派出了一批又一批情报人员，后来所有的情报人员汇报："定从西道，已在邯郸。"大意是说，袁尚一定从西道来，因为他已经行在邯郸道上。要说明的是，这里的邯郸不是指城市邯郸，而是指长安经洛阳至幽州（今北京）的驿道的北段，纵贯今河北中、南部。邯郸成为这条道上的要点，设有作为交通管理机构的馆驿，故称其为"邯郸道"。再就是邺城在邯郸的西南，而袁谭从平原出发，因而袁尚只能从向西之道。

获知袁尚从西边而来，曹操大喜，把手下的将领召集起来，告诉大伙："孤已得冀州，诸君知之乎？"大家异口同声说："不知。"这个时候，知道也说不知道，谁敢显示比曹操聪明。曹操于是神秘地对大家说："诸君方见不久也。"

不知道是曹操料事如神还是袁尚有意配合，袁尚果然循西山来，在离邺城十七里阳平亭，举火以示城中，城中亦举火相应。看到救兵来了，审配于是出兵城北，打算和袁尚面对面突破曹操之围。战场上这种小儿科的东东哪能瞒过曹操，曹操根本不给袁尚机会，直接带兵狙击，结果和先前一样，袁尚战败，然后逃走。

曹操于是趁势包围了袁尚，还没有完全包围的时候，袁尚就吓得不得了了，暗地里派遣阴夔、陈琳乞降，曹操不接受。袁尚只得再逃跑，跑到滥口，又被乐进围住了，最不可接受的是袁尚的将领马延等临阵投降，袁尚的军队一下子溃散，袁尚又跑向中山。而曹操则尽收其辎重，获得袁尚印绶、节钺及衣物，然后拿这些东西展示给其家人看，城中遂崩沮。

这个时候，审配哥哥的儿子审荣背叛了自己的叔叔，这老兄和自己

八 证天下

的亲叔叔玩起了无间道,在夜里打开自己把守的东门,迎接曹操大军。被围困数月,审配士兵身心俱被,哪里是曹操大军的对手,不久即全线溃败,审配则趁机杀了辛毗全家。

不久,审配被生擒,辛毗等人正碰见审配,遂用马鞭击打审配的头,大骂:"奴才,你的死期到了!"审配回头说:"狗辈,正是你们破我冀州,恨不得杀了你们!你今天能生吃了我啊?"

一会儿,曹操引见审配,曹操问道:"你知道是谁打开的城门吗?"审配一脸不屑地说:"不知也。"曹操说:"就是你的侄子审荣。"审配愤懑地说:"小儿不足用乃至此!"曹操又对审配说:"前些日子我把你围起来,你怎么有这么多弓弩啊?"审配狠狠地说:"就这,我还嫌少呢!"曹操说:"你忠于袁氏父子,也是迫不得已。"

曹操本不打算杀死审配,但他并不求饶;辛毗等号哭不已,非要杀审配报仇,曹操找不到不杀的台阶,只得杀了他。

曹操入主邺城后,做了重要的几件事:

一、凭吊袁绍。曹操也算是有情义的人,和袁绍也是少年时的奔走之友,是在纯真年代建立的友谊,都是生在大汉朝,长在动乱时,为了报效国家,有共同爱好——游侠。长大后,为了理想而努力,曾经联盟过、合作过,最后因志向不合走向了对立。

官渡之战,袁绍战败,最后抑郁而死。再后来,曹操又打跑袁绍的儿子,还占据了袁绍的根据地——邺城。尽管是胜利者,但曹操没有以胜利者的姿态出现,既没有颐指气使,也没有趾高气扬,更没有得意扬扬。而是亲自到袁绍的墓前凭吊,而且痛哭流涕。此外还"慰劳绍妻,还其家人宝物,赐杂缯絮"(《三国志·魏书·武帝纪》),要求官府负责袁氏家属生活开支。

这种行为当然有真情在里面,肯定也不乏作秀的成分,作为一个成熟的政治家,这一点曹操还是知道孰轻孰重的。毕竟袁绍在冀州还是有粉丝的,颇得人心,而且曹操也有心在邺城发展,因而要给邺城的士人留下好印象。

二、蠲免河北租赋。官渡之战后,曹操就开始有意识转变自己的身份,从一个军人向政治家过渡,最为明显的标志就是在故乡亳州颁布

《军谯令》。说明曹操已经意识到,战争不能解决所有的问题,战争的归战争,和平的归和平。入主邺城,同样也是如此,为了解决战争不能解决的问题,实行蠲免河北租赋。

杀戮只能带来杀戮,只有和平才能衍生和平。正是如此,曹操才获得了邺城百姓的认可,曹操才把自己后半生的根据地放在邺城。

8. 战争的归战争

树欲静而风不止,战争是两方面的事情,需要双方的配合。但凡有一方不愿意,战争就不可避免,而在这种情况下,最好的方法就是以战止战。到底哪一方是正义的?说不清楚,因为无论是主动还是被动战争的,都认为自己是正义的。

袁氏兄弟和曹操的战争就是如此,谁是正义的,谁是非正义的,谁是高尚的,谁是龌龊的,其实双方都是战争的挑起者,或说,他们打的不是战争,是生存游戏,是丛林法则。

在袁绍的几个儿子中,袁谭算是一个有点想法的人,只是和他掰手腕的对手太强了,因而袁谭几乎成了一个小丑,他的痛苦成了别人成功的陪衬。

曹操早就知道袁谭和他玩心眼,只是为了不愿多面作战,暂时保持一定和谐而没有戳穿他。曹操刚撤兵,袁尚就又过来攻打袁谭,袁谭只能再向曹操求救,就在曹操第二次出兵帮助袁谭解围的时候,袁谭向曹操背后捅了一刀。

当时曹操把邺城围了个水泄不通,袁尚只得回去解救,袁尚一走,袁谭就开始挥刀砍向曹操。可以说,袁谭把丛林法则发挥到了极致。一千多年后,大不列颠国一个叫哈默斯顿的人才真正领会,并总结了出来:"国家与国家之间没有永恒的朋友,也没有永恒的敌人,只有永恒的利益!"

袁谭确实有点利欲熏心,只要是利益,他照单全收,什么曹操的,什么袁尚的,只要能吞得下,都是我袁谭的。趁着曹操打邺城的机会,

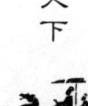

袁谭迅速拿下曹操的甘陵、安平、渤海、河间等地盘。袁尚解围失败，后来求和不成，只得逃往中山，袁谭于是又趁机夺取袁尚的地盘，这个时候的袁谭满脑子都是利益，哪里有兄弟之情。这一回袁谭总算打赢一次袁尚，袁尚败走故安，袁谭趁机收编了袁尚部众，俨然成了北方大佬。

表面上看去，袁谭那是一时风光，实际上他已经陷入孤立无援的境地。

老虎的屁股能随便摸吗？摸了就要付出代价。而袁谭不仅摸老虎屁股，还从虎口夺食，后果很严重。

袁谭是有点智慧的，曹操就和他来一点智慧，就是先礼后兵：先修书一封，然后派人送给袁谭，曹操在信中斥责袁谭背信弃义，不但不带着四州归顺朝廷，反而拥兵自重，违背当年援助协约。袁谭理亏，自然无话可说，曹操趁机断绝和袁谭之间儿女亲家的关系，派人送还袁谭的女儿。

袁谭的背信弃义，给了曹操发兵最好的理由，有理由曹操岂能放过，于是发兵讨伐袁谭。和袁术、刘备一样，袁谭也是听见曹操就跑，袁谭连夜逃到南皮，把部队驻扎在清河岸边。

这次讨伐袁谭，曹操带上了曹四代的代表人物曹纯，曹纯率领虎豹骑参与了南皮攻坚战。由于正值冬天，曹操军队不能适应冀州寒冷的天气，行军不利，遭受极大挫折，于是打算撤兵，等待来年再战。

知道曹操有这种想法，曹纯劝道："现在我军奔波千里而来，如果不能拿下南皮，就会挫伤军队的士气；而且我们是孤军行进，难以持久。他们胜而骄，我们败而惧，现在我们放手一搏，一定能攻下南皮。"

正是曹纯的话点醒了曹操，为了克服战士怕冷，曹操命令士兵先做热身运动，临近中午，热身运动才完成，于是曹操亲自擂鼓攻城，一时士气大振，战士奋勇争先。袁谭准备出战，军队还未集合完毕，城就被攻破，只得逃跑，不料却顶头遇见曹纯。

一看袁谭逃跑，曹纯哪能放过，紧紧追了过去。袁谭一看追来的是个年轻人，不熟悉，不是曹操的名将，不过倒是挺厉害的，追得袁谭极为狼狈，慌乱中掉下了马。掉下马的袁谭回头对曹纯说："嗨，年轻人，只要你能放过我袁谭,我让你享尽荣华富贵!"但话还没说完,头就被砍了。

攻下南皮之后,曹操斩杀了袁谭的重要谋士郭图以及袁谭的家人,并悬首示众:"敢哭之者,戮及妻子。"可以看出,曹操在南皮采取了和邺城极为不同的处理方式,尽管是杀戮,但和徐州的杀戮不同,这次是杀一儆百,为那些降而复叛的人敲警钟。

曹操也知道杀戮不是目的,拉拢才是好方法,在袁氏兄弟败逃之际,曹操下令:"其与袁氏同恶者,与之更始。"(《三国志·魏书·武帝纪》)啥意思呢?就是以前和袁氏家族一起干坏事的,只要现在拥护中央政府,全部既往不咎。

这就是明显的向袁氏兄弟阵营里那些摇摆的人群抛去橄榄枝,这一抛真的就有人接住了,带头的是焦触、张南。其实这也不能全赖焦触、张南,毕竟曹操那里有皇帝、有编制、有保障,是正宗的唯一的刘家代理人。再说了,树倒猢狲散,袁绍死了,而袁尚、袁熙又不怎么成才,被曹操打成了丧家狗,跟着这样的人混还能有什么出路,谁不趁早给自己找条生路。

正被曹操撵得到处乱跑的袁氏兄弟,碰上焦触、张南突然掉转枪头向自己进攻,实在是招架不了,哥俩投奔辽西乌桓去了。

焦触确实有点头脑,袁氏兄弟跑了,幽州无主,于是自封为幽州刺史,陈兵数万作威慑,命令所属各郡的太守和长官投降以曹操为代表的朝廷。为了套牢各郡太守长官,来了一个歃血为盟,焦触杀死一匹白马,命令大伙逐个歃血,同时下令:违者斩。大伙都不敢仰视,唯唯诺诺,依次进行,但轮到别驾韩珩时出现了不同声音。

韩珩义正词严,说:"吾受袁公父子厚恩,今其破亡,智不能救,勇不能死,于义阙矣。若乃北面曹氏,所不能为也!"(《三国志·魏书·袁绍传》)听到韩珩这一番言论,在座的都大惊失色,为他捏了把汗。这个时候,焦触却慷慨地说:"夫举大事,当立大义。事之济否,不待一人,可卒珩志,以厉事君。"(《三国志·魏书·袁绍传》)焦触主动归来,而且送上幽州,曹操当然大喜,封焦触为列侯。曹操后来听说韩珩的事,很是看好这哥们,多次征召他做官,韩珩都拒绝了。

八 证天下

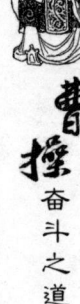

袁熙、袁尚想到乌桓那儿避难，以图东山再起，曹操哪里会放过他们，一路追杀过去。

这个时候，袁氏兄弟的表亲高干也开始闹动静了。当初，曹操攻下邺城，高干为了保存实力，便向曹操投降，曹操封其为刺史。

当听说曹操为了赶尽杀绝袁氏兄弟而征讨乌桓时，高干再也坐不住了，他担心自己会成为下一个行动的目标。于是，高干带兵造反，执上党太守，举兵守壶关口。曹操都没有亲征，只是派遣乐进、李典去收拾高干，高干战败，退守壶关城。建安十一年（206）春正月，曹操决定亲征，一听说曹操来了，高干几乎和袁术一样，连照面都未打，留下别将守城，逃到匈奴，求救于单于，单于不敢接受。曹操围壶关三个月，最后攻下。高干于是逃往荆州，结果在半路上被上洛都尉王琰抓住并砍头。

再说说乌桓，也称作乌丸，我国古代少数民族之一。其祖先和东胡、鲜卑有些说不清的亲戚关系。趁着天下大乱之际，乌桓攻破幽州，掠走汉族民众十余万户。后来袁绍主政河北时，为了拉拢乌桓，不仅分封那些大的首领酋长为单于，并且实行和亲政策，把自己亲戚家女儿当作自己的女儿嫁给这些单于做老婆。这些单于中，辽西单于蹋顿实力最强，袁绍也是最为厚待他，所以袁氏兄弟就投奔了蹋顿。由于多年的交情，蹋顿收留了袁氏兄弟。袁氏兄弟和蹋顿联手，多次侵入关内进行骚扰破坏，对边塞安全影响极大。

曹操决定征伐乌桓，但许多将领并不太同意，大家说："袁尚已经成了丧家狗，夷狄贪而无亲，岂能为尚用？今深入征之，刘备必说刘表以袭许。万一为变，事不可悔。"这个时候，郭嘉力排众议，坚决支持，郭嘉认为刘表肯定不会相信刘备忽悠的，力劝曹操出征。

建安十二年（207）五月，曹操亲率大军北上。当到达无终（今天津蓟县）的时候，正值雨季，四处一片汪洋，却又是"浅不通车马，深不载舟船"。搞得车马寸步难行，曹操也是头疼，最后在无终人田畴的指引下，改从一条久已断绝的小路进军。在田畴的帮助下，曹操大军终于到达乌桓老巢柳城（在今辽宁朝阳一带）。

曹操行进速度太快了，还差二百里就到柳城时，乌桓才发现曹操来了。急忙中，蹋顿与袁尚、袁熙等人草草率数大军和曹操对抗。

由于交通不畅，曹操的辎重无法跟上，相对来说，乌桓还占有相当的优势。曹操看了看乌桓的阵容，发现军队不少，但阵势混乱，于是命令大将张辽做前锋，利用乌桓阵营不稳，快速发动猛攻。乌桓军队哪见过这阵势，阵脚大乱，死伤不计其数，残兵败将四处逃散，曹操趁机收编了一批投降者。

乌桓被破，袁氏兄弟只得和辽东单于速仆丸及辽西、北平诸豪强逃奔辽东。由于袁尚还有数千骑兵，都到这步田地了，袁氏哥俩还有心思去算计公孙康，袁尚和袁熙商议：今到辽东，康必见我，我独为兄手击之，且据其郡，犹可以自广也。袁氏兄弟是这样想的，很不幸，公孙康也是这样想的。

袁氏兄弟到了，公孙康并没有在会客厅接待，而是在马厩里款待他们，其实公孙康已经在马厩中埋伏了人手，然后请袁氏兄弟进去。一看这阵势，袁熙有些怀疑，不打算进去，袁尚则直接进去，袁熙于是跟着袁尚一起进去。

袁氏兄弟还没有来得及坐下，公孙康即命令伏兵拿下他们，然后让他们坐在冰冷的地上。袁尚嫌坐在地上寒冷，对公孙康说："未死之间，寒不可忍，可相与席。"（《三国志》裴松之注引《典略》）都这个时候了，还讲究冷不冷的，看来真够讲排场的。还是公孙康回答的好："卿头颅方行万里，何席之为！"（《三国志》裴松之注引《典略》）就是说你们的脑袋将要送到万里之外，哪里有这样的席子啊！于是砍掉他们的脑袋，然后派人送给曹操。

袁氏兄弟的结局在曹操的预料之中，辽东太守公孙康也是一个枭雄，因而他和袁氏兄弟是不能共处的，就好比冬天里互相取暖的刺猬，无法和谐共处。

公孙康继承父亲公孙度的太守之位，独占东北，俨然成了东北王，认为自己天高皇帝远，不服曹操的领导，你曹操就是有意见，也是鞭长莫及，所以他敢和曹操叫板。

现在形势不一样了，曹操已经打败乌桓，一下子来到了家门口，公孙康肯定要掂量一番。所以当袁氏兄弟跑到公孙康那儿时，有人建议连

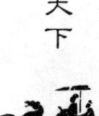

八 征天下

公孙康一起打下，然后拿下袁氏兄弟。

曹操却说："我坐等公孙康把二袁人头送过来，不麻烦士兵了。"很快，公孙康果然斩杀了袁尚、袁熙和速仆丸等，把人头送了过来。诸将都问："曹总退兵了，公孙康却斩杀袁尚、袁熙，何也？"曹操大笑说："公孙康向来害怕袁尚他们，我们逼他们太急的话他们就会联手，如果缓一步的话他们则自相图，情况就是这样的。"

9. 曹丞相

在《三国演义》里，曹操迎天子到许都后，就成了丞相。按《三国演义》第十四回"曹孟德移驾幸许都 吕奉先乘夜袭徐郡"里描述：

操既定大事，乃设宴后堂，聚众谋士共议曰："刘备屯兵徐州，自领州事；近吕布以兵败投之，备使居于小沛：若二人同心引兵来犯，乃心腹之患也。公等有何妙计可图之？"许褚曰："愿借精兵五万，斩刘备、吕布之头，献于丞相。"

这是《三国演义》里第一次称曹操为丞相，时为建安元年（196），也就是说，曹操被丞相了，比曹操真正做丞相早了十二年。此后，《三国演义》都称曹操为丞相，由于罗贯中标明了是"演义"，所以大可不必当真，权当曹操被丞相了。

其实，在曹操做丞相之前，汉朝已经没有丞相好多年，那时候，丞相已经成了传说。西汉成帝时，何武以丞相一人无法处理烦多的政事为理由，建议立三公制。于是汉成帝趁机进行改革，把御史大夫改为大司空，以大司马、大司空、丞相为三公，这是旨在分散丞相权力的一项措施。汉哀帝时又改丞相为大司徒，取代了丞相。

《三国志》记载，建安元年，曹操刚刚奉迎汉献帝的时候，汉献帝授予曹操司隶校尉、录尚书事，官位不算太高。很快，汉献帝任命曹操为大将军，这个位置不错，权倾天下，比三公的地位还高。但是，曹操在大将军的位子上屁股还没坐热，袁绍就骂街了。曹操不敢得罪袁绍，于是以汉献帝名义封袁绍为太尉。太尉虽列三公，但地位在大将军之下，袁绍认为这是在羞辱自己，坚决不干。无奈之下，曹操只得委屈一下自己，将大将军一职拱手送给袁绍。

曹操的威名大多是打出来的，所以并不能让天下人心悦诚服，而自从在官渡之战大败袁绍之后，曹操显然不甘心只做司空、州牧之类的官职了，他还要高升，可是已经升不了了，要高升也只能把袁绍的大将军给自己。可这也不好玩，大将军毕竟还是军人，而自己的理想的是"治世之能臣"，然后"好作政教，以建名誉"，减退身上的军人色彩，从"征天下"向"治天下"转换，这正契合了陆贾的"居马上得之，宁可以马上治之"。

其实，曹操从一开始就力图在政治上有所作为，他在意的是"治世之能臣"，而绝不是"乱世之奸雄"，所以身处乱世，他都竭力去营造一个治世，为的就是实现自己的理想。

初入官场时，任职洛阳北部尉，棒杀宦官蹇硕的叔父，京师人民很高兴；镇压黄巾有功，升迁为济南相时，始终能公正严明，不畏权势，政治上除旧布新，希望以此为自己的社会能力及政治地位正名。

做了济南相之后，曹操就奔波于战场之上，没时间也没机会顾及政治，直到官渡之战打败袁绍。但这个时候，曹操已不是当初那个官场愣头青了，而是一个可以驾驭皇帝的人物，若是这个时候的曹操的目标还是"欲作一郡守"，那曹操就不是曹操了，而是刘禅了。

在汉朝，开国功臣萧何到咸阳之后，主抓的第一件事不是封仓库，而是接收图册，包括地图、户籍和卷宗档案。这就是萧何的高明之处，基层官吏出身的他知道要管理一个国家，手上一定要掌握相关档案和数据资料，还有就是萧何搜集了这些资料后，并没有交给刘邦。千万不要小瞧了这些档案、数据与资料，掌控了这些基本上就控制了整个国家。

正是因为萧何手里拥有这些东东，才创立了一套丞相和皇帝的分权制，丞相就相当于首席执行官，皇帝就相当于董事长。也就说，皇帝做皇帝之事，就是形式意义大于实际，也就是发发圣旨、任免官员、求求天、拜拜地……而丞相则是实际执行者，代表法律和秩序。也就是权在宫中，能在府中，和今天的公司制一样，一旦董事长任命了总经理，总经理就掌握了所有行政权和公司的资料数据，而董事长应该退居到二

八 征天下

线。这就是传说中的丞相制度，就好像为曹操量身打造的一样，自从奉迎汉献帝，曹操做梦都想着做丞相呢，罗贯中先生替曹操提前十二年圆了梦。

所以刚刚打败袁绍后的第二年，即建安七年（202），曹操就在老家亳州颁布《军谯令》，标志着曹操打算回归强人政治，也就是按照法家的思想治国。

为了能实现自己的理想，曹操率先进行经济建设，所谓经济基础决定上层建筑，多年的征战使得曹操知道，若要军队有粮食，必须先要老百姓有粮食。于是《军谯令》应运而出，内容就是经济方面的策略，是曹操屯田制度的进一步深化和完善。如兴修水利，曹操和他的后继者在各地修造陂塘，广兴稻田。正是曹操不遗余力恢复了中原地区的经济，使北方成为当时的经济中心，同时也奠定了曹操的政治地位。

再就是加强纪律性同时也在战胜袁绍之后做出这番调整，可以说曹操从袁绍那里吸取了经验和教训，于是在建安八年（203）颁布《败军令》。即要求负责人不管职务高低，上下均要负责，必须做到赏功罚罪，正大光明。而赏罚分明之前必须立法，让大家明确责任归属，谁有过失谁受惩罚，负责人不能畏人畏事。

曹操不但重视经济的发展，也重视文化和教育的发展。

曹操认为，才能之士多有某方面欠缺，在用其所长避其所短基础上，要对于可能产生的会严重影响组织的问题给予预防并准备应急方案。他颁布《禁比周令》，严禁阿党比周行为（指士大夫相互依附，结党营私，相互吹捧现象）；颁布《效力令》，严禁收受贿赂；颁布《抑兼并令》，严禁兼并重敛。对于作战常见问题，颁布《军令》《船战令》《步战令》等，要求强制执行。这些律令的颁布实施，对于保护组织利益、协调组织工作和保护人才都起到了很好的作用。

做完这些之后，据《三国志》载，建安"十三年春正月，……汉罢三公官，置丞相、御史大夫。夏六月，以公为丞相。"看来，曹操以汉献帝的名义废除了三公官，设置丞相职位，并被任命为丞相。这样，置丞相一人，就可独揽大权，所以曹操就理所当然地当上丞相了。

10. 曹操看中了孔融

曹操做了丞相，按理说曹操做不做丞相是他和皇帝之间的事情，而实际情况并不是这样，那就是曹操做了丞相。这种变革触动了士族阶层的官场利益，而用法家思想治国就更是要了士族阶层的亲命，因而引起了士族阶层强大的舆论攻击，几乎和士族阶层成了不共戴天的仇人，最具代表的就是和孔融的恩怨是非。

曹操和孔融，都是读书人，都是名人，也都是大腕，相对来说，曹操还要比孔融大一些。但我最先知道的却是孔融，小学一年级的教材，就有一篇《孔融让梨》。说起来，惭愧得很，那时候对我来说孔融和梨一样陌生，既不知道梨是什么，也不知道孔融是谁。大致印象是，梨大概不太好吃，不然为什么孔融会让给别人呢？后来吃过梨，发现梨子的味道很好，至于孔融为什么会让，一直都没搞明白。

这孔融小时候不仅聪明而且好学，才思敏捷，巧言妙答，大家都夸他是奇童。据史书记载：孔融十岁那年，为了让儿子长见识，也有炒作孔融的嫌疑，孔宙带着孔融到都城洛阳去会见河南尹（李膺）李元礼，顺便让阅人无数的李元礼过过眼，看看儿子是哪块料。李元礼确实有些学问，但真正吸引读书人前往的却是他屁股下的位置，当时很多读书人都想拜会他，却没几个是冲着学问来的，主要是其官位。

由于来者太多，身兼官员与名士的李元礼无暇顾及，因此决定只接见当时名士和世交，陌生人一概不见。在当时，李元礼就是大腕明星，孔融难免有追星的情结，想见见这位当世名人。来到李府门前，孔融递上名片告诉守门人说：我是你们家李先生的世家子弟。于是守门人就带他们去见主人，看看眼前的毛孩子，李元礼也有些纳闷，这是谁家的孩子啊，怎么跑到这儿来瞎搅和？名士就是名士，李元礼并没有粗鲁地轰其出门，而是很有礼貌地招待了孔融，当然想要知道和他有什么亲戚关系，问道："你家祖辈父辈什么时候和我李某人有过来往呢？"孔融大方地解释说：我的祖先孔子曾经向你的祖先老子（老子原名李耳）请

教过礼节。你的祖先是我的祖先的老师，因此，我孔融和李先生您难道不应该是世交吗！李元礼和他的宾客听了孔融的推理，对他的聪明机智都赞不绝口。不过，有人不服气，当时的太中大夫（相当于今天的部级高官）陈韪却讥讽地说："有的人小时候聪明，长大后未必能有什么作为（小时了了，大未必佳）。"孔融立刻反驳说："那我想你小时候一定是很了不起的了。"陈韪被他一驳，羞得满脸通红，半天也说不出话来。这从一个方面反映了孔融的聪明机智，但也从另一个方面反映了孔融比较会讽刺挖苦别人，这是他的性格。这样一来，孔融赢得了满堂彩，李元礼大道：孔融高明必为伟器。

后来，果如李膺所言，孔融成为东汉末年一代名儒，继蔡邕为文章宗师，亦擅诗歌。魏文帝曹丕悬赏征募他的文章，誉为建安七子之首，叹为"扬（雄）、班（固）俦也"（《典论·论文》）。

中国人无论是平头百姓，还是达官贵人，都喜欢附庸风雅，喜欢用文化人抬高自己的品位。刚刚平定袁绍的曹操，也开始和读书人热络起来，目的就是找一个读书人做自己的政治招牌，选来选去，最后选中了孔融。

11. 祢衡的悲剧

为什么会选中孔融呢？首先，孔融没有实力，一没有资本，二没有地盘，三没有兵卒，四没有强力后盾；其次，孔融是当时的大儒。其名气不是一般的大，是很大，夸了刘备一句"天下有刘备"，刘备即由此名扬天下，号召力由此可见一斑。

没有实力只有名气，孔融无疑是不二人选。刚开始，曹操对孔融多少还是有些崇拜的心理，极力把孔融留在了许都，好吃好喝好伺候着，以期使其成为自己的金字招牌，吸引更多的人才。

古今中外，名士做政治花瓶见怪不怪，没啥值得大惊小怪，政府有需求，名士有愿望，郎情妾意，一拍即合。但有时并不是那么合拍，就是政府想让名士做花瓶，但名士玩真的，拿起针当棒使。孔融与曹操就是如此，曹操希望孔融做摆设，孔融非要做精忠报国之士，矛盾就产生了。

孔融当然知道自己不是曹操的对手，就开始呼朋引伴，组建自己的政治队伍。

物以类聚人以群分，孔融是读书人，身边的朋友自然也是读书人，关系较好的就是祢衡。祢衡和孔融可以说趣味相投，读书很多，写得一手好文章，恃才傲物，目中无人。

于是孔融借着帮曹操吸引文化人的名义，给汉献帝上表推荐祢衡。在奏折里，孔融把祢衡捧上了天，几乎是文曲星下凡，是一个"非常之宝"，"不可多得"。曹操一听这么有本事，立即修书邀请祢衡。

祢衡本就恃才傲物，经过孔融的一番吹捧，就更不知道自己能吃几碗干饭了。祢衡到许都不为别的，就是求闻达于诸侯的，在他本人看来，这么一个大才子进了京城，京城的读书人和文学青年应该夹道欢迎，最起码也要脱帽致敬。事实上根本不是这样，许都有祢衡不多，没祢衡不少，许都没有因为祢衡有任何的变化。这让才高盖天下的祢衡情何以堪。结果就是，许都文人看不上祢衡，祢衡也看不上许都文人。

本来打算在许昌扬名立万，以求闻达于诸侯，结果无人认可，名片上的烫金字都磨掉了，祢衡依然连工作都没有找到。怎一个失望了得，郁闷失意，在别人有意无意的挑唆下，开始没事找事，逮谁骂谁。甚至连自己的"贵人"孔融也不放在眼里，祢衡说，在许都，除了"大儿孔文举，小儿杨德祖，余子碌碌，莫足数也"。

最后在曹操那里谋得了一份差事，但祢衡并不感激，不把曹操放在眼里。

有一次，曹操有事找祢衡，见面施礼寒暄后，没有让祢衡坐下。祢衡心有不爽，仰天叹曰："天地虽阔，何无一人也？"

曹操说："吾手下有数十人，皆当世英雄，何谓无人？"

祢衡说："愿闻。"

曹操说："荀彧、荀攸、郭嘉、程昱，机深智远，虽萧何、陈平不及也。张辽、许褚、李典、乐进，勇不可当，虽岑彭、马武不及也。吕虔、满宠为从事，于禁、徐晃为先锋；夏侯惇天下奇才，曹子孝世间福将。——安得无人？"

祢衡笑道:"公言差矣!此等人物,吾尽识之:荀彧可使吊丧问疾,荀攸可使看坟守墓,程昱可使关门闭户,郭嘉可使白词念赋,张辽可使击鼓鸣金,许褚可使牧牛放马,乐进可使取状读诏,李典可使传书送檄,吕虔可使磨刀铸剑,满宠可使饮酒食糟,于禁可使负版筑墙,徐晃可使屠猪杀狗;夏侯惇称为'完体将军',曹子孝呼为'要钱太守'。其余皆是衣架、饭囊、酒桶、肉袋耳!"

曹操大怒:"汝有何能?"

祢衡回答说:"天文地理,无一不通;三教九流,无所不晓;上可以致君为尧、舜,下可以配德于孔、颜。岂与俗子共论乎!"

祢衡是书生,曹操也是读书人,除了大家都读书外,曹操还是政治人物。祢衡有自己的诉求,曹操也有自己的谋略。祢衡过了嘴瘾,出了气,曹操也不是神仙,只是他知道,文人是瘟神,惹不起,杀不得,把你礼送出境总可以吧。于是叫来两个人,牵了三匹马,把祢衡架上马,礼送出境。

为了显示自己的大度,曹操在许都东门举行了盛大的送行宴会,并且命令当时的文人雅士给祢衡饯行。场面很是滑稽,本身互相看不上,谁都不服谁,这个时候却显得十分真诚,大家都知道是假的,但表演得很真。祢衡回头看看自己能看上眼的孔融,知道自己成了别人的枪。

被礼送离开曹操之后,祢衡到了刘表的荆州,刘表向来会做表面文章,但祢衡照样不给刘表面子。曹操不杀知识分子,刘表就更不愿担这个恶名了。忍无可忍,和曹操一样,也是恭恭敬敬地把祢衡送到江夏黄祖处。结果,这位青年天才作家还是因那张骂人的嘴,被黄祖砍了头。

无疑祢衡是一个悲剧,原因不外乎两方面,一是年轻气盛,口无遮拦;二是不懂政治还硬往政治里面凑。

12. 文人与政治家

其实,祢衡只是一个文人,一个纯粹的文人。我们以不能世俗的尺度来评说,这样太残忍。文人大多善良,自己善良就认为凡是文人都纯粹善良，祢衡尤其如此。于是，祢衡也认为孔文举、杨德祖是文人，和自己一样的纯粹和善良。祢衡没有看错，只是没有看到全部，孔融和杨德祖的确是文人，除了文人的身份外，他们还是政府的官员，用今天的称呼叫政客，而且是混迹于文坛的政客。表面上，高举的是"匡扶汉室，铲除元凶"旗号；背地里，不过是拉大旗作虎皮谋自己的利益。

在那个时候，孔融可以说是政客里最会写文章的，文章很好，就认为自己的政治水平就很好，这有点太书生意气了。孔融把读书人的想象力发挥到了极致，能写几篇好文章，就不知道自己是谁了，名声一大，就开始膨胀了，真以为自己是太阳了，居然要和曹操一决雌雄。

作为圣人的后人，圣贤书读得非常好，孔融自然对汉室忠心耿耿，他对曹操的"奉天子以令不臣"的策略不满，于是给汉献帝上表提出"尊崇天子，扩大君权，削弱诸侯权势"。这明摆着要曹操还政于汉献帝！

在当时，谁都知道，汉献帝只是一个招牌，充其量是一个名义上的最高领袖，其实就是一个幽禁俘虏，一切还是曹操说了算。在许都，曹操才是老大，生杀予夺的最高权力在曹操手中。孔融愣是看不明白，非要拿鸡毛当令箭，与汉献帝眉来眼去，动辄就给汉献帝上表。如果孔融有军队有地盘倒也没啥，问题是孔融兵身无立锥之地，这样做，可是犯了政治大忌。

由于是孔子的后人，孔融沾了祖上的光，成了所谓的贵族。正是这个出身，孔融有着严重的士族情结，总以为自己高人一等。明明是靠祖上恩德，孔融并不认可，属于典型得了便宜又卖乖。孔融恃才傲物，甚至对自己祖上孔子也是如此。在孔融心中，所谓老祖宗孔子倡导的孝道也不是必须要遵守的，甚至提出："父之于子，当有何亲？论其本意，实为情欲发耳。子之于母，亦复奚为？譬如物寄瓶中，出则离矣。"这种不敬的言论，在今天看来不是什么大事，但在宣扬以孝治天下的东汉，简直是大逆不道。谁能想到，这些话居然是从孔圣人的后世子孙孔融嘴里说出来的？本来自己就一身毛病，还说人家曹操父子是妖孽。

那个时候，常年战乱，民不聊生，流离失所，田地荒芜，粮食成了大问题，人吃人现象多次出现在史书中。曹操为节约粮食，曾颁布一道

八 证天下

禁酒令,因为酒是由粮食做的。

孔融嗜酒,心有不爽,就给曹操写了一封亲笔信,专讲饮酒益处,说:"天上有颗'酒旗'星,地下有个'酒泉'郡,人有海量称'酒德',尧帝正是因为能喝酒而称圣人。既然夏桀和商纣王都是因为女色亡了国,为了防范,你是不是也把男女婚姻也禁止算了。"

曹操为什么禁酒,孔融当然知道,也知道曹操也是爱酒的,孔融也没少喝曹操提供的古井贡酒。孔融是凡曹必反,只要是曹操支持的就反对,于是孔融在文中对曹操禁酒大加挞伐,总之曹操的禁酒是荒唐的。反对曹操可以,抨击国家政策,那可就摊上事儿了。孔融才高名大,曹操有所顾忌,只是稍作冷处理。这个时候,御史大夫郗虑出来上奏朝廷:依法免去孔融的官。曹操于是让孔融下岗。

下岗后,孔融却满不在乎。虽居家失势,而宾客日满其门,爱才乐酒,孔融常常感叹:坐上客常满,樽中酒不空,吾无忧矣。那边禁酒,他被处罚还天天聚众饮酒作乐。最为不能容忍的是他还聚众,成为当时许都城里一股离心力量的领袖人物,这是曹操最深恶痛绝且无法容忍的,所以,只有对孔融动刀了。

曹操攻下邺城后,曹丕趁机收编了袁绍次子袁熙的老婆甄氏(即《洛神赋》的主角),也有记载说是曹操赏赐给曹丕的。在孔融看来,曹家父子违背社会良俗,文人嘛,骂人讲究技巧,不能带脏字,于是就以严肃口吻写一封亲笔信给曹操。在信中说"从前,武王伐纣,将纣王爱妾妲己赐给弟弟周公。此次,曹公效仿武王,将甄氏赐给世子,颇有胸襟,可喜可贺!"看到孔先生引经据典对自己的行为"褒奖",曹操还以为说的是好话,就很高兴,暗忖自己读这么多的书,怎么不知道有这个典故呢?于是,回到许都就追问孔融典出何处?孔融却慢悠悠地回答:"啊,是根据你们父子的事,我想当然而来?"(以今度之,想当然耳)曹操这才明白孔融在嘲笑他们父子,几乎气晕。

文章写得好,自然是好事,但不能用来卖弄,尤其不能用来骂人。这一点孔融就没整明白,依仗自己的聪明,恃才傲物,口无遮拦,想骂谁就骂谁,从不顾及对方的感受,即使对方是权倾天下的曹操。

曹操最后出手了,寻找了很多的罪状,将其杀害。

我们常说，秀才遇见兵有理说不清，其实这话不完全正确，秀才遇见秀才才是真的有理说不清。

掰着指头数数，我们五千年的文明，至少有上百亿读过书的人，但真正会读书的人，屈指可数，一个是曹操，一个是曾国藩，一个是伟大的领袖毛泽东，还有一个是康熙。这四个人中，康熙吧，还是一个特例，没有普遍性，因此就只有三个会读书的人。

在中国，但凡读过几天书的人，都爱好装斯文，其实何必呢？而且中国读书界的风气从古至今一直不好，不是你瞧不起我，就是我看不上你，还来个"什么武无第一，文无第二"，说白了就是文人相轻。你孔融能不知道自己几斤几两吗？虽然同是读书人，你是书生，人家曹操可算得上是文人了，读书算你狠，但读书之外，就是曹操的长项了。

有一首有点流行的歌曲，内容倒没什么印象，歌名倒不错，叫什么《女人何苦为难女人》，在这里套在孔融和曹操身上倒也贴切。同是读书人，何必那么较真呢？虽然同是读书人，但读书的境界和水平是不同的。曹操读书是干事业，而孔融读书是为了混饭吃，高下立马可见。凭良心说，孔融的书读得比曹操的好，但书读得再好，也不能恃才傲物。孟老夫子教育我们"尽信书不如无书"，这孔先生怎么不知道这一点呢？我们常说"规矩要懂，但不死守"，换一句话说，"书可以读，同样也不要死守"。

我们知道，曹操既是成功的政治家，也是优秀的文学家，这样全才全能的政治家兼文学家在历史上是不多见的。所以，曹操的一生，没有政治家玩文学出丑的闹剧，也没有文学家玩政治搭上小命上的悲剧。正如鲁迅先生所说，无论政治家、文学家，不管是谁，必须要有真本事，才会永远。否则，都是白扯。

13. 轻取荆州

从建安元年奉迎汉献帝于许都到建安十三年平定辽东，公孙康送来袁氏兄弟的人头，十三年来，曹操征张绣、打袁术、擒吕布、揍刘备、

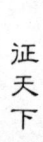

官渡战袁绍、平定袁绍的儿子们、远征乌桓……虽然曹操不是常胜将军,但他都取得了最后的胜利。

这个时候,南征刘表就提上了日程,正如曹操自己所说:"我攻吕布,表不为寇,官渡之役,不救袁绍,此自守之贼也,宜为后图。"建安十三年(202)春,成功完成远征的曹操回到邺城,自然就把眼光投向了荆州的刘表。

刘表,字景升,山阳高平人,和刘备一样都是汉室宗亲,按辈分还是哥俩,只是不知道刘表是皇叔还是皇大爷。刘表名如其人,名字叫表,外表长得确实帅,用今天的话说,小伙长得帅呆了(姿貌温伟),而且少时知名于世,与七位贤士同号为"八友"。青年时期的刘表积极地投身仕途,被大将军何进辟为掾属,很受何进的赏识,后来被升为北军中侯,掌管禁军。

初平元年(190),原荆州刺史王睿被孙坚杀死,何进向朝廷推荐了刘表担任荆州刺史。当时的荆州形势相当复杂,"江南宗贼盛,袁术屯鲁阳,尽有南阳之众。吴人苏代领长沙太守,贝羽为华容长,各阻兵作乱"(《三国志·魏书·刘表传》裴注引司马彪《魏略》),而刘表却是"单骑入宜城"。

面对荆州混乱的局面,刘表显得从容镇定,果断采取了一系列措施迅速稳定了局势。首先,他争取了当地具有很大影响力的蔡、蒯两大家族的信任和支持,并征求他们的建议。经过几年努力,刘表成为一个仅次于两袁兄弟的一股强大势力,"南收零、桂,北据汉川,地方数千里,带甲十余万。"(《三国志·魏书·刘表传》)说到这里,谁还能说刘表是"虚有其表"呢?完完全全是一个有勇有谋的实干家!难怪贾诩评价刘表:"表,平世三公才也;不见事变,多疑无决,无能为也。"但也有弱点,正如裴松之评价:"刘牧非霸王之才,乃欲西伯自处,其败无日矣。"这和曹操的判断基本一致。

平定辽东以后,曹操占据中原,开始向南扩展自己的势力,于是在邺城铜雀台南挖掘了一个人工湖泊,曹操将其命名为玄武池,专门在这里操练水兵。大练水兵的目的只有一个,那就是南取荆州。刘表虽然不是霸王之才,但也不是坐以待毙之人,所以刘表获悉曹操在玄武池练兵，就找来刘备商议，说："最近听说，曹操在邺城作玄武池以练水军，必有南征之意，不可不防。"向来对曹操是闻风而逃的刘备，这次却说："我刘备已经知道了，大哥你别担心，没什么大不了。"不知刘备哪里来的自信，是安抚刘表还是安抚自己？

在玄武池练兵半年之后，曹操也成了曹丞相，新官上任三把火，既然做了丞相，总得拿出一些让人信服的东西，不然的话，怎么能证明这次做丞相的必要性与合理性呢？

这些年，曹操剿灭三郡乌桓、灭二袁、彻底统一黄河流域，在以黄河流域为经济、政治中心的东汉，"得中原者得天下"，曹操的雄心也由此到达顶点，他认为是时候结束分裂了。而这一年，曹操也已经54岁，岁月不饶人啊，从当年的抢新娘子的毛头小伙子变成了大汉丞相，曹阿瞒变成了曹大爷，该行动了，不然还要等到何时呢？自己还能否等得起呢？

建安十三年（208）七月，曹操开始南征，他向荀彧问计，荀彧说："现在您一统华夏（黄河流域），南方已经震动，您应该趁势速出叶、宛，则荆襄恐惧，可以平定荆州。"（《三国志·魏书·荀彧传》）

这些年积淀的自信，加上荀彧的支持，曹操的信心那是一个爆棚，所以他只训练了半年的水军就开始南征，目的就是控制荆州。

意外的是，这年八月，刘表病死，和袁绍一样，刘表在死前也没有解决继承人的问题，这就注定刘表儿子的结局比袁氏兄弟好不到哪儿去。刘表有两个儿子，长子刘琦，次子刘琮。刘琮和刘表长得比较像，刘表甚爱之，刘表和袁绍真是相似的地方太多了。

刘表死后，留下来三项政治遗产：荆州牧、镇南将军和成武侯。蔡瑁等人废长立幼，奉表次子刘琮为主，继承了荆州牧和镇南将军。为了安抚大哥受伤的心，刘琮把成武侯的侯印授刘琦，刘琦大怒，把侯印扔在地上，于是兄弟反目。

虽然刘备曾经在刘表面前说大话，不让刘表担心，但一听说曹操到宛城，刘备还是以极快的速度逃离新野，跑向襄阳。曹操部队到达新野，刘备逃跑，刘琦也败走江南。

按说兵临城下，刘琮的手下应该是主动请缨，到战场上和曹操一拼

八 征天下

高低。事实是,蒯越、韩嵩及东曹掾傅巽等人却劝说刘琮投降。据《三国志·魏书·刘表传》记载,刘琮说:"今与诸君据全楚之地,守先君之业,以观天下,何为不可?"傅巽说:"逆顺有大体,强弱有定势。以人臣而拒人主,逆道也;以新造之楚而御中国,必危也;以刘备而敌曹公,不当也。三者皆短,欲以抗王师之锋,必亡之道也。将军自料何与刘备?"刘琮说:"不若也。"傅巽说:"诚以刘备不足御曹公,则虽全楚不能以自存也。诚以刘备足御曹公,则备不为将军下也。愿将军勿疑。"于是刘琮投降曹操。

这一切太过顺利,曹操已经基本达成此次南下的战略目的。但刘表的死和刘琮的投降使曹操兵不血刃就取得了荆州,不费吹灰之力得到七八万人和大量的战船。也正是这些原因,促使曹操决定提前进攻东吴,只是曹操把孙权当作下一个刘表了。

曹操用了数学中的不完全归纳法,认为这些年的战争证明,自己的对手就两种类型,一种是刘备为代表的,闻风而逃型;另一种就是以吕布为代表的,过程曲折最终取胜型。可惜的是曹操没有学过完全归纳法,要想使自己的归纳完全正确,第 N 次证明自己的推测正确都不行,必须要 N+1 次正确,所以知识就是力量,一定要学好数理化,这样才能走遍天下都不怕。

14. 宜将剩勇追刘备

刘备在东汉末年是一个超级巨星,当然不是战场上的,而是他的名声,如果他要举办演唱会的话,绝对是一票难求。细细掰掰指头,可以捋出刘备走红的痕迹,刘备确实太走运了。这要归功于他的母亲,正是由于她老人家在正确的时间、正确的地点做了正确的事——让儿子在十五岁那年拜卢植为老师。

正是十五岁这年,刘备和同宗一起到卢植那儿求学,才有机会结识了公孙瓒。如果说,卢植算刘备的第一个贵人的话,那么公孙瓒就可以算刘备的第二个贵人,而且是最具决定性的一位。在卢植那里读书的时候,刘备和公孙瓒最划得来,可以说臭味相投,关系那是"杠杠的"。由于公孙瓒年长,因此刘备称公孙瓒为大哥。

此时的刘备并不怎么用心读书,而是喜欢飙马养宠物、爱好流行音乐,穿衣服都是穿名牌,简直就是一个时尚潮人,就是东汉版的"富二代",《三国志·蜀书·先主传》记载:"先主不甚乐读书,喜狗马、音乐、美衣服。"

尽管没怎么好好读书,但有了卢植这块金字招牌,在社会上混碗饭吃还是不难的,直到做高唐令时被流寇打败,这个时候,刘备想起当年的同窗兼大哥——公孙瓒。公孙瓒还是挺顾及当年的情分的,给刘备一个别部司马的官职,相当于一个团级领导,派他协助青州刺史田楷对抗袁绍。

在这个舞台上,刘备数有战功,代理一段时间的平原令,后来做了平原相。可以说,平原是刘备的福地,在这里刘备不仅有舞台展示自己,而且还结识了孔融和陶谦。当孔融被黄巾军打得满地找牙的时候,突然想起来向刘备求救,刘备很激动,因为孔融都知道天下有刘备这号人了。事实也是如此,正是因为结识孔融,才使人们知道"天下有刘备"。陶谦和刘备的来往也很类似,陶谦想起刘备是因为曹操攻打徐州,对他那是一个好,刘备没兵给兵,缺粮给粮,最大的帮助是陶谦临死之际把徐州交给刘备,推举刘备做徐州牧,就这样陶谦直接把刘备推上了东汉末年的政治舞台。

一个母亲一次正确的选择,使自己的儿子碰见了改变命运的贵人。如果不是母亲让他师从卢植先生,而是师从一个普通的私塾先生,那刘备注定会泯然于众。

就这样,刘备从一个普普通通的平民成为封疆大员,成为能和曹操、袁绍平起平坐的大汉官员了。这就是刘备为什么非常重视人的作用,并形成了"夫济大事必以人为本"的理念,比我们今天所强调的"以人为本""二十一世纪人才最值钱"早了一千多年。这也是本人为什么向来讨厌一些人总爱在文章中发"难道我们还不如古人吗""我们应该强过古人"之类的感慨,可以负责任地告诉大家,我们真的不如古人,刘备的行为就是明证。

曹操奋斗之道

因为刘备的成就都是靠大家帮助而来,所以刘备也很热心肠,认为这个世界是真诚的,故而接受了被曹操打败的吕布,吕布则也很好地给刘备上了一课,什么叫社会,什么是生存规则。

尽管刘备被吕布撵出了徐州,但却赢得了曹操的支持,获得了美名。所以当刘备去投靠曹操时,曹操和陶谦一样,既给兵又给粮。拿下吕布后,曹操还表刘备为左将军,出则同舆,坐则同席。就是刘备被曹操打跑,到袁绍那儿时,袁绍也派人夹道欢迎,而且亲自到二百里外迎接,足见刘备的影响力。

官渡之战,刘备看到袁绍必败,于是找机会离开。但曹操并不乐意,建安六年(201),刚打败袁绍的曹操亲自讨伐刘备,刘备自知不是对手,于是派糜竺、孙乾到刘表那里谈合作,其实就是乞降,刘表听说后亲自"郊迎,以上宾礼待之,益其兵,使屯新野"(《三国志·蜀书·先主传》)。

刘表知道刘备有野心,害怕引火烧身,更害怕其鸠占鹊巢,所以天天厚待刘备,让他吃好、睡好、玩好,这样正合刘备的脾胃。

建安十三年(208),曹操收拾好北方,就南下了,此时刘表已死,刘琮自知不敌,选择了投降,但他不敢告知刘备。刘备也不知道,时间长了,刘备感觉不对,派亲信去问刘琮。刘琮派一个叫宋忠的人到刘备那里下通知,大概是说,自己已经成为朝廷的人了。

当时曹操就驻扎宛城,刘备一听,大为惊骇,对宋忠说:"你们这帮人做事如此不讲究,不早相告,今祸至方告我,太不像话了!"同时抽出佩刀指向宋忠:"现在就是砍了你的头,也不足以解我心头之愤,但在这个时候杀你这样的人,有损老爷们的形象!"说完让宋忠走了,之后急忙召集自己的手下商议对策。

刘备在这种危急的境况下,仍然能保持镇静,不怒气冲冲,可见此时的刘备经过了岁月的洗练,不再是当年怒鞭督邮的年轻人了。

刘琮投降了,屯驻于樊城(今湖北襄樊)的刘备便率军向江陵(今属湖北)撤退,江陵为荆州重镇,存有大量军用物资。

曹操听说刘备向江陵撤退,遂亲率五千骑兵从襄阳追赶过来。刘备还是一路逃走,路经襄阳时,很多荆州士人投靠,有人劝说刘备抛弃他们，轻骑前进，但刘备说："夫济大事必以人为本，今人归吾，吾何忍弃去！"（《三国志·蜀书·先主传》）到当阳时，竟有十余万众，辎重数千辆，日行十余里。

这正是刘备的高明，不要认为刘备有多么仁慈，其实，刘备是拿十来万老百姓的生命、财产做护身符！这一招，刘备吸取了白马之战曹操收拾文丑和自己的教训，作为当事人，刘备是吃一堑长一智，以曹操之道还治曹操之身。

所以曹操在当阳长坂（今湖北当阳东北）追上刘备的时候，刘备果然抛妻弃子与诸葛亮、张飞、赵云等数十骑逃跑。曹操抓到了刘备的两个女儿并缴获了辎重，收服了刘备军的离散士兵。但曹操犯了一个错误，忘记了当年曾经以辎重为诱饵斩杀文丑的事，偏这一回自己也是为了辎重而放弃了追赶刘备。

曹操随后进占江陵，却没有继续追击刘备，犯了项羽当年的错误，未将剩勇追穷寇，放虎归山留后患啊。

15. 别拿英雄不当大腕

曹操南征刘表，那是相当的隆重，规格超排场，很是把刘表当作一个腕儿的。可惜的是，曹操还没到，刘表就去敬爱的汉灵帝和有知遇之恩的何进那儿报到了，没动一兵一卒战斗就结束了，于是曹操笑纳荆州，然后轻取刘备，刘备又逃跑了。

曹操感觉这太不好玩了，准备了大半年，总得给个热身的机会吧，不想刘琮投降了，最后只好拿刘备热了一下身。刘琮是很客气的，来的时候，还给曹操带来了七八万人和大量的战船做见面礼，弄得曹操都不好意思。

这个时候，不要说曹操，任谁都难免滋生骄傲情绪，人一旦骄傲就自大，一自大就只能看见自己了，甚至连整个世界都看不见了，因为在这些人心目里，自己就是世界。尽管自己的水兵只练了半年多而且是在玄武池上，但刘琮不是送来了七八万吗？这个时候，曹操的心目中还会

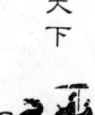

有谁呢?还能有谁呢?有的只是豪情万丈,信心爆棚,肯定想乘机顺江东下,拿下孙权。

向来信奉"贵在中和,不争之争"的为人之道、为臣之道的贾诩看出曹操有些不对劲,于是站出来,在曹操出征前劝阻说:"明公昔破袁氏,今收汉南,威名远著,军势既大;若乘旧楚之饶,以飨吏士,抚安百姓,使安土乐业,则可不劳众而江东稽服矣"(《三国志·魏书·贾诩传》)。贾诩分析得有道理,但太扫人兴了,这个时候的曹操哪里能听得进去,曹操要的是支持、支持、再支持,最好喊上:伟大英明的曹丞相天下无敌!

"今天下英雄,唯使君与操耳。"这是曹操亲口说的,而且是说给刘备听的,不知道曹操说这话是否发自肺腑,但事实证明曹操说对了。尽管曹操说刘备是"英雄",但曹操好像从来都没有给刘备真正的英雄待遇,也就是曹操没有把这事当真,纯属给刘备一个面子,逗大家哈哈一乐;相反倒是对"不足数的本初之徒"费尽了心思,极尽慎重之能事。

在战场上,英雄就应该享受英雄的待遇,规格可以高一些,绝对不能低,对待英雄可以杀鸡用宰牛刀,但绝不可以用杀鸡刀去杀虎,否则将用鲜血为自己的行为买单。到江陵后,曹操不应停留,而应该一鼓作气,乘胜追击,彻底干掉刘备,避免两线作战。但曹操没有这样做,原因就是没把刘备当盘菜。

曹操不把刘备当回事,有的人拿刘备当大腕,那就是江东的孙权。不仅拿刘备当大腕,甚至认为刘备就是大救星,而且就在刘备大败的时候,鲁肃来了。这倒不是孙权不了解刘备的底细,真把刘备当成救世主了,一个被曹操打得满地找牙的人能奈何了曹操吗?这道理孙权当然懂,只是孙权也没什么好办法了,多一个人多一分力量,再说了共同的敌人是曹操,敌人的敌人就是自己的朋友,多拉一个,就多一个壮胆的吗?

刘备太高兴了,这是真的吗?都这个时候了,还有人来救我于水火之中,苍天呀大地呀,谢谢你给我派来一个天使大哥帮我出气,真是耳朵大有福啊。

客观地说，刘备这个时候，就是提着猪头恐怕都找不着庙门，曹操的敌人，和刘备交往就是和曹操为敌，那不是找拧吗？明知山有虎偏向虎山行，鲁肃带着孙权的联合使命就来了，不是他们不怕曹操，而是他们太怕曹操了，找一个小伙伴壮胆，于是两个害怕曹操的人牵起了手。

16. 一场充满错误的战争

孙权和刘备就在曹操的眼皮底下眉来眼去你来我往，曹操没有发现吗？向来重视军事情报的曹操，难道这一回就没有安插内线、派人刺探？显然不可能，只是曹操没当回事。曹操对待孙权、刘备的心态和当年袁绍对待曹操的心态是一样一样的，孙权、刘备对曹操的心态和曹操对待袁绍的心态也是一样一样的。

曹操占据江陵，快速进军乌林，打算渡江一举歼灭刘备，同时给江东送信，《江表传》记载曹操给东吴的领导人孙权写了这样一封信："近者奉辞伐罪，旌麾南指，刘琮束手。今治水军八十万众，方与将军会猎于吴。"

中国人向来很委婉，而且还爱拽词，所以有些表面看上去越是客客气气的，而杀机就可能越重，所谓"听锣听声，听话听音"大抵就是这个道理。由于大家都不愿以真面目示人，所以都练就了一双慧眼，几乎每一个中国人都是哲学家，都能从现象看到本质。

出来混的，有几个傻瓜？所以尽管曹操的这封邀请信很和蔼，孙权那里的人还是看出了威胁和危险。

接到这封信后，江东群臣分为了两派，首先是占大多数的主降派，其次是以周瑜、鲁肃为代表的主战派。《三国志·吴书·孙权传》记载："是时曹公新得表众，形势甚盛，诸议者皆望风畏惧，多劝权迎之。惟瑜、肃执拒之议，意与权同"。《三国志·吴书·周瑜传》记载："其年九月，曹公入荆州，刘琮举众降，曹公得其水军，船步兵数十万，将士闻之皆恐"。《三国志·吴书·鲁肃传》记载："会权得曹公欲东之问，与诸将议，皆劝权迎之，而肃独不言"。

　　正在孙权内部意见不一致时，从夏口来的诸葛亮用一番说辞打动了孙权。在《战争论》中，最后一招是："当你无路可走时，就投靠你的盟友"。刘备就是这种情况，但诸葛亮把这种"投靠"通过巧妙演说，变成了双方平等的同盟关系，所以这次"外交"诸葛亮是成功的。

　　而真正使孙权下决心的还是周瑜的态度，孙权看到周瑜的态度等于看到了军界的坚持抗战，于是他心里有了点儿底。《江表传》记载：权拔刀斫前奏案曰："诸将吏敢复有言当迎操者，与此案同！"

　　做这个决定的时候孙权仅仅二十六岁，而他从哥哥手中接管江东已经八个年头了，的确不简单，在孙权的手上，江东获得了很大发展。但江东毕竟不是孙权一个人的，所以这样重大的事需要大家的支持，尤其涉及战争之事，就更需要获得大家的尤其是军方的支持，孙权需要仰仗周瑜，虽然他也自信地对周瑜说："卿与子敬、程公便在前发，孤当续发人众，多载资粮，为卿后援。卿能办之者诚决，邂逅不如意，便还就孤，孤当与孟德决之"。（《三国志·吴书·孙权传》）就是说，周大哥你和鲁肃放心上前线和曹操决战吧，我在后方做你们坚强的后盾，等待你们胜利的消息。如果不能取胜的话，那就撤回来，我和你们一起与曹操决战。怎么思索，都觉得孙权的手法太高妙了，明明他在后方，却让人感觉到他与你一起在前线。

　　孙权刘备很快就准备停当了，等着曹操到来，其实他们也没有别的选择。而曹操把信发出去之后，也没了动静，他以为这个时候自己实力强大，想打谁就打谁，别人只有挨打的份儿，孙权刘备就是联合又能闹出多大的动静呢，他们联合也好，顺势一块都收拾了。再说了，江东的那个小孩孙权，能算对手吗？只要我曹某人大军一挥，再稍微吓唬吓唬，还不乖乖来降，再次上演公孙康送来袁氏兄弟头颅的好戏？

　　等了三个月，孙权是既没有回信，也没有打电话，更没有通过视频和曹操聊天。曹操想象中的孙权派人送来刘备人头的场面最终没有出现。曹操那是一个生气，孙权小儿也太不拿你曹大爷当人物了，非教训你不可，不然你不知道谁是曹丞相。其实，就是在这时候，尽管已经错失去攻打孙权的最好时机，但大形势对曹操还是有利的，主动权依然在他手里，就看他如何选择了。

遗憾的是，这位逐鹿中原、大破袁绍、横扫塞外、最有希望结束东汉乱世的政治强人，最终做出了错误的选择，在错误的时间，错误的地点，以错误的方式与对手展开了战斗。

17. 战争都有理

朱津宁在《美国厚黑学》一书中，写过这样一段话："假如你不理直气壮地坚持要求得到真正属于自己的东西，别人不会帮助你。即使你果真维护自己的权利，很多人也会企图恫吓你。他们希望压得你低人一等，使你灰心丧气，这样你就不会阻碍他们前进的路途。"

这话一点都不厚黑，而是真真的社会生存法则，任何人都必须理直气壮坚持要求得到真正属于自己的东西，不能做一点儿退让，哪怕丝毫的让步，否则别人就会认为你放弃了权利或者那些东西根本不属于你。

什么才是真正属于自己的东西，这个一定要弄清楚，最起码自己要知道，既不能太大方更不能太贪婪，要有底线。但什么是底线呢？估计谁也说不清楚，于是乎问题又回到了开始，还是弄不清楚"什么才是真正属于自己的东西"，大抵就是"公说公有理婆说婆有理"，公说的是"公理"，婆说的只能是"婆理"。到底谁有理，最终还是要看实力，尤其在战场上。

曹操要讨伐孙权，理由是"奉辞伐罪"，也就是说，我曹操打你孙权不是师出无名，而是"奉辞"，替皇帝来管理天下，"溥天之下，莫非王土；率土之滨，莫非王臣"。我是丞相，讨伐你是我的责任也是我的义务，所以你必须听我的，不然就是造反。而孙权周瑜他们则反驳，不是这样的，你曹操虽"托名汉相，实为汉贼"，我们才是真正替皇帝守境安民的大汉官员，将在外君权有所不受，我的地盘我做主。

这一下子，曹操和孙权就闹僵了，一个喊着执行公务，一个则标榜民宅不得私闯。这事情闹得和今天的拆迁有点相似，互不让步，最后只得用暴力解决。曹操等了仨月，等来的不是孙权的投降，而是战争，的确有些意外，而且这个时候已经错过了最佳作战时机，相反孙权则利用

这三个月的宝贵时间,进行了充分的准备,既完成了全方位动员也完成了军队集结和防线布局。

曹操的骑虎不下和东吴以周瑜为首的军方态度坚决,一切就只能通过战场来说话,双方注定在长江上将有一场硬仗。

当周瑜和程普率领水战能力冠绝天下(因为当时别的地方也没有水军)的东吴水军精锐三万人逆江而上,和刘备军队会合的时候,在赤壁这个地方和曹操的军队相遇(这里的赤壁是泛指,《三国志》中多人传记均见"赤壁",但这个"赤壁"应该是包括乌林在内的大片地区),于是,两军在大江上展开了一场战斗。

这场战斗的原因和具体情况我们无法得知,或许是试探,或许是曹操确实准备登陆,又或者仅仅是小规模接触。曹操军队这个时候十分不顺利,刚到南方,水土不服,疫病流行,士气低落。刚一接战,就遭败绩,只得退回长江北岸驻扎,想等冬天过后,第二年春天再战;周瑜的部队初战获胜,士气振奋,驻扎在南岸,但他们可不想等到明年。

18. 谁烧的赤壁那把火

曹操和他的将士们在玄武池训练了半年,但到了长江,就好比刚学会狗刨的人到大海里迎风破浪一样,站都站不稳,哪里还能打仗?怎么办?仗还是要打的。经过众人和曹操的研究和思考,想到了一个绝妙的好方法,那就是用铁索把战船连接在一起,然后用木板铺在上面,这样战船就成了水上营寨。曹操认为自己方法很高妙,称这些船为连环船,认为这样就和陆地一样了,自己的劣势也就消除了。其实曹操犯了兵家大忌,都说曹操熟读《孙子兵法》,但从这件事来看,多少有些不内行,孙武作为吴国将军对水军应该是关注的,从曹操的行为看来,好像没有真正领会《孙子兵法》的真谛。

一看曹操的战船都连到一块了,黄盖看出了门道,于是向周瑜献计:"今寇众我寡,难与持久。然观操军船舰,首尾相接,可烧而走也。"(《三国志·吴书·周瑜传》)周瑜认为黄盖说得有理,便选蒙冲斗舰数十艘，里面装满柴草，浇上油脂，外面用帐幕包裹，插上牙旗，做好火攻的准备。黄盖的计策是高明，但曹操肯定也不比他们弱智，如果直接过去恐怕很难成功，于是黄盖和周瑜上演了一出苦肉计。

黄盖故意和周瑜闹翻，然后派人送信给曹操，信中说："我世受孙氏厚恩，地位待遇本不低卑，但是，为人当识时务。孙氏要用江东六郡山越之人与中原百万之众对抗，众寡悬殊，胜负已定。江东士吏，不分贤愚，均知此理。只有周瑜、鲁肃执意如此。"（《三国志·吴书·周瑜传》）黄盖还在信中表示："交锋之日，盖为前部，当因事变化，效命在近。"（《三国志·吴书·周瑜传》）

于是，在一个刮东南风的夜晚，黄盖带领数十艘战船（每一战船后拖一只小船，以备放火人员后退时使用），乘风向曹操军营进发。曹操军队以为黄盖真来投降，毫不防备，只是指点观看。船队行到距离水寨一里左右，黄盖下令各船同时点火。"时风盛猛，悉延烧岸上营落。顷之。烟炎张天，人马烧溺死者甚众，军遂败，还保南郡。"（《三国志·吴书·周瑜传》）这一战，曹操损失惨重，只留曹仁守江陵，自己返回北方。

另外一种关于赤壁之战的记载，和前一种是有出入的，出入之处是没有这把火；还有一种关于赤壁之战的记载，就是那把火不是黄盖烧的，而是曹操自己烧的。

按照《三国志·魏书·武帝纪》关于赤壁之战的记载："于是大疫，吏士多死者，乃引军还"。这种说法，赤壁之战根本没有一把火，就是有估计也是无关痛痒，否则怎么会不记录呢？这里说，赤壁之战，曹操之所以战败，是因为曹操的军队中发生了疫情，大多数士兵染病而死，曹操只得撤退。

无独有偶，《三国志·蜀书·先主传》也有关于赤壁之战的记载，"与曹公战于赤壁，大破之，焚其舟船。先主与吴军水陆并进，追到南郡，时又疾疫，北军多死，曹公引归。"据此推理，好像这把火是刘备烧的。

按照《三国志·吴书·吴主传》关于赤壁之战的记载，"瑜、普为左右督，各领万人，与备俱进，遇于赤壁，大破曹公军。公烧其馀船引

退,士卒饥疫,死者大半。"在这里,这把火又变成曹操烧的了。

通过《三国志·魏书·武帝纪》、《三国志·蜀书·先主传》和《三国志·吴书·吴主传》关于赤壁之战的记载对比,可以发现,赤壁之战的决定因素好像不是那把火,而是那场瘟疫。《三国志·魏书·武帝纪》的记载是"大疫"、《三国志·蜀书·先主传》记载的是"疾疫"、《三国志·吴主传》记载的是"士卒饥疫"。

如前所言,《三国志·魏书·武帝纪》记载赤壁战事,就根本未提火攻一事——"(曹)公至赤壁,与备战,不利。于是大疫,吏卒多死者,乃引军归",强调赤壁之战因为"大疫"才失败。而且,作为赤壁之战的当事人曹操也说是因为有疾病而主动烧船撤退,曹操在赤壁战后给孙权写信说:"赤壁之没,值有疾病,孤烧船自退,横使周瑜虚获此名。"这就和《三国志·吴书·吴主传》相吻合。

也就是说,火攻之说到底有没有,还真不好说,就是有火,大有可能就是曹操自己烧的。曹操烧船撤退这是真有,史书确有记载,但烧船的地方在巴丘而不是赤壁,时间也不是赤壁之战的时候,而是在曹操撤退到巴丘进行的,其目的是不把剩下的战船和物资留给孙权和刘备。

关于赤壁之战,疾病和瘟疫,才是曹操军队战败的真正原因。

19. 刘备的真面目

有人说,刘备的成功是一步一步从无到有逐渐积淀而来的,虽然有着皇室后裔的旗号,但好像也没从中占到多少便宜。其实是刘备几十年如一日像许三多那样"不抛弃,不放弃"孜孜追求而得到的,不像传说中那样——刘备的江山是哭来的;如果说刘备的成功不是传说,那么可以肯定地说,曹操的成功也不是传奇,也是靠自己一点一滴打拼出来的。

在东汉末年,曹操和刘备可以说是一对"欢喜冤家",为什么这样说?这要从这两个人的交往历史说起,在《三国志》中,作为曹操的对手,刘备和曹操的来往次数最多,而且时间最长。在这么多次来往中，除了第一次，刘备被吕布撵出徐州到曹操那儿逃难外，其他的都是战场上遭遇，战场就像世界杯决赛一样，从来没有和局，必须拼出胜负，所谓"由来只有新人笑，有谁听到旧人哭"，战场上从来只留下胜利者和他们欢庆，而失败者要么战死、要么被俘、要么逃跑，所以战场上是没有失败者的。

曹操和刘备，作为战场的对手，由来只有成功者曹操的欢笑，而只留下刘备的哭泣，这对欢喜冤家，欢的是曹操，喜的还是曹操，只有冤家刘备在哭。

作为刘备最大竞争对手的曹操，对刘备正面做出评价，有四次。第一次，是刘备为吕布所败，投奔曹操，程昱、郭嘉劝曹操杀刘备，说"备有雄才而甚得众心"，不是一个甘于屈居人下的人。曹操回答说"杀一人而失天下之心，不可也"，这看起来不是评价，其实也是一种评价，而且是很高的评价。

第二次，杀掉吕布后，曹操和刘备一起回到许都。为了获得刘备的支持，曹操向汉献帝讨封了左将军，而且"出则同舆，入则同席"，那句天下闻名的"天下英雄，唯使君与操耳"就是在这个时候说的。当时不少人建议曹操杀掉刘备，以绝后患，曹操为了巩固政治基础而没有动手。虽然曹操没动手，但刘备心里则是一直悬着，担心不知道什么时候遭遇不测，加上自己背地里和董承一起谋划干掉曹操，万一被发现，只能脑袋搬家，于是找机会跑路。

第三次，刘备跑路后。当时袁绍兵临城下，曹操处境十分艰难，应该全力对待袁绍，而曹操带兵亲自去打刘备。许多人都建议曹操不要去打刘备，说真正的敌人是袁绍，刘备不是菜，早晚都能收拾；再就是如果这个时候打刘备，袁绍趁机来攻打怎么办？曹操不容置否地说："夫刘备，人杰也，今不击，必为后患。"（《三国志·魏书·武帝纪》）

第四次，是在赤壁之战，也是接下来重点要说的。

尽管曹操对刘备的评价很高，但已经四十多岁的刘备依然一事无成，一无所有，还在到处流浪，正如《九州春秋》记载：备住荆州数年，尝于表坐起至厕，见髀里肉生，慨然流涕。还坐，表怪问备，备曰："吾常身不离鞍，髀肉皆消。今不复骑，髀里肉生。日月若驰，老

八 征天下

将至矣,而功业不建,是以悲耳。"

无所作为的刘备只能因大腿长肉而感慨流泪,聊作自我调侃,自我嘲弄。

刘备的感慨之后没多久,曹操就南下了,这样一来,刘备就又开始加速度长跑了,赘肉估计是长不了了,但提心吊胆的日子来了。

这里要说说,刘备的当阳长坂之事。那时候,刘备那时手上只有万把人,根本不是曹操的对手。这一点,刘备也非常清楚。所以,刘备压根就没有准备和曹操打仗的意思,他所做的一切都是为了逃跑,同时在逃跑的时候把损失降到最低。

也会有人怀疑,既然是逃跑,刘备还收留那么多老百姓干什么?问题就在这里,老百姓之所以追随刘备,无非是为了活命,毕竟曹操有屠城的行为,刘备没有。但跟着刘备就幸福了吗?就安全了吗?

答案同样是否定的。之所以愿意装出不忍抛下大众的样子,那就是情况还不坏。再就是如果曹操追不上,刘备军团全员带领十数万百姓抵达江陵,名声人口兼得;如果曹操真的追来了,还是老方法——逃跑。反正也不是第一次了,没什么丢人的。历史已经多次证明,在危急时刻刘备是一个连妻子、儿女、将领、士兵全都抛弃,只顾自己逃命的人。

为了证明刘备的仁慈,有人考证刘备是让"关羽水军精甲万人"殿后以防曹操追来。这,哪跟哪啊?根本就没这回事,《三国志·蜀书·先主传》的确记载了"别遣关羽乘船数百艘,使会江陵",刘备是让关羽安排渡江的事情,根本不是断后,目的是保住这精甲万人,作为日后东山再起的本钱。

作为东汉末年的老江湖,刘备不会不知道"枪杆子里面出政权"的硬道理,军队才是他最为关心的事情。

所以当曹操真的追来了,刘备一如既往地逃跑。只是这一次,他把家眷留在了民众之间。这就是刘备的毒辣之处,读过《史记》的人,相信应该记得刘邦和项羽打仗,逃跑的时候,多次把自己的儿子和女儿推下马车,目的就是跑得快一些。作为刘邦所谓的子孙,这一点刘备是青出于蓝而胜于蓝,为了让这些老百姓心甘情愿给自己挡道,刘备还把其家眷安排在队伍中间,以显示自己是和众人在一起,有难共当。

那刘备在哪里呢？答曰：在前头。有证据吗？有！那就是当阳大败后，刘备集团的骨干力量没损失一人，均平安脱险，只有赵云经历几次风险，救出了阿斗。刘备还利用阿斗作了一次秀，叫刘备摔阿斗——收买人心。

这，太划算了，如此一来，仁义到手，百姓归心，玄德公名扬天下，青史留名。

20. 刘备，吾俦也

客观地说，刘备在赤壁之战时，绝对成了真真实实的流氓无产者，但就是这样，刘备却在赤壁之战中完美地完成了绝地反击。

这刘备靠的是什么呢？他拿什么和孙权合作的呢？

按照常规的说法，赤壁之战前，刘备军事家底也就两万人，大概关羽有一万水军，刘琦带到江夏有一万陆军。但要细细考证一下，关羽的一万水军是经不起推敲的，为什么这样说呢？刘备在刘表的地盘过了六年寄人篱下的日子，刘表表面上很客气，兄弟长兄弟短的，其实对刘备那是一百个不放心，时刻提防着他。防还防不住呢，又怎么可能让刘备的手下在自己的眼皮底下发展这么大一支水军呢？

据《三国志·蜀书·先主传》记载，"曹公定荆州，先主自樊将南渡江，别遣羽乘船数百艘会江陵。"以此推测，关羽有"数百艘"船，这是多大的船队啊？这么庞大的数量，从哪里弄来的？是刘表给刘备的？答案是否定的。刘表连自己的水军部队都掌控不了，军权完全被蔡瑁、张允等荆州本土世家控制在手里。如果关羽真有这么多船只，那水军肯定不止一万人，由此可知，关羽一万水军，不大可信。也就是说，刘备真正拥有的可能是刘琦的一万陆军，刘备当时在赤壁的全部家当就这么多。

俗话说，"人穷志短"，寄人篱下，刘备能怎么着？先前是刘表客将，现在是刘琦客将，连地盘都没有，怎么爷们起来？因而在和孙权联盟的过程中，处境自然尴尬，拿什么和孙权平起平坐？在这种局势下，

诸葛亮对刘备说"请奉命求救于孙将军",这就对了,找孙权"求救"是真,说"联盟"是忽悠人。

刘备当时的处境,要和孙权合作,那是上赶着找人家,说得直白一些,并非"求救",而是投降,所以不可能是地位平等的合作。

总之,刘备和孙权联手了,至于刘备处于什么地位,已经不重要了。接着就发生了著名的赤壁之战,从赤壁之战的过程看,史书的记载相当简略,战争过程极快。

在论述赤壁之战时,陈寿在《三国志·蜀书·先主传》中记载,"先主遣诸葛亮自结于孙权,权遣周瑜、程普等水军数万,与先主并力,与曹公战于赤壁,大破之,焚其舟船。先主与吴军水陆并进,追到南郡,时又疾疫,北军多死,曹公引归。"这是《三国志》中记载赤壁之战着墨最多的地方,其他的都是轻描淡写,一笔带过。

从这里看来,赤壁之战的主角不是孙权,不是周瑜,也不是诸葛亮,更不是曹操,而是伟大、英明的先主刘备同志。因而,可以肯定的是,作为先主曾经的子民,陈寿对先主难免有点崇拜,因而美化了一些,这是可以理解的。

由于时间比较久远,我们难以了解这段历史的真相,但从曹操逃生后的大笑可以知道,尽管和曹操打仗的时候刘备比较矜持,没有真枪实刀地和曹操对着干,但打败曹操之后,刘备抢地盘的行动倒是非常迅速,非常利落,非常果断,而且硕果累累。

据《山阳公载记》曰:赤壁之战后,曹操的船舰被刘备烧毁,曹操带兵从华容道徒步返回,结果遇上泥泞之路,道不通,天又刮大风,只得命令身体羸弱的士兵抱着柴草铺路。羸兵为人马所踩,纷纷陷入泥中,死者甚众。历经艰险,曹操终于脱离险境。

虽然在赤壁战败了,但曹操笑傲江湖的英雄本色依然故我。曹操从华容道冲出去以后,又笑了。大家问他,丞相为什么要高兴啊?曹操说:哈哈,"刘备,吾俦也",刘备这个人确实是我的对手;可惜的是,他这个人做什么事总是慢半拍,他如果在这个地方埋下伏兵堵起来,再放一把火,我们这些人骨灰都没有了。

这是第四次评价刘备,也是最高的一次。曹操最欣赏刘备的是其多次陷入险境和低谷，最后都挺了过来。曹操自己的经历也跟刘备差不多，完全靠自己的努力和拼搏，但又不断遇到挫折和失败。由于双方类似的经历和性格中某方面的共同之处，曹操对刘备有惺惺相惜之感。官渡之战后，刘备又转投了刘表，后来发生了赤壁之战，刘备联合孙权打败了曹操，扳回了关键的一局。

这一回，战败的曹操又笑了，他笑刘备没能彻底战胜自己，也庆幸自己能从虎口脱险。那么他能笑到最后吗？

八　征天下

九、整顿，再出发

赤壁之战对曹操来说，就是"昨天所有的荣誉，已变成遥远的回忆"，而且从此开始还将走进风雨。战场上的失败像多米诺骨牌一样迅速传递到官场，曹操的官场上迎来了挑战，以前顺风顺水时掩盖的矛盾也开始浮出水面，这其中有皇帝、有臣子，也有外患，还有人落井下石……

一时间曹操几乎就是四面楚歌，但是对曹操来说，这又算得了什么呢？这又能算得了什么呢？都是小事儿，多少年前都经历了，现在权当忆苦思甜了。曹操清楚得很，虽然赤壁战败，但他仍是汉朝的丞相，最为重要的一点就是，实际上他仍然掌握着汉朝的政权。这个时候，曹操知道反驳没有用、批判也没有用、争论更没有用，与其浪费时间跟这帮人嚼舌头，倒不如总结经验，吸取教训，重新上路。

1. 没有硝烟的战场

谁都知道"不以成败论英雄",但没有谁愿意做失败的英雄,也没有谁愿意拿失败的英雄做榜样。人生就是这样,无论做什么,都会有成功和失败,尽管没有人愿意失败,没有人欢迎失败,但失败有时候还是会来的。现实就是这样,不管你在奋斗的过程中如何努力、如何奋斗、如何全力以赴,你还是仅仅能控制了你自己,也就是把自己的命运抓住而已,而自己以外的东西有时候却是不可控的,即使有时候完全成为决定成败的关键。

失败是痛苦的,失败也是无情的,正如《从头再来》所唱的那样,一旦失败,那就是"昨天所有的荣誉,已变成遥远的回忆",人生也将"重又走进风雨"。现实世界除了和自己关系密切的期待眼神,还有那些幸灾乐祸的目光,而这才是最具杀伤力的,但要想再次崛起,就必须坚持自己的选择和追求。

赤壁之战失败,正当有些人想看曹操热闹的时候,曹操自己却笑了,既笑给自己的对手,也笑给自己阵营里的对手,更笑给自己。不就一场失败吗?我曹孟德经历的多了,大风大浪这一辈子经历得还少吗?讨伐董卓失败、兖州被吕布偷袭、南征张绣失败……

可以说,这一败虽然损失惨重,但没什么大不了,在曹操看来,就是"看成败人生豪迈,大不了从头再来"。

赤壁之战是战败了,但还不至于一蹶不振,只要我曹孟德还在,一切都会好起来的。可以说,赤壁之战给头脑发热的曹操当头浇了一盆冷水,这盆水浇下来,曹操确实冷静了许多,虽然嘴上不承认赤壁之败是主观原因造成的,但在强调客观原因的同时不忘着手进行调整自己的策略。

赤壁之战绝对不仅仅是战场的事情,还有其他看不见的恩怨,南下以前,曹操那是顺风顺水,一路高歌,对皇帝很尊重、对百官很谦让,无论是汉献帝还是大臣,大家一致认为曹操这人不错,是一个能臣、忠

九 整顿,再出发

臣。尽管有一些人对曹操有想法，但面子上都还过得去，互相之间以和为贵。但是曹操从赤壁败回之后，有些人觉得曹操这个人不过如此，反对他的人就开始蠢蠢欲动了。

正因如此，建安十四年（209）三月，曹操率军队回到老家亳州休整，而不是许都。赤壁之败，曹操是一百个不服气，但现实告诉他自己战败了，而且很惨烈。这个时候的曹操几乎就是腹背受敌，战场上有孙刘联军，而自己的大本营则成了第二战场，就是说，自己后方也成了前方，虽然不见刀光剑影，但凶险程度一点也不亚于战场。

面对朝中那批刘家粉丝的诟病，而曹操对此也没有更好的方法，因为那些人是受刘家招牌的保护的，自己管不了。管不了别人，就做好自己的事，跌倒一次哪能就此躺下呢，要爬起来，重新上路。

2. 从头再来

这个时候，最需要冷静，而不是感情用事，要明白自己是谁，最该做的是什么，要用事实说话，最好的行动就是开始新的行动。

第一，建设自己的水军。赤壁之战后，曹操终于意识到，孙权不可小瞧，必须重点对待。赤壁战败的根本原因，是没有自己的水军，屯兵亳州后，曹操一方面集合整顿赤壁之战期间流散的残兵，一方面抓紧时间制造船只，然后投入军事训练。四个月后，曹操终于训练出了一支属于自己的水军队伍。这年七月，曹操的水军从谯县出发，顺着涡河而下，进入淮河，出肥水，前去支援合肥的守军。

合肥本来是曹操的地盘，赤壁之战期间，孙权趁曹操战败之际，派兵进攻合肥，本以为可一举拿下，但守城将领张辽、李典等英勇奋战。于是双方形成了拉锯战，后来孙权又亲自带领数万军队前来助战，双方相持了一百多天。因而，当曹操费了四个月工夫才练成的水军开到合肥时，孙权的军队已经撤走了，曹操的水军也没打上仗，就驻扎在了合肥。

第二，抚恤已亡吏士家属。赤壁之战，曹操的军队遭到了重挫，军队的士气十分低落，久经沙场的曹操自然知道士气的作用，如果不能改变军队低落的士气就不可能战胜敌人。于是曹操就想到了抚恤阵亡的将士和他们的家属，想起那些在南向用兵、赤壁之战中阵亡和因疾疫而死的将士们以及他们的家属，曹操深知对待死在疆场的将士和抚恤他们的家属，对于稳定军心、鼓舞斗志和激励士气，乃至进一步发展自己的势力是至关重要的，因此，曹操在建安十四年（209）七月发布了《存恤吏士家室令》。

曹操这样做，一方面获得了底层群众的支持，另一方面解决了现役士兵们的后顾之忧，获得了军队士兵的支持，再一方面挽回了赤壁之战溃败的形象。

第三，置扬州郡县长吏，开芍陂屯田。赤壁之战后，孙权成了曹操的主要对手，而他们角逐的战场就是扬州。那时的扬州，地域横跨大江南北，曹操和孙权都想占为己有，双方任命了自己的扬州刺史。曹操最先派严象做扬州刺史，而孙策任命的庐江太守李术攻破扬州杀死了严象，无奈之下，曹操又任命刘馥为扬州刺史。

据史载，刘馥受命后，单马一人来到合肥。刘馥确实有本事，到任后立即开展工作，建立州治，安抚叛乱的民众，广泛施行惠民政策与加强教化，百姓也很爱戴这位刘大人，别处的流民还跨山过河前来归顺。刘馥大规模屯田，兴修治理堤堰陂塘，灌溉稻田，这样，百姓有了吃的粮食，官府也有了粮食储备。刘馥还着手修建城墙，为战争做准备。

可惜，刘馥在建安十三年（208）去世了。而在这个时候，扬州就显得更为重要了，尽快设置扬州郡县官员以及守将人选不仅仅事关战争，还事关稳定。所以扬州官员的人选，就不能不慎重，于是曹操就派出了自己身边的重臣温恢，同时把智退孙权的丹阳太守原扬州别驾蒋济调到温恢那儿继续做别驾。

温恢果然不负众望，"开芍陂屯田"，达到"官民有蓄"，所以后来建安二十四年（219），孙权再攻合肥，无功撤退。

第四，颁布《求贤令》，招揽自己的人才。建安十五年（210）春，曹操颁布了《求贤令》，他这个时候颁布此令，并不是简简单单的招募人才，更是一种谋略。

九　整顿，再出发

鉴于此,曹操决定打造自己的人才团队,针对当时以"德孝"为准绳的官员考核评价标准,提出自己的观点——"唯才是举"。要求"举贤勿拘品行""取士勿废偏短",就是这个人"不仁不孝",但懂得"治国用兵之术",就可以任用。

曹操在令中说:夫有行之士,未必能进取,进取之士,未必能有行也。陈平岂笃行,苏秦岂守信邪?而陈平定汉业,苏秦济弱燕。由此言之,士有偏短,庸可废乎!意思是说,德行高尚的人未必有才能,而有才能的人也不一定德行高尚。

曹操最后用陈平和苏秦来证明自己的观点,说陈平和嫂子关系暧昧,苏秦很贪财,但是陈平辅佐刘邦打下了汉朝江山,苏秦通过自己的能力帮助了弱小的燕国。因此曹操得出:人都是有缺点的,用人要容其所短用其所长,岂能因为有一些缺点就不任用呢?

曹操打破了"德孝"人才评价标准,践行"唯才是举",尽管此举屡遭谴责,但曹操却从中赚足了便宜,吸引了大批人才。

3. 这个皇帝不简单

据《三国志·魏书·武帝纪》记载,建安十五年(210)十二月,曹操发布了影响深远的《述志令》(也叫《让县自明本志令》)。这一年在曹操一生中注定非比寻常,年初发布了《求贤令》,年终发布了《述志令》,从当时的环境看,《求贤令》应该是曹操精心准备的,而《述志令》则是被动的,属于命题作文。

远征乌桓,平定辽东,统一北方后,曹操功高位重,朝野谣诼不断。说是"朝野",其实朝廷上哪有人敢指东道西,也只有孔融发发牢骚而已,主要是"野",其中孙权、刘备等最为嚣张,抨击曹操"托名汉相,实为汉贼",欲废汉自立。他们其实也就是过过嘴瘾,为自己谋利益,要是真为了汉朝,他们应该去帮助汉献帝勤王。

谤议其实在赤壁之战前就有,只是在赤壁之战后集中爆发了,攻击曹操什么呢?就是说曹操准备代汉自立,正当曹操有口难辩的时候,汉献帝刘协也发飙了。汉献帝这哥们儿不是一般的人物，绝对不是任人玩弄于股掌之上的傀儡，其实他一直想和曹操掰掰手腕。

曹操当然知道汉献帝的想法，所以把其迎到许都后，立马把其身边的人全部换成了曹家班，以加强对他的控制。但汉献帝比曹操想象中聪明得多，到许都后，汉献帝恢复旧制，按照旧制，三公领兵入见皇帝时，两个士兵用戟交叉，三公把脖子伸进去，然后入见。

什么时候开始实施的呢？就是在曹操南征张绣的时候。曹操认为要出去讨伐张绣了，要和皇帝告个别。没想到，汉献帝用这种形式"接待"，曹操吓出了一身冷汗，好在这些人都是自己人。否则，乖乖，这太危险了，只要士兵稍微一用劲，小命就报销了，从此以后，曹操再不去朝拜汉献帝了。

此后，汉献帝再没有对曹操有什么动作，表面上风平浪静，而实际则是因为曹操太强大了，汉献帝没有办法。现在一看曹操在赤壁战败了，曹操的风头受到打击，所谓虎落平阳被犬欺，这汉献帝也开始耍威风了。按正常的思维，只有打胜仗的将领才给封赏，而汉献帝却给战败的曹操封赏，给曹操"邑兼四县，食户三万"。

关于这件事，很多人都认为这是曹操自编自导自演的闹剧。其实曹操不至于这么没有政治头脑，本来大家就说曹操的权力太大了，要篡汉自立，朝野正为这事攻击曹操呢，曹操这样做不是自己朝枪口上撞吗？

这样一来，曹操怎么能说得清？就是曹操能说得清，谁又会相信呢？

4."让县"未必真明志

这确实是一个难题，不辩解吧，等于默认；而辩解吧，又给人此地无银三百两的印象。

兵来将挡水来土掩，曹操和汉献帝斗法已不是一回两回了，你汉献帝有权力封，那我曹某人就有办法让。只是这一回不是上一回，以前的让都是表章之类的上奏形式，这一回来一个令，不光给皇帝你一个人

看,还要让天下人看,我把真心表白于天下,目的就是"分损谤议",其实曹操也知道起不到什么作用。

曹操所谓"让县",即你汉献帝来阴的,我也给你来假的,我也不给你全部让回去,只是让回去"三县、两万户",留下武平县的一万户。

在文章开头,曹操自表心态,说自己最初并没有多大志向,只想做好一个地方郡守,世道混乱,便想隐居乡下,后来兴兵讨伐董卓,也没有多大的志向。接着,曹操历数自己的功绩,表明自己功业虽大,但绝无代汉自立之心。

最后,笔锋转到当前,说封给他的土地可以退,也就是曹操可以"让县",但兵权不能放弃。

纵观《让县自明本志令》,可以知道曹操是真的要让县,因为他知道无功不受禄,若全盘接受肯定授人以把柄,若是一点儿都不接受,那就中了汉献帝的圈套,反正是你要给的,不要白不要。

曹操首先来者不拒地全盘接受了汉献帝给其儿子们的封赏,在《让县自明本志令》中可以知道,在曹操写此文之前,汉献帝就已经封赏曹操的三个儿子为侯,即封曹植为平原侯,曹据为范阳侯,曹豹为饶阳侯。开始曹操对此是坚决不接受的,后来他改变了态度,全盘接受,反正大家都是这么说,我接受儿子们的分封,就是为了家族安全。

接着,曹操坚决不接受"兼四县,食户三万"的封赏,而是奉还"阳夏、柘、苦三县,户二万",但武平一万户要留下。

汉献帝一看曹操来真格的,其他人也没有敢瞎起哄,也就老实了,乖乖地按曹操的意思办。先收回曹操的这个新加封的三县、两万户;几天以后又按曹操的意思分封曹操的三个儿子为侯。就是曹操让的那三个县,自己没要,他的儿子一人得一个。曹操让出去了两万户,他三个儿子加起来得了一万五千户,只少了五千户。但是这三个儿子的三个封地是一个州一个,都是战略要地。曹操和汉献帝真是好"搭档",你给我面子,我给你风光。

《让县自明本志令》明的不是志,而是局势,正在大家包括汉献帝都认为曹操怀有"不臣"之心的时候,曹操通过《让县自明本志令》

来表白自己没有篡位的想法。其实曹操自己也知道自己表白也起不到多大作用，根本也没有几个人相信，但却必须得说。

曹操在文章中说得很清楚，他说我为什么要发布这样一个教令呢？就是想让天下人都给我把嘴巴闭起来，他的原话叫"欲人言尽"。我自己把话说完了，我这个人小时候是怎么样的，我有没有野心？我也有野心的，我野心是一点一点变大的，现在我的野心就是要做齐桓公、晋文公，你们要我退下去，那我是肯定不干的。

正是汉献帝这次封赏，使曹操看到了自己的危险，尽管为自己谋得了一些利益，但还不足以让自己安全。也正是这些"谤议"让曹操清醒了许多，曹操发现不是外人说的那样，自己的权力不是太大了而是太小了，甚至不能保护自己和家人，自己的位置不仅不能让，相反还需要进一步巩固和加强。

5. 曹操和汉献帝是什么关系

汉献帝和曹操并不是玩偶和艺人的关系，汉献帝不是也不甘心做玩偶，曹操的志向也不是做杂耍艺人。

汉献帝不是一个简单的人，不是我们想象中的傀儡，完全被曹操玩弄于股掌之上。虽然"生于深宫之中，长于妇人之手"，但汉献帝还是很有智慧的。这一点，从他和少帝逃亡遇见董卓的表现就可以知道，见到五大三粗屠夫般的董卓，同样是"生于深宫之中，长于妇人之手"的孩子，少帝吓得哇哇大哭，而刘协则沉着冷静，质问董卓是来救驾还是谋逆。董卓说是来救驾，刘协则反问，既然来救驾，那你为什么不下跪，董卓大惊随即下跪。当时刘协为陈留王，年仅九岁，就有如此上佳表现，可怜生逢末世。董卓看到刘协有潜力，于是就废少帝另立刘协为帝，就这样刘协成了汉献帝。

这汉献帝也够倒霉的，自从做皇帝那一天起，从来就没有真正品尝过做皇帝的滋味，先是董卓把持，接着是王允，王允之后，就是郭汜李傕，后来东迁，又被董承杨奉挟持，最后曹操出面接手。

汉献帝命运坎坷，曹操也不是生来就一帆风顺，相比汉献帝，曹操的路就更为艰难坎坷。刚入官场，做洛阳北部尉，想大有作为，结果打死了大宦官蹇硕的叔叔，由于位卑兵少，不久即被赶出京城；在地方，依然痴情不改，无论是任顿丘令还是任济南相，曹操的表现都是可圈可点，但最终都是因为官小手无兵权，不愿"违道取容"，加上"恐为家祸"，只得辞官不做。

后来，被任命为西园八校尉，这是曹操第一次走上军政部门，有了少许兵权，但仍需仰人鼻息。董卓进京，天下大乱，志在做"治世之能臣"的曹操也只能袖手旁观，而不能挽狂澜于既倒。董卓为了巩固地位，便开始拉拢曹操，不料遭到拒绝。董卓是何等人，给你曹操脸，你还不要，那好，我杀了你。曹操当然知道拒绝董卓的后果，拒绝之后，曹操立马就开溜了，逃向陈留。

到这时候，曹操终于明白，乱世英雄起四方，有枪才是草头王。到陈留后，曹操就着手组建军队，然后起兵讨伐董卓。那时候，虽然有了军队，但人数不多，再加上曹操不是朝廷命官，而更为尴尬的是，曹操还是朝廷通缉犯，所以只能依附于陈留太守张邈。随后和张邈一起参加以袁绍为盟主的讨伐董卓联军，被袁绍任命为行奋武将军。

虽然在盟军中曹操仅仅是行奋武将军，但比那些名正言顺的官员更努力更进取。联军是论资排辈的，是不平等的，曹操的部队不多，不是国家官员，还背着通缉犯的名号，所以盟军中许多人都看不上他。这极大地刺激了曹操，曹操明白了，在世界上，仅仅有兵有权还是不够的，还要有组织的认可，其实就是刘家的授权，只有这样你才是一个有身份的人、一个有地位的人、一个受人尊重的人。

后来，曹操打败黑山军，袁绍表荐他为东郡太守，自此曹操就成了有身份的人、有地位的人、受人尊重的人。曹操知道，自己并没有变化，变化的是自己的头衔和位置，于是以此为契机，开始有计划地、脚踏实地地踏上了"以军谋政，以政济军"的征途。

曹操入主东郡不久，青州黄巾起义军攻下兖州，兖州刺史刘岱战死，在陈宫、鲍信等人的支持下，曹操做了兖州代理刺史，但没有获得刘家授权。为了获得刘家授权,曹操派王必到长安汉献帝那儿报到,上赶着追皇帝,最后和汉献帝建立了秘密通道。不要小看曹操的这一上赶着追皇帝的举动,正是这一举动获得了汉献帝的好感,才有后来的奉迎天子。

有了朝廷的默许,曹操在兖州迅速发展,坚持军政互用,所以才能应董承之召,进军洛阳。进军洛阳后,曹操立即"自领司隶校尉,录尚书事"(《三国志·魏书·武帝纪》),这是多年历练之后的成熟。从此,曹操和汉献帝开始合作共事。

6. 江湖未静,不可让位

汉献帝首先是皇帝,既然是皇帝,那就要有皇帝派头,可惜他没有,所以他穷尽一生都在争取皇帝拥有的一切。而曹操呢?他的理想就是做一个"治世之能臣",因此在曹操的规划里,皇帝就是形式,什么都不需要做,其他都由曹操代劳。

汉献帝有自己的打算,曹操有自己的方略,矛盾自然就产生了,汉献帝很想让曹操让位,曾经秘密鼓捣董承、刘备搞什么衣带诏,刘备害怕事发逃跑,董承暴露后满门被杀。确实,汉献帝够执着的,虽然失败一次,但仍不甘心,曹操刚刚赤壁战败,这位老兄马上就出来将曹操一军,试图逼迫曹操让位。

汉献帝的小算盘打得不错,但跟曹操玩心眼,还是差一截子的。面对咄咄逼人的让位质疑,曹操也不含糊,在《让县自明本志令》打开天窗说亮话,"江湖未静,不可让位;至于邑土,可得而辞。"

什么叫"江湖未静"?这里要说说江湖。有人说,什么是江湖?人即是江湖。什么是江湖?恩怨即是江湖。什么是江湖?有人的地方,有恩怨的地方,就是江湖。

这里就可以知道,天下是一个江湖,朝廷是一个江湖,曹操和汉献帝是一个江湖,刘备也是江湖,孙权也是江湖……

这么多"江湖",曹操所指的又是哪一个呢?要是指"天下"的

话,当时天下诸侯割据,战争频仍,确实"未静",要是指"朝廷"的话,就更是如此,天下未静,朝廷怎么能静呢?进而,曹操和汉献帝自然不可能静了。刘备、孙权正在磨刀霍霍向曹操呢,何来之静?

再说了,"江湖未静"的版权属于曹操,最终解释权也归曹操,但曹操没有解释,曹操知道这事不能说得太细,说太细就不好了。

正是这次的"让位",提醒了曹操,汉献帝要收拾我,我都没有称帝,你倒有害我之心。既然怀疑我,那我也做给你看,我要保护自己和家人的安全。

一个月后,也就是建安十六年春(211)正月,曹操终于出手了,曹操要求天子命世子曹丕为五官中郎将,置官属,为丞相副。表面上看来,这不是什么了不起的大事。五官中郎将官位不大,待遇也不高,这个级别的官位,在大汉帝国可以说一抓一大把。问题的关键是,曹丕的权限是"主五官郎"。

"五官郎"种类繁多,分为五官中郎、五官郎中、五官议郎……这些五官郎的职责是"皆主更直执戟,宿卫诸殿门,出充车骑。唯议郎不在直中"(《后汉书·百官志》)。说得直白一些,就是保护皇帝,皇帝不外出的时候,五官郎就负责宫内的安保工作,皇帝车驾外出,既当车骑仪仗也做保卫工作。

曹丕的工作就是管这帮五官郎的,掌控了这帮五官郎,就等于完全掌控皇宫和皇帝,到这里,就明白了,这是在控制汉献帝。

很明显,曹操发现汉献帝有野心,必须严格控制,否则后果不堪设想。这个时候,顾不上那么多了,只能让曹丕出任五官中郎将,变相软禁汉献帝。

《让县自明本志令》的颁布和曹丕出任五官中郎将这两件互相矛盾事情的发生,正说明曹操当时的地位受到了严重挑战。

在这种情况下,曹操必须提前行动,有所作为,他不想步董卓、王允的后尘。曹操自述自己的处世原则是:"不得慕虚名而处实祸",所以他做起这样的事来很坦然,他才不管别人的感受呢,保护自己才是最实惠的。

7. 政治就是玩"阳谋"

赤壁战败，曹操几乎成了众矢之的，一世英名毁于一旦，支持率也是一落千丈，内忧外患亦接踵而至，各种矛盾接连爆发。但曹操不愧为成熟老练的政治家，他知道在这个时候辩解是没有用的，压也压不下去，最好的办法就是转移朝野的视线，用新的成果重新树立自己的威望。

此时，曹操最想消灭的对手是孙权和刘备，若能除掉这两个强敌，既能挽回颜面，又能重塑形象。但由于赤壁战败，各方实力已经发生转化，此时只怕是心有余而力不足。随后他把眼光瞄向了力量较弱的马超、韩遂，但马超和韩遂却不能打，为什么？因为他们都有刘家授权的官证，而且是曹操亲自颁发的，再说了，马超、韩遂还都是遵纪守法的好臣子，大大的好臣子没有理由打呀。

怎么办？曹操的旗号"奉天子以令不臣"，但他们是忠臣，最起码没有举旗造反的举动和嫌疑，总不能莫名其妙，师出无名去攻打他们吧？怎么办？对一般人来说，这是个问题，但对曹操来说却是毛毛雨，"机警有权数"的曹操就想出一招，你们不造反，我逼你们造反。

建安十六年（211）的春天，曹操开始向马超、韩遂出招，命令钟繇西征张鲁。这是曹操下得非常好的一步棋，妙就妙在张鲁的地盘是汉中，在马超、韩遂的后面。也就是说，曹操要想打张鲁就必须经过马超、韩遂占据的关中。

这个方案一出，舆论哗然，很多人都认为曹操疯了，用大炮打苍蝇——不够炮火钱。张鲁是一个成不了大事的人，通过马超、韩遂的地盘去打张鲁，那不是自己找事吗？再说了马超、韩遂也是胸无大志之人，守着自己的一亩三分地和老婆孩子热炕头，现在两厢相安无事，多好，干吗去招惹他们呢？现在去打张鲁不是惹他们两个急吗？把他们两个惹急了，起来造反怎么办呢？

曹操心知肚明，揣着明白装糊涂，太对了，我能看不到这些？这才

是我所期望，要的就是他们造反，不然怎么能有理由打他们呢？曹操真是有权数！

就这样，钟繇率领部队挺进关中，这还不算，曹操把夏侯渊也派了过去和钟繇会师，然后一起攻打张鲁。曹操确实有点欺人太甚，区区张鲁，钟繇去讨伐就有些牛刀小用，又派夏侯渊，别说马超、韩遂，谁都知道醉翁之意不在酒。这哪里是打张鲁，明明是打我们关中的兄弟们啊，与其坐以待毙，不如战斗而死。马超和韩遂、杨秋等人一合计，造反！

战争还没开始，就有人给曹操献策，说关西兵英勇强悍，善于使用长矛，这种兵器不好对付，只有选拔精锐先锋部队才能战胜他们，要提前做准备。曹操对众人说，没关系的，怎么打是由我决定的，不是他们说了算。他们虽然善于用长矛，但我可以让他们没有用武之地，你们瞧着我怎么打。

曹操虽然嘴上说得轻松，但面对马韩联军时还是一百二十个认真，这叫战略上藐视敌人，战术上重视敌人，所以曹操命令诸将："关西兵精悍，坚壁勿与战。"（《三国志·魏书·武帝纪》）什么时候和他们打呢？我曹孟德去了之后。

关西兵确实很强悍，战争开始就遇到了极大挑战。北渡黄河时，为了保证安全渡过黄河，曹操自己亲自率领几百精兵断后。这是曹操在危险时的惯常做法，什么叫身先士卒，这才是，冲锋在前，撤退在后，曹操能做到。

部队还未完全渡过黄河的时候，马超领兵前来偷袭，这个时候曹操只有几百人，马超人马大约有一万人。情况那是相当危急，危在旦夕啊，曹操还坐在胡床上不起来，不知是过度自信还是被吓着了。张郃等人一看不妙，拉起曹操就走，然后又把曹操拉到船上。

一看形势危急，一名运送军资的校尉丁斐急中生智，把牛马放出去吸引马超军队的注意力，果然，马超的人马都去抢牛马了，曹操才得以逃脱。已经过河的部队，一看曹操不见了，找不到组织了，大惊失色，不知如何是好。见到曹操以后那是一个悲喜交加，痛哭流涕。而曹操还是招牌式大笑：哈哈，今天确实是有点悬乎，差点儿被小贼拿住了。

曹操渡过黄河，马超他们马上就害怕了，于是马超和韩遂提出求和，条件是割黄河以西给曹操。曹操不答应，好小子，你们差一点儿要了我的老命，求什么和，不行！继续向马超、韩遂进兵，马超、韩遂实在顶不住了，只得再次求和，而且还愿意"质子"，就是把他们的子弟送到曹操那儿去做人质，行不行？

曹操有些犹豫，就找贾诩商议：老贾，你觉得怎么样？

贾诩说：假装答应他们。

曹操又问：下一步怎么办呢？

贾诩悠悠地说：把他们搞散伙。

8. 平关中

曹操于是采用贾诩的建议，开始离间马超、韩遂。这想法不错，但做起来恐怕不易，马超和韩遂之所以能联合造反，是因为他们有共同的利益——都是为了自己生存而战，而且共同的敌人都是曹操；再就是，尽管他们的实力不如曹操，但他们并没有退路，只有硬拼才有希望。

但曹操还是找到了他们的命门——互相不信任，马超和韩遂的关系看似很铁，实际很微妙，马超的父亲马腾和韩遂是结拜兄弟；但是后来因下属间的矛盾，马腾、韩遂二人反目，韩遂杀掉了马腾的妻子，仇恨更深，曹操出面调解，双方找个台阶，勉强和解。现在为了抵抗曹操，两人才不得不走到一起，也就是说他们的联合本来就有些不和谐因素，既然有不和谐因素，那就可以离间他们？

有一天，两军交战。阵都布好了，正准备开战，这时候韩遂却提出面见曹操，和曹操有话说，曹操说没问题，见就见呗。心里一想机会来了，何不趁此机会离间他们？

于是韩遂和曹操二人催马上前，走到两阵之间的中间地带，开始聊天，聊什么呢？叙旧，而且是只谈风月，不谈风云。这俩人聊得甚是投机，一下子聊了两个小时。聊到高兴处，还抚手哈哈大笑，这哪像是战场上的敌人，简直就是多年未见的兄弟在叙旧。

聊完了,笑够了,各自回到自己阵营。韩遂没觉得有什么,但马超有疑心了,回去以后马超就问韩遂,曹操跟你说什么了?韩遂的回答是:"无所言也"。没说什么,就是叙旧聊天。确实没说什么,让韩遂说,韩遂也说不出什么,因为本来就没聊什么正经东西。可是马超哪里相信,别蒙我了,当我是三岁小孩,你们两个人骑着马来来回回嘀嘀咕咕这么长时间,足足一个时辰,却说没说什么,哄谁呢?

韩遂也是一个很有意思的人,可能是为了证明自己没和曹操聊什么东西,几天后,韩遂为了消除马超的疑心,带上马超一起去见曹操。

一听说马超来了,曹操知道有效果了,态度马上就变了,不再客客气气了。这一次曹操不是单枪匹马,而是带了军队来,还带了许褚做保镖。这还不算,还在自己前面设了屏障。明摆着不欢迎马超,待遇和韩遂那是天壤之别,韩遂才是我的兄弟,你马超不是,我不放心你,你来了,我就带一个大保镖许褚保护我。

这次和马超相见,最有意思的是马超、韩遂的将领们。一听说曹操来了,偶像啊,于是大家都拼命向前挤,拱手给曹操行礼,大呼,丞相好,这哪是两军阵前打仗,简直成了曹操的秀场。这也不怪这些将领,谁不希望自己给曹操留下印象,为自己的将来打算?将领们都忙着追星,普通士兵就更不用说了,这些人或许早就成为曹操的粉丝了,一听说曹操就在眼前,这机会千载难逢,赶紧挤上前看一眼自己的偶像。

一看马超、韩遂的军队这么热情,曹操倒放得很开,大家是要看我曹操吧,其实我和你们一样,也是人,没有四只眼睛两张嘴,不比你们多什么,可能就是比你们多一点智慧。曹操这个话说完以后,这些争着看曹操的人才反应过来,然后再看曹操身后,数千铁骑兵,手持精良武器,马韩联军基本上就胆寒了。

到这里,明眼人都能看出曹操的真正用意了,那就是明着挑事,曹操越是明着挑,马超就越怀疑。不久,曹操还给韩遂写了一封信,但曹操不好好写信,写信的时候一边写一边涂改,而且是有意涂改,故意在容易引起歧义的地方做手脚,先写好,然后删去一些,后来再加上一些,把信弄成了草稿,然后就这样送给韩遂,还故意让马超知道韩遂收到这封信。后来果如曹操所料,马超看到这封信后,认定韩遂跟曹操肯定有什么不可告人的勾当。

联合起来都未必能战胜曹操，现在将帅失和，联军又是十路诸侯临时混搭，各有各的打算，各有各的想法。十路人马就是十条心啊，就这样，十万联军就成了杂牌军，这个仗还怎么打啊。在这种情况下，曹操一出击，联军就作鸟兽散。

韩遂、马超被打败后，其他的诸侯也被曹操挨个收拾，不久这关中就成了曹操的后院。

9. 生子当如孙仲谋

搞定关中之后，曹操似乎又找回了赤壁之战前的感觉，便准备攻打孙权，一雪赤壁之耻。

经过几年的打磨，尤其是关中之战的洗礼，曹操这一次南下，显然吸取上次主攻方向错位、对孙权作战的准备不足和作战时机选择不当的教训，目标明确——攻打孙权，准备充分——从建安十四年准备到建安十七年，作战时机——平定关中士气正旺之时。

除了这些，这次曹操还准备把打马超、韩遂的成功经验复制到打孙权这方面，那就是——离间计。当然，东吴不是关中，孙权也不是马超，此计能否成功，尚未可知。

战前，曹操曾给孙权写信，希望孙权"内取子布，外击刘备"，来恢复彼此的友好关系。其原文如下：

若能内取子布，外击刘备，以效赤心，用复前好，则江表之任，长以相付，高位重爵，坦然可观。上令圣朝无东顾之劳，下令百姓保安全之祸，君享其荣，孤受其利，岂不决哉！若忽至诚，以处侥幸，婉彼二人，不忍加罪，所谓小人之仁，大仁之贼，大雅之人，不肯为此也。若怜子布，愿言俱存，亦能倾心去恨，顺君之情，更与从事，取其后善，但擒刘备，亦足为效。

啥意思呢？就是说，孙权，只要你能在内政上听取张昭的投降策略，对外攻打刘备，江东这块地方永远归你管辖，朝廷还要给你加官进

九 整顿，再出发

爵，如果你不愿听取张昭投降的建议，单单攻打拿下刘备也行。

显然这封信是别人捉刀代笔的，只是在落款上署的是曹操的名，盖的是大汉丞相之印，于是就成了曹操的信。可以看出这是一封以会谈为名义的离间信，一是离间孙权和张昭，二是离间孙权和刘备，这一招实在是高。这封信的点睛之处就是开头，"内取子布，外击刘备"，也是和谈的条件。

有人理解"内取子布，外击刘备"中的"取"解释为"杀"，就是曹操要求孙权杀死张昭，这可能吗？别忘了，曹操写信表面上是为了和谈，实际是离间，既然是离间就不可能表面上有杀机，尤其在孙权和张昭之间。张昭主张投降曹操，而孙权主张抵抗，这两个人在策略上有冲突，所以曹操在这方面做文章。于是曹操在信里称张昭的字"子布"，在古代，称呼别人的字是一种尊称。对一个自己想杀掉的人他会用尊称吗？而对刘备就没有那么客气啦，直接"外击刘备"而不是"外击玄德"。

曹操高就高在这里，他明知道孙权不会投降，偏偏拉上有投降嫌疑的张昭做垫背，好像他和张昭已经密谋好了，只等孙权拍板了。最致命的在"若怜子布，愿言具存……"什么意思呢？就是说，你孙权要是不能接受张昭的投降建议，请你善待并允许张昭保留自己的意见，他也是出于好心，这样你们上下才能和谐相处，张昭也能顺着你的意思，为你做更多的事。

这一封信没能离间孙权和刘备的关系，但确实在孙权的心里留下了阴影，从此以后，孙权就对张昭有所芥蒂。

孙权当然比马超、韩遂等人高明，没有上曹操的当，而是积极做好了和曹操决战的准备。为了迎战曹操，孙权做了两件具有重要意义的事情：第一件事情就是迁移政治中心。为了便于和曹操战争，孙权把政治中心迁到了建业（今江苏南京）；第二件事情就是在濡须口修建防御工事。

信送过去了，孙权不仅没有回信，反而加强防御工事，曹操知道这场战争不可避免。于是建安十七年（212）十月，曹操亲自率领部队出征。建安十八年（213）挺进濡须口，进而攻破孙权设在江北的营寨，生擒孙权将领公孙阳。

尽管曹操这一次东征比赤壁之战准备得更为充分，但孙权的准备同样很充分，公孙阳被擒以后，孙权亲自带领七万人迎战曹操。战争从一开始就是胶着状态，而且曹操还稍微处下风。最后曹操只好在他的水军军寨里面坚守不出，孙权多次挑战曹操也不出来。

孙权年轻气盛，一看曹操坚守不出，决定亲自己乘船去观看曹操军营，而且乘坐的是轻船，从濡须口进入曹操的地盘。一看孙权来了，曹操手下的将领都认为是前来挑战的，要去攻打，曹操制止他们说："此必孙权欲身见吾军部伍也。"就是说，孙权想亲自看看我军的虚实。于是命令军中严阵以待，但弓弩不得妄发。

孙权就这样优哉游哉地行进了五六里，更为猖狂的是，返回时为了向曹操炫耀，孙权命令士兵演奏鼓乐，然后大家滴里哇啦地回去了。表面上，孙权取得了胜利，实际上，是曹操成全了他，没有和他一般见识，如果曹操真的万箭齐发，后果会怎样呢？

这就是曹操，爱才。在他看来，孙权不是敌人，而是人才。当看到孙权舟船器仗军伍整肃，连见过大世面的曹操都喟然叹曰："生子当如孙仲谋，刘景升儿子若豚犬耳！"真是啊，孙权这孩子干得真不错，养儿子就应该养孙权这样的，而刘表的儿子真是有点猪狗不如啊。

又相持一段时间，孙权给曹操写了一封信，信中说："春水方生，公宜速去。"就是说，春天来了，雨水将会增多，这样对你曹操不利，你应该尽快撤去。收到信后，曹操很是不爽，给孙权回信："足下不死，孤不得安。"（《三国志·魏书·武帝纪》）只要你孙权不死，我曹操就不得安宁。生气归生气，曹操还是认为孙权说的有道理，于是告诉手下诸将："孙权不欺孤。"就是说孙权这小子没有欺骗我，好了，我们撤军。就这样，曹操从濡须口撤军。

人生也是如此，凡事不可意气用事，不可为争面子，逞一时之勇而失去理智。

10. 二手消息害死人

赤壁之战之后，曹操和汉献帝的关系基本上就是处于敌我状态，汉

献帝和他的粉丝们想趁机废掉曹操，重振刘家雄风，因而攻击曹操有称帝的野心；而曹操则认为，这天下是我辛辛苦苦打来的，凭什么呀？再说了，我可真没有野心。后来，曹操干脆一不做二不休，先来个《让县自明本志令》，以为这样能说服大家，结果大伙却认为曹操是此地无银三百两，恼羞成怒的曹操让汉献帝封曹丕做五官中郎统将领禁卫军，完全软禁汉献帝。

这样一来，麻烦就更大了，虽然没有公开化，但是支持皇帝的人由此和曹操不共戴天，亟欲除之而后快；当然支持曹操的人恨不得马上废掉汉献帝，拥戴曹操做皇帝。

攻打孙权无功而回，曹操在当年四月回到邺城休整。五月的时候，汉献帝派天子使御史大夫郗虑持节策命公为魏公，这不是无功受禄吗？管他呢，你敢封，我就敢接受。曹操既不像先前那样推辞，也不扭捏，而是很坦然，并且在当年七月开始建设社稷宗庙。

之后，汉献帝一次性娶了曹操的三个女儿做贵人，在今天叫二奶、三奶……那个时候皇帝可以多娶，而且有名分，叫贵人。这样一来，曹操成为皇帝的老丈人，两家成为一家人了。

因而，建安十九年（214）正月，曹操第一次耕籍田。所谓"籍田"，就是孟春正月，春耕之前，天子率诸侯亲自耕田的典礼。这就是说，曹操虽然没有废弃汉献帝，但已经开始做皇帝做的事了，相当于替天行道。汉献帝这时候也知道大局已定，自己的确成了傀儡，要想活着就只好老老实实的。于是在当年三月，再次提高曹操的地位，在诸侯王之上。

其实就是汉献帝不封，曹操实际上也是无冕之王，只不过有汉献帝的授权，显得正宗，名正言顺地替天子行事。汉献帝也知道，曹操才是真正的老大，而自己只不过是他手中的橡皮图章，与其消极对抗无用，不如其乐融融地配合。可能汉献帝已经认命，但还是有人不服气，汉献帝的皇后——伏寿就不同意，非要皇帝跟曹操争一把。

据说，在曹操杀死董承之女董贵人的时候，给这位伏皇后留下了阴影，她打算除掉曹操。但她又没有能力，最后写密信给自己的父亲伏完，让伏完密谋除掉曹操。但这位皇帝老丈人没敢做，建安十九年（214）十一月，有人告密，事情泄露，曹操大为吃惊，竟敢算计我，于是逼迫汉献帝废掉伏皇后,杀掉她的两个儿子,且连坐皇后兄弟和宗族。

建安二十年(215)三月,没有皇后的汉献帝立曹操的中女儿为皇后,就这样曹操成了汉献帝真正的老丈人,而汉献帝也成了曹操的贤婿。

曹操的这一连串行动,其实就是巩固他在朝廷的权力,封魏公也好,杀伏完也罢,让自己的女儿做皇后也好,这一切,目的就是牢牢控制住汉献帝,让其彻底成为傀儡。

忙完这些之后,曹操开始讨伐张鲁,当时曹操已经六十一岁了,还是亲自率领大军出征。进军汉中有两条路线,东边的那条从散关(即今天宝鸡大散关)进军,沿褒水直抵南郑,这条道路较近,而且除了散关以外,险地和关口都不多,相对来说容易一些;而西边的那条,从武都(今甘肃武都县)进入,循着西汉水南行,到阳平关向东行,同样可以攻入南郑,只是这条线路较长,而且险地多,容易被拦截。

不过,根据搜集到的情报显示,张鲁把主力部队部署在散关到南郑之间的险要地点,曹操经过深思熟虑,决定避实就虚,从西路进军汉中。殊不知,这些情报有误,费了九牛二虎之力才打到阳平关。尽管这个时候,曹操人困马乏,但张鲁不知道。一听说曹操到了阳平关,张鲁就准备投降,张鲁的弟弟张卫不同意,非要打一打再说,张鲁一看大家都要打一打,就说,那就打打看吧。

真是不打不知道,一打吓一跳,不过吃惊的是曹操。在攻打阳平关之前,潜伏张鲁那边的线人报告说,阳平关防御很差,非常好打。到了平阳关,曹操一看防御工事,就发现阳平关不好打,于是感叹说:"从别人那里获得的消息,很少如人意。"就是说,二手消息不准确,害人不浅。

11. 得陇难望蜀

双方一照面曹操发现不好打,就撤军了,当然是假撤。张卫一看曹操撤军了,防守有所松懈,曹操撤军以后突然杀了一个回马枪,把张卫

九 整顿,再出发

给打败了。

阳平关就这样被打下了,张卫跑了,张鲁一看阳平关失守,就要投降。但一个叫阎圃的部下说,投降可以,但要有点面子。这时候时机不好,是被迫投降,功劳就轻一些;如果先抵抗一阵子,显得我们有实力,然后再择机主动投降,那情况就不一样了,待遇自然也会高许多。张鲁本来就是要投降的,稍稍对付了几仗,也就付诸行动了,曹操遂拜鲁镇为南将军,待以客礼,封阆中侯,邑万户。封张鲁五子及阎圃等皆为列侯,而且让儿子曹宇娶张鲁的女儿做媳妇,与其成了儿女亲家。汉中这块地方就这样被曹操平定了。

拿下汉中以后,很多人都建议曹操一鼓作气,乘胜追击,拿下蜀郡。尤其是刘晔和司马懿这两个人,刘晔就跟曹操说,刘备这个人是个英雄,但是有一个小缺点,就是他的反应总是比我们慢半拍,现在他还没反应过来,而且他依靠巧取豪夺的手段从刘璋的手上夺得了蜀郡,人心不服,脚跟不稳,这个时候去打他最好;一旦他站稳了脚跟就不好对付了,为什么呢?因为他文有诸葛亮善于治国,武有关羽、张飞百战百胜,那个时候我们就不好弄了。

司马懿的话和刘晔的差不多,只是多了一句非常有名的话,叫"圣人不能违时,亦不失时矣"(《晋书·宣帝纪》)。就是说,一个聪明人,你不能跟天时、机遇拧着干,时机不成熟的时候你硬要干,这是不行的;但是也不可以说时机、机遇来了你不干,你放过它,也是不可以的。这些话说得非常有道理,而且非常到位,但是曹操没有接受。根据《晋书·宣帝纪》,即司马懿的传记里面记载的,说是曹操说了这样一句话,"人苦无足,既得陇右,复欲得蜀。"曹操说,人就是贪心不足啊,得陇望蜀,已经得了陇,还想要蜀。他的意思就是说,哎呀,人何必那么贪心不足呢?得陇了就不要望蜀了!他决定撤军,不再前进了。

曹操得陇不望蜀,谁信呢?曹操什么时候满足过,撤军是因为有其他要事,才不得不撤军。曹操从汉中撤军,而这个时候刘备正在荆州前线和孙权因为争夺荆州而战。刘备听说汉中被曹操平定的消息以后,立即和孙权讲和,平分了荆州,然后急急忙忙带着部队就回来了,结果还是晚了一步,张鲁已经投降曹操了。

刘备认为战机已失,这个时候,二号谋士法正认为,这是夺取汉中最好的时机。

这里稍微交代一下法正。法正,字孝直,正是他和张松的努力,刘备才得以获得益州。据《三国志·先主传》记载,刘备入主益州以后,正是法正的加入,才形成了以"诸葛亮为股肱,法正为谋主,关羽、张飞、马超为爪牙"的刘备集团公司,别管怎么说,领导班子总算搭起来了。刘备集团公司终于建制齐全了,不用刘备身兼多职了,刘备成了名副其实的一把手,诸葛亮治理国家、主管军政大事,法正负责出谋划策、运筹帷幄,关羽、张飞这些武将负责行军打仗、攻城略地。

当获知曹操离开汉中后,法正对刘备说,情况不对头,曹操这次一下子就令张鲁投降,然后轻松平定汉中,之后却不借势来攻打巴蜀之地,反而自己主动撤回,留下夏侯渊、张郃留守汉中。这一点,曹操应该能看到,看到却没有做,这说明曹操肯定遇到了其他难题。

现在好了,夏侯渊、张郃这两个人虽有些本事,但哪里守得住汉中?我们现在去攻打他们肯定能取胜。为了说服刘备,法正最后说:"此盖天以与我,时不可失也。"(《三国志·蜀书·法正传》)这一次可是老天爷把汉中这个地方给我们了,这个机会是不可以错过的。

刘备觉得法正策略不错,于是亲征关中。虽然法正分析得十分正确,但战事进展得并不十分顺畅,双方争斗得很惨烈,到后来,刘备那边全力以赴,才获得主动权。最经典之争当数阳平之战,正是在那场战役中,刘备大将黄忠斩杀了夏侯渊,极大地打击了曹军的士气。

当曹操再次带兵到阳平的时候,已经残局难收,无法撼动刘备在关中的地位。无奈之下,忍痛下了"鸡肋"之令,然后率军北回。从此汉中归刘备,曹操再也没有西征。

从曹操后来的行为来看,曹操不是不想得陇望蜀,而是没有条件,因为大后方有更严重的问题没有解决。

九 整顿,再出发

十、人在征途

曹操也是人,正如他自己对关中士兵所说:"汝欲观曹公邪?亦犹人也,非有四目两口,但多智耳!"(《三国志·魏书·武帝纪》)既然是人,就不能免俗,要吃喝拉撒睡,要有精神需求,所以曹操同样贪权恋位、同样喜欢美女……只是他不痴迷,他很清楚自己是谁,自己应该做什么,自己的责任又是什么,哪些才是自己要追求的。所以在面对皇帝之位的诱惑时,他说:若天命在吾,吾为周文王矣。所以在临死的时候,他说:天下尚未安定,敛以时服,无藏金玉珍宝。所以,曹操能写出"老骥伏枥,志在千里。烈士暮年,壮心不已"的经典名言。

1. 人在江湖身不由己

曹操在《让县自明本志令》中说，江湖未静，不可让位。庄子曾在《内篇·大宗师》中这样写道："泉涸，鱼相与处于陆，相呴以湿，相濡以沫，不如相忘于江湖。"这话大概意思是，泉水干涸后，两条鱼受困于陆地的小洼，互相动弹不得，于是以口沫互相滋润对方，使对方保持湿润。但这又能怎样呢？与其过这种没有希望的亲密生活，倒不如回到江河湖海过那种毫无关联的生活。

比较一番，发现庄子这话就好像专门描述汉献帝和曹操之间关系的。太贴切了，"泉涸"，汉献帝和曹操都生逢末世；按传统理论，汉献帝是皇帝自然是龙，曹操后来被皇帝丁应该也是龙，真是两条大鱼；正是因为乱世，他们两个才走到了一起，于是就开始了你帮帮我、我帮帮你的生涯；结局也正如庄子所说，这种看似温情的关系是不能持久的，因为谁都有自己的江湖。

准确地说，曹操和汉献帝公开交恶开始于赤壁之战前后，在官渡之战之前，董承曾经搞过谋杀曹操的密谋，结果曹操连许都还没有回去，董承就被除掉了，这说明汉献帝那时候是支持曹操的，不然的话董承之事不可能轻松解决。官渡之战后，实力壮大的曹操，难免有点忘乎所以，这样自然就会忘记当初和汉献帝相濡以沫的艰苦岁月，也就越来越不把汉献帝当根葱。

这样一来，汉献帝就不乐意了，孬好我也是大汉帝国名义上的一把手，你曹操也太不拿皇帝当领导了，国家大事是你说了算，但总应该和我打个招呼吧？曹操却认为，这有你什么事啊？你不就是我供着的一尊佛吗，没有我天天对你顶礼膜拜，谁会拿你当神？

曹操和汉献帝虽然一直拧着，但表面上还是打哈哈，曹操称赞皇帝圣明，汉献帝夸曹操是第一能臣，大汉帝国的支柱。这局面一直持续到赤壁之战，曹操以优势兵力战败，曹操多年经营的形象也在一夜之间垮塌，从神坛一下子摔到地上。

这不要紧，曹操不仅被摔个鼻青脸肿，还被摔回了原形。这可把汉献帝和他的粉丝们乐坏了，哈哈，曹操啊曹操，你也不过如此，以前总以为你三只眼呢，现在好了，大家又平等了，回到了同一起跑线上，可以掰掰手腕了。

首先出招的是汉献帝，曹操在赤壁战败，汉献帝却名不正言不顺地封赏曹操，就是给他难堪。皇帝一出招，下面的那些粉丝也瞎起哄，有的说，曹操有代汉之意，有的说，曹操应该让位……曹操也是极聪明的人，汉献帝要是比帅气估计能赢了曹操，但要和曹操玩心眼那就差得远了。

既然这样，干脆一不做二不休，曹操采取了庄子的"鱼相忘乎江湖，人相忘乎道术"，你既然给，我就接受，但不接受那么多。正是这次斗争，曹操认识到了，江湖的险恶和人心的叵测。这正是，做臣子难；做名臣尤难；做治世之能臣难上加难。

为了能在生活和工作中获得成功，人必须具有完成工作的意志和毅力，但仅仅具有意志和毅力还不行，还要拥有行动的权力。哈姆雷特说过一句"我必须残忍，才能善良"，当然这是在特定环境下的定义，如果不残忍，就无法获得行动的权力，哪怕你获得权力去做好事，也没人会白送给你。

这对"宁我负天下人，毋宁天下人负我"的曹操来说，只能是正常行事，让县之后，曹操提拔儿子曹丕任五官中郎将，目的就是控制所有的五官执戟宿卫郎官，牢牢控制住许都皇城。控制许都皇城干什么？就是为了控制汉献帝。

2. 曹丞相的理想

整顿完毕之后，曹操接连进行了三次大的征伐——平关中、征孙权、收降张鲁。尽管取得的成绩不大，但曹操获得的封赏却一次比一次多，曹操这样做，不为别的，就是为了获得行动的权力。

第一仗打马超、韩遂，回来后获得了"赞拜不名，入朝不趋，剑履上殿,如萧何故事",这级别实在是太高了,比当年的大胖子董卓级别还高,董卓才是"赞拜不名,剑履上殿",曹操已经"上朝不趋"了。

这些都是汉朝大臣见皇帝的礼数,离我们今天的生活已经很久远,这里稍做解释:

一、"赞拜不名"。在汉朝,大臣早朝觐见皇帝的时候,皇帝旁边站一个司仪官,这个司仪官任务就是将觐见官员的官衔和名字都喊出来。举个例子,比如曹操觐见汉献帝,司仪官就要喊"武平侯、丞相、领冀州牧曹操,参见皇上",然后曹操就跪下来,山呼万岁,出于礼貌,汉献帝要象征性地离开座位一下,然后坐下。汉献帝给曹操"赞拜不名"的待遇,就是以后曹操觐见汉献帝的时候,"曹操"这个名字就不用喊了,直接喊官衔就行了。

这对曹操来说,早就没意义了,因为在建安二年(197)时,曹操就不再朝见汉献帝了。

二、"入朝不趋"。按规定,大臣上朝,为了表示对皇帝尊敬,要"趋步"上殿。所谓"趋"就是小步快走,这是表示恭敬,就是大臣觐见皇帝的时候要小步快走,不能像大爷一样,端着架子,优哉游哉漫步。现在曹操可以"入朝不趋"了,就是说不必像先前那样小步快走了,按正常方式行走就可以了。曹操这一待遇超越了董卓,董卓当年都没享受过"入朝不趋"的待遇。

三、"剑履上殿"。按照当时制度,一般官员要在上殿时摘掉佩剑、脱下鞋子以示尊重皇帝,曹操现在可以带着佩剑,穿着鞋子上殿。

四、"如萧何故事",就像当年刘邦给萧何的待遇一样,但汉初政策法令均是刘邦命萧何制定,而这时候,曹操是自己想做什么就做什么。表面看来给曹操提高了待遇,实际上曹操已不见皇帝好多年,汉献帝住在许都,曹操在邺城,有事的时候只书信交流,因此这对曹操来说没有多大的实际意义。

第二仗就是征孙权回来后,天子派人封曹操为魏公,就从侯爵进到公爵了,后来天子又使曹操之位在诸侯王之上。领地广及魏郡、河东郡、河内郡等十个郡国,甚至远远超过西汉初年的刘姓王国,这更加违背了"七国之乱"和推恩令后诸侯封地不得超过一郡的汉制。

第三仗就是曹操平汉中、伐张鲁回来,由公爵晋升为王爵,就是魏王,而且位在诸侯之上。建安二十一年(216)五月,汉天子册封曹操为魏王。建安二十二年(217)四月,曹操以天子旒冕、车服、旌旗、礼乐郊祀天地,出入得称警跸,宗庙、祖、腊皆如汉制,国都邺城。王子皆为列侯。他名义上还为汉臣,实际上已是皇帝。

这件事情无论是对刘家还是对曹操来说,都极具里程碑意义。按照当年刘邦先生搞得那个白马之盟,定下了一条"异姓不王"的规矩,也就是说天下只有姓刘的才能封王,现在汉献帝封一个姓曹的为王,已经开了先河。

其实在这个时候,除了形式上的那个皇帝是刘家的,其他的都是曹操的,而对曹操来说,除了皇帝那个虚无的称号,他已经拥有了皇帝能拥有的一切。

3. 天下姓什么

曹操是天使还是魔鬼?如果这问题让伟大的汉献帝来回答,他怎么回答呢?是天使,更是魔鬼。说曹操是天使,是因为在他最困难的时候,曹操来到他身边,给他送来吃的、喝的、玩的,后来还把自己的三个女儿嫁给他……最为重要的是帮他找回了皇帝尊严,使得他狐假虎威做了许多年的皇帝;说曹操是魔鬼,是因为曹操杀了他的岳父董承三族和他亲爱的董贵妃及腹中胎儿,后来还杀了他的皇后伏寿及两个皇子连同伏氏的家族……再就是曹操打下的天下姓曹了。

其实,曹操还是那个曹操,只是汉献帝对曹操有太多的幻想,曹操从一开始就没把汉献帝当皇帝来看待,而是他局中的一颗棋子,可以根据形势需要随意摆布;而汉献帝则把曹操看成了大好人、大忠臣、大救星、老刘家的家奴、刘家天下的打手,可以随意驱驰。

曹操要汉献帝做傀儡,汉献帝要曹操做忠臣甚至家奴,于是矛盾就产生了。汉献帝虽然从做皇帝那天起就是傀儡,但他并不是那种昏庸无能的君主,他既不像晋惠帝那么傻,也不像蜀汉后主刘禅那样乐不思蜀，他是有追求的，他总想有一天刘家天下能在他手里再度崛起；而曹操的理想也不是做什么忠臣、家奴，而是能臣，治世之能臣。

汉献帝是有智慧的，他知道自己的处境，只能委曲求全。和汉献帝相比，曹操的处境未必就好到哪儿去。据《后汉书·后本纪》记载，一次，曹操有事入见殿中，汉献帝实在忍无可忍了，豁出去了，大胆地说："阁下如果愿意辅佐我，我感激不尽；如果不愿意辅佐我，求你开恩，放我一条生路。"

听到这些，曹操那是一个紧张，连忙行礼，赔不是，趁机请求告辞。自从奉迎天子那天起，曹操就已经没有退路了，要么逼汉献帝禅位，曹操自己做或者是他儿子孙子做，要么自己或者子孙傻到让位最终身死族灭。

天下大乱，英雄四起，曹操大权在手，要汉献帝相信曹操没有异心，这不可能。不光汉献帝做不到，换谁都做不到，毕竟曹操曾经杀了伏皇后和她的两个儿子、还有董贵人，试想想，如果有一日，汉献帝君临天下，他会放过曹操吗？

所以这个时候，曹操知道只有拥有实权，自己和家人才是安全的。当然汉献帝也不会轻易放弃自己的追求——做一个中兴汉室的君主，且不说曹操愿不愿意，那些南征北讨拼死拼活的战将们愿意吗？那些费尽心思殚精竭虑的谋臣们愿意拱手相让吗？答案是否定的。凭什么呀？我们拼死拼活打来的天下送给一个傀儡皇帝，这可能吗？问题是交了权以后，汉献帝会善待这帮人吗？答案是否定的。谁都知道一旦交了权，不但荣华富贵享受不了，小命也保不住，皇帝掌了权，打天下的人能活得了吗？

建安二十一年（216）五月，因收降张鲁平定汉中，汉天子册封曹操为魏王。这是汉献帝授权的"魏王"，是正宗的，可是却触动了太多人的神经，尤其那些刘家粉丝和刘家人。在这些人看来，曹操被封为"魏王"是不合法的，按照当年高祖刘邦的白马之盟"非刘氏而王者，天下共击之"准则，曹操就成了天下人的公敌，谁都可以得而诛之。

这白马之盟是怎么回事呢？据说，刘邦为了防备自己老婆吕后做皇帝，夺取刘家的天下，重病在身的刘邦把朝廷重臣和老婆吕后召集过

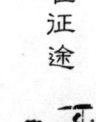

来,杀掉一匹白马,要大伙喝白马血对天盟誓,这就是在汉朝历史上影响极为深远的白马之盟。白马之盟共有两个内容:第一,(对大臣们发誓)国以永存,施及苗裔(就是说只要大汉帝国存在,大臣们及其子孙就跟着沾光,有良田、有美女、有豪宅)。第二,非刘氏而王者,天下共击之,若无功上所不置而侯者,天下共诛之。也就是说,非皇族成员不得封王,如没有军功者不得封侯。

刘邦这一手法非常高明,这是一种利益均沾策略,就是说天下是我老刘家的,但也是你们的,没有当年我们一起反秦和灭楚的艰苦战斗,哪有今天的幸福生活?今天,我刘邦在这里宣誓,弟兄们,不光过去我们有福同享有难同当,在将来也是如此,今天的白马之盟,就是让弟兄们放心,只要刘家江山不倒,大家永远有好日子过。

就这样,刘邦把自己的那帮打天下的哥们及他们子孙的命运和刘家江山的命运紧密地捆绑在一起,并让他们为维持老刘家的统治而无怨无悔地奋斗。再就是,白马之盟的两个条款是互为条件的,第一条就是说,只要刘家江山存在,大家都能继续分红;第二条,想分红可以,前提条件是,刘家江山不倒。这样,第一条就成了"非刘氏而王者,天下共击之"的基础,而第二条才是刘邦白马之盟的根本目的。于是,白马之盟就成了维护刘家江山的尚方宝剑,任何对刘家江山有念想的人,都不能不想想白马之盟的威力。

当年王莽努力了半生,以虚伪的君子道德骗了全天下人,最终还是败在了刘氏手下。作为曹参的后人,曹操肯定知道传说中的"白马之盟",说不定曹操也曾经是"白马之盟"的拥趸呢。只是现在情况变了,曹操成了"魏王",那就接受"白马之盟"的挑战。

4. 和汉献帝的最后一战

挑战终于来了,建安二十三年(218),汉献帝封魏王曹操天子仪仗,一些白马之盟的拥趸再也坐不住了,牵头人是汉献帝的首席医疗官——吉本。一个医生毕竟能量有限,治病他内行,搞政治难免有些外行，但有了汉献帝和白马之盟这两面大旗，他还是搞出了很大的动静。

　　这吉本当然知道自己的分量，一个拿手术刀的肯定打不过举砍头刀的，于是就串联了耿纪、韦晃、金祎。这吉本对汉献帝的确真心，自己奋斗还不过瘾，还带上了自己的两个儿子。这些人中，金祎同曹操留在许都监视汉献帝的王必关系不错，他们准备策反王必和他们一起行动。如果策反不成，就杀掉王必，然后拥护汉献帝攻打曹操，同时与荆州关羽里应外合夺取许都。

　　说干就干，这帮刘家粉丝还是很干脆的，带头的是耿纪，他首先起兵，率兵攻打丞相长史王必大营，没有成功；接着吉本的儿子吉邈也在深夜率领一千多杂人及家童攻打王必；金祎也出手了，他安插在王必内部的人也行动了，用箭射中了王必的肩膀。

　　好好的，怎么突然有人造反啦？中箭的王必也是一头雾水，是谁呢？毕竟敌人在暗处，自己在明处，再说已经中箭，对方有多大实力也不清楚，还是躲一下比较好。王必这时候想起了老朋友金祎，患难之交啊，他那儿应该比较安全，先到他那儿再说。

　　深更半夜的，金家大门也已经关闭，于是叫门，金家的家人一看有人来，以为是吉本的儿子吉邈杀掉王必凯旋了，于是对着王必喊："王长史已死乎？卿曹事立矣！"（《三国志·魏书·武帝纪》）听到这些，王必知道自己被金祎卖了，真玄乎，后背都发凉，快跑吧。

　　吉大夫带着儿子忙了半夜，愣是没找着王必，杀不掉王必，后果不堪设想，那怎是一个失望了得。正当吉大夫和他的伙伴们失望的时候，天亮了，王必又回来了，一切都结束了，吉大夫他们一哄而散，战斗结束，这次轰轰烈烈的倒曹运动就此打住。

　　这次行动看起来和汉献帝没有丝毫的关系，都是刘家粉丝自作主张，可是这帮人当中实力最大的就是太医令吉本。在当时，曹操肯定是对汉献帝控制、控制、再控制，唯恐逃脱了自己的手掌心，肯定不会让一般人轻易接触到汉献帝的，只有太医令可以借职业的便利和汉献帝来往，因而太医令参与造反，汉献帝肯定难逃干系。

　　就这样，作为能力出众又一心希望中兴汉室的君主汉献帝的最后一次战斗失败了，只剩下扮演末代皇帝这一条路。汉献帝没有选择了，曹

操的路也只有一条了，曹操知道这不是吉大夫对王必战斗，而是汉献帝向自己开战，在这个时候，迎战是最好的选择。

十多天后，功勋卓著的王必竟然因箭伤而死，这令身在邺城的曹操很悲伤。王必不是一般的人物，他在曹操的心目中是很有地位的。当年正是王必只身一人历经千辛万苦到长安，帮曹操找组织，曹操后来才奉迎到天子，也就是说曹操的军功章上有他的一半。能把王必留在许都监视汉献帝，就足以说明曹操对王必的重视。

所以当曹操听说王必因箭伤而死，情绪相当激动，据史书记载曹操"盛怒"。"阎王"很生气，后果很严重，于是下令把汉献帝在许都的所有官员全部召到邺城。把百官召来后，曹操让这批官员做一道选择题，这不是一道普通的选择题，里面还有逻辑，什么逻辑？政治逻辑，政治逻辑的特点就是没有明确的标准。

问题就是耿纪、吉邈他们攻打王必放火的那天，参与的百官站在左边，没有参与的站在右边。大伙都以为，那天参与救火就是镇压叛乱，应该是有功之臣，肯定没有罪过，于是都站到了左边。

看完大伙的站队，曹操把标准答案亮了出来，"不救火者非助乱，救火乃实贼也"（《献帝春秋》）。按照曹操逻辑，既然是贼，那就是杀无赦，于是把这帮人全杀了。这道题有正确答案吗？没有！在这种情况下，站在左边和站在右边是一样的，贼人放火，既然可以把"救火"当作贼，"不救火"自然更是贼。

这件事的确血腥，但这是政治斗争，在你死我活的斗争中，谁对谁都不会手软，谁都会无所不用其极，何况"宁我负天下人，毋宁天下人负我"的曹操呢？正是借着这件事，曹操彻底击垮了汉献帝，除去了汉献帝所有的手脚，至此汉献帝成了纯粹的傀儡。

5. 曹操也很爱自己的儿子

如果说曹操一生最喜欢的两样东西是"人才"和"美色"，估计没有多少人会为此抬杠，所以可以延伸一下：曹操是一个好"才"如好色的人。

曹操对人才向来真诚,而且是有一说一,佩服就是佩服,欣赏就是欣赏,从来不遮遮掩掩,一看孙权干得不错,就油然夸了一句:"生子当如孙仲谋,刘景升儿子若豚犬耳。"

名人就是名人,就因为这话是曹操说的,而留名千古,如果换成其他人,比如孙权下面的一个人说这样的话,别说流传千古了,可能小脑袋就没了。说这话,曹操是留名了,可是他的儿子们却背了黑锅。

有好事者,拿这句话作为凭证,推论出:曹操的儿子不行,所以曹操看到孙权才发出感叹。而事实是,曹操说这句话,并没有拿孙权和自己的儿子做对比的意思,他是通过对比得出了结论,不过参照的对象是刘表(刘景升)的儿子们。

据《三国志》记载,有据可查的,曹操至少有二十五个儿子。二十五个儿子,是什么概念呢?相当于一个标准的幼儿园班。站出来那是一大片,几乎组成一个加强排。就是这么多,曹操还嫌不够,还认了何晏、曹真做义子。尤其何晏,据《世说新语》记载,曹操收编何晏的母亲做小老婆时,一看这孩子不错,挺有才的,就想一起收编过来。这是多好的事,很多人想做还没有资格呢!可何晏偏偏不给曹操面子,死活不乐意。何晏在地上画了一方形,自己站在里面。大家都问是怎么回事,何晏答曰:"何氏之庐也。"啥意思呢?我何晏是何家人,只住在何家的屋里,就是不愿做曹操的儿子。曹操知道后,没有勉强,派人把何晏送回何家,当作自己义子。

《三国演义》在第十六回这样说:"操长子曹昂,即以己所乘之马奉操。"而在第三十二回却这样说:"却说操长子曹丕,字子桓,时年十八岁。"也就是说,罗贯中自己搞错了,有点前后矛盾,实际情况是,曹操的长子是曹昂,曹丕是次子,曹昂虽然早死,但其长子身份无法变更。

据《三国志》记载,曹昂"弱冠举孝廉",也就是说,曹昂在二十岁那年就被举为孝廉。建安二年(197),曹昂随曹操讨伐张绣,为了救曹操,自己被张绣乱军所杀。曹昂本是曹操的妾刘夫人所生,是庶子,而且刘夫人很早就去世了,曹昂在曹家的地位应当不高。由于曹操

十 人在证途

的正妻丁夫人没有生育能力，就收养了曹昂，曹昂的地位自然因此提高。

曹昂这个人应该是比较有本事的，二十岁的时候就被举了孝廉，还能跟随曹操南征北战，说明其武功也不错。由于这些原因，曹操对这个儿子十分疼爱，加上丁夫人继养，曹昂在家中的地位自然不低，为其将来继承家业做好了准备。

正常来说，曹昂就应该成为曹操理所当然的继承人，可是宛城大败改变了一切，曹昂战死了。没有生育能力，领养一个又死了，丁夫人痛苦欲绝，对曹操怎是一个恨字了得，竟然因此事而和曹操"离婚"。从此可以看出，丁夫人对曹昂的感情，为了曹昂宁愿失去自己的未来，或许在丁夫人看来，曹昂才是她的未来，没有了曹昂就没有了未来。

其实不独丁夫人，对长子的死曹操也是很痛心，只是没有表现出来。后来曹操疼爱曹彰，很有可能是曹操从曹彰身上看到了曹昂的影子，就是因为彰喜欢武功与昂相似。有些人根据《三国演义》描述曹操在祭奠爱将典韦时的话"吾折长子、爱侄，俱无深痛，独号泣典韦也"得出，曹操不喜欢曹昂，曹昂死了，曹操并不十分悲痛，因为曹昂死了，曹丕可以做自己的继承人。搞得曹操好像缺心眼似的，为了解决继承人的问题，大儿子死了都不心疼。

虽然曹昂死了，按照宗法制，曹丕是理所当然的继承人，但现实情况是：曹植、曹冲都曾经是曹丕的竞争对手。

6. 选择继承人是个问题

在这三个儿子中，曹丕最得曹操的真传，最有曹操风格，但曹操毕竟也不太老，肯定不愿意早早就树立一个继承人，作为自己潜在的对手。再就是自己够聪明了，还有一个这样的儿子，会发生什么事？不可预测啊。曹植呢，文章写得好，倒是有才气，但毕竟有些书生意气，在那个时代混日子，城府明显不足，难成大事啊。

相比之下，曹操最喜欢环夫人所生的曹冲。曹冲，字仓舒，太聪明了，流传至今的"曹冲称象"，讲的就是这孩子，那时候曹冲不过六岁。据说，曹冲身上有一种帝王气象，而这正是统御天下、恩泽苍生最理想的特质，也是曹操所期盼的，但是曹冲十三岁就离开了人间。据说，曹冲之死，和曹丕有某种说不清的关系。所以当曹操痛哭曹冲时，曹丕前来宽慰，曹操对曹丕说："仓舒死了，是我的不幸，却是你们的大幸！""仓舒"就是神童曹冲。

正如《魏略》中记载，"文帝常言：'家兄孝廉，自其分也。若使仓舒在，我亦无天下。'"家兄孝廉指的就是曹昂，"自其分也"是说按照"立长"的规矩，曹昂是曹操长子，如其不死，家业传长子，皇位轮不到曹丕。如果曹冲活，天下也轮不到我曹丕。

其实，这是曹丕的避重就轻，他何尝不清楚，和其争继承人最激烈的是曹植。当曹丕为五官中郎将的时候，曹植才名方盛，曹丕有自己的拥趸，曹植有自己的粉丝，谁的优势都不大。

正在曹丕和曹植争得不可开交之际，贾诩参与进来了，贾诩的加入使得胜利的天平倾向了曹丕。当曹丕向贾诩请教如何保住自己继承人身份的技巧时，贾诩说："愿将军恢崇德度，躬素士之业，朝夕孜孜，不违子道。如此而已。"（《三国志·魏书·贾诩传》）就是说，老老实实做好本职工作，做一个儿子该做的事，就这样！

曹丕和曹植争继承人的事情，也确实让曹操很头疼。其实，这件事的根源还是在曹操的身上，如果没有曹操或明或暗的指示，曹植有这个胆吗？就是曹植有胆量，下面的大臣也不敢。只要曹操的态度摆明了，谁还敢造次！

实在没办法了，曹操想起了贾诩。因为这件事太过敏感，曹操把所有的人都退出去了，才向贾诩咨询让谁做太子的事：老贾，你认为谁合适呢？一听是这事，贾诩知道不能接招也不能躲避，于是来了一招化骨绵掌：只是一个劲儿地笑，而不回答曹操。曹操大声对贾诩说："老贾，干什么呢？我问你话呢，你怎么也不理我啊？"贾诩慢悠悠地说："噢，你说刚才啊，我刚才正在想问题，所以没有回答大王您。"曹操问道："想什么呢？难道比我问你的问题还重要？"贾诩说："思袁本初、刘景升父子也。"曹操听到后，对着贾诩哈哈大笑，于是太子遂定。

什么叫智慧？这才是。曹操"少机警有权数"，贾诩"算无遗策"，两个高手过招，犹如武侠小说中的高手过招，无招胜有招，看不见出招，也看不见接招，而胜败已分。

曹操出招，贾诩接招了吗？没看见，因为已经化于无形之中了。贾诩回答曹操的问题了吗？回答了。说什么了吗？没有。贾诩支持谁做太子？曹丕，但贾诩什么都没有说。

7. 做文王

在西方人的心目中，上帝决定一切，所以信仰上帝，并顶礼膜拜，并有一句非常经典的话"上帝与我同在"。在中国人心目中，决定一切的不是上帝，因为那太遥远，决定一切的是皇帝，中国人不信皇帝，但怕皇帝，皇帝比上帝更实际，因为皇帝能改变现实中的一切，可中国人绝对不敢说"皇帝和我同在"，说了这些可能就会被砍头。

西方人认为，自己的一切都在上帝的监视之下，所以对上帝必须真诚，不然的话，死了之后进不了天堂。而中国人则不是这样，皇帝掌握生杀予夺的一切，所以对皇帝的一切都遵从，不然的话，皇帝会让你在活着的时候进地狱。

皇帝，这个符号，对中国人，尤其男人，那是一种情结。可以负责任地说，在世界上，没有哪个国家的人有中国人对皇帝这样情有独钟，只要有机会，哪怕过后就是被砍头，也得挤向前去。

最能展现中国人这一性情的当数东汉末期那个时代，那才叫惊心动魄。东汉建安之前，虽然多人废立过皇帝，但还没人敢动做皇帝的念头，充其量也就是把皇帝玩弄于股掌之上，尽管如此，后果也是很严重的。先是梁冀被逼自杀，再是窦武被杀，何进被杀，十常侍投河，董卓被点天灯，王允被杀……

而到了建安时期，形势大为转变，正如司马光在《资治通鉴》中所评论："建安之初，四海荡覆；尺土一民，皆非汉有。"于是就出现了：刘焉私自造龙袍，袁术忙着刻玺称帝、袁绍欲另立新帝，刘备也早想坐坐"华盖车"了……而这些所谓的乱世枭雄中，看来，只有"治世能臣"之志的曹操内敛了许多，这倒不是曹操对皇帝之位一点都不动心，而是曹操有自己的价值观——顺"天道"，"天道"适合做什么，他就做什么。

因而在建安元年，当其他诸侯在蠢蠢欲动做皇帝的时候，曹操却亲自到洛阳朝见汉献帝，随后以迅雷不及掩耳之势把汉献帝挟持到许都。这倒不是曹操比他们对刘家天下有感情，而是这样最符合曹操的利益，迎来汉献帝，曹操的手中就比别人手中多了一张王牌，取得了"奉天子以令不臣"的优势。

同时，曹操奉迎汉献帝到许都，就决定了曹操已经没有退路，要么踏上梁冀、窦武、何进、十常侍、董卓、王允的前车之鉴，要么一不做二不休废掉汉献帝，自己做皇帝。在这方面的努力还只是一种不动声色的铺垫，那么从建安元年起，他就开始在这方面迈出了坚实有力的步伐。

汉献帝的到来，表面上曹操将其变成了自己手中的一个傀儡和一张王牌，看似成了实际上的皇帝，而实际上有些时候汉献帝并不那么配合。再就是曹操再也摆脱不了"瓜田李下"的嫌疑，越是身处权势巅峰，嫌疑就越大。当时不少人都认为他有野心，除了刘备、诸葛亮、孙权、周瑜等人公开指责曹操名为汉相、实为汉贼外，甚至曹操下面也有不少人认定曹操意在代汉。

这道理，谁都明白，刘家朝堂是不可能永远让老曹家撒野的，你曹操不取代汉朝，难道你愿意做董卓第二吗？显然曹操不愿意。于是有人建议曹操交还兵权，回到自己的封国养老以"杜天下人之口"，对此曹操坚决反对，理由是"江湖未静，不得让位"。

儒家文化的熏陶下，中国人比较重家，对长辈要孝顺，对晚辈要呵护。一个中国人无论他在社会上做了多么龌龊的事，只要不是当事人，一般都能接受，但一旦一个中国人打爹骂娘抛弃自己的子女，整个社会都会不接受他。这一点曹操很是清楚，为了自己的子孙免受迫害，自建安十三年（208）到二十二年（217），曹操逐步从政治体制等方面将汉献帝的权力转移到自己身上，完成了曹魏王朝的准备工作。最为重要的

是这几步：

十七年正月，公还邺。天子命公赞拜不名，入朝不趋，剑履上殿，如萧何故事。

十八年正月，诏书并十四州，复为九州。五月丙申，天子使御史大夫郗虑持节策命公为魏公。

十九年正月，始耕籍田。三月，天子使魏公位在诸侯王上，改授金玺、赤绂、远游冠。

二十一年二月，公还邺。三月壬寅，公亲耕籍田。夏五月，天子进公爵为魏王。

魏王的地位在名义上比皇帝低一级，但是汉朝廷的所有权力真真正正的主人还是曹操。

曹操无疑是高明的，他肯定不做天下众矢之的，更不会冒天下之大不韪。曹操不仅不打算代汉称帝，而且他还尽力设法维持与汉献帝表面上的君臣关系。曹操本人生活简朴，却想尽一切办法让汉献帝和皇族穷奢极欲，而且曹操贡奉给汉献帝的物品不但数量多还非常精美。

对曹操而言，他已经获得了太多的实惠，该有的都有了，能有的也有了，国家大权在握，生杀予夺，甚至连皇帝都可以随时废立，所缺的只是那一顶没有多大意义的皇冠。

建安二十四年（219），因杀关羽和刘备闹翻的孙权，为了讨好曹操对抗刘备，上书表示愿意称臣并尊奉曹操为帝，清醒的曹操哪能被孙权的忽悠迷惑，笑道："是儿欲使吾居炉火上耶！"（《三国志·魏书·武帝纪》）意思就是：孙权这孩子想把我放在炉火上烤啊！不仅外人劝曹操称帝，抬轿子的人也劝，侍中陈群等人也多次劝说，但曹操仍然不肯称帝，说道："'施于有政，是亦为政'。若天命在吾，吾为周文王矣。"（《三国志·魏书·武帝纪》）意思是：只要手握实权，为什么一定要皇帝这个虚名呢？即使天命在我这边，我要做周文王足矣，像周文王一样给自己的儿子创造条件，让儿子去做皇帝吧。

曹操不愿做皇帝，却要做周文王，有些人认为曹操这是托词，只是时机不成熟，而其实曹操是希望自己能向周文王那样成为两周的总策划师。知道这一点，就会知道为什么曹操有那样的感慨了。

关于曹操做不做皇帝。还有 N 多观点，甚至有人说，曹操如果不是死得早就做皇帝了，其实这是一个伪命题，历史的事情要用历史的眼光来看，对待历史人物和历史事件，要实事求是，既不能以君子之腹度小人之心，也不能以小人之心度君子之腹。

8. 曹操的奋斗史

在中国，尤其在过去，准确地说，在人口计划生育之前，底层的人把生儿育女看作是一生的主题。也就是说，这些人一生的追求，就是看看能生育多少孩子，并以此作为自己一生的成就和炫耀的资本。而高层的人则另有一种想法，他们把取得社会地位看作一生的主题，也就是说，看自己这一辈子能取得怎样的丰功伟绩，当然如果能在生育方面再有所作为那就更好了。

尽管曹操一再谦虚地自称"本非岩穴知名之士"，但实际上，出身于费亭侯曹腾之家，他能差到哪里去吗？就是不至于"天下谁人不识"，最起码大汉官场还是有相当一部分人知道有曹操这号人的。作为曹嵩的长子曹腾的长孙，费亭侯的继承人，曹操注定不是一个把生儿育女看作一生主题的人，他是一个有追求的人，就是他自认为的小追求——"欲为一郡守"，级别也不低了，放在今天就是地级市的一把手。

曹操是有追求的，尤其在政治地位上，而且有大追求。尤其在桥玄、许劭等人高看之后，曹操就有了明确的奋斗目标，那就是做"治世之能臣"。曹操之所以能做出这个决定，许劭先生功不可没，一句"治世之能臣，乱世之奸雄"，就把曹操推上了绝路，看似一道选择题，实际上答案只有一个，没有谁傻到会选择"乱世之奸雄"。选择"乱世之奸雄"意味着你唯恐天下不乱，曹操有且只有一个选择——做"治世之能臣"。

做"治世之能臣"，的确是一个美好的追求，可是曹操生逢末世。这是一件伟大的事业，为什么这样说呢？仅仅"治世"就够喝一壶了，

扳着手指头数数，我们五千年的历史上所谓治世有几个？也就什么文景之治、武帝盛世、光武中兴、开皇之治、贞观之治、开元盛世、康乾盛世，就这几个，应该还含有水分。

既然是伟大的事业，就注定不会一帆风顺的。罗素说过："伟大的事业是根源于坚韧不断地工作，以全副精神去从事，不避艰苦。"这话好像专门为曹操总结的，太符合曹操的经历了，可以说曹操的一生都在为这个目标奋斗着。

灵帝熹平三年（174），二十岁的曹操被举为孝廉，入洛阳为郎。从此踏上仕途。

中平元年（184），黄巾起义爆发，曹操被拜为骑都尉，受命与卢植等人合军进攻颍川黄巾军，结果大破黄巾军，随之迁为济南相。

中平五年（188），汉灵帝为巩固统治，设置西园八校尉，曹操因其家世被任命为八校尉中的典军校尉。

中平六年（189），董卓进入洛阳，废少帝，立献帝刘协，后又杀太后及少帝，自称相国，专擅朝政。曹操见董卓倒行逆施，不愿与其合作，遂改易姓名逃出京师洛阳（今河南洛阳东北）。

献帝初平元年（190）正月，关东州郡牧守起兵讨伐董卓，共推袁绍为盟主。曹操以行奋武将军的身份，参加讨董军。曹操行至荥阳汴水（今河南荥阳西南），与董卓大将徐荣交锋，因为士兵数量相差大，曹操大败，士卒死伤大半，自己也被流矢所伤，幸得堂弟曹洪所救。

初平三年（192），青州黄巾军大获发展，连破兖州郡县，阵斩兖州刺史刘岱。济北相鲍信等迎曹操任兖州牧。

初平四年（193）秋，曹操进兵徐州（治郯，今山东郯城），向东南扩展势力。曾参加讨董卓之战的陈留太守张邈和曹操部将陈宫对曹操不满，遂叛操，迎吕布为兖州牧。当时只有鄄城（今属山东）和东郡的范（今山东范县东南）、东阿（今山东阳谷东北）两县尚在曹操掌握之中，形势异常危急。

兴平二年（195）夏，曹操整军再战吕布，于巨野（今山东巨野南）大破吕布军，吕布逃往徐州投靠刘备。

建安元年（196），逢迎天子都许。

从建安二年（197）起，曹操利用他"奉天子以令不臣"的政治优势，东征西讨，开始了他剪灭群雄，统一北方的战争。

建安三年（198）九月，曹操东征徐州，进攻吕布。处死吕布、陈宫，收降吕布部将臧霸、孙观等人，初步控制了徐州。

建安五年（200）正月，董承等人谋诛曹操事泄，被曹操杀掉。刘备遂袭杀徐州刺史车胄，占据徐州。曹操为了免于将来同袁绍作战时前后受敌，决定先消灭在徐州立足未稳的刘备，于是以迅雷不及掩耳之势击破刘备，刘备逃奔袁绍，随后与袁绍决战官渡。

建安七年（202），袁绍病死，袁绍的两个儿子袁谭、袁尚不和，发生火并。袁谭不敌袁尚，向曹操乞降。

建安九年（204）二月，曹操乘袁尚出兵攻打袁谭之机，进军围攻邺城。

建安十二年（207），北征乌桓，奏凯而还。黄河南北尽归国家版图，遂决心一统天下。

建安十三年（208），曹操恢复丞相制度，并自任丞相。南征孙刘，兵败赤壁。

建安十五年（210），颁布《求贤令》，选拔人才。冬，与诸子登铜雀台，物色接班人。

建安十六年（211），率军讨伐关中。

建安十七年（212），率军收降汉中。

建安十八年（213），为魏公。

建安二十一年（216），为魏王。

建安二十二年（217），定曹丕为魏太子。

建安二十三年（218），平定许都暴动。西征刘备。

建安二十四年（219），曹孙联手，解樊城之围，杀关羽。

建安二十五年（220），在洛阳去世。

以上所列举的是曹操20岁之后的奋斗史，这些艰难历程说明，若想成为王者，实力是必需的。实力，不是吃喝玩乐培养起来的，是奋斗来的。唯有奋斗，才能拥有真正属于自己的东西，道理很简单，做起来并不容易。

十 人在征途

9. 天下尚未安定

中国人喜欢接受这样的想法：只要能活着就是好的，活成什么样子无所谓，叫什么"好死不如赖活着"。从一些电影的名字就可以看出来：《活着》、《找乐》……

人总是应该有点追求的，罗素说过，经不得检验的生活是没有意义的。

曹操一生，尽管坐拥天下之富，却一生简朴。据《三国志·武帝纪》裴注引《魏书》说曹操"雅性节俭，不好华丽，后宫衣不锦绣，侍御履不二采，帷帐屏风，坏则补纳，茵褥取温，无有缘饰。"就是说，曹操生性节俭，崇尚朴素，不喜欢用色彩华丽的被子，但求能御寒取暖。帐子破了，修补一下，继续用，一点也不铺饰豪华。曹操的家人都不着锦装绣服，侍御之人不穿双彩的鞋，都保持着朴素的作风。

曹操这样做，当然不是因为吝啬，更不是因为穷。曹操掌一朝军政大权，"封兼四县，食户三万"，"穷"是与他沾不上边的。只有克制自己的物欲，在品德上加强自律，才能不使自己的心志流宕往返。曹操作为一个胸怀韬略的军事家，又兼备这样博大的胸襟，这样杰出的人物在事业上怎么可能不成功呢！

就是因为太成功了，压力就更大了。曹操早年就有头风病，中年以后，日益严重。曹操生性多疑，压力山大，又爱喝古井贡酒，一来二往就患上了偏头疼，而且很严重。头疼就是病，而且是大病，随时能要命。于是，曹操贴求医告示，各路名医前来救治，但都没有效果。这个时候，有人向曹操推荐华佗，虽然都是亳州人，但曹操和华佗的交集并不多，就问水平如何？推荐的人就说："江东医周泰者乎？"就是说周泰受重伤时，就是华佗治好的，医术非常高。

曹操于是把华佗征召到身边，华佗应召前来诊视后，在曹操胸椎部的膈俞穴进针，片刻便脑清目明，疼痛立止，曹操十分高兴。但华佗却如实相告："您的病，乃脑部痼疾，近期难于根除，须长期攻治，逐步缓解，以求延长寿命。"曹操听后，以为华佗故弄玄虚，给脑袋动手术不就是要我的命吗？心中颇为不高兴，但还是热情招待。后来，曹操不仅留华佗于府中，还允许他为百姓治病。

由于没有接受华佗的治疗方案，曹操的病情越来越严重，知道自己时日不多，遂开始考虑后事。据《三国志》载，曹操带着没能统一天下遗憾，留下了遗言："天下尚未安定，未得遵古也。葬毕，皆除服。其将兵屯戍者，皆不得离屯部。有司各率乃职，敛以时服，无藏金玉珍宝。"其实，这是一则极具遗憾的遗令，一个一生追求"治世之能臣"的人，在临终前却说"天下尚未安定"，这是何等的凄凉和无奈。虽然历经艰险地奋斗了一辈子，但却没有实现自己的追求，结局只是"尚未安定"，对自己的后事安排有什么要求呢？能有什么要求呢？还好意思有什么要求呢？算了，不要"遵古"，这就对得起我了，简简单单地办后事，真的"遵古"，我也不配。以国事为重，下葬之后，你们立即脱下丧服。在外军队，要恪尽职守，皆不得离开守地。各有关部门做好自己分内之事，不要影响日常工作。不要厚葬，入敛时就穿平时的衣服，不要另做新装。

后来，曹操临死前亲自给自己安排寿衣，仅仅四箱子，在今天看来，四箱子也不少了。别忘了曹操当时可是半个国家的领导者，纵观古代帝王将相，哪一个人不是耗用大量人力物资修筑陵墓，用厚葬表达孝道。和他们比起来，曹操真是小巫见大巫了。另外，曹操专门在遗言中要求自己的丧葬"未得遵古也"，也就是不要铺张浪费。

正如有人对曹操的评价：曹操的一生，有一些功绩，也有不少罪过；是伟人，也是凡人。纵观曹操一生，在公事方面一直严于律己，对生活很热情，也很认真。做到这一点，很不容易，可以用鲁迅的话来给他做结语——"是一个很有本事的人，至少是一个英雄"。

10. 第一个"被"皇帝的人

在中国这样一个注重私德的社会里，人们在做某一项抉择之前首先

考虑的是自己和家人及子孙后人的利益，而后才会考虑社会的利益，所以当有人要求曹操交出兵权、辞去丞相、回归封国的时候，曹操也心知肚明，一旦自己没有兵权，说不定哪天仇人就会杀上门来，家都保护不了，何以谈国。

这就是许多中国人为什么一旦抓到权力就会死死不放的原因：一是保全自身，二是威重天下，三是功名富贵的满足。

这是中国特色，一千多年后，一个名叫林语堂的中国人在《吾国与吾民》说："中国是一个个人主义的民族，他们心系各自的家庭，而不知有社会。此种只顾效忠家族的心理实即为扩大的自私心理。"也算是对曹操先生行为的一个解释，林先生指的是全体中国人，所以包括曹操先生，曹先生当是众多个例中的一个。

也就是说，中国人是自私的，讲究私德，忽视公德。关于私德这件事，林语堂先生在他的《中国人》里又做了相当精彩的论述：

"在中国，如果一个人有公共精神，他就会有危险。因此我们敬佩他们热爱他们，但我们不希望家里有这样的人，当我们看到一个男孩子有太多的公共精神，以致使自己陷入窘境时，我们会大胆的预测这个男孩将是他父母的灾星。如我们能早早的阻止他自然是再好不过了。"

通俗地来说就是：在我们这个国度，如果有一个人有公共精神，愿意把自己奉献出去为别人服务，这当然是好事了，而且双手欢迎。可是如果这位具有公共精神的人就是自己的孩子，情况肯定不一样，态度立马改变，欢迎没有了，鼓励更不会有，有的就是大棒制止。谁都知道，在这块土地上，经验告诉我们，那些公共精神的行为除了能获得空洞的赞誉外，什么也得不到，反而会给整个家族带来厄运。在这块土地上，谁都晓得人应该有公德有道德，而且希望人人都有，这里的"人人"却不包括自己和家人。

虽然明明知道，林语堂先生写这些东西不是瞄准曹操的，但总觉得林先生是以曹操为标本的。曹操一直都很清楚，无论说得多么好，我就是不放权，要做好人，你们自己做去，那虚名我不重视，我还是喜欢实利。

正是曹操的坚持，老曹家的幸福和安全才得以保证，曹丕才得以继承。曹丕知道，这一切都是爹爹曹操浴血奋战而来，自己家族能这么牛气哄哄，主要有爹爹罩着，这个时候，要感谢的不是国家、不是政府、更不是皇帝，而是伟大、英明、善战的父亲——曹操。

建安二十五年（220）正月，奋斗一生、征战一生的曹操撒手人寰，带着稍许的遗憾去天国向他的父亲、祖父报到去了，在那里可以见见他的许多朋友、对手，在那里不用战争了，也没有恩怨。尽管曹操生前一再声称自己"做文王"，但死后的谥号却是"武王"，生生矮了一辈。

按照汉朝法律和宗法制度，父死子继，曹操死后，曹丕袭魏王和汉丞相职。

曹家子孙是进取的，而且一代赛过一代，最起码从曹腾到曹嵩到曹操是这样的。曹腾是官拜大长秋，在宦官中就是极致，官位已经无法超越了；曹嵩也官至太尉了，是人臣的顶级；而曹操官至魏王，尽管名义上是王侯，却是实际上的天子。尽管"曹一代"曹腾已经官至宦官之巅的大长秋、"曹二代"曹嵩也官至太尉，"曹三代"曹操成了实际天子，但"曹四代"的代表人物曹丕一点也不含糊，面对质疑，曹丕说，我能！真的能"洪湖水浪打浪，长江后浪推前浪，一浪更比一浪强，把爹爹拍在沙滩上"！

建安二十五年（220）十月，在曹丕的授意下，汉献帝的一些臣子给汉献帝上政治课，要汉献帝学习唐尧好榜样，把皇帝的位子禅让，由伟大英明的曹丕接任。汉献帝很聪明，一学就会，学习唐尧，把皇帝之位禅让给曹丕，曹丕也不客气，当仁不让地登上了皇帝的宝座。

这确实很好玩，宦官的重孙子做了皇帝，用今天的话说，无厘头。

不过这也没什么，早在曹丕做皇帝四百多年前，陈胜就说，"王侯将相宁有种乎？"出乎意料的是宦官的后代做了皇帝，正如山寨口头语："我儿子做了皇帝，谁还敢说我是土匪！"问题是，宦官的重孙做了皇帝，就不是宦官了，那是什么呢？又能是什么呢？

答案是确定的而且是唯一的：皇帝。

中国第一个草根皇帝是刘邦，按传统的"龙生龙凤生凤"基因，皇帝的父亲不是皇帝也应该是龙种，怎么办呢？刘邦肯定不能封自己的

十 人在证途

父亲为皇帝，不然的话，自己成了什么，还能去做皇太子，所以只给自己的老头子封了"太上皇"。

当曹丕做皇帝时，就从刘邦这里偷学了一招，而且青出于蓝而胜于蓝，封自己的父亲曹操为皇帝。好在曹操不在人世了，为了标明自己是正统的"龙种"，于是追封自己的父亲为"魏武帝"，这就是历史上的儿子生了老子。就这样，曹操"被"皇帝了。

不仅如此，后来魏明帝曹叡为了感谢先祖们的努力，还追尊其高祖曹腾为高皇帝，夫人吴氏为高皇后。这样一来，宦官就成了皇帝，在中国历史上，被正式授予正统王朝皇帝称号的宦官，仅此一人。当然，曹嵩也成了太皇帝。

曹操是中国历史上第一个生前没有做过皇帝而有皇帝封号的人，虽然在中国历史上有开国皇帝追封自己父亲、祖父和先祖的惯例，但肇始者却是曹操。曹操也就成了中国历史上第一个"被"皇帝的人，而且还有谥号"武帝"、庙号"太祖"，遗憾的是没有实现曹操生前"做文王"的愿望。

这样一来，曹操就成了皇帝，虽然是"被"的，但"被"的皇帝也是"皇帝"。